Bir
Dilek
Yetmez

Dilek Livaneli, lisans eğitimini Gazi Üniversitesi Eğitim Fakültesi'nde tamamlamış, yüksek lisans derecesini Amasya Üniversitesi Sosyal Bilimler Enstitüsü'nden almıştır. 2002 yılından itibaren çeşitli köy okullarında görev yapmış; sosyal, kültürel ve ekonomi alanında onlarca farklı projeyi hayata geçirmiştir.

2012 yılında Milli Eğitim Bakanlığı tarafından Yılın Öğretmeni seçilmiştir. 2015'de Eğitim Nobeli Global Teacher Prize Ödülü'ne aday gösterilen ve dünyanın en iyi öğretmenleri listesine adını yazdıran ilk Türk öğretmen olmuştur.

Livaneli'nin "Bir Dilek Yetmez" Projesi, Avrupa Birliği Genel Müdürlüğü tarafından 2017 UNESCO Ödülleri'ne aday gösterilmiştir. Livaneli, Onursal Başkanlığı'nı ABD eski Başkanı Bill Clinton'ın üstlendiği Varkey Gems Foundation tarafından Eğitim Elçisi seçilmiş olup, Dünya Öğretmen Statüsü Endeksi'nde aktif olarak yer almaktadır. 2018 Ocak ayında Avrupa Parlamentosu'na resmi konuşmacı olarak davet edilmiş ve 8 Mart Dünya Kadınlar Günü'nde Avrupa Parlamentosu Lider Kadın Ödülü'nün sahibi olup Dünyanın En İlham Veren Sekiz Kadını'ndan biri seçilmiştir. Amerika'da Büyük Atatürk Gençlik Ödülü'ne, İngiltere'de Cumhuriyet Başarı Ödülü'ne layık görülmüştür. Meslek yaşantısı ve eğitime adanmışlığı belgesel olarak çekilmiştir.

Livaneli, Londra'da Uluslararası Montessori Derneği'ne bağlı okullarda uygulamalı eğitim ve araştırmalarına; yurtdışında yaşayan Türk çocuklarına yönelik Türkçe anadil eğitim programı geliştirdiği International School of London'da öğretmenlik mesleğine devam etmektedir. Evli ve iki çocuk annesidir.

Bir Dilek Yetmez
Dilek Livaneli

Genel Yayın Yönetmeni: Aslı Tunç
Editör: Burcu Arman
Düzelti: Filiz Tülek Erdurak
Kapak Tasarım: İlknur Muştu
Sayfa Tasarım: Çağla Yön
Kapak Fotoğrafı: Ekrem Semiz

9. Baskı: Haziran 2024
ISBN: 978-605-173-915-1

Baskı ve Cilt:
Yıldız Mücellit Matbaacılık ve Yayıncılık San. ve Tic. A.Ş.
Maltepe Mah., Gümüşsuyu Cad.,
Dalgıç Çarşısı, No: 3/4
Zeytinburnu/İstanbul
Tel: (212) 613 17 33 Faks: (212) 501 31 17
Sertifika No: 46025

Yayımlayan:
Epsilon Yayınevi Ticaret ve Sanayi A.Ş.
Osmanlı Sok., No: 18/4-5 Taksim/İstanbul
Tel: (212) 252 38 21 Faks: (212) 252 63 98
İnternet Adresi: www.epsilonyayinevi.com
E-posta: epsilon@epsilonyayinevi.com
Sertifika No: 49067

DİLEK LİVANELİ

BİR DİLEK YETMEZ

epsilon

İçindekiler

Önsöz Yerine

Dünyadaki varoluşları itibariyle insanları ikiye ayırmak isterim: Hayatta kalanlar ve yaşayanlar.

Hayatta kalmak, oksijen alıp karbondioksit salmak, dakikada beş litre kan pompalamak, vücut işlevlerinin sürekliliğini sağlamak, yani bu dünyada gövden kadar yer kaplamaksa, yaşamak ezbere bildiklerinden özgürleşip, emin olunmayana doğru tek yön bilet kestirmektir. Hayatta kalanlar içgüveysinden halliceye razı gelebilirler de, yaşamak derdine düşenler kıyıyı kaybetmeyi göze almıştır çoktan. Merak etmek, hissetmek, düşünmek ve reddetmek, uyanmak, kanamak, kabuk bağlamak, ürpermek, terlemek, korkmak ve cüret etmek, arada rota dışına çıkmak, zaman zaman uçurumlardan atlamak, bazen duraklamak ve fakat hiç durmamak gerekir yaşamak için.

Yaşamak için anlam, hayatta kalmak için mazeret gerekir. Dünyanın tüm tembelleri mazeret isimli bu dev tentenin altında toplanmıştır, birbirlerine ilişmeden. Yaşamak mazeret kabul etmez.

Hayatta kalanları sıklıkla şans faktöründen bahsederken duyarsınız. Şansları olmadıklarından şöyledir ya da böyledir... Hayatta kalanlar mazeret tentesinin altında şansın onların da yüzüne gülmesini beklerken, yaşamak müptelası olanlar erken uyananlar, daha iyi yenilenler, emek emek, ilmek ilmek, söke söke kazananlardır. Yaşamak çalışkanların işidir.

Elinizde tuttuğunuz kitap Türkiye'nin bir milyondan fazla öğretmeninden biri olan ve fakat herhangi biri olmayan Dilek Livaneli'nin kırsaldan küresele uzanan hikâyesidir. Ona bu hikâyeyi yazdıran Dilek'in hayatta kalanlardan değil, yaşayanlardan oluşudur. Onun bugün yaşadığı İngiltere'nin yetiştirdiği en büyük edebi kişiliklerden biri olan George Bernard Shaw şöyle der: "İnsanlar olmuş olanlara bakarak 'Neden?' diye sorarlar. Ben olmamış şeyleri düşünerek 'Neden olmasın?' diye sorarım." Tanıdığım en "neden olmasın"cı insandır Dilek. Kumköy'ün çocuklarına ve kadınlarına dokunan güzel kalbinin bugün daha büyük dünyalara erişmesinin nedeni tam da budur.

Bu kitabın sayfaları arasında gezinirken, sadece köy öğretmeni Dilek'i değil, kaynak planlayıcısı Dilek'i, kriz yöneticisi Dilek'i, iflah olmaz hayalperest Dilek'i, girişimci Dilek'i, kadın Dilek'i, anne Dilek'i, evlat Dilek'i ve "hayır"ı asla yanıt olarak kabul etmeyen Dilek'i göreceksiniz. Tüm iyilik bulaştırıcıları gibi o da sayısız kez "Memleketi sen mi kurtaracaksın"cılarla karşılaşmış, "Elâlem ne der?"cilere rastlamış ve hiçbirine pabuç bırakmamıştır. Dilek'i tanıdıkça kendi çocukluğunuza sarılacaksınız.

Paris Anlaşması'nın mimarı, iklim aktivisti Christiana Figueres'in inatçı iyimserlik diye tariflediği bir hâl vardır. "İyimserliğimiz güneşli günlerdeki gibi bir tutum olamaz," der Figueres; "dayanıklı, kararlı, amansız olmalıdır. Her bir gün yapmak zorunda olduğumuz bir seçimdir. Her bir engel, farklı bir yol denemek için bir işarettir." Dilek olmak, işte böyle inatçı bir iyimserlik gerektirir. Bu kitabı okudukça hayata inanacaksınız.

Dilek, öğretmenliğe köy enstitülerinin kapatılmasından kırk sekiz yıl sonra başladı.

Yaparak, yaşayarak öğrenme diye tanımlayabileceğimiz özgün bir eğitim sisteminin uygulandığı Köy Enstitüleri'nde, klasik kültür derslerinin yanı sıra tarım, hayvancılık, arıcılık, marangozluk, biçki, dikiş gibi alanlarda da eğitim verilirdi. Amaç yalnızca öğrencileri eğitmek değildi; bütün köy halkını eğitmek için de çalışılırdı. Enstitüler, köyleri yalnızca "ekmekle" değil, kitapla, müzikle, sanatla da buluştururdu. Dilek Livaneli'nin hikâyesi bir yanıyla da bu ruhun hâlâ yaşadığının kanıtıdır. Dilek'e bu ve benzeri sebeplerle Modern Çalıkuşu diyenler de olmuştur. Benim içinse Dilek, Samed Behrengi'nin küçük kara balığıdır:

Bir zamanlar küçük bir kara balık vardır. Küçük kara balık bir sabah erkenden uyanır ve annesini uyandırır. Ona, yuvasına uzak olan bir yere gitmek istediğini söyler. Çünkü ona göre balıkların çoğu yaşlandıkları zaman ömürlerini boşu boşuna geçirdiklerinden yakınırlar; sürekli sızlanır, lanet okur, her şeyden şikâyet ederler. Küçük kara balık bilmek ister; bu dünyada başka şekilde yaşamak da mümkün müdür?

Annesi yavrusunun bu fikirden vazgeçmesini ister. Oysa o çok kararlıdır; vazgeçmez. Küçük kara balığın fikrini duyan komşular da kızar. Farklı akarsuları, denizleri, okyanusları keşfetmek de neyin nesidir. Bilinmeyen yerlere gitmemek gerekir. "Siz gereğinden fazla düşünüyorsunuz. Ama yalnızca düşünmek olmaz ki!" der küçük kara balık; "Yola koyulursak korkularımız tümden kaybolur gider."

Ve küçük kara balık her şeye rağmen yola çıkar.

Bu dünyada demleme çay, sıcak çorba, anne şefkati, babaevi, memleket hasretine rağmen yola çıkanlar vardır. Dişlerini geçirirler kalplerine, yürürler. Bir göletten hiç dışarı çıkmayanlara anlatılacak hâl değildir bu. Dilek'in satır aralarında konfor alanlarından nasıl çıkıldığına rastlayacak, bu dünyada başka türlü yaşamanın mümkün olduğuna inanacaksınız.

Emile Michel Cioran, *Ezeli Mağlup* adlı eserinde, "Okuru okumadan evvelki halinde bırakan bir kitap, başarısız bir kitaptır," der. Birazdan sayfaları çevirmeye devam edecek olan sevgili okur, bu kitabı senden önce okuma şansına sahip oldum. Kitabın beni okumadan evvelki halimde bırakmadığına seni temin ederim. Bu yaşamda Dilek'i tanıma şansına sahip oldum. Onu her dinlediğimde hayata daha çok inandığımın sözünü verebilirim. İşte bu yüzden bir köy için bir dilek yetse de, bir ülke için Bir Dilek Yetmez.

Evrim Kuran
Araştırmacı - Yazar

Evren Eylemi Destekler

"Mutlu geçen çocukluk iyi bir insan olma yolunda atılan en önemli adımdır."
Bertrand RUSSELL

Uçak iniş yaparken çok kuvvetli bir yağmur yağıyordu. Taksiyle otele geçerken camdan süzülen damlaların yoğunluğundan dışarıyı bile göremiyordum. Boş Brüksel sokakları, kasvetli ve bol yağmurlu haliyle karşılamıştı beni. Otele yerleşip masama oturana kadar saat gece yarısına gelmişti bile. Çalışmam gerekiyordu, çünkü ertesi gün epey yoğun olacaktı...

***

Sonunda işte oradaydım; kocaman mavi amblemli sarı yıldızlarla kaplı kapı karşımda, yirmi yedi farklı ülkenin dalgalandığı yerdeydim, Avrupa Parlamento binasında.

Kapıdan içeri girdiğim andan itibaren ayağımdaki topuklu ayakkabılara rağmen yerdeki halının dokusunu hissedebiliyordum. O halının bana yaşattığı duygu, yürüdükçe heyecanımı silip süpürüyordu. Sonunda salona yaklaştım. Yerimi aldım. İsmimin yazılı olduğu o kürsüye dokuna dokuna oturdum. Her ânın, her eşyanın tadını çıkarmak istiyordum.

Parlamenterlerin neredeyse hepsiyle ayrı ayrı göz göze geldim. Özgeçmişim okunurken salonu süzüyordum. Önümdeki kâğıtları kurcalıyor, bazen de ellerimi nasıl ve nereye koyacağımı bilemiyordum. Şaşkınlığım nefesime, nefesim de heyecanıma karışmıştı.

Ödülü büyük bir standla önüme getirdiler. Gülen ve gururla bakan gözler, onaylayan başlar görüyordum. Yüzlerce takım elbise, ciddi kadın yüzleri, kendiliğinden oluşan küçük uğultular... Ödülü alırken gördüklerim ve duyduklarım bunlardı. Sonra ödülümü havaya kaldırdım. Salonun enerjisi bir anda değişti ve konuşmaya başladım...

Sonuna geldiğimde:

"Türkiye'de başlattığım bir hareket var," dedim.

"Sloganım, Bir Dilek Yetmez. Lütfen benimle birlikte tekrar eder misiniz?"

"Bir Dilek Yetmez!"

Salon: "Bir Dilek Yetmez!"

"Harika! Bir kez daha lütfen!"

"Bir Dilek Yetmez!"

Salon: "Bir Dilek Yetmez!"

Teşekkürler ve alkış kıyamet. İçimden hiç "ya tekrar etmezlerse" diye düşünmedim. Umudum vardı. Umudumu hiç kaybetmedim. Başöğretmenimin de dediği gibi "Umutsuz durumlar yoktur, umutsuz insanlar vardır." Dudaklarım konuşmaya devam ederken zihnim buraya, tam bu noktaya gelene kadar yaşadıklarımı hatırladı bir çırpıda...

***

Burnuma önce, zift sonra da sabun kokusu geliyor; beyaz sabun...

İlkokul yıllarıma ait hatırladığım en derin ve en kalıcı iz bu. Tüm okulun ziftle kaplı tabanı, eski ahşap yapısı; yürürken ve koşarken tahtalardan gelen gıcırtı sesleri. Beyaz çorap giymek lükstü bizim okulda. Sınıfta kırk beş kişi olunca çorabında siyah zift izi olmadan eve dönmek bir mucize sayılabilirdi. Okulumuzda kantin ya da yemekhane yoktu. Sadece iki teneffüs boyunca satılan simitlerden alabilmek bile bir lükstü. Sınıf, sobayla ısınırdı. Sobaya yakın sırada oturanınsa vay haline; üç kişinin tıkış pıkış oturduğu sırada dersi kıpkırmızı bir suratla bitirmek zorunda kalırdı.

Tam birinci sınıftaki öğretmenimize alışmışken ikinci sınıfta öğretmen değişikliğimiz oldu. Neyse ki sonra onunla beşinci sınıfa kadar devam edebildik. Peki derslere dair ne hatırlıyorum? Yine en çok aklımda kalan, test kitapları ve kimin daha çok soru çözdüğüne dair konuşmalar, sohbetler... Evet o rekabeti iyi hatırlıyorum ama bana bir şey katmadığını da çok iyi biliyorum. Sınıfta tebeşir bittiğinde öğretmenimin beni okula en yakın kırtasiyeye gönderip tebeşir aldırması bana daha çok şey katmıştı belki de. Ya da sınıfça yapılan piknikte öğrendiklerim, çevre temizliği için pankartlarla yaptığımız çevre koruma yürüyüşleri aklımda daha fazla kalmış ve bana daha çok şey öğretmiş. Bunu şimdi çok daha iyi anlıyorum.

Peki öğretmenime dair ne hatırlıyorum? Sınıfa girdiği andaki ölüm sessizliğini... Beyaz önlük yerine hep koyu renk kareli önlükler giydiğini ve ceplerinde küçük sabunlar taşıdığını hatırlıyorum. Çünkü hem sıraların arasında dolaşırken burnuma mis gibi sabun kokusu gelirdi hem de öğretmenimin elleriyle sabunları tutup karıştırmasını da gözlemleyebiliyordum. Öğretmenimin sabunlarla haşır neşir olması belki de zift kokusunu engellemek için yapılan ince bir düşünceydi, kim bilir?

Ders saati bitip de eve gittiğimde yaptığım şeyin öğretmencilik oynamak olduğunu söylesem eminim şaşırmazsınız. Her gün ama her gün... Gündüz öğrenci mesaisi, akşamları öğretmencilik. Evde kareli, desenli ne varsa bulup buluşturup önlük yapma çabam, çoğu zaman cebi olmayan giysilere denk gelsem bile avucumun içinde sakladığım sabun parçaları ve kırık tebeşirler... Elbise dolabının arka yüzünü tahta yapmaktan tutun da oyuncak bebeklerimi öğrenci yapmaya kadar... Öğretmenimi rol model almam mı? Hayır. Taklit hevesimin tavan yapmış olması mı? Hayır. Oyunlarda canlandırması en kolay meslek olduğu için mi? İyi deneme, ama hayır. Peki neden? İtiraf ediyorum, arada doktorculuk oynadığım da olmuştur. Bebeklerimi muayene eder, onlara ilaç verir, her biriyle bir-iki cümle konuşurdum. Ama bu çok kısa sürerdi. Dön dolaş aynı hastalıklar, aynı ilaçlar, aynı tavsiyeler... Ama öğretmenlik öyle değildi. Farklı bir dünyaydı. Her seferinde farklı bir konu... Öğrenmenin sınırsızlığını keşfettiğimin farkında değildim o zaman. İnsanın konuştukça konuşası geliyordu. Bu oyun daha uzun sürüyor ve bana zevk veriyordu. Yaşım büyüdükçe de durum değişmedi.

Büyüyorum...

Ortaokula geçtim. Bakarsanız koskoca kız. Ama hâlâ öğretmencilik oynama derdindeyim. Yalnız bu sefer oyuncaklarla değil, kardeşlerimle... Küçükken oynadığınız oyunlar, gelecekte seçeceğiniz mesleğe dair ipuçları veriyor aslında... Benim iki kardeşim var; biz hep öğretmencilik oynardık ve öğretmen hep ben olurdum. Onlara ders anlata anlata, kendi ödevlerim yetmiyormuş gibi onların da ödevlerini yapa yapa daha o yaşlarda kendimi bir bakıma öğretmenliğe hazırlamış oldum.

Ortaokul ve lise hayatım boyunca hep sınıf başkanıydım. Liderlik hevesi ya da sınıfı yönetme içgüdüsü yüzünden istemiyordum bunu. Teneffüsten sonraki o beş dakikada dahi olsa sınıfa öğretmen gözüyle kürsüden şöyle bir bakabilme arzusuydu.

Üniversite sınavına hazırlandığımız yıllarda ise herkeste haklı bir telaş, heyecan... Kimisi ailesinden uzakta özgür bir üniversite hayatı yaşamak istiyor, kimisi gerçekten hayalindeki mesleğin peşinden koşmak... Kimisi ise puanının götürdüğü yere gitmeye hazırdı.

Liseden mezun olduğum yılı hatırlıyorum. O zamanların Öğrenci Yerleştirme Sınavı (ÖYS) telaşını ve heyecanını yaşıyordum, ancak insanlarda öğretmenliğe olan tutumun yansımaları da beni rahatsız eder durumdaydı. Sınava girmeden önce "Hiçbir şey olamazsan bari öğretmen ol," diyenler mi ararsınız, "Puanın öğretmenliğe de mi yetmez?" diye soranlar mı? Tüm bunları duymak yetmezmiş gibi sınıf öğretmenliği bölümünü kazandığımda, "O ne demek? Nasıl bir öğretmenlik bu? Ne öğretmenisin yani? Her öğretmen sınıfa girip çıkmaz mı?" gibi sorularla da yüzleşmek zorunda kaldığım oldu.

Toplum nezdinde öğretmenliğin itibarının artmasını dilediğim zamanlar, yaşamımın tam da o yıllarına dayanıyordu. Öğretmenlik mesleğindeki idealist duruşumun temeli ise üniversite yıllarıma... Başkente on yedi yaşında bir kız öğrenci olarak tek başıma gelmiştim. Verilen sorumlulukları fazlasıyla yerine getirdiğim, iletişim becerilerimi geliştirdiğim yıllar... Ama asıl beklediğim an sonunda gelmişti; ilk staj sürecimi yaşayacaktım. O zaman stajlar şehir merkezindeki okullarda yaptırılırdı. Hem de Çankaya'nın göbeğindeki okullarda... İster istemez her okulu öyle sanıyordum. Öğretmenler odasına bir öğrenci olarak değil, öğretmen adayı olarak girmek bile benim için müthiş bir olaydı...

Üniversite Bitti! Ya Sonra?

Üniversiteden mezun olur olmaz evlendim, bir nevi hayata erken atılmışlık hali... Yıl 2002, Türkiye'de ilk kez yapılan Kamu Personeli Seçme Sınavı'na giren öğretmen adaylarındandım. Herkes harıl harıl sınava hazırlanıyor, test çözüyordu. Benimse elimde kâğıt kalem, bir yandan evime mutfak projesi çiziyordum. KPSS o yıllarda henüz, bugün olduğu gibi bir kâbusa dönüşmemişti. Öğretmen adaylarının bakış açısı çok daha rahattı. İlk atamalarla eylülde değil kasım ayında atandım. Belki yıllarca beklemedim ama atanamadığım ilk bir ayda da karamsarlığa kapılmadım. Süreci değerlendirmek için kendimi geliştirmeme yarayacak şeyler yapmaya karar verdim: Bilgisayar kullanımımı hızlandırdım, İngilizce kursuna gittim...

Nitekim sonunda hayallerim gerçek oldu ve sonunda ben bir öğretmen oldum! "Ben bir öğretmenim," derken bile hâlâ ilk günkü gibi heyecanlanıyor, çok büyük gurur duyuyorum. Ve aslında biliyorum ki öğretmenlik tüm mesleklerin yaratıcılığını üstleniyor. Üniversitelerde yaptığım konferans ve söyleşilerde eğitim fakültesi öğrencilerine yani öğretmen adaylarına ilk şu soruyu sorarım: "Neden öğretmenlik? Neden öğretmen olmak istediniz?" Aldığım o kadar enteresan cevaplar oldu ki... Annesi istediği için, ablası öğretmen olamadığı için, puanı öğretmenliğe yettiği için, açıkta kalmak istemediği için, devlet garantili bir meslek olduğu için, tatili bol tam bir "kadın" mesleği olduğu için... Cevap verenlerin çok azı hayallerinin peşinden gittiği için öğretmen olacağını söyledi. Hele hele çocukları çok seviyorum diyenlerin sayısı, parmakla gösterilecek kadar azdı. Yine de onlara bir şeyler aktarabilmiş olmanın rahatlığıyla bitirirdim görüşmelerimi...

İlk Atama...

Samsun'un Tekkeköy ilçesinde Kargılı adlı köye atandım. Doğma büyüme Samsunluyum. Ve memleketime atanmışım. Mutluydum. Ama sonradan fark ettim ki Samsun'da merkeze o kadar uzak bir köy olduğunu ben bile bilmiyordum.

Öğretmenliğe başlayacağım ilk gün motivasyonum çok yüksekti. İlk günün şerefine bir giyim bir kuşam ki sormayın. Eşim ile okulu görmek için yola koyulduk. Önce okula giden patikamsı yolun ıssızlığı, sadece kuş seslerinin yayıldığı bir yolda olmak ürküttü beni. Sonunda yolun ilerisinde dalgalanan bayrağı gördüm. Oranın bir okul olduğunu anlayınca ağlamaya başladım, hayal ettiğim bu değildi. Ama sonra, pencereden bakan o küçücük çocukları gördüm. Gözlerindeki sevgi ve merakla "Yaşasın köyümüze biri gelmiş, bir öğretmen gelmiş!" diye bağırıp yanınıza gülerek gelen çocukları görünce, onların gülücükleri sildi gözyaşlarımı. İşte köy okulu öğretmenliği ile o an orada yüzleştim.

Hayal edin lütfen: Bir köy okuluna atanıyorsunuz, tek başınasınız ve bir kadınsınız. Ne yapabilirsiniz? Müdür de sizsiniz, öğretmen de, memur da; yeri geliyor hizmetli de sizsiniz. Dört sınıf, beş sınıf bir arada eğitim-öğretim vermek için mücadele edeceksiniz. Üzerinizde ciddi bir sorumluluk var. Rehber olmak istiyorsunuz; bir gelişim, değişim, dönüşüm süreci yaratmak istiyorsunuz, etrafınıza bir ışık saçmak istiyorsunuz, iletişim becerilerinizi ön plana çıkararak birlik beraberlik sağlamak istiyorsunuz...

Köy Okulları Kapanıyor....

Etrafımızda gördüğümüz her güzel şey eğitimin eseri, etrafımızda gördüğümüz her kötü şey ise eğitimsizliğin; bunu biliyoruz. Türkiye'de bir milyondan fazla öğretmen var ve ben onlardan yalnızca bir tanesiyim. On beş yıl boyunca farklı köy okullarında birleştirilmiş sınıfta tek başına eğitim veren bir köy okulu öğretmeni olacaktım. O günse asıl değişimin, gelişimin ve dönüşümün başlaması gerektiğini düşündüğüm yerdeydim: Kırsal bölgede.

Köy okulu öğretmenliğinde aynen bir sosyolog gibi etrafınızda olup bitenleri gözlemliyor, kültürü yakından tanıyor, ihtiyaçları belirliyorsunuz. Köyden kente gerçekleşen ciddi orandaki göçün kanayan yaramız olduğunu fark ediyor, öğrenci sayısının azlığı ile kapanan okullara şahit oluyorsunuz. Tüm bunlara tanıklık ettikten sonra fikir kendiliğinden geliyor: Köyleri, köy okullarını cazip hale getirmek... "Bir fikrim var artık," dedim kendi kendime! "Harekete geçme zamanı," dedim ve hatta "Evren eylemi destekler," dedim. Ancak tabii ki evren yine de kendi eylemlerini sürdürür... Kargılı İlkokulu, ben üç gün görev yaptıktan sonra kapandı. Kerpiçli İlkokulu'nda yedi ay çalışabildim, o okul da kapandı. Kababürük İlkokulu'nda dokuz ay çalışabildim. Esentepe İlkokulu ise bir ay bile görev yapamadan kapandı. Normal kadro fazlası olduğum zamanların yarı döneminde farklı okullarda İngilizce öğretmenliği yapıp açık kapattım, başka bir yarı döneminde Türkçe öğretmenliği...

Bunları neden anlatıyorum? Ben ilkokul öğretmeniyim. Ürünümü görmek istiyordum. Birinci sınıftan beşinci sınıfın sonuna kadar mezun ettiğim öğrencilerim olmalıydı. Göreve başlayalı altı yıl olmuştu. Ama "Bu benim ürünüm," diyeceğim ve mezun ettiğim tek bir öğrencim yoktu. Aslında bir yıl da olsa öğretmenin öğrenci hayatına dokunuşu çok önemli, biliyorum ama ister istemez "ilkokul öğretmeni" unvanını tam olarak yaşama arzusundaydım.

Öğrenci sayısı onun altına düştüğünde köy okulları kapanıyordu. Durum günümüzde de aynı. Kapanan köy okullarının 25-30 farklı köyden gelen öğrencileri taşımalı eğitim kapsamında tek bir büyük okulda toplanır, öğrenciler eğitim ve öğretimlerine böyle devam ederler. Peki bu durum iyi midir, kötü müdür? O tartışılırdı. Evet köy okulları yaşatılsın istiyoruz, köyde devletin bayrağının dalgalandığı yer okul diyoruz ama... Bir köyde okulun kapatılması ne demek? Bir daha o köyde milli bayram kutlanmaması, bayrak töreninin yapılmaması ve İstiklal Marşı'nın söylenmemesi demek. Köyde bir öğretmenin olması ne demek? Köyde bir rehber, birleştirici bir güç demek.

Kumköy İlkokulu'na atandığımı öğrendiğimde aynı manzarayla karşılaşacağımdan emindim ama artık kapanan köy okullarının vermiş olduğu üzüntüye de alışmıştım. Diğer okullarda mücadeleye fırsat olmadan okula pat diye müfettişler geliyordu, ertesi gün yazı çıkıyordu. "Haydiiii taşımalıyaaa". O zamanlar cesaretim mi yoktu yoksa acemilik zamanım mıydı bilemiyorum. Yahu insan bir "Hayır" da mı diyemez? Öylece yapılanları izliyordum. Sınıftaki oturma düzenimi değiştirip, "Bu sınıf bundan sonra böyle olsun," deyip giden müfettişler bile olmuştu. Dilim mi yoktu? Çok mu itaatkârdım? Saygı patlaması mı yaşıyordum? Uzun lafın kısası; yaşadığım her bir olumlu olumsuz olayı deneyim sepetime eklemeliydim. Tabii ki pişmanlıklarımız olabilir ama şimdi düşündüğümde belki de o suskunluklarım, beni ilerisi için cesaretlendiren en önemli şeylerdi...

Kumköy Macerası Başlıyor...

Okulun adını duyup görmeye gitmem öğleden sonrayı buldu. Arabaya bindiğimde her zaman yaptığım şeyi yaptım: Kilometreyi açtım. Okul evime ne kadar uzak anlamam lazımdı. Nedense çok uzak geldi. Aslında biliyordum, çok daha uzak yerlere gidenler de vardı. Hatta her gün gidip gelmekte zorlandığı için başka ilçeye, ailesinden ayrı ev açanları bile tanıyordum. Daha önceki okullarım buraya göre biraz daha dağlık bölgelerdeydi. Kumköy ise daha düz, hatta yol kenarı bir yerdeydi; baraj kenarıydı. Gelene kadar kilometre yetmişi buldu. Derme çatma tuğlalı bir bahçe duvarı gördüm önce, üzerinde üç erkek çocuğu oturuyordu. Camdan sarkıp tabelayı okumaya çalışırken, "Kumköy İlkokulu burası değil mi?" diye sordum. Onlara öğretmen olduğumu söylememiştim. Öğleden sonraydı ve dersler bitmişti, okuldan çıkan erkek öğrenciler okulun bahçesinde buluşup top oynuyorlardı (bir köy okulu klasiğidir). İsimlerini ve derslerin nasıl gittiğini sordum. Yarı güvensiz, çekingen bir şekilde verdiler cevaplarını. Arada da birbirlerine fısıldaşarak bir şeyler söylüyorlardı. Onlar da haklıydı, sonuçta hiç tanımadıkları insanlar gelmiş bir şeyler soruyordu. Okulu dışından şöyle bir süzdüm. Aynı hikâye sil baştan başlayacaktı. Bir köy okuluna atanan öğretmenin hikâyesi. Yalnız öğretmen... Kadın öğretmen. Yoktan var etme mücadelesi vermeye hazır bir öğretmen...

Okul tabelası mermerdendi. Üzerinde yalnızca okulun adı ve 1970 tarihi yazılıydı. Gri mermer taş, mezarlık mermerlerinin aynısıydı. Gözümün önüne önce doğum tarihi yazılan o taşlar geldi... Peki sonundaki tarih ne olacaktı? Kumköy'e ömür biçmek benim elimde miydi, değil miydi? Bunu zaman gösterecekti... Paslı demirli bahçe kapısından içeri doğru yürüdüm. Dikkatimi çeken ilk şey okulda bir Atatürk büstünün olmamasıydı. Bayrak direği de her an düşecekmiş gibi eğik duruyordu. Camdan içeri bakmaya çalıştım. Ellerimi yüzümün iki yanına yaslayıp içeriyi süzdüm.

Biliyorum, "Her şey hayal ederek başlar," son derece klasik bir söylemdir. Hayal ederek başla, hayalsiz olmaz, istemeden olmaz... İşte o an, tam o an geleceği hayal etmiştim.

Bana görevi teslim edecek öğretmen okulda olmadığı için binaya giremedim. Duvar üstünde oturan çocuklara veda ettim; Milli Eğitim'e gitmem ve görevi kabul edip etmediğimi bildirmem gerekiyordu. Önceki okulum kapandığı ve norm fazlası olduğum için atamam çoktan yapılmıştı. İtiraz hakkım vardı ama etmedim, etsem ne olacaktı ki? Gittiğim okul da faklı olmayacaktı: Birleştirilmiş sınıf... Çoğu öğretmene kâbus gibi gelen, hatta birçok kimsenin hâlâ bilmediği, ilkel bulduğu, anlam veremediği birleştirilmiş sınıf....

Milli Eğitim Müdürlüğü'ne gittim ve kabul ettiğimi söyledim. Hayırlı olsunlar havada uçuştu. Ertesi gün tekrar Milli Eğitim Müdürlüğü binasına gittiğimde Kumköy'de on yıldan fazladır görev yapan Burhan Öğretmen ile rastlaştık. Bana okula çok emek verdiğini anlattı ve kısaca veli-öğrenci profilinden bahsetti. Ve sonra benim ne kadar şanslı olduğumu ekledi; köye ulaşım vardı. Gidiş gelişlerde sorun yaşamayacaktım. Güle oynaya görevden ayrılma yazısını verdi, ilçe merkezinde bir okulda göreve başlamak için oradan ayrıldı. Ben de elimde göreve başlama yazımla kalakaldım. Bir de müdür yetkililik onayı almam için birtakım yazılar yazıldı, demirbaş tutanakları üstüme geçti. Eeee ne de olsa artık müdür de bendim. Kendi kendimin müdürü!

Kendi Kendimin Müdürüyüm!

Ne acayip değil mi? Kendi görev başlama yazımı yazıyordum. "*Okulumuz öğretmenlerinden Dilek Livaneli,*" diye başlıyordu. Yazının en altına "*Okul Müdürü Dilek Livaneli*" diye imza atıyordum. Acayip eğlenceliydi. Küçükken üç dört role aynı anda büründüğümüz oyunlar vardı ya işte onun gerçek hayat versiyonu gibiydi.

Gerçi resmi evrak işlerini oldum olası sevemedim. Hepsi angarya geldi. Yığınla dosya, numaralar, arşivler, genelgeler, planlar, toplantı tutanakları... Hiç sevemedim. Çoğu kez yığıldılar da yığıldılar, yazıların çoğu son güne kalıyordu, son dakika yazıp çiziyordum. O da ne kadar doğru olursa... Benim yerim sınıf olmalıydı, sahada olmayı seviyordum, çocukları şaşırtmayı... Onlar öğrendiğinde yaptığımın bir sihir olduğunu düşünüyordum.

Dersin en heyecanlı yerinde okulun telefonunun zangur zungur çalmasından, yol yapımı vs. gibi işler için birilerinin zırt pırt sınıfın kapısını açıp bana bir şeyler sormasından hoşlanmıyordum. Hem de hiç. En kötüsü de köyden birinin çat kapı sınıfa girip, "Hoca Hanım ben bilmem kaç yılında bu okuldan mezun oldum ama diplomamı kaybettim. Hadi bir bakıver gözünü seveyim," demesiydi. Diplomasını kaybedenlerin hepsine arşiv taramayı öğrettim. Üç dakikada anlatıp sınıfıma geri dönüyordum. "Siz bulup numarasını bana söyleyin, ben gerekli evrakları düzenlerim," diyordum. Her üç günde bir diploma numarası sorgulasam zaman mı kalır? 180 iş gününde beş sınıf müfredatı da bitecekti. Sonuçta "Başkaa?" demeden zamanı en iyi nasıl değerlendirebilirim, diye sorguluyorsunuz. Ahtapot gibi olmanız lazım. Sınıfın içinde sekiz ayakla yürümeniz gerekecek. Müstakil sınıf okutan yani tek sınıfı olan öğretmenlerin "Zamanı yettiremiyorum, bu konular nasıl yetişecek," diye size dert yanması, birleştirilmiş sınıf okutan bir öğretmene yapılacak en büyük hakarettir. Ya da hadi bu söylemi yumuşatalım: En büyük, en komik şakadır.

Okula gitmeden önce köy muhtarının cep telefonunu bulup onu aradım. Köyün nüfusundan çocuk nüfusuna, hane sayısından seçmen sayısına kadar neredeyse her şeyi sorduğumu hatırlıyorum. Muhtar en sonunda, "Ya hele bir gel, defterler burada incelersin. Böyle telefonda olmaz," dedi. Muhtarımız tez canlı babacan bir amcamızdı. Ben çok konuşunca resmen içi daralır, "Hele bir soluklan," derdi. Köyün bağlı olduğu sağlık ocağından da ilkokul ve okulöncesi eğitim çağındaki çocukların sayısını ve okula uzaklıklarını öğrenmeye çalıştım. Sağ olsun, hemşireler çok yardımcı oldu; listeleri hemen faksladılar. Onları muhtarın listesiyle karşılaştırdım. Aşı takvimleri bile benim için çok yararlı olacaktı.

İlk günden o kadar sahiplenmiştim ki, sanki tüm köy aynı evde oturuyormuşçasına tanımalıydım hepsini... Sayısı önemli değildi. Kimlerden sorumlu olduğumu çok iyi bilmeliyim, diye düşünüyordum. O yıllarda kütüğü köyde olup ilçe merkezinde okula giden çocuklar olduğunu gördüm. İsteyen istediği okula gider elbette. Bir de tabii o yıllarda adrese dayalı okula yerleşme zorunluluğu yoktu. Köydeki evlerine sadece hafta sonu gelenleri, sadece yaz aylarında yurtdışından köye gelenleri gördüm, dinledim ve tanımaya çalıştım.

Kumköy'de İlk Sabah

Öğrencilerle ilk buluşacağım günün sabahı, elimde göreve başlama yazımla birlikte ilçeden dolmuşa bindim. Oldum olası bana komik gelen adıyla, büsbütün duran bir dolmuşa... Dolana kadar dolmuş olmayan dolmuşa... Bekle babam bekle, ben heyecanlıyım, insanlar sakin, benim acelem var, insanlar yavaş... Neyse ki yarım saat sonra hareket etti dolan dolmuşumuz. Yol boyu farklı köylerden geçtik. Dört-beş farklı köyden insanlar biniyor, iniyordu. Aralarında birbirlerinin köyleri hakkında konuşuyorlardı. Bazen tatlı-sert atışmalar, gülüşmeler, dedeler, nineler. Üç çocukla tek koltuğa binenler. Soğan çuvalını sırtına yastık yapanlar, telefonuyla avazı çıktığı kadar bağırarak konuşanlar, sesli dua edenler, sesli beddua edenler. Vallahi hepsi aynı dolmuşta. Ama nasıl bir doğallık, nasıl bir dobralık... Kırsal bölge insanının cazibesi de böyle işte.

Gözlem yapmak, insanları tanımaya çalışmak çok ayrı bir duyguydu. Hayatında hiç görmediğin, ilk kez karşılaştığın insanların seni kırk yıldır biliyorlarmış gibi davranmaları... Aslında bunların her biri benim için ayrı bir deneyimdi. Hatta bana hediye edilen bir iletişim paketiydi diyelim. Daha okula gitmeden köydeki insanlarla nasıl iletişim becerisi geliştirmeliyim, diye düşünmeye başlıyorsunuz. Çünkü biliyorsunuz ki, köyde öğretmenlik yalnızca öğrencilerle iletişimle olmuyor... *Ne çok yakın ne de çok uzak, ama samimi ve sıcak... İyi de her insandan alacağın elektrik farklı... Kafadan iletişim kurgulamaya gerek yok... Akışına bırakalım...* Ben akışı heyecanıma bıraktım. Çünkü heyecanım beni hep doğruya götürdü, hep daha iyisini yapmamı sağladı. İnsanlara ne istediğimi anlatırken heyecanımı her zaman hissettirdim. O heyecanı görenler bana inandı, güvendi.

Dolmuştan inmeden önce bile ses tonumu ayarlarım. Bu ilk gün böyle oldu, son güne kadar da böyle devam etti. Sesim tok ve kararlı olmalı ve tabii ki özgüven. İnsanlar, kırsalda dahi olsa öğretmenin kendine güvenini hissetmeliydi. Hatta özellikle burada hissetmeliydi belki, çünkü ne yaparsam yapayım şehirden gelmiş, köy dışından bir öğretmen olacaktım ilk intibada. Tam bu noktada "Öğretmen kendi saygınlığını kendi yaratır," düşüncemi destekler bir şekilde davranıyordum.

Toplumda insanların "Bu kim?" diye merak etmesi gerektiğine inanıyorum. İz bırakan bir yanınız olmalı. Benim en büyük hazinem, iletişim becerilerimdi. Çünkü yediden yetmişe herkesle doğru frekansı yakalamak çok önemliydi. Bu özellik, toplum içinde mıknatıs etkisi yaratmanıza sebep oluyor. İnanın, eğer gerçekten dinlerseniz, herkesin size söyleyecek bir şeyleri olduğunu fark edersiniz ve bu size birçok insanı kazanmanın yolunu açar. Ama o kadar ince bir çizgi ki bu... Kibire yer yok, şikâyete yer yok... Maksimum mütevaziliğe ve doğallığa ihtiyacınız var. Ve bunu size en kolay hissettiren insanlar, kırsal bölgede yaşar.

Okula gelmek üzereydim, üzerimde kahverengi kalem eteğim ve topuklu ayakkabılarım vardı. Yıllarca öğretmen anlayışıma yerleşmiş şeyler vardı: kaliteli iletişim, iyi beden dili, düzgün diksiyon ve tertemiz giyim kuşam. Bu hiç değişmedi. "Jilet gibi" tabiri bir öğretmenin giyim kuşamı için kullanılmalı, üzerinize giydiğiniz beyaz bir önlük bile olsa...

Düşüncelerimden sıyrıldığımda yaklaştığımızı fark ettim. "Kumköy İlkokulu'nda inecek var," demenin "Müsait bir yerde inebilir miyim?" demekten çok daha haz verdiğini anladım o anda. Ve ben dolmuştan inemeden ayaküstü patır patır sorular gelmeye başladı: "Öğretmen misin? Yeni mi atandın? Bu köy Ali Dayıların köyü" diyenlere gülümsemeyle cevap verdim.

Hadi Dilek Başlıyoruz!

Öğretmenlikte başka bir okul, başka bir dünya; yeniden doğmak demek. Benim için de önceki okullarda uygulayamadığım, fırsat bulamadığım ve içimde kalan her şeyi yeni okulumda yapma umudu demekti. Ve hatta belki de umutların cesarete dönüşmesi demekti, kim bilir? Ben anlatmaya devam edeyim, kararı siz verin.

Yoldan okula baktığımda Atatürk büstünün olmaması o kadar rahatsız ediyordu ki... Okulu ilk gördüğümden beri kafama takılmıştı bu durum. Bir dağ köyü de değil, yol kenarı bir köy burası. Günde yüzlerce araç geçiyor okulun önünden.

Okulun içinde öğrenciler, dışında da birkaç veli vardı. Kısa bir tanışma faslı... Selam vermeden, hoş geldin demeden eksik listesi soran da vardı tabii... En çok ona gülüyordum: Eksik listesi paniği. Hem veren için hem alan için enteresan bir süreç. Ama bunu ısrarla soran ve merak eden, "Çocuğum eksiksiz olsun," diyen bir veli profilinin varlığı iyi haberdi. Bir de ilk izlenim çok önemliydi. Hislerim hiç yanılmamıştı, aynı anneyle on yıl sonra konuştuğumda da onu ilk gördüğüm ânın düşüncelerini taşırdım.

Ben velilerle konuşurken kapıdan gizlice bakmaya çalışıp göz göze geldiğimde kaçışan çocukların seslerini duyuyordum, kendi aralarında fısıldaşmalarını. Sınıf artık benimdi. İçeri girdiğimde hepsini ayakta "günaydın" demeye hazır buldum. Tecrübeli beşinci sınıflar küçükleri sakinleştirerek ortama müdahale etmeye çalışıyorlardı. Oysa beni biraz daha tanıyınca çocukları doğal ortamında tanımayı sevdiğimi öğreneceklerdi.

Sınıf yirmi beş kişiydi... Beş farklı sınıf. Bu daha önceden bildiğim bir durumdu. Üç sınıf bir arada okuttuğum da oldu ama beş sınıf gerçekten zor zanaat. Farklı bir akrobasi yeteneği gerektiriyor. Bu zorluğu çözmenin kanımca birkaç güzel yolu var: iş bölümüyle öğrencilere sorumluluk vermek, büyük sınıfların küçüklere rehber olmasını sağlamak ve tabii ki akran öğrenmesi.

Unutmadan söyleyeyim, köy okullarındaki en önemli özelliklerden biri de sınıfın içinde kardeşlerin, kuzenlerin, akrabalıkların olmasıdır. Bu durumun önemli ve olumlu yanları vardı. Dördüncü sınıftaki Beyza'nın, ikinci sınıftaki kardeşi Rümeysa'ya yaptığı akıl hocalığı evde de devam ediyordu. Çünkü okulda olup bitenler tüm objektifliği ile aile ortamına yansıyordu. Örneğin, otuz üç yaşındaki Gülten Hanım'ın beş çocuğunun beşinin de öğretmenliğini yaptım. Bu duyguyu nasıl anlatsam bilmiyorum; aynı aileden beş çocuğun da hayatlarına dokunuyorsun, sofrada senin adın geçiyor, her akşam senden bahsediliyor. Böyle zamanlarda kendimi o ailenin bir bireyi gibi hissediyordum.

Derse tanışma faslıyla başladık. Aralarında adını bile söylemekte zorluk çeken, gözünü kaçıran, iletişim haline girmekten fazlasıyla utananlar vardı. Ciddi özgüven eksiklikleriydi bunlar. Yahu insan adını söylerken bile suç işlemiş gibi bakar mı? Öyle bir adını söyleme şekli ki bu... Neredeyse kendi adından emin olamama, kendi adını yanlış söyleme endişesi yaşayan yüz ifadeleri gördüm. Ama üstüne gitmeyince yavaş yavaş açılabileceklerinin de farkındaydım. Tabii bunun yanında arkadaşı adına cevap vermeye çalışan, çok konuşkan, girişken öğrenciler de mevcuttu.

Nereden Başlayacaktım?

Beş sınıfın müfredatlarını ayrı ayrı hatim edip, hemen derslere mi saldırmalıydım? Oku, anlat, yaz, ödev ver, ölç, değerlendir... Başlangıç hamlem bu mu olacaktı? Hayır, bu mümkün değildi çünkü her şeyden önce fiziksel ortam beni rahatsız ediyordu: Okulun boyaları kabuk kabuk dökülüyordu, çatı desen rüzgârdan kiremitler çatır çatır uçup yere düşüyordu, tuvalete gitmeye ben bile korkuyordum, çocuklar nasıl gidecekti? İçeride ders yaparken aklım dışarıda kalacaktı, biliyorum. Tabii bir de büst hikâyesi vardı, olmayan Atatürk büstü ve yamuk bayrak direği...

Diğer yandan ilk tanıştığımızda eksikliğini hemen hissettiren özgüven, ciddi bir sorundu. Sil baştan bundan mı başlamalıydım? Bir çocuğun topluluk önünde konuşması ya da kendini ifade etmesi, matematik problemlerinden çok daha önemliydi benim için. Ama bunun için veli profiline de yakından bakmak gerekiyordu. Peki ama hangisinden başlayacaktım? Cevap? Tabii ki hepsine aynı anda başlayacaktım!

Bir köy okulu öğretmeniyseniz, kültürü yakından tanımalı ve ihtiyaçları iyi belirlemelisiniz. Sorunları çözme yolunda yardımı önce yakın çevrenizden istemeniz çok mantıklı. İnanmazsanız, ilk ziyaretinde okulun dış cephe boyasını aldırttığım babama ya da her gelişinde Atatürk büstü, diye diye beynini yediğim eşime sorabilirsiniz! Tanımadığım insanların kapısına dayanmadan önce en yakınlarımın ne yapabileceğini düşündüm hep.

Ama sonra öyle bir hal alıyorsunuz ki, tanıdıklarınızın tanıdıklarına, hatta onların da tanıdıklarına dadanmaya başlıyorsunuz. Hiç ummadığınız yerden ummadığınız yardımlar ve bağlantılar çıkıyor. Ve bazen öyle bir duruma geliyorsunuz ki "ya olacak ya olacak" duygusuyla kendinizle inatlaşıyorsunuz. Elde yok avuçta yok... Eee sizin de gücünüz bir yere kadar. Mecburen saldırı modunda bir mücadele başlatıyorsunuz. Duyduğunuz "hayır"ların haddi hesabı yok, ama umursamıyorsunuz. Kapıdan kovuyorlar bacadan giriyorsunuz. Bir zaman sonra, "Ya bu kadın ne kadar çok konuşuyor ne kadar çok şey istiyor," diyerek yaka silkmeye başlayanlar oldu, ama umurumda değildi. Çünkü içim o kadar rahattı ki; ben kendim için bir şey istemiyordum. Okulum için, köydeki öğrencilerim için, köy kadınları için, köy halkı için istiyordum. Bir süre sonra o "hayır"ları "evet"e çevirebilmenin zaferiyle heyecanıma heyecan katmaya başladım. Nasıl? En başta söylediğim gibi o heyecanı koruyarak, sahip çıkarak... Her yeni güne, yeni bir eylem planıyla başlayarak.

Okulum Gençleşiyor

Kumköy İlkokulu için çok yolun başındaydım. Atatürk büstünden başlama fikri "Okulum Gençleşiyor" hareketiyle devam etti. Ama nasıl devam etti, bir de bana sorun. İlçe Milli Eğitim Müdürlüğü'ne durumu anlattığımda maliyetinden ötürü, daha öncelikli işlerin olduğunu söylüyorlardı. Çatısı bacası akan, bahçe duvarı olmayan vs. okullar vardı. Benim de çatım kırk yıllıktı, bahçe duvarım da yoktu, sıra onlara da gelecekti elbette ama ben kafayı bayrak direğine, Atatürk büstüne takmıştım.

Eylül ayıydı, önümüz ekim... 29 Ekim'e yetişmesi gerekiyordu. İnat böyle bir şeydi. Cumhuriyet Bayramı'nı köyde en güzel şekilde kutlamalıydım. Köy halkı bunun ne kadar önemli olduğunu, okulun gücünü hissetmeliydi. Muhtar ve azalarıyla köyün imamını okula çağırdım; birlik olmamız gerektiğini söyledim. İmamın iki kızı da benim öğrencimdi. Veli toplantısı yaptım, saatlerce konuşup anlattım. Sonunda imamı okul aile birliği başkanı seçtik. Böyle olması en mantıklısıydı, çünkü beş yıldır köyde yaşıyor ve herkesi tanıyordu. İlçe merkezinde kimin ne dükkânı var, kim kimin akrabası, köyün gurbetçi tanıdıkları kimler? Hepsini biliyordur, diye düşünüyordum. En azından Cuma namazında camide yardım toplandığı ve yardım stantları açıldığı için bu konuda uzman olduğunu söyleyebiliriz.

Ben camiye yaklaşık 200 metre uzaklıktaydım. Yani cami önünden bana el salladığınızda, sizi okulun tam önündeki yol kenarından görebiliyordum. Onları topladım, açıklama yaptım ama yine de içim rahat etmiyordu. Ne istediğimi herkes birinci ağızdan duysun istiyordum. Köyün ileri gelenleri, dedeler, kıdemli çiftçiler, hatta çevre köyden gelenlerin bile bir arada toplandığı iki yer vardı: cami ve köyün kahvesi. İlk hareket için Cuma namazını seçtim, öğle saati beyaz önlüğüm üstümde camiye doğru yürümeye başladım. Herkesin dağılmaya başladığı zamanda eyleme geçtim. Birkaç dedeyle selamlaştım, kendimi tanıttım. Okula yeni atandığımı, heyecanımı, isteğimi anlattım. Birkaç kişiyle konuşmaya başlayınca arkadakiler de dinlemeye gelmeye başladı; merak ediyorlardı. Heyecanlıydım (Ertesi hafta köyde dolaşan söylentileri duyana kadar: "Dilek Öğretmen, Cuma namazını bastı!").

Dinleyenlerin olduğunu fark edince ihtiyaçları tek nefeste sıralamaya başladım: "Sizin iki yüz metre uzağınızdayım. Tek başımayım. İhtiyaçlarımız oluyor. Herkesin birlik beraberliğiyle okulumuz için birçok şey yapabiliriz. Okulum kırk yıllık. Atatürk büstü yok. Sobamız kırk yıllık ve çürük. Hiç değiştirilmemiş, yenilenmemiş. Çatıdan kiremitler uçuyor. Tuvaletler içler acısı..." Ben cümlelerimi hızla sıralarken çoktan yanımızdan ayrılanlar, gözlerini kaçıranlar, yanındakine konuyla alakası olmayan şeyler anlatmaya başlayanlar da oldu. Ama açıksözlüler de vardı Allah için. Dobra dobur, derim ben onlara. "Hoca Hanım, benim okulda ne çocuğum ne torunum ne yeğenim var, benim okulla bir alakam yok," diyenler de oldu. Oracıkta anladım, köy halkı okulu gözden çıkarmıştı. Çocuk olması şart değil ki, dedim içimden... Caminin yerden ısıtmalı olduğunu, bilmem kaç bin euroluk avizesini de anlattılar. "Okula da yapsınlar," deyip durdular. Vatandaşlar, gurbetçiler falan yardım etmişti. Ben anlattıkça "Milli Eğitim yapsın kardeşim," diyenler de oluyordu. Devlet tabii ki bütçeler sunuyordu ama bende onu bekleyecek ne sabır ne de enerji vardı. Hele hele zamanım hiç yoktu. Mutlaka başka yollar olmalıydı...

Tüm bunların arasında askeriye ile yazışmaya başladım. İl Jandarma Komutanlığı'na yazılar yazıyor, durmadan telefon açıyordum. "İkinci el büste bile razıyım," dedim. Bakımını yapar, onarır, varaklar, ne gerekiyorsa ben yapardım.

Süreci anlattığım çoğu arkadaşım angaryayla uğraştığımı söyledi. Yardım beklemenin öğretmene yakışmadığını söyleyenler bile çıktı. İyi de ben sadece öğretmen değildim ki, okulun müdürüydüm aynı zamanda. Devlet koskoca mührü bana teslim etmişti. Tam olarak "Bak başının çaresine," demese bile, sorumluluğu vermişti bir kere.

Atatürk büstü demişken... Muhtara da ilettim elbette isteğimi. İlk söylediğimde "Hocam büstü yaparız yapmasına da sonra ne olacak? Kendini bilmezin biri gelir, bir yanlış yapar, çizilir, kırılır, yıkılır..." diyecek oldu lafını kestim, "Yıkarlarsa bir daha yaparız." Muhtar devam etti. "Başımıza bela almayalım. Çok büyük sorumluluk. Sen okulun içine yapsan bir Atatürk Köşesi, büstün de küçüğünü alıp içeri koysan," dedi. Şimdiye kadar beni biraz anladıysanız cevabımın "hayır" olacağını tahmin etmişsinizdir. Ama aldığım karşılık, "Bu büst olayını ne kadar büyüttünüz?" oldu.

Oysa benim büyüttüğüm tek şey maddi kaynak yetersizliğiydi. Diğer durumları sonra düşünecektim. Önce kaynak lazımdı. Onca okul, onca Atatürk büstü var. Bize sıra gelince mi köyde bir çalkantı, bir garip haller... Neyse kahvede konuşulacak konu çıkmıştı. Köyün nüfusu zaten çoluk çocuk toplasan üç yüzü geçmez. Ondan ona, ondan ona yayılan söylenti... Muhtarı çok bunaltmıştım ama sonunda bir gün okul çıkışı muhtar, imam ve ben ilçe merkezine gittik; bildikleri esnafları gezdik, durumu anlattık. Genel anlamda okula yardım talebi olarak bahsettik. Kimisi üç, kimisi beş, kimisi on derken...

Birkaç gün böyle geçti.

Yakın bir arkadaşım da büst yapımına destek olmak isteyerek maddi katkıda bulundu. Biraz yol kat ettik. Para işi zor iş, ancak muhtar aracılığı ile böyle bir şeye kalkıştık. Üstünü de kendisi tamamladı zaten. Büst için özel yönetmelik, kaide yapımının prosedürü, planı, malzeme ihtiyacı derken... Eşim çizdi. Usta da bulduk, mermerci ölçü aldı. Kaideye başlayacağız ama büstün kendisi yoktu. O kadar yazışma yaptım ama hepsi "kem küm"de kaldı. Samsun'un en büyük asker kışlası olan İl Komutanlığı'na bağlı birliğe gittik. Eşimle birlikte komutanlarla konuştuk, çaylarını içtik. Sanki içime doğmuş gibi, depolarında fazladan büst olduğuna o kadar emindim ki çok rica ettim; "Yazışmalar, devir teslim tutanakları çok uzun sürüyor, bu hantal süreçte iki tarafta yorulmasın," dedim. Sağ olsunlar, ikna oldular ve kendilerine yeni gelen büstü vermeyi kabul ettiler. Bir süre sonra iki asker kafes içinde Atatürk portre heykelini getirdiler, rengi epey koyuydu, boyamak gerekecekti.

Boyaları alıp eve geldiğimizde gece olmuştu. Ertesi gün hafta sonuydu ve buna rağmen çalışan usta sayesinde büst yerleşecek, pazartesiye hazır olacaktı. Sağ olsun, muhtarımız da tüm yapım aşamasında hep başında durdu. Büstümüzü varakladık. Gelendi geçendi derken, bir baktım neredeyse tüm köy bahçeye toplanmış merakla izliyor.

Bu durumu da ben köyde öğrendim. Yani diyelim, köyün bir yerine bir şey yapılıyor. Bu bir yol tamiri olabilir, bir kuyu açılıyor olabilir. Tam o sırada köy erkeklerinin çoğunu orada bulabilirsiniz. Âdet bu yani, büste özel bir şey değildi. O kalabalığın arasında enteresan sorularla karşılaştığım da oldu. Beni kenara çekip sanki gizli bir şey söyleyecekmiş gibi fısıldayarak, "Hoca hanım sen falanca partili misin?" diye soran oldu. Haydaaa... Gel de sinirlenme... "Nereden çıktı bu?" dedim; "Atatürk büstü diye tutturdun ya," diye cevap verdi. "Yahu Atatürk kimsenin tekelinde değil ki. Hepimizin Atası o... Beni lütfen 'o'cu 'bu'cu diye kalıplara sokmaya çalışmayın. Ben size evrensellik nasıl olur öğreteceğim," dedim. "Ben devlet memuruyum siyaset yapmam, partiler hakkında konuşmam. İşime bakarım, işimi yaparım." Nokta. Ama madem kuvvetli adamları da bulmuşum, "Bunları konuşacağınıza bir el atın da şu direği indirelim," dedim. Getirdiğim yeni bayrağı takacaktım. Hazır indirmişken, elimizde alet edevat da varken eğilme sorununu da düzeltecektik tabii. Sonunda rahatlamıştım... Bir çırpıda anlattığıma bakmayın, bu süreç toplamda tam bir aya yakın sürdü. Ama daha yapılacak çok şey vardı.

Yamuk Bakarsanız Yamuk Görürsünüz

Tabii ki sizin paşa gönlünüz bilir ama benim için pazartesi sabahları en heyecanlılarıdır. Hele ki o pazartesi başka güzeldi.

Okul başladıktan sonraki süreçte özel bir öğretmen servisine kaydoldum. Daha doğrusu öğretmenler olarak servis tuttuk. On beş köy öğretmeni Samsun merkezden 60-70 kilometre uzaklıktaki okullarımıza tek tek bırakılıyorduk. Öğretmen arkadaşlarım, Atatürk büstüne kavuşma sürecimin en yakın şahitleri oldular. Yol boyunca telefonda konuşmalarımı istemeden de olsa dinlemek zorunda kaldılar. Seven oldu, sevmeyen oldu. Bunu hissettiren oldu, hissettirmeyen oldu. Yine söylüyorum: Umurumda bile değildi.

O pazartesi öyle mutluyum ki hiçbir olumsuz tavır, espri, yorum kabul edemez durumdayım. O kadar heyecanlıydım çünkü. Okula yaklaşmıştık. Hem servisteki arkadaşlarıma hem de öğrencilerime göstereceğim için ne gurur ne gurur. Sihir yapmış gibi, "Taaa taa ta taaam!" demek istiyordum. Ama serviste öyle bir enerji yoktu. Çoğu da uyuyordu zaten.

Hafif hafif yağmur yağıyordu, şemsiyem de yoktu. Servis okulun önünde durdu. Hiçbir şey demedim, onların demesini bekledim. Tam inerken istem dışı "Ohh be kavuştuk," diye çıktı ağzımdan. Servis şoförümüz rahmetli Reyhan Amca, "Hoca Hanım bu büst yamuk," demesin mi? Nasıl bir bakış açısıyla baktıysa artık. O kadar uğraşmıştım... İlla biri kusur bulacak. Üstelik yönetmeliği olan o kadar ölçülüp biçilen bir yapıt. O da umurumda değildi. Ben de gülerek siz de "Yamuk bakmayın," dedim, "Yamuk bakarsanız yamuk görürsünüz."

Dış kapıdan büste kadar yürüyordum; yağmur ıslatıyor, Atatürk'ün yüzünden su damlaları süzülüyordu. Sanki Atatürk ağlıyordu... Onunla göz göze geldim, çok duygulandım. Çünkü bahçede yalnızdık. Ben de ağlamaya başladım, sebebini bilmiyordum. Sular hâlâ yüzünden süzülüyordu, göz çukuruna gelen su damlaları sonrasında gözünden yanağına doğru akmaya başlıyordu. Kesinlikle ağlar gibiydi. Onun yüzünü kuruladım, yaşlarını sildim, yüzünü sevdim. Hâlâ inanamıyordum.

Sonra yavaş yavaş öğrenciler de gelmeye başladı. Yağmur azalmıştı ama çocuklar yine de içeri girmiyorlardı. Hepsi büstün başındaydı. En sona kalanlar koşa koşa yetişiyordu. Aralarındaki konuşmaları ahh keşke kaydedebilseydim, hiç aklıma gelmedi. Ama beynime öyle bir kazımıştım ki olup bitenleri ölsem de unutamazdım. Çocuklar şaşkındı, yıllardır ders kitaplarında gördükleri, yıllardır öğretmenlerinden öğrendikleri Atatürk şimdi bir büst şeklinde karşılarındaydı; ışıl ışıl parlıyordu. Aralarından bir tanesi "Öğretmenim bunu buradan almazlar mı, altın sanmazlar mı, çalmazlar mı?" diye panikle sıraladı sorularını. O kadar tatlılardı ki. Onların bakış açıları bambaşkaydı. Ne düşünüyorlarsa onu söylüyorlardı. Çocukların düşünceleri her zaman canlı yayındır zaten. Ne düşünürlerse aynı anda söylerler. Çocuklarla vakit geçirmek kesinlikle ömrü uzatıyor. Bu konuda gerçekten çok iddialıyım.

Atatürk büstüne kavuşma hikâyem kısa bir film olabilirdi. Başka bir histi bu. Ve bu his bu kitapta anlatacağım onlarca hikâyeden çok daha farklı şeyler hissettirmişti. O pazartesi günü sınıfın içinden dışarı bakmaktan neredeyse ders anlatamadım. Gün boyu köy halkından bakmak için gelenler oldu. Onların sorularını cevapladım. Ya elinde çiçekle gelen bir dedemize ne demeli, ben daha ne diyeyim. O pazartesinin tüm teneffüsleri ayrı güzeldi...

Soba Yak, Isın ve Temizle

Kaşla göz arasında sobaları da değiştirdim. Sobalar diyorum çünkü okulda iki soba vardı. Lojmanda da ekstra bir küçük soba... Toplamda üç soba. Tabii önce sıfır soba bulmak hayaldi. Köyde fazla sobası olanları buldum. Kullanmadıkları sobalarını okula verenler oldu. Tuğlalı soba, diyorlardı. İyi ısıtanından yani...

Hadi soba bulması bir şey değildi, sorun onu her sabah yakabilmekti. Bu yüzden her sabah yaptığımız Hayat Bilgisi dersi neredeyse iptaldi. Çünkü her seferinde duman altı kalıyorduk, soba tütüyordu. Bu yüzden aslında derse beş dakika kala değil daha erken yanmış olması gerekiyordu. Çocuklar da soğuk değil, sıcak sınıfa gelmeliydi. Benden önce sınıf mevcudu otuzun üzerinde olduğu için iki öğretmen varmış. Biri daha erken gelirmiş. Sonraları köyde yaşayan Asiye Hanım'ı soba yakması ve okul çıkışı okulu süpürmesi için görevlendirmeye karar vermişler. Ona belli bir ücret toplanmış ve bu yardım bir süre devam etmiş.

Okulda ilk çalışmaya başladığım zamanlarda çok sık toplantı yaptım. Bu toplantılara muhtar da gelirdi, onun da ilk yılıydı, hevesi tazeydi. Ben soba konusunda konuşup velilerden fikir almaya çalışıyordum ama konu çok uzadı. Bir toplantıda konu içinden çıkılmaz hale gelince, "Para olayını ben hallederim. Aldığım muhtarlık maaşını okula harcarım," dedi. Bir tek ben şaşırmıştım bu işe, benim dışımda herkes için sıradan bir durum gibiydi. "Eh koskoca muhtarsın, ödeyeceksin tabii," dermiş gibi rahatlardı. Ama kimsenin cebine dokunmak istemiyordum. Sonuçta devlet de yirmi beş kişilik bir okula maaşlı sigortalı bir hizmetli veremiyordu; çözümü kendimiz üretecektik.

Bu durum iki yıl böyle devam etti ama ben muhtarın hizmetlimizin masraflarını karşılamasından çok rahatsız olmaya başlamıştım. Somut bir nedeni yoktu yalnızca içim rahat değildi, huzursuzdum. Çözüm üretmem lazımdı ve muhtarın maaşına el koymak benim gözümde bir çözüm değildi. Asiye Hanım bazı sabahlar doktor randevusu ya da ailevi sebeplerden gelemiyordu ya da okul çıkışı eşini gönderiyordu, çünkü toza karşı alerjisi başlamıştı. Bu sefer de veliler eşinin yaptığı temizliğe kusur bulmaya başladılar. Galiba rahatsızlığım tam da bu noktada başladı. Aslında kimseyi kırmak istemiyordum. Sonuçta Asiye Hanım'ın da az da olsa harçlığı oluyor, biraz da olsa emeğinin karşılığını alıyordu; elbette buna ihtiyacı vardı. Ama diğer taraftan bunu muhtarın ödemesinden rahatsızlık duyuyordum. Herkesi işin içine katacak bir çözüm üretmeliydim. Her gün iki kadın okulu temizlesek, sobayı yaksak nasıl olurdu? Düşünmesine düşünüyorum da bunu bir de onlara anlatmak vardı. Anlatmayı da geçtim, onları ikna etmesi vardı. İknadan sonra da uygulamayı sürekli kılmak vardı.

Kumköy'de uyguladığım en etkili metot kişilerle önce bireysel konuşmaktı. Her şeyi önce tek bir kişiye anlatıyordum, ardından diğerine sil baştan, sonra diğerine, sonra diğerine... Çok yoruluyordum, konuşmak enerjimi tüketiyordu, ama nabız yoklamanın en güzel yolu da buydu. Ben böyle öğrendim ve deneyimledim. Okulda, köyde, yolda yakalayamadıklarıma telefonla ulaşıyordum. Konuş Allah konuş. Anlat Allah anlat. Çoğunluğu kazanırsam gerisi kolaydı. Sonra üstüne bir toplantı daha. Okul çıkışları toplantımı yapıyordum. O sırada hava güzelse çocuklar bahçede oynuyor, soğuk havalarda kullanılmayan diğer sınıfta vakit geçiriyorlardı. Ki oraya da geleceğim, az kaldı... O kadar doluyum, anlatmak istediğim o kadar çok şey var ki yazım hızım anlatım hızımın çok gerisinde kalıyor. Tüm bunları yazarken yıllar öncesindeki bilinçaltımı zorladığım için günlerdir rüyalarımda bile her şeyi baştan yaşar oldum.

Neyse konumuz soba ve temizlikti, toplantı başlamıştı ama bir sıkıntı vardı: İkna ettiklerim sınıftaydı, edemediklerimse gelmemişti. Şimdi ne yapacaktım? Üstelik elbette her birinin kendi işi vardı, bazısı yerinde oturamıyordu... Kimisinin derdi başkaydı: tarlası, kümesi, ahırı, hayvanı, yemeği, yoğurdu, ayranı, tereyağı, temizliği, hasta kayınpeder, hasta kayınvalide, evde bekleyen diğer çocuklar... Bitmiyordu... Böyle olmayacaktı, elbette herkesin derdi vardı ama benim derdim okuldu, çocuklardı; onların çocuklarıydı ve bahçeden girdikleri anda benim de çocuklarım...

"Yeter," dedim. "Beni de düşünün, yirmi beş çocukla aynı sınıftayım, beş ayrı sınıf... Ayrı dersler, ayrı konular... Okulu en iyi hale sokmaya çalışıyorum. Çırpınıyorum. Fiziksel değişim ayrı sorun, düzenli temizlik ayrı sorun... Isınma ayrı sorun..." Sonunda ben onlara dert yandım, onlar bana dert yandı... Gelmeyenlerin bir kısmını telefonla çağırıp gelmelerini sağladım, arada gidenler oldu. "Zamanımız yok," diyenler oldu; para durumu iyi olanlardan para toplayıp giderleri karşılamayı önerenler oldu. Belli ki dertlerine birini daha eklemiştim. Sonunda herkes bir ağızdan konuşmaya devam ederken, tahtaya bir çizelge çizdim. Her güne iki kadın ismi yazdım. Tek bir isim kalınca onun yanına da kendimi ekledim: "Hep birlikte yapacağız, ben de sizinleyim, soba yakıp temizlik yapacağız." Ve arkama yaslandım, tepkiler devam ediyordu; güldüler, yadırgadılar, beğendiler... Ama ben gülümsüyordum, bir hedefim vardı: Bu okulu bir sisteme sokmak. Bir ay içinde dört toplantı, saatlerce telefon görüşmesi olur mu? Olur.

Anneleri okula çekmek çok önemliydi. Bu sayede onlar da okulun, çocuklarının eğitiminin bir parçası haline gelmeye başladılar. Ayrıca annelerinin okulu sahiplendiğini görmek çocuklarda inanılmaz bir ilerleme süreci yarattı. Onların kendileri için sorumluluk aldığını gördüler. Kendi annelerinin günlerini ezberlediler, gelmelerini dört gözle bekler oldular.

Sonra bir baktım, işler tıkırında. Asiye Hanım adına üzülüyordum ama bunun gerekliliğine inancım daha ağır bastı. Belki sonrasında onun için başka bir şey düşünebilirdim. O aklımın bir köşesinde duruyordu. Çalışmak isteyen ama iş imkânı olmayan kadınlar kontenjanı bir kişiyle dolmaya başlamıştı bile.

Sabahları anneler evlerden farklı temizlik bezleri, soba tutuşturucuları getirmeye başladı. Meğer sobanın tütmemesi için ne pratik yollar varmış, ben de onlarla öğreniyordum. Onlar erken geldikleri için öğrenciler güne sıcacık ve dumansız bir sınıfta başlıyordu. Elleri de çabuktu üstelik. Bazıları hızını alamayıp bahçeye de el atıyordu, odun-kömürlerin derlenip toplanmasında da büyük yardımları oluyordu. O yıllarda kömür yardımı alamadığımız için kendi imkânlarımızla bulmamız gerekiyordu. Aileler okula birer çuval odun-kömür getiriyordu ya da köyde kömür satan biri bazen okula da ayırıyordu. Bu sayede yakacak sorunumuz hiç olmadı. O konuda her şey yolunda gitti.

Okulun tuvaletlerini temizliyor, camlarını siliyorduk. Kapılar, yerler tertemizdi; düzenli toz alınıyordu. Bazen düşünüyorum aralarından bir kişi itiraz etseydi, "Ben yokum" deseydi ne yapardım diye... Geriye kalanlarla mı devam ederdim yoksa ikna çalışmalarını mı artırırdım? Cevabı bilmiyorum, çünkü elbette her sistem gibi bunda da sorunlar çıkıyor ve beni yeterince oyalıyordu. Bazen birbirlerinin yaptığı temizliği beğenmeyenler çıktı; bazen yetiştiremeyenler, günü geldiğinde gelemeyenler, tüm işin tek kişiye kaldığı günler... Benim bile işi yetiştiremediğim, servisi kaçırıp yolcu minibüsleriyle eve döndüğüm zamanlar oldu. Eşleştiğim Sevda Hanım'ın hasta bir kayınvalidesi vardı, altı aylık küçücük bebeğini her zaman ona bırakamadığı için okula bazen onunla geliyordu. Bebek sepetinde dururken, Sevda Hanım canhıraş oradan oraya koşturuyordu. Çünkü büyük kızı okulun öğrencisiydi ve gerçekten bir şeyler yapmak istiyordu. Yirmi beş yaşlarında gencecik bir kadındı.

Bizim sıramız geldiğinde, en son teneffüste tuvaletleri temizliyordum. İlk başlarda çok zorlandığımı, kimi zaman ağladığımı sizden saklayacak değilim. Bunu yapmak ağırıma gittiği ya da işten kaçmak istediğim için değil, şartların böyle olmasınaydı ağlamam. Bir gün tuvaleti temizlerken, camdan saçıma bir şey düştü. Önce ne olduğunu anlamadım, dökülen tavanın boyası ya da açık tuvalet camından girmiş bir yaprak olabilirdi. Almak için elimi saçıma uzattığımda öyle bir çığlık attım ki kendi çığlığımdan korktum. Çektiğim halde bir türlü gelmeyen yumuşak sakız gibi uzayan bir şey vardı kafamda, fıstık yeşili bir kurbağa bacağı! Tuvaletin camsız, minik bir penceresi vardı ve o kurbağa sinirimi bozmak için beni özellikle bulmuştu sanki. Komik geldiğini biliyorum ama ben gülemedim, o camı kapatmamız gerekiyordu. Okul dönüşü servisteki arkadaşlarıma anlattığımda yorumlardan bir tanesi şuydu: "Hocam, hiç şikâyet etme, sen kendin kaşındın. Zaten temizlik düzenin kurulmuştu. Eee muhtar da bunun masrafını ödüyordu. Ne diye başına iş aldın? Zaten bunları yapan vardı."

Ama kulak asmadım, okulla bu kadar yakından ilgilenmek hoşuma gidiyordu. Hem evim hem ofisim hem de odam olmuştu ve ister istemez ders dışında da fazla zaman geçirmeye başladım. Okul çıkışları servis gelir, korna çalar çalar dururdu. Okulun arka bölümündeysem zar zor duyardım. Sonunda biraz geç kalsam, azıcık beklediler diye surat asanlarla dolu bir servise binmek zorunda kalırdım... Oysa ders dışı saatler benim için okulda özgürlük demekti; yapacak, değiştirecek o kadar çok şey vardı ki...

Tuvaletin pencerelerine tel takmakla işe başlayabilirdim mesela. Asiye Hanım da eşi de bana çok yardım ederdi. Bir telefonla imdadıma koşarlardı. Gerçekte onun işine son vermiş gibi olmuştum. Yani artık okulu temizleyip para almıyordu. Ama o bunu umursamadı bile. Nasıl asil bir karakterdi bizim Asiye Hanım. Yine elinden ne gelirse yapmaya hazırdı. Okulda çocuğu, torunu bile yoktu. Yalnızca birkaç uzaktan akrabası vardı. Tuvalet tellerini birlikte takıverdik. Tuvaletler estetik anlamda yine de ürkütücüydü ama en azından artık dışarıdan kafamıza kurbağa ya da böcek düşmeyecekti. Köy okullarında okuyanlar ve görev yapanlar bilirler. Okulda tuvaletler binanın dışındadır. Bu bile çok enteresan.

Bu yüzden en zoru birinci sınıfa başlayan bir öğrenciyi

tek başına tuvalete göndermekti. Elbette tek tek onlarla beraber gidiyor, kapılarında bekliyordum. Ama bu her zaman mümkün olmuyordu. Bazen dördüncü-beşinci sınıflarla yaptığımız önemli bir deneyin ortasında tuvaleti gelen oluyordu. Bir süre büyük öğrencilere küçükleri emanet etmeyi denedim, her zaman bir gönüllü bulmak da kolay olmadığından ve birinci sınıflar yanlarında biri olmadan asla tuvalete gitmediklerinden çişlerini okul çıkışına kadar tutanlar oluyordu. Sırf bu yüzden cuma günü yapılan İstiklal Marşı Töreni'nde altını ıslatan öğrencilerim oldu. Benim bile sinirim bozuluyordu, onlar ne yapsınlar. Tuvalet resmen korkutucuydu; hem dışarıdaydı hem de minicik pencereden ışık gelmiyordu ve elektrikler kesildiğinde koyu duvarlar yüzünden iyice zifiri karanlık oluyordu –ki tahmin edeceğiniz gibi sık sık elektrik kesiliyordu. Alın size yeni bir sorun, tuvaletler! Dilek Livaneli'nin hayatına hoş geldiniz!

Okul için Ne Yapabilirsin?

Tuvaletin iç duvarlarına kireç sürerek içeriyi biraz olsun aydınlattım. Havluluk, tuvalet kâğıtları, aynalar, kokular, renkli sabunlar derken, eli yüzü epey düzeldi. Ama dahası da olmalıydı. Bir etkinlikte konuşmamı dinledikten sonra dört gönüllü okulu arayarak, "Okul için bir şeyler yapmak istiyoruz, ama emek içeren, çocuklarla iç içe olabileceğimiz, onlara bir şeyler katabileceğimiz, yüreklerine dokunabileceğimiz bir etkinlik yapmak istiyoruz," dediler. "Elinizden ne gelir?" diye sordum. Onlarla oyun oynayıp sohbet etseler bile yeterdi. Sonuçta uzaktan geleceklerdi ve çocuklar ilk kez gördükleri yetişkin insanlarla sohbet etme becerisi kazanacak, sosyalleşeceklerdi. Daha önce yaptıkları sosyal sorumluluk etkinliklerinden bahsettiler. Hele bir tanesi sprey boyalarla resim yapabildiğini, özellikle duvar süslemelerinde çok iyi olduğunu söylemesin mi? Belki yerel dilde kocakarı lafı derler ama resmen başka bir şey istesem olurmuş, kalbim temizmiş. Tam da ihtiyacımız olan şey bu değil miydi? Pazar günü İstanbul'dan Samsun'a gönüllü olarak geldiler. Öğrencilerle birlikte okulu renklendirdiler, ismini "Turuncu Hayaller" koyduğumuz çalışmayı hayata geçirdiler. Tuvaletin dış duvarlarını bir akvaryum görüntüsüne dönüştürdüler; balıklar, baloncuklar, denizatları, sular... Bunu yaparken çocuklara sorumluluklar verdik. Herkesin eli değdi.

Çocukların aralarında geçen sohbetler, sevinç çığlıkları, espriler. Gelen arabanın camına yapışıp içinde ne var diye bakmalar.... Okula gelen gönüllülerimiz çok güzel duygularla ve anılarla ayrıldılar. Hiç tanımadığım, hayatımda daha önce hiç görmediğim, hatta o günden sonra bir daha hiç görmediğim, konuşmadığım insanlar, gönüllü yürekler öylece gittiler ama bıraktıkları iz o kadar güzeldi ki... Her şeyden önemlisi, çocukların artık tuvalete güle oynaya gitmeleriydi. Ve çocuklar tuvalet duvarındaki balıkları her gördüklerinde o güzel yürekleri hatırlayacaklardı.

***

Peki ben pazar günü kalkıp okula nasıl geldim? Sizi kişisel dertlerime boğacak halim yok ama her şey kolay olmuyor. Evde eşimi ve çocuğumu nasıl ikna ediyordum, onlar hafta sonu okula gitmeme ne diyorlardı, bu dengeyi nasıl kuracaktım? Bir tarafta kendimi işkolik gibi hissediyor, diğer tarafta suçluyordum. Fazladan enerji sarf edip ailemle geçirebileceğim her dakikadan çalıyor gibi görünüyordum ama böyle bir fırsatı nasıl kaçırabilirdim ki? Aslında her şey "Amaan her zaman olmuyor böyle şeyler," ile başladı. Zira sonraları bunu daha sık yapacaktım, çünkü aslında bulduğum her fırsatı okul için değerlendiriyordum. Dolayısıyla ben işime bağlandıkça onlar benim işimden soğudu. Bizim ailede öğretmen olan çoktu; eşim hep bana onları örnek gösterir, beni eleştirirdi. Gereksiz enerji sarfiyatı yaptığımı söyler, kendince amacımın ne olduğunu anlamaya çalışırdı. Bana göre bendeki bir enerji patlamasıydı ve bunu en enerjisiz ortama aktarma isteğiydi. Ben belli bir amaç dışında kendimi bunları yapmaya mecbur hissederdim. Hâlâ da öyle... Çok planlı yaşamadım ama oluruna bıraktığım birçok şeyin kolunu da bırakmadım. Daha yolun çok başındaydım.

Bir durun hele... Bir izin verin. Yermek, eleştirmek kolay. Destek olmak çok zor. O desteği alacağım diye canım çıktı. Klasik sorudur; "Tüm bunları yaparken hiç zorlukla karşılaşmadınız mı?" Karşılaşmaz olur muyum, zorlukların âlâsı beni buldu. Ama zorlukların benim üzerimde yarattığı olumsuz baskıya yoğunlaşsaydım yapmak istediklerimin hayalini kurmakta zorlanır ve bu zamana kadar yaptıklarımın çoğunu yapamazdım. O yüzden yoluma devam ettim.

***

Okulun orasıyla burasıyla uğraşıyordum. Bir yerde müdürlük vasfının verdiği sorumluluk vardı, diğer tarafta da içinde volkanlar patlayan öğretmen Dilek... Sınıf dünyanın en güzel sahnesiydi ve benim öğrencilerime yoğunlaşmam lazımdı.

"Birleştirilmiş sınıfta başarı zor" önyargısını yıkmak için yola koyuldum. Benim sınıfımdan lider ruhlu öğrenciler çıkmalıydı. Birleştirilmiş sınıf dünyanın sonu değildi. Akademik başarı tabii ki öğretmenin asli görevi ama önemli olan onun üstüne neler koyabildiğindi. Farklı eğitim-öğretim teknikleri, dersi oyunlaştırmak, ders saatlerini eğlenceli hale getirmek, okulu bir gösteri merkezi gibi hissettirmek. Tüm bunları hayata geçirmeden önce hazırlıklar yapmak, emek harcamak... Sonra da geribildirim alırken yaşadığın hazzı tatmak. Bunlar klasik yöntemlerin dışına çıkmayı gerektiriyordu. Her şeyden çok onları heyecanlandıran ben olmalıydım. En iyi öğretmen öğrencisinin kendisini gördüğünde sevinçten heyecanlandıran öğretmendir. Çocuk seni gördüğünde heyecanlanacak! O kadar...

***

Yıllardır, yani gerçekten yıllardır, okulun ilk açıldığı günden beri yerinden kıpırdatılmamış materyaller gördüm. Sınıfın içinde, duvarda asılı kocaman gri bir çelik dolap vardı. İçi küf kokmuş eski haritalarla kaplı o dolabı hiç düşünmeden çıkarıp attım. İçindeki haritaları yaktım; renkleri sararmış, solmuş, yazıları silinmişti... Müdür odasındaki gereksiz dolapları, gereksiz dosyaların hepsini attım. Çok eski ders kitapları, fare kemirmiş eski karneler bile buldum. Hepsini attım. Attıkça rahatlıyordum. Okulun da nefes alması lazımdı. Sınıfın içini boyattım. Tertemizdi artık. Kullanılmayan diğer sınıftaki beyaz tahtayı da derslik sınıfımıza geçirdim.

Onu ara bunu ara.. Alet çantası sor, matkap sor, dübel sor... Bir şekilde oluyordu. Boya badana demişken, onlar da hafta sonu oluyor ve siz de mecburen kontrole gidiyorsunuz. İçiniz rahat etmiyor. Ustayla okulu öylece baş başa bırakmak istemedim. Ustaya çay lazım, yemek lazım. Klasik anlayışları aşamıyorsunuz. Hem bildiğiniz silme süpürme temizliği hem de gereksiz eşyalardan arınma temizliği bana çok iyi geldi. İşler yolundaydı. Her şey tıkır tıkır işliyordu. Hiç para harcamadan güzel bir yol almıştım. Okul için bir şeyler yapılacaksa, asla para istemezdim. Onun yerine hizmet talep eder, "Okul için ne yapabilirsin?" diye sorardım.

Bu kitabın bir amacı var, o da köy okulu öğretmenlerine rehber olması. Günlük hayatta bana o kadar çok "Şu projeyi nasıl yaptın?" diye soran oluyor ki her maceramı (çünkü hepsi benim için bir macera) detaylıca anlatmak istiyorum. Çünkü neler yapabileceğinizi anlatabilirsem, kararsız ya da umutsuz kaldığınız anda etrafınızdakileri görebilmeniz için minicik bir ışık bile olsam mutlu olurum.

Lojman...

Daha okulun bahçesinde hiç dokunmadığım bir lojman vardı... Nasıl da gözümde büyüyordu. Tamam dışını boyattık da içi ne olacaktı? Lojman dediğime bakmayın, nasıl harabe, nasıl eski; yıllarca kimse girmemiş, toz, duman, örümcek, fare dünyası... Ne ararsan var, korku filmi gibi. Kendimle ilgili çok şeyi de bu sırada keşfettim. Günlük hayatımda, evde o kadar örümcek, fare görsem çığlık kıyamet kopardı. Çıtkırıldımlığın en üst seviyesini yaşayan ben; köyde cesur yürek Dilek, National Geographic'te başrollerde gibiydim. Bir ara fare kapanı uzmanı olmuştum. Lojmanın iki odasının kapısı eşya doluluğundan açılmıyordu bile... Neden bu eşyalar burada yığılıydı? Bu eşyalar kimindi? İstemiyordum hiçbirini. Kadınları yine organize etmem gerekecekti. Tek başıma lojmanı nasıl boşaltayım? Taa 40 yıl önce okulda görev yapmış öğretmenlerin eşyaları oradaymış; öyle dediler. "Aman haaa atma sakın. Şu şu hocanındı, bu şu hocanındı..." İyi de kardeşim. 40 yıllığına burayı depo mu bellemişler? Olmaz öyle şey.

Lojmanı okulöncesi sınıfı yapmaya karar verdim. Çevre köylerin hiçbirinde anasınıfı yoktu. Bu gerçek bir ihtiyaçtı.

2009 yılından bahsediyorum. Muhtar, "O kadar küçük çocuklar okula gelmez. Bizim köyün insanı bile o yaşta çocuğu okula göndermez, çevre köylere hiç bakma, hayatta gelmezler," diyordu. 3-6 yaş arası öğrenci bulmamız lazımdı. Umudum hep oldu, yeter ki onlarla konuşayım...

Anasınıfını cazip bir şekilde anlatmak, gerekliliğini vurgulamak lazımdı. Muhtar traktörle gezerken önüne çıkıyordum, peşine takılıyordum; başka köylere gideceğini duyduğumda beni de götürmesini rica ediyordum. Bahçesinde çocuk oynayan evlerin önünde durup başlıyordum konuşmaya... "Ooo mümkün değil vermem çocuğumu, hem okul uzak hem çocuğum küçük kıyamam," diyorlardı. Bu sözleri o kadar çok duydum ki... Ne yaptım ne ettim tam on çocuk buldum, ailelerini ikna ettim, kayıt yaptım. Milli Eğitim Bakanlığı da bana ilk defa kadrolu bir okulöncesi öğretmeni verdi. Sonunda kreş kıvamında bir anasınıfı oluşturacaktım.

Önce pek istekli destek alamadığım için ön odayı kendim düzenlemeye karar verdim. Ama ne zaman yetiyordu ne de imkânlar. Tam gözümde büyüteceğim sırada bir güç beni itiyor, itiyordu... Ve kendimi o işi yaparken buluyordum. Neymiş, isteyecekmişsin.

Okulöncesi öğretmenimiz geldiğinde onunla yaptığım ilk toplantıda herhalde içinden "bu kadın deli," demiştir. Esra Öğretmen'in de ilk atamasıydı. Önündeki tek örnek bendim. Bir öğretmen kızıydı ve gerçekten hevesliydi. Delidoluydu, enerjikti, üretkendi. En azından benim şifremi çözmüştü. Çalışacaktık, hem de çılgınlar gibi çalışacaktık. Çok çalışınca gerçekten farklı ve güzel şeyler ortaya çıkıyordu. O da kendi imkânlarıyla okula bir şeyler getirmeye başladı. Temizliğe katılıyor, sınıfının duvarlarını kendi boyuyordu. Öğrencilerine karşı da çok sıcaktı; öpüyor, kokluyor, onlarla hop oturup hop kalkıyordu... Oyunlar, şarkılar derken her şey yolundaydı ve okula resmen ayrı bir neşe gelmişti.

Benim öğrencilerimin kardeşleri de anasınıfımıza geliyordu. Artık okulda yalnız da değildim. Anasınıfı dersi normal sınıflardan biraz erken bitse de, Esra Öğretmen bana evrak kayıtlarında, yetiştiremediğim müdürlük işlerinde yardım etmeye başladı. Tamamen kendi isteğiyle. "Müdürüme yardım edeyim," deyip müdür odasındaki evrakları bir çırpıda kaydedip dosyalardı. Esra Öğretmen'in öğrenci sayısı benim sınıfın mevcudundan az olduğu için daha fazla vakti oluyordu. Tabii ki köyde okulöncesi eğitimin gereksizliğine dair dedikoduların dolaştığı geliyordu kulağıma. Taa ki ben köyde ilk Cumhuriyet Bayramı'nı kutlayana kadar. Sonra kafalar, önyargılar değişmeye başladı.

Bu arada lojmanın sadece bir odası anasınıfı oldu... Diğer bölümleri daha önce bahsettiğim gibi hâlâ fena haldeydi.

Önlükleri de Değiştirelim!

Öyle bir duruma geldim ki çocukların giydikleri önlüklere bile kafayı takmaya başladım. "Böyle olmamalı, daha rahat olmalılar, evde gibi hissetmeliler. Eşofman mı yapsak? Ama nasıl yapsak?" Maddi konuda velilere çok yük gelsin istemiyordum. Yük yalnızca benim iletişimimde olsun istiyordum.

Şimdi birdenbire giyim kuşam olayına geçtim, çünkü neden? Cumhuriyet Bayramı'nı anlatmadan önce bu değişiklik hareketinden de bahsetmem lazım. O yıllarda bırakın uygulanmasını, daha ortada serbest kıyafet fikrinin lafı bile yoktu. Ama ben serbest kıyafete de karşıyım. Tamam evde gibi hissedecekler ama köy ortamında her gün farklı bir kıyafetle okula gelme fikrinin yaratacağı zorluklar hoşuma gitmemişti. Sonuçta küçük yer de olsa maddi olanakları birbirinden çok farklı çocuklar vardı. Giyen var giyemeyen vardı, yiyen var yiyemeyen vardı; o da ayrı sorundu. Aklımda bin bir türlü düzen kuruyordum.

Samsun'daki sosyal sorumluluk topluluklarıyla tanışmanın yollarını aradım. Çocuklar Üşümesin Topluluğu, Rotary Kulubü derken bütün öğrenciler için eşofman sözü aldım. Ama öyle çarşıdan alma rasgele eşofman değil. Modelini çizdim, okulumuzu temsil edecek bir logo oluşturup Atatürk armasıyla beraber bir eşofman modeli tasarladım. Bana destek verecek kişiler sadece maliyetini soruyorlardı. Bu yüzden okul çıkışlarında fiyat alabileceğim toptancı firmaları bulup en ucuz fiyatı araştırıyor, sanayi bölgelerini tek tek dolaşıp kumaş, tasarım, dikiş için fiyat teklifleri topluyordum.

Öğrencilerin birbirinden farklı yaş grubu ve bedende olmaları üretici açısından dezavantajdı. Hepsi kişiye özel olacaktı. Çocukların ölçüsünü almam da birkaç gün sürdü. Bir türlü emin olamıyordum... Bir de biz annelerde bir huy vardır ya, "seneye de giyer," deyip kolu bacağı sarkacak kadar büyük beden kıyafetler almak... Bundan da sıyrılmak istedim. Sonuçta destek olmak isteyen gönüllüler vardı. Onları yıllara yayarım, diye düşündüm. Yani bir yıl biri karşılayacaktı, sonraki yıl başka biri. Bu yüzden tam bedenleri olmalı, üstlerine tam uymalıydı... Aklımda çok şey vardı ama sonuçta bir yere toplu olarak gittiğimizde hani jilet gibi derler ya öyle olsunlar istiyordum. *Fit durmalı, göz doldurmalı. Tertemiz ve canlı görünmeliler.*

Eşofmanların siparişi verildikten sonra içim rahatladı. Heyecanla beklemeye başladım. Bu durumdan velilere bahsetmemiştim. Onlara da sürpriz olacaktı. Yedeklerini bile sipariş ettim. Sıcak havalarda giymek için kısa kollu tişörtlerden içlerine giyecekleri uzun kollu penye bluzlara kadar hepsinin siparişini verdim.

Cumhuriyet Bayramı Yaklaşıyor...

Bu sırada Cumhuriyet Bayramı yaklaşıyordu. Ona da masraflı olmayan cinsten, giyim kuşam düşünülmeliydim. Daha önceki Cumhuriyet Bayramı etkinliklerinin dokümanlarına baktım. Saygı duruşu, İstiklal Marşı, günün anlam ve önemi, sonra şiirler, kapanış. Hepsi böyle yapılmış, hafta sonuna denk gelen bayramlar cuma gününden kutlanmıştı. Ben her zaman heyecan tutkunuydum. Kendi heyecanım yetmiyor; öğrencileri, ailelerini ve bütün köy halkını da heyecanlandırmam gerektiğini düşünüyordum her zaman. Hatta kendimi buna mecbur hissediyordum. Yani ufak da olsa bir etkinlik yapacaksam karşımdaki insanların kıpır kıpır olduklarını görmem lazımdı. Benim de motivasyon kaynağım böyle şeylerdi sanırım.

Okulda bir marş korosu kurmak istiyordum. Müzik dersleri bunun için yeterli değildi. Yaş grupları farklıydı. Bireysel çalışmam gereken öğrencilerim vardı. Öğle tatillerini de işin içine katıyordum. Yetiştirmemiz için çok çalışmak gerekiyordu. Çocuklar öğle yemeği saatinde bir taraftan ekmek arası sandviçlerini ısırırken, diğer taraftan tahtaya yazdığım marşları defterlerine geçiriyorlardı. Ekmek arası yiyecekler böyle acele durumlarda iyiydi de her gün çekilecek şey değildi. İçinde en fazla zeytin, peynir, domates olan kupkuru gıdalar... Çoğunun ekmeğinin arasında da helva ya da çikolata kreması sürülü. Dişler zaten o biçim; çürümeye yüz tutmuş. Elbette arada serbest gıda günü olabilirdi ama her gün böyle olmamalıydı. Köy bakkalı desen içinde ne olduğu belli olmayan abur cuburlarla doluydu. Evet aklınızdan geçeni biliyorum; marştan yemeğe nasıl geçtin Dilek? Ama işte böyle oluyor, bir sorunun çözümünü beklemeden diğerini gördüğünüzde bazen ikisi için de üretebiliyorsunuz. Ya da bilmiyorum benim kafam böyle çalışıyor sanırım. Diğer taraftan üretilen her çözümün devamında başka bir sorun yattığını da yaşayarak öğreniyordum.

Her neyse, koroya dönersek sonuçta bize kıyafet lazımdı. Tam bir koro gibi resmi durmalıydı. Bu işi ne kadar ciddiye aldığımızı göstermemiz gerekiyordu. Bu sırada öğrencilerim heyecanlandıkça daha kolay öğreniyor, heyecanlandıkça hevesleri artıyordu. Onları daha fazla heyecanlandırmak, daha, daha da fazla mutlu etmek istiyordum. Bunca çalışmaya, bunu kesinlikle hak etmişlerdi.

Uygun maliyetli siyah pantolon, beyaz gömlek, siyah kravat ve siyah şeritlere ihtiyacımız vardı. Etekleri sağ olsun annem dikti (çok da güzel oldular). Velilere ise sadece beyaz gömlek ve kravat talebinde bulundum. Ahh bulunmaz olaydım. Tamam hiç "hayır" demiyor ama yine de ekstra panik oluyorlardı. Köyden çarşıya inme gününü hesaplayanlar, "Dedemizin maaş günü gelince alırız," diyenler... "Evde böyle bir şey var, bu olur mu koro için?" diye soranlar... Nasıl bir telaş. Sonuçta bir-iki gün önceden koro kıyafetlerini okulda deneyip görmek, hatta onlarla fotoğraf çekimi yapmak istiyordum.

Fotoğraf demişken bir gün Hayat Bilgisi dersinde soyağacı etkinliği yapmak istedim ama okula doğru düzgün fotoğraf getiren olmadı; küçücük bebek hallerini getirenler, on kişilik fotoğrafta kafası nokta gibi görünenler... Hatta çok üzücüdür ki hiç fotoğrafı olmayan öğrenciler tanıdım. Daha önce görev yaptığım okullarda da bu duruma şahit olmuştum. Hemen bir şey düşünmem gerekiyordu. Bunu da bir kenara koydum şimdilik...

Sınıfta gereksiz her şeyle birlikte koridordaki yıllanmış panoları da atmıştım. Yenilerini istiyordum. Hangi malzemeden, ne ölçüde istediğimin listesini çıkarıp muhtara verdim. "Ooo Hoca bunlar çok tutar," demesin mi! Ben de ona

"Artık hizmetli parası ödemeyeceksiniz. Onun yerine okulun ihtiyaçlarına el atalım," dedim. Muhtar Ziya Amca, tanıdığı mobilyacıya verdi hemen siparişleri. Ben "Aman haaa bayrama yetişsin," deyince "Baş üstüne" diyen alaycı ama sevecen tavrını hiç unutamıyorum. Ona göre fazla olmaya başlamıştım biliyordum ama bana göre daha yeni başlıyordum!

Kaydedilmeyen Kaybedilir...

Koro çalışmaları neredeyse tamamlanmak üzereydi; marşlar, şiirler şakır şakır söyleniyordu. Çocuklar beklediğimin çok üstünde performans gösteriyorlardı. Provalar da harikaydı. Nasıl olsa iyi gidiyorlar diye bir de üstüne küçük bir tiyatro oyunu yapalım istedim. Cumhuriyetin bize kazandırdıklarını kısa hikâyelerle canlandıracaklardı. Bir yandan anasınıfını düşünüyordum. Düzenli okula gelen ve prova yapabileceğimiz altı çocuğumuz vardı. Onların da sayılarını göz önüne alarak, Atatürk'ün altı ilkesini söyleyip rol alabileceklerini düşündük. Sadece isimlerini söyleseler yeterdi. Benim öğrencilerim de tek cümleyle açıklamasını yapacaklardı. Hem beş yaş grubunu işin içine katmış olacaktık hem de onların bayrama katılımı güzel bir özgüven ortamı yaratacaktı. Köy halkı da izleyip görmüş olacaktı. Çünkü Kumköy tarihinde anasınıfı öğrencileri ilk defa halkın önüne bir sorumlulukla çıkacaktı. Bu geribildirimi gözlemleyebilmek de çok değerliydi. Her şey tam istediğim gibi, tıkır tıkır yolunda gidiyordu.

Okula aldığım dev bayrakları annelerimiz ütüledi. Yeni panolar da birkaç gün içinde geldi; koridora, sınıflara yerleştirildi. Ama üstleri bomboştu. O hafta yaptığımız taze etkinlikleri hemen panolara koymaya başladık. O kadar etkinlik ve sanat işi yapıyorduk ki sınıf içi panolarda neredeyse yer kalmamıştı. Üretmek bu kadar mı zevkli olur! Çocuklar hızlarını alamayıp aynılarını evde de yapmaya başlamışlardı. Ertesi gün okula getirdiklerinde "Öğretmenim bunu da panoya asar mısınız?" diyorlardı. Sonra anladım ki yeni panolara olan heves üretimi de artırdı. Üstelik getirdikleri çalışmalar ödev değildi; canları yapmak, üretmek istiyordu. Yeri gelmişken ödev konusunu özet geçecek olursak "Lütfen bize çok ödev verin," diye yalvaran, üstümdeki kıyafetleri bunun için çekiştiren öğrencilerim vardı; ödevi eğlence kabul ediyorlardı... El becerileri muazzam gelişmeye başlamıştı. Okula farklı farklı sanat malzemeleri alıyordum. Doğrusu, kırtasiyelerden neredeyse dileniyordum, desem daha yerinde olur. Parayla bir-iki paket elişi kâğıdı alsam bile, neredeyse bir koliye yakın ekstra kırtasiye desteği talep ediyordum. Beni kırmayıp okula postalayanlar bile oluyordu. Şans işte... Hiç oralı olmayanlar da oluyordu elbette. Ama durmadan aynı şeyi söylüyordum kendime, "Sen yeter ki kapıları çalmaya devam et Dilek. Hayırları umursama, üstüne git. Bak sonra neler olacak? Ha gayret," diyordum ve yoluma devam ediyordum.

***

Sürekli fotoğraflar çekiyordum. Her yeniliğin, her hareketin önceki halini, sonraki halini... Çocukların etkinlik hallerini, mutluluklarını.... Okulun her köşesinin değişimini adım adım kaydediyordum. Müthiş bir arşivim vardı. Ne demişler, kaydedilmeyenler kaybedilir.

Okul çıkışları o fotoğrafları seçip düzenlemek için çok vakit harcıyordum. Bir de üstüne şehir merkezinde uygun fiyatla baskı yapan yerleri bulup farklı ebatlarla onları bastırıyordum. Ne günlerdi... Okulun dört yanını, neredeyse tüm duvarları onların fotoğraflarıyla donattım. Onlara kendileri ile yüzleşme fırsatı sağladım. Önemsendiklerini hissetmelerini istiyordum, çünkü gerçek olan buydu. Okula gelip koridorda beklemek zorunda kalan insanlar, fotoğraf sergisi kıvamında bir ortamda beklemiş oldular. Bu el emeği görsel şölen yerel halkı ister istemez etkiliyordu. Hatta sırf o resimlere bakmak için öylesine okula gelen öğrenci yakınları, akrabaları oluyordu. Halalar, amcalar, dayılar... Bir bakmışsınız gurbetten gelen teyzeler bizim koridorda birikmişler. "Ahh ahh bizim zamanımızda böyle değildi," diyenler, bazı toplu etkinlik fotoğraflarında çocuğunu göremeyen, bunu sorgulayanlar, "Benim kızım arkası dönük çıkmış," diye dertlenenler...

Müfettişin "Çene" ve "Gurur"la İmtihanı

Dersler, kazanımlar tam gaz devam; her şey yolunda gidiyor, derken ansızın müfettişler çaldı kapımızı. Biri müdürün odasında, biri sınıfta yerini aldı. Okul başlayalı neredeyse üç hafta olmuştu. Sınıfa giren müfettiş panoları hayran hayran süzdükten sonra "Bunlar geçen seneden mi kalma?" diye sormaz mı? Bendeki gururu tahmin edebiliyorsunuzdur artık. "Tabii ki hayır." Ama içimden bir ses bana inanmadığını söyledi. Yoksa neden öğrencilere tek tek, "Bunu sen mi yaptın, bunu okulda mı yaptın?" diye sorular sordu ki. "Varsın sorsun," dedim.

Müfettiş, öğrencilere sorular soruyor, cevaplara kafa sallıyordu. Şaşırmış olsa da durumdan hoşnut olduğu her halinden belliydi. "Çay var mı?" diye sordu. Koşa koşa çay getirdim, o sırada müdür odasından kahkaha sesleri geliyordu. Telefonuma sarılıp köydeki kadınlardan birkaçını aradım. "Öğle yemeğine daha çok var, evde köy usulü ne varsa getirin," dedim. Sağ olsunlar her zamanki gibi birkaçı hemen seferber olup köy ekmeği, yoğurt, tarhana çorbası, börek ne varsa kapıp getirdi. Özellikle tek bir kişiden istemedim, ne kadar çok kadın görürlerse o kadar anlaşılacaktı işbirliğimiz.

Düşündüğüm gibi de oldu, gelen her kadınla ayrı ayrı konuştu müfettişler. Gözümün önünde canlı canlı benim hakkında konuşuluyordu. "Dilek Hoca'yı bize Allah gönderdi," demesinler mi? Gururla utanma karışımı duygularla kalakaldım. Mutluydum, geleli henüz üç hafta olmasına karşın birinin bunu söylemesine nasıl mutlu olmazdım ki!

Sonunda baş başa kaldığımızda onlara o kadar çok soru sordum ki inanamadılar. Tuhaf olan şey çoğunu onların da bilmiyor oluşuydu. En basit soruya, "Yönetmeliğe tekrar bakmam lazım," cevabını alıp durdum. Dosyalara şöylece bir bakıp düzenim için tebrik ettiler, yedikleri her şeyin çok lezzetli olduğunu söylediler. Böylece gitme vakti gelmişti. Gitmeden önce bahçe ve tuvalet kontrolü de yapıldı, elbette yine tam not aldık! Üstelik doğru dürüst bir şey yapmamıştım bile... Peki bunları neden anlatıyorum? Çünkü bu Kumköy'deki ilk müfettiş deneyimimdi. İlk intibanın ne kadar önemli olduğunu öğrenecek kadar çok müfettiş denetlemesinden geçmiştim. Tabii ki tam gitmek üzerelerken Atatürk büstüne nasıl kavuştuğumuzu da anlattım detaylıca. Bendeki çene ve gurur o an kimsede yoktu.

İlk meyveyi iki hafta sonra aldım. Milli Eğitim'e gittiğimde okulun dosyalarına eklenmiş bir Teşekkür Belgesi! Belge üzerinde verilme nedenine "çalışkanlık" notu düşülmüştü. Belli etmesek de biz öğretmenler de tıpkı öğrenciler gibi arada bir "aferin" ya da "teşekkür" almaya ihtiyaç duyarız. Bu yüzden bu resmi teşekkür ilaç gibi gelmişti. "Belki de," diye düşündüm "panodaki çalışmaların etkisi oldu bunda." Ama öyle ya da böyle sonuçta övgüyü almıştık. Ayrıca bizim için de iyi olmuştu bu ziyaret. Okulda yalnız olduğumuzdan dışarıdan gelen biri bizim için uzaylı gibiydi, sosyalleşmeye ihtiyacımız vardı. Hem böyle zamanlarda insan kendine ve yaptıklarına bir adım geriden bakma şansı yakalıyor; dışarıdan başka bir gözle... Bu yüzden öğrencilerin dış dünya ile bağlantılarını güçlendirmek için yapılacakları da planıma ekledim. Şimdi artık kutlamamız gereken bir Cumhuriyet Bayramı vardı! Bu tören de öğrenciler için çok iyi bir kendini ifade etme ve özgüven geliştirme şöleni olacaktı.

Yükseltici Görevli Tuğlalar ve Cumhuriyet Bayramı

Köyde kutlayacağım Cumhuriyet Bayramı'na artık bir hafta vardı ve her şey hazırdı! Boy boy bayraklar, el bayrakları, halka dağıtılacak bayraklar, annelerin özenle ütülediği dev bayraklar, daha önce yarım dönem İngilizce öğretmeni olarak çalıştığım okulun müdürüne rica ederek bize göndermesini sağladığım ikinci el sunum kürsüsü, mikrofon, hoparlör (aslında okula aitmiş ama yıllardır camide duruyormuş)... Hemen onları da hazır ettik. Çocukların tüm kıyafetleri hazırdı, marş korosu hazırdı, provalar tamamdı... Şiirler, okul süslemeleri, yüzlerce balon... Atatürk Büstümüz de ilk Cumhuriyet Bayramı'na hazırdı. Yani hiç bu kadar hazır olmamıştık!

Biz hazırdık hazır olmasına ama bir şeyi atlamıştık. Hava durumu: Sağanak yağış! Bende de kutlamaları aynı gün yapma hastalığı var. Ertelemek istemiyordum. İmama camiden anons yapmasını rica ettim. Cumhuriyet Bayramı'nın özel bir kutlamayla okulda olacağını bir de ondan duysunlar istedim. Öyle ya... Minareden söylenen her ilan haddinden fazla dikkatle dinleniyor ve uygulanıyordu. İmamla aram da iyiydi. İki kızı da benim öğrencimdi; zaten hem köyde konaklıyordu hem de okul aile birliği başkanıydı. Daha ne olsun.

Bir Cuma namazında okula yardım için stant açıldı. Ama ilk ve sondu tabii ki. O gün yardım toplandı ve bir daha da toplanmadı. Eski muhtarın köy bütçesiyle, camide toplanan yardımlarla camlarımız çift camla, sıralarımız da yüksek kalite olanlarıyla yenilendi. Tahta sıraları da cami lojmanına gönderdik. Yavaş yavaş her şey istediğim gibi oluyordu. En azından sınıfa girdiğimde içim açılıyordu ama daha iyisi de olabilirdi. Her zaman daha iyisi olabilir... Okulum belli bir konfora ulaşmaya başladı başlamasına ama eksikler bitmiyordu. Şu Cumhuriyet Bayramı'nı atlatalım da gerisine bakarız, diyordum.

***

Bayram sabahı bembeyaz bir gömlek giydim üzerime. Nasıl da heyecanlıydım, tıpkı çocukluğumdaki gibi... Günlerin telaşından konuşma hazırlamaya vaktim olmamıştı, yol boyunca aklımda cümleleri çevirip durmuştum. Normalde servisten her inişimde öğrencilerimin sarılmak için bana doğru koşturmalarıyla keyifle başlar günüm. Yalnız o gün "Eyvah! Koşmayın!" diye sesleniverdim, "Ben geliyorum, size sarılacağım!" Her taraf çamurdu; pantolonlar, kızların bembeyaz çorapları mahvolabilirdi. Tamam kirlenmek güzeldir de o an değil... Çamur meselesine de ayrıca geleceğim... Bir yandan da onu düşünüyordum. Bu gereksiz çamur deryasından nasıl ve ne zaman kurtulacaktık?

Feci yağmur yağıyordu. Bahçede kutlama yapmak hayal oldu. Çok amaçlı bir salonumuz da olmadığı için bayram merasimini içeri, yani sınıfa taşımak zorunda kaldım. Erken gelen birkaç velinin ve öğrencilerin de yardımıyla sınıftaki sıraları kullanılmayan diğer sınıfa taşıdık. Sandalyeleri oturma düzenine uyar şekilde dizdik. Neredeyse her şey tamamdı. Göz ucuyla dışarı baktım, Atatürk büstüne koyduğumuz süs ve çiçekler sırılsıklam olmuştu. Okula gelenleri önce dev bir bayrak karşılıyordu. Camlar, bahçe önü tamamen bayraklar ve balonlarla kaplıydı. Yağmura inat yine de hepsi capcanlı albenili duruyorlardı. Kapıdan her girenin şaşkınlığını yüzünden okuyabiliyordum. Gülümsedim.

Bir yandan müdür odasında sunucu olacak öğrencimi hazırlıyordum. Ama hâlâ gelmeyenler vardı. Gelmeyen olursa rollerin eksik kaldığı gösterimiz ne olacak, diye korkuyordum. Sesli düşündüğümü öğrencilerimden "Öğretmenim ben bütün söylenecekleri biliyorum, arkadaşlarımın yerine oynayabilirim," cevapları gelince fark ettim. Onların heyecanı, öğrenme becerilerini artırıyor, benim de onlara olan hayranlığımı arşa çıkarıyordu. Herkesin küçük birer rolü vardı ama meğer provalarda öyle iyi dinlemişler ki arkadaşlarının söyledikleri de akıllarında kalmış. Bunu da o gün öğrenmiş oldum.

Törenin sabah saat onda başlayacağını hem anonslarla hem de eve gönderdiğimiz davetiyelerle belirtmiştik. Törene erken ya da geç gelen velilerin de karnesini tutacaktım. Benim için önemli bir kriterdi.

Her gelen misafir fotoğraflı koridorda uzunca vakit geçiriyordu. Yıllar sonra okulun gazetecilerle dolup taşacağını, onlarca profesyonel fotoğrafçının okulumuzda harika çekimler yapacağını aklımın ucundan bile geçiremezdim. Oralara geleceğiz...

Sunucu öğrencimizin sahne almasıyla birlikte program başladı: Saygı duruşu ve İstiklal Marşı'ndan sonra, bir öğrencimiz günün anlam ve önemini okudu. Bu sırada hâlâ akın akın gelenler vardı. Sadece elli oturma yerinin olduğu kırk iki metrekarelik sınıfım dolup taşmıştı. Ayakta izleyenler, sahne olarak kullanacağımız alanın kenarlarını dolduranlar, sınıf kapısı önünde birikenler... Ama hiç kuşkusuz en tatlısı sınıf penceresinden içeri bakmaya çalışanlardı; köyün gençleri. Kimin meraktan kimin isteyerek geldiğini anlayabiliyordum. Anne-babaların dışında, nineler, dedeler, komşular, gençler... Heyecanım her gelenle ikiye katlanıyor, kalbim durmadan güm güm atıyordu; onlara beklediklerinin üstünde bir şey göstermek istiyordum. Elbette çoğu kendi çocuğunu görmek için gelmişti ama ben büyük resmi görmelerini, burada yapmak istediklerime şahit ve hatta ortak olmalarını istiyordum.

Çocuklar ilk kez kürsüde şiir okudu, kırk yıllık okulun kürsüsü de yoktu. Kürsü şart olmasa bile topluluk önünde konuşmak, kendini iyi ifade etmek, ses tonunu, beden dilini iyi kullanmak matematikten çok daha önemliydi benim için. Onlara matematik problemlerinden önce hayattaki problemleri çözmeyi öğretecektim. Sonra gerisi halka halka gelecekti. Kürsüde, üstelik mikrofonla okudular şiirlerini... Birinci sınıflar bile çıktı o kürsüye.

Tabii kürsünün arkasında basamak ve yükseltici görevi görmesi için dizili tuğlaları kimse görmüyordu. Öğrenciler onların üzerine çıkmasalar boyları yetmeyecekti, gülümsediğimi hatırlıyorum. Bu, minicik detayların hayatım boyunca unutulmayacak binlerce gülümsemeye dönüştüğü anlardan sadece biri...

Şiirler, konuşmalar bir yana sergiledikleri skeç performansları inanılmazdı. Seyirciler de şoktaydı. Benim provalarda onlara gösterdiğim hal ve hareketleri birebir yapmazlar mı? O ses tonu, o mimikler... Replikler nasıl güzel ezberlenmişti. Rollerini yaşıyorlardı resmen. Okula ilk geldiğimde adını bile söylemekten çekinen, gözlerini kaçıran öğrenciler nasıl oldu da iki ay içinde özgüven patlaması yaşadılar? Bunun sebebini bireysel ilgi ve iletişime bağlıyordum.

Ayrıca okuldaki değişim hareketinin de çocuklar üzerinde çok büyük etkisinin olduğu kaçınılmaz bir gerçekti. Önemsendiklerini hissettikleri an, tüm ilgi ve yetenekleri dökülmeye başlamıştı. Geldikleri noktayla gurur duymaktan kendimi alamıyordum.

Programın en alkış alan kısmı tabii ki anasınıfı öğrencilerinin başlarında taçlarla Atatürk İlkeleri'ni seslendirmeleri oldu. Söyledikleri birer kelimeydi belki ama nasıl da tatlılardı, her biri nasıl da heyecanlıydı. Alkıştan korkarlar, annelerinin kucaklarına kaçarlar, diye endişelendik ama neyse ki öyle bir şey olmadı. İlk deneyimi aştık ya daha iyileri için hazırlık olmuş oldu. Hele de önyargıları yıkmak adına... Okulöncesi eğitimin önemini anlatacağız diye canımız çıkmıştı. Bu gösteriler, "Her şeyden öncesi okulöncesi" sloganımızın en güzel karşılığıydı.

Günün en unutulmaz finaline gelmişti sıra, marş korosu. *Cumhuriyet mutluluk demek, Cumhuriyet özgürce yaşamak, çağdaşlığa, uygarlığa yılmadan, korkmadan koşmak demek*...Ve beş marş daha... Çocuklar o kadar istekli ve içtendi ki... Marşları söylerken boyunlarındaki damarların kabardığını görebiliyordum. Koro başlamadan önce seyircilerin her birine bayrak vermiş, "Gönlünüzce sallayın," demiştim. Harika mırıldanma sesleri arasında ellerinde bayraklar çocuklar söyledikçe onlar coştular. Muhtar ve imam en ön sıradaydı. İmam iki kızını da gururla izliyordu.

Koroyu yönetirken içimden 10 Kasım geçiyordu... Hemen ertesi hafta onun da çalışmaları başlamalıydı. Tam on günümüz vardı. Baktım ki çocuklar gerçekten müthiş iş çıkarıyorlar, "Ben bir de onlarla oratoryo yapmalıyım," diye düşündüm. Program bitip de minik sunucumuz "Cep telefonlarınızın sesini açabilirsiniz," uyarısı yaptığında ben dahil herkes bir rüyadan uyanmış gibiydi. Telefon falan hak getire, her şeyi bir kenara bırakmış bir sınıf dolusu mutlu insanlardık o an! Program bitince en güçlü teşekkürlerden biri imamdan geldi. İlk günler böyleydi... Sonrasını anlatmaya daha var...

Okula sabah sekizde gelmiştim ve dokuz buçukta yani ben daha programa başlamamışken okulun önünde bizim öğretmen servisinin kornası çalmaya başladı. Tabii ki elimle yolu göstererek, gidebilirsiniz işareti yaptım. Diğer okullar programlarını neredeyse yarım saatte bitirmişlerdi. Mevcutları kalabalık olan büyük okullar bile... Kesinlikle eleştirmiyorum. Sadece üzülüyordum. Kırsalda daha fazla milli bilinç ve beraberlik aşılamaya, milli bayramların aslında ne kadar önemli olduğunu anlatmaya ihtiyacımız vardı. Bunun en güzel yolu, öğretmenin ta kendisiydi. Buna inancım sonsuzdu.

"Halamgillerle Bayrak Yaptık"

Sadece bu bayram için değil, tüm bayramlarda hatta her özel günde aynı enerji ve heyecanla hazırlık yapmak, uygulamak nasıl kıymetliydi. Ertesi yılın Cumhuriyet Bayramı'nda tüm köy halkını işin içine katarak bir proje yapmak istedim. Aslında proje lafını pek sevmiyorum. Bana soğuk geliyor. Hatta şöyle ilginç bir durum var: Ben hiçbir zaman "bir proje yapacağım," diye çıkmadım yola... Eksikler, ihtiyaçlar ve bunları tamamlama yoluna girdiğimde adı da kendiliğinden koyulmuş oldu. İnsanlar "Çok güzel proje, adı ne?" dediklerinde ağzımdan bir isim çıkıveriyordu ve yıllarca hep böyle oldu.

Bütün köyle birlikte bir Türk Bayrağı yapmak istedim ama klasik yöntemlerin dışında; halkı da işin içine kataraк... Herkesin eli değsin istiyordum. Halk ne kadar işin içinde olursa, okulda yaptıklarımıza o kadar inanacaklar ve destekleyeceklerdi, biliyordum. Birlik bunun için gerekliydi. Aslında temelinde bütün öğretmenlerin sanat derslerinde yapabilecekleri bilindik teknik bir çalışmaydı. Krapon kâğıtlarını parmak ucunuzla bezelye büyüklüğünde yuvarlayıp şablona yapıştırıyorsunuz, bu kadar. Türk Bayrağı, bir harita ya da istediğiniz herhangi bir şablon üzerine yapıştırabilirsiniz. Ben Türk Bayrağı'nı seçtim. İki renk çalışmak nispeten daha kolay olacaktı ama aklımdaki boyut için yüzlerce, binlerce parça krapon kâğıdı gerekecekti. Üç yüz nüfuslu köyün her hanesine önce amacımızı anlatan yazıları, ardında da tek tek kesip hazırladığım krapon kâğıtlarını gönderdim. Her komşunun, her akrabanın haberi olmalıydı. Üç yaşındaki çocuğumuzdan 80-90 yaşındaki ninemize dedemize kadar herkesin eli değmeliydi. Nitekim öyle de oldu. Ama bayrağın boyutları o kadar büyüktü ki evlerde yapılıp gönderilen parçalar yetmeyecek gibiydi. Ben de yapmaya başladım. Poşet poşet kraponları eve taşıdım, akşamları saatlerce onları büküyordum. Eşim "Otur bezelye ayıkla desek sabırla ayıklamazsın," diyordu. Hadi parçalar bir yana, onları düzgün yapıştırmak da önemliydi. Ana şablonu eve getirdim. Günlerce salonumdaki masada durdu. Gidip geldikçe yapıştırıyordum, sonunda eşim yapıştırıcı kullanmamı yasakladı, evi kimyasal kokusu sarmıştı. İşin aslı okulu yine eve taşıdığımı ve bu yüzden de sinirlerinin bozulduğunu biliyordum. O işin işte kalmasını istiyordu. Ama beni çok iyi tanıyordu. Üniversite yıllarında da böyleydim. Hele ki bir sorumluluk verildi mi nasıl abartırdım, nasıl gece gündüz onunla yatıp kalkardım; o da bunu çok iyi biliyordu. Aslında hiç şaşırmaması gereken konulardı da neyse...

"Adını da Yediden Yetmişe Türk Bayrağı Yapıyoruz koyduk mu tamamdır," dedim. Ben çoktan parçaları yapıştırmaya başladım başlamasına da 29 Ekim'e yetişmesi gerekiyordu. Bahçede sergileyecektik. Sonra da Kaymakam'ı okula çağırıp Türk Bayrağı altında tüm köy halkını nasıl birleştirdiğimizi anlatacaktım.

O kadar ince eleyip sık dokudum, o kadar kusursuz olsun istiyordum ki... Evden taksiyle çerçeveciye gittim. Önce poşete sarılıydı. Korumam gerekiyordu. Başına hiçbir şey gelmemeliydi. Haftalardır bayrakla yatıp bayrakla kalkıyorduk. Yakın çevrem bu çalışmayı çok abarttığımı ve boşuna vakit harcadığımı düşünse de çerçevecide poşeti açtığım ânı görmeliydiniz. Sanki dünyanın en önemli sanat eserini açıyordum. Çerçevecide çalışanlar da işi gücü bırakmıştı, etrafımdan "Vay be!" diye sesler yükseldikçe göğsüm kabarıyordu. Çerçevesiz haliyle bile inanılmaz görünüyordu. Yaşlı bir amca yanımda mırıldandı, "Kızım bunu nasıl yaptınız? Kaç yıl sürdü bunu yapmak? Deli işi bu resmen." Laf lafı açıyordu. Çerçeve çeşitlerine bakıp karar vermeye çalışıyor, okulda olup bitenlerden bahsediyordum. Dükkânda oğlu için çerçeve seçen biri, "Hocam sen bu kadar çabalamışsın, bizim de sana katkımız olsun. Ben falanca partide aktif olarak çalışıyorum. Bu bayrağı genel toplantılarımızdan birinde görücüye çıkaralım, açık artırmayla satıp gelirini okula bağışlayalım. Siz de okulun, öğrencilerin ihtiyaçlarını karşılayın. Olmaz mı?" dedi. Ben de "Asla olmaz" dedim, "Her ne kadar ihtiyacımız olsa da bu emeği parayla satamayız. Mümkün değil," diye ekledim. "Eğer çok isterseniz partinizde birlik olup kendiniz bir el işlemesi bayrak yapın dedim. Sizi de birbirinizle kaynaştırır. Bu kadar büyüklükte olmasa bile daha küçük boyutunu gayet tabii yapabilirsiniz."

Dükkâna gelenler beni lafa tutuyorlardı, hâlâ çerçeve seçememiştim. Kararsızlık başa belaydı... Ve birçok işin uzamasına neden oluyordu. Fiyatlarını da göze alarak çok güzel kırmızı bir çerçeve seçtim. Bayrağın kırmızısıyla aynıydı, bu sayede daha da büyük göründü gözüme. Çerçevecinin üst katındaki resim öğretmeni arkadaşımı aradım, tesadüf akrabalarmış. "Bayrağı bırakıyorum ama gözüm arkada, arada bakar mısın?" diye sordum. Çok güldü ama memnuniyetle kabul etti. Ben yine de tembih üzerine tembih... Neden böyle bilmiyorum. Bayrağı bıraktım ama aklım hâlâ onda. Ya üstüne bir şey dökülürse, ya işlenirken yırtılırsa veya çatlarsa? En kötü huyum her zaman olabileceklerin en olumsuzuna takılmak olsa gerek. Yine de "Siz yaparken ben bekleyeyim," kozumu kullanmadan edemedim. "İki güne anca biter," cevabını alınca içim daha bir karardı ama artık yapacak bir şeyim yoktu.

İki gün sonra geldiğimde bayrağı çerçevelenmiş ve dükkânın en güzel duvarında asılı buldum! Her zamanki gibi boşuna evham yapmıştım. Çerçeveci halinden öyle memnun ki; gelen sormuş, giden sormuş. Gelen geçen yetmemiş; basından birileri telefonumu istemiş. O zaman henüz basın için Valilik'ten ya da Milli Eğitim'den izin almamız gerektiğini bilmiyorum. Halihazırda bayrağı Kaymakam'a sunacağım için içim rahattı, nasılsa orada da basın olurdu.

Kollarımla sarıp sarmaladığım bayrağı okula gidene kadar kucağımda taşıdım. Belki çoğu insan için abartılı bir davranıştı ama üzerindeki maneviyat beni her zaman derinden etkilemiştir. Okula gelir gelmez öğrenciler sardı etrafımı. Bayrağı daha önce aldığım şövalenin üzerine birlikte yerleştirdik. Çocuklar dört dönüyordu, "Bunu amcam yaptı", "Bunu halamgillerle yaptık." Sonuçta amacıma ulaşmıştım. Günün sonunda okula çocuklarını almaya gelen veliler şaşkındı. Önünde fotoğraf çekenler, teşekkür edenler oldu. Asıl ben teşekkür ettim, çünkü bu onların emeğiydi. Bir kişi bile itiraz etmemişti, herkesin emeği vardı bu işte. En güzel birliğin milli bayramlarda ortaya çıktığına bir kez daha emin olmuştum.

***

Birkaç gün sonra okulun içinde koşuştururken tamamen tesadüf eseri geçerken uğramaya karar veren İlçe Milli Eğitim Müdürü giriverdi içeri. Son derse girmek üzereydik, tam selamlaşacakken gözü bayrağa ilişti. Tabii ki bir çırpıda planımı anlattım. Kaymakamlığa haber verip vermediğimi sordu. "Hayır, henüz vermedim," dedim. "Ben yanına gideceğim iletirim," diye cevap verdi. Ama aradan birkaç gün geçmesine karşı ne Müdür'den ne Kaymakam'dan haber geldi. Aradım makamını, "Henüz söyleyemedim fırsat olmadı," dedi. Yahu ben zaten evhamlı kadınım, söylerim deyip neden söylemiyorsunuz? Üstelik gidip onay almam, gün saat belirlemem lazımdı. Ah bu silsile furyası işte... Türk Eğitim Sistemi'nin en büyük sorunu silsiledir. Yüzden fazla ülkeden öğretmen tanıdığım var ve hiçbirinden bu kadar sert bir silsile egosu dinlemedim.

Bir yandan Kaymakamlığa ulaşmaya çalışıyor, bir yandan gün bekleyen basın mensuplarına durum güncellemesi yapıyordum. Basın mensupları benden önce davranarak Kaymakam'a ulaşıp durumu anlatmayı başardılar. Çok memnun kalmış, şaşırmış, duygulanmış. "Dilek Öğretmen'in fikirlerini ilginç buluyorum," diye belirtmiş basına.

Gün alınmış, saat belirlenmiş, tam neşem yerindeyken telefon çaldı. Milli Eğitim Müdürü, nasıl kötü bir ses tonu, azarlarcasına soru yağmuru, "Sen mi söyledin Kaymakam'a!" Durumu izah etmeye çalıştım, gazetecilerin ayarladığını... "Neden gazetecileri kattın işin içine?" demez mi bu sefer. Bu nasıl bir egodur? Ortada kötü bir olay yok, bir hata yok, bilakis güzel bir bahaneyle bir araya gelinecek; kim kime demiş ne fark eder? Ama yok. Ben konuştukça o bağırdı; baktım olacak gibi değil, "Yüz yüze konuşuruz," deyip kapattım telefonu.

Kaymakam'ın okula geleceği günün sabahı müdür okulu tekrar arayarak, "Benim işlerim var gelemeyeceğim, selamlarımı iletin," dedi soğuk bir sesle. İyi de bana niye söylüyorsun? Aralarında bir terslik olduğunu düşündüm, sadece benimle ilgili olamazdı bu. Neyse çok da umursamadım.

Kaymakam yalnızca kendi ekibini alıp gelecekti. Anonslar yapıldı, bütün köyün haberi vardı. Bu, Kaymakam'ın Kumköy'e ikinci gelişiydi. Tabii o gelmeden önce köy halkı doldurdu bahçeyi. Daha birkaç gün önce akın akın okula gelen halkı hemen birkaç gün sonra tekrar okula toplamak gerçekten çok zor olsa gerek, diye düşünüyordum ama yine beklediğimin çok üstünde bir katılım oldu. Gelenler ağaçların altında, kapı önünde ayakta yerlerini almışlardı bile. Ama bir sorun vardı. Kaymakam gecikti. Söylediği saatten çok sonra geleceğini bildirdiler. Köy halkını bahçede nasıl tutacaktım? Herkes tarla, taban, hayvan, namaz saati bahanesiyle oradan uzaklaşabilirdi. Onları kendime çekmem lazımdı. Sohbetler başlattım. Hatta Kaymakam'ın gelmesini beklemeden bayrağı bahçenin ortasına koydum. Koydum ki bağlayıcı bir unsur olsun. Gelip gidip baksınlar, üzerine konuşsunlar. Bazı amcalar, "Biz anonsu duyduk da geldik, bayraktan haberimiz yoktu," dediler. Ben bunu duydum durur muyum hiç? Hemen malzemeleri getirdim. "Geç değil, hadi burada yapıverin yapıştıralım," dedim, "sizin de eliniz değsin." Sesler durmadan yükseliyordu. "Hocam hangisiydi benim büktüğüm parça?", "Bunu tam yapamamışlar," "Alıp götürecekler mi bayrağı?" En azından onları dağılmadan tutmayı başarmıştım. Basın hem benimle hem de köy halkıyla konuşup fotoğraf çekti. Derken zaman geçti ve Kaymakam'ın arabası da yanaştı. Çocuklar çiçek vermek için arabaya doğru koştular. Ama ellerindeki canlı çiçek değildi. Kumaş ve kâğıttan kendi yaptığımız çiçeklerdi. Onları verirken nasıl yaptıklarını açıklayarak harika bir özgüven sergilediler. Bazen öyle güzel şeyler söylüyorlardı ki ben bile şaşırıyordum.

Yeter ki fırsat verin, keşfedin... Cesaret verin. Çocuklar içindeki tüm yetenekleri sergilemeye hazırlardı. İçlerinde ne fırtınalar kopuyordu bir bilseniz. Kaymakam ve ekibi bu özgüvenden çok etkilendiler. Yaptığım çalışma tam olarak hedefine ulaştı. Tüm köy halkı birlikte krapon kâğıtlarını bükerek Türk Bayrağı'nı oluşturmuştuk. Ama tabii ki hepsi bu kadar değildi, gelenleri içeride bir açık büfe bekliyordu. Köydeki kadınlarımızın her biri neredeyse bütün köye yetecek kadar çok yemek yapmıştı: keşkekler, yöresel tatlı olan kıvratma... Bunlar oldukça da zahmetli şeylerdi. Herkes mest olmuştu, bu sırada çocuklar marşlarını şiirlerini okuyordu. Kaymakamımız Caner Yıldız'a da bir parça hazırlayıp, bayrağımıza eklemesini istedik. Onun da eli değdi, onun da maneviyatı eklendi. Hepimize bir konuşma yaptı. Söz konusu vatan, millet, bayrak olunca herkesin gözleri doluyordu... Aslında köye çok iyi bildikleri duyguları yaşatmaktan başka bir şey yapmamıştım. Ve onları da işin içine katarak bu duyguları bir kez daha hatırlatmış oldum. Bunları hissetmeye gerçekten ihtiyaçları vardı. Buna hepimizin ihtiyacı vardı.

Etkinlik devam ediyordu ama benim içimdeki kırgınlık geçmek bilmiyordu. Çıkışta heyecanımı öldürmeye çalışan müdürü görmeye, onunla yüz yüze konuşmaya karar verdim çünkü içim rahat etmiyordu. O kadar azarı, yanlış anlaşılmayı sineye mi çekecektim? Yüzleşmem gerekiyordu. Özgüvenimi hiçbir zaman kaybetmedim, hatta üstüne katladım durdum. Buna bazen "Cahil cesareti," diyenler bile oldu ama öyle değil. Buna yüksek dozda açık sözlülük diyelim. Yapıcı dille haksızlığa uğradığını dile getirmek gibisi yok. Yoksa saygısızlık, kavga, kırıcı eleştiriler, aşağılamalar dünyanın en kolay işleri. Bana "Sen hiç zorluklarla karşılaşmadın mı?" diye soranlara cevabım hep şu oldu: "Evet, zorluklarla boğuştum. Bildiğim gibi yoluma devam ettim." Belki bunu okurken siz de içinizden "Vay be zorlukların üstesinden gelmiş," diyorsunuz ya da "Sen de buna zorluk mu diyorsun, esas ben neler yaşadım," diyeniniz de vardır, bunların zorluk olmadığını düşüneniz de... Yaşananlar şartlara göre değişebilir, haklısınız. Ama burada benim yapmaktan asla geri durmadığım bir şey vardı: Vazgeçmemek. Ne olursa olsun doğru bildiğim yoldan, inandığım değerlerden şaşmamak. Kimin ne zorluklar yaşadığından ziyade, bu zorluklarla baş edebilme yeteneğine bakmak gerekir. Çözüm yolu üretmedeki yaratıcılığınız olaylar karşısındaki gücünüzün belirleyici unsurudur. Sonuçta seçim sizin.

Nihayetinde herkes adı sonradan "Yediden Yetmiş Yediye Türk Bayrağı Yapıyoruz," olan projemizin işleyişinden ve sonuçlarından o kadar memnun kaldı ki... Kaymakamlığa verdiğimiz en güzel mesaj, ilginç fikirlerin güzel olabileceği ve bu fikirlerle toplumun birleştirici gücünü bir okulun bahçesinde dahi olsa toplayabileceğimizdi.

Herkesin ardından tek başıma okulun kapısını kilitlerken bunlar geçiyordu aklımdan. Neden sonra fark ettim, kendi kendime sesli konuşma provası yapıyordum. Bugünkü Dilek bu stresi yaşamazdı belki, ama sanırım bugün "ben" olabilmem için bunları yaşamam gerekiyordu.

Makamlar Gelip Geçici...

İşte yine bir okul çıkışı evimin değil, Milli Eğitim'in yolunu tutmuştum. Müdürün binada olup olmadığı hakkında en ufak bir fikrim yoktu. Eğer yerinde yoksa yollarda kaybetmiş olacağım bir buçuk saat umurumda değildi. Binaya girmeden önce bir banka oturup basından birkaç kişiyi aradım. Hâlâ haksızlığa uğradığımı düşünüyor, olayın iç yüzünü anlamaya çalışıyor, bir yandan da benim tarafımdan netleşmelerini sağlamaya çalışıyordum. Konuşurken ağlamadan duramadım, telefonun ucundan gelen "Gerekirse biz de konuşalım müdürle," sesleri beni telkin etmeye çalışıyordu.

Bu kitapta "Şimdiki aklım olsa, şimdiki Dilek olsa" cümlesini belki de onlarca kez kullanacağım. Evet yine söylüyorum, şimdiki Dilek olsa kılımı bile kıpırdatmazdı. Projem bitmiş, herkes mutlu ayrılmıştı. Birlik beraberlik sağlamış, basında çok güzel yer bulmuştuk; yüzlerce övgü, mesaj almıştık. Doğruca evine gitsene! Yok, illaki hiç pürüz kalmayacak.

Yukarı çıktım. Müdür odasındaydı. Girdim içeri, nasıl asık bir surat. Başladım konuşmaya... Konuşmamın özeti şuydu: Fazla egoya gerek yok, makamlar mevkiler gelip geçici. Önemli olan insanlığımız. Geride bıraktıklarımız. Kalıcı olan onlar. Öldüğünde insanlar senin hakkında ne düşünecek ya da ölmene gerek yok, insanlar senden bahsettiklerinde gülümsüyorlar mı? Tam hızımı almışken, ışık hızıyla cümlelerimi sıralayıp inandığım şeyleri bangır bangır savunurken bir anda her şeyi mahvettim. Aynı hızda hüngür hüngür ağlamaya başladım. Sakinleşmem için kolonya ve çikolata ikram etti. Gerçekten üzüldüğümü anlaşmış olsa gerek, çünkü ben çocuk değilim... O ego patlaması yaşadığı telefon konuşmasını, pardon bağrışmasını diyelim, unutamıyordum.

Ama o, tatlıya bağlamaya çalışıyordu. "Milli Eğitim binasına da bir bayrak yapın sergileyelim, web sayfamızda yayınlayalım," dedi. Ben de "Tabii yaparız," dedim sanki kolaymış gibi... "Milli Eğitim'i ziyaret eden okul müdürleri, öğretmenlere ilham verir, örnek teşkil eder," diye ekledi.

Bu arada müdür kadrolu müdür değildi, makama vekaleten bakıyordu. Bunu söylemeden de edemedim. İçinde nasıl bir amir olma dürtüsü varsa... Önceden aynı binada şube müdürlüğü de yapmıştı. Ama bu o kadar bilindik bir durum ki çünkü koltuk tatlı geliyor ve böyle durumlarda ona yapışıp kalıveriyorlar. Ama on beş yılın sonunda anladığım bir şey oldu: Makamlar mevkiler gelip geçici; kalıcı olan tek şey yaptıklarınız. Boş egolarınızla başkalarını yok etmeye çalıştıkça kendiniz yok oluyorsunuz. İnsanları kazanmanız lazım. Kaybetmesi çok kolay.

***

Hemen bu görüşmenin ardından hafta sonu diğer bayraktan kalan yüzlerce parçayla yeniden işe koyuldum. Eklemeler yaptırdım. Öğle tatillerinde çocuklarla birlikte yaptık. Neyse ki yine çok kısa bir sürede bitti. Çerçevesiydi şövalesiydi derken, sıra onu müdürün odasına götürmeye geldi.

Köyden bir minibüs tutup çocuklarla birlikte bayrağımızı sunmaya gittik. Binaya girdiğimizde bir de baktık ki, büyük bayrağımız Kaymakamlık makamının önünde halka açık ama bina içi özel alanda sergileniyor. Bu gurur bize yetti. Bayrağın etrafına çiçek içinde tasarlattığım öğrencilerim fotoğrafları da öylece duruyordu. Öğrencilerim de kendi fotoğraflarını okul dışında apayrı özel bir ortamda görünce öyle mutlu oldular ki! Mutluluktan öte olan ise kendilerini önemli hissetmeleriydi. Bir yandan ilk defa bir resmi binayı geziyorlardı, diğer taraftan bu kadar önemli gördükleri bir mekânda hem kendi fotoğrafları hem de el emekleri işleri sergileniyordu, heyecanlarını hissedebiliyordum.

Sonunda müdürle buluştuk, önce çocuklara Milli Eğitim'in birimlerinin olduğu katı gezdirmeye karar verdiler. Hatırlatmak isterim; çocuklar küçük, 7-12 yaş arasındalardı. Koridorda gezerken onları izliyordum. O kadar tatlılardı ki onca odayı ve insanı bir arada görmek akıllarını almış olmalıydı. Kapıları ve kapı açıksa içerideki insanları sayıyor, kendi dünyalarında ortamı keşfediyorlardı. Tabii ki bu durum binanın alışık olduğu ses düzeyinin üzerine çıkmasına sebep oldu ister istemez.

Arkamdan müdürün sesini duydum. "Bunlar" diye başladı cümlesine, "nasıl davranacaklarını bilmiyorlar mı? Dinlemeyi de bilmiyorlar galiba?" Kulaklarımdan alev çıkmıştı sanki. Bu bana hakaretti. "Onlar sadece çocuk," diyebildim dişlerimin arasından, "böyle bir yere ilk defa geliyorlar, heyecanlılar, olur o kadar."

Çok amaçlı salona girdik, çocuklar bayıldı. O koltuktan o koltuğa oturuyorlardı. Müdür pıs pıs sesiyle bir şeyler anlatmaya çalışıyordu ama dinleyen yoktu. Bu ne öğrencilerimin dinlemeyi bilmemesi ne de benim onlara öğretmemiş olmamla alakalıydı. "Dinlettirmek" de bir sanattır... Öyle bir konuşursun ki iştahları açılır, gözlerini senden alamaz, heyecanlanırlar. "Toplantıları burada yapıyoruz," dedi. İyi ne güzel, bu beni bile heyecanlandırmadı!

Sonra odaya geçtik. Çocuklara "Merak ettiklerinizi müdür beye sorun," dedim. Dedim demesine ama müdür soruları dinlemiyor ki cevap versin, telefonuyla oynuyor! Böyle bir saygısızlıkla ilk defa karşılaşıyordum. Bir de öğrencilerim nasıl güzel *Bizim Hikâyemiz* Oratoryosu sundular. Değer miydi? Değmezdi...

İlçe Müdürü, Kaymakam'ın halk adamlığının, mütevaziliğinin, iletişim becerilerinin, çocuk sevgisinin binde birini örnek alsa yine bir nebze olsa gönül alırdı. Neyse sonuçta ünlü bayrağımız aylarca İlçe Milli Eğitim binasında sergilendi.

Beyaz Bayrak

Bir gün okula gelen resmi belgeleri incelerken gözüme bir "Beyaz Bayrak" yazısı ilişti: "Milli Eğitim Bakanlığı'na bağlı örgün ve yaygın eğitim kurumlarının temizlik ve hijyen konusunda teşvik edilmesi, okul sağlığının daha iyi düzeye çıkarılması, yaşam kalitesinin yükseltilmesi ve yeterli eğitim almış sağlıklı nesiller yetiştirilmesi amacıyla..." diye başlıyordu yazı. Hemen formu doldurdum ve ne eksik varsa tamamlamaya çalıştım. Kadınları ve öğrencileri bu konudan haberdar ettim. Muhtardan geridönüşüm ve çöplerin okul bahçesinden uzaklaştırılması konusunda yapıcı destek istedim. Okulda biriken çöpler bir teneke içinde yakılsa da küllerini birinin alıp götürmesi gerekliydi. El arabalık iş değildi bu, traktör falan gerekiyordu. Geridönüşüm firmaları buldum; kâğıt, cam ve plastik atıklar için okula geridönüşüm kabinleri getirttim. Belki bu her okulun yaptığı klasik bir geridönüşüm hareketidir ama bizim okulda olması, hele de belediyelerin hizmet vermediği bir köy okulunda olması kıymetlidir. Haftanın bir günü biriken kâğıt ve plastikleri almaya geliyorlardı. Bize de arada ihtiyacımız olan sıvı sabun, deterjan ve temizlik malzemeleri getiriyorlardı. Böylece deterjan masrafımızı bedavaya getirmiş oluyorduk.

O hafta formları doldurup verdim ama kurul gelene kadar daha ne değişiklik yapabilirimin peşindeydim. Kafayı yandaki boş sınıfa takmıştım. Orayı kullanılır hale getirmek istiyordum. Kafamda bir hobi sınıfı tasarımı vardı... Perdeleri stor mu yapayım, camlar çift cam olsun diye düşünüyordum. Bir kadın evini nasıl düşünür; orasını nasıl yapayım, buraya nasıl bir dekor gider, perdeler nasıl olsun, duvara bordür de çeksem mi der ya, işte benimki de aynı mantıktı.

Yatıp kalkıp kafamda okulu düzeltiyor, süslüyordum. Yoktan var etme mücadelesinin ta kendisiydi. Her okul çıkışı bir koşuşturma, bir telaşım vardı. Arabam da yok, o dolmuş senin bu dolmuş benim. Oradan oraya... Fiyat sor, pazarlık yap, sponsor bul... Bazen ufacık bir ihtiyaç için günlerce uğraşıyor, bazense çok pahalı diyebileceğim bir ihtiyacımızı bir çırpıda buluyordum. Tamamen şans eseriydi.

En önemli etki iletişimdi. İkili ilişkilerin gücü devreye giriyordu. Arabası olan arkadaşlara rica ediyordum, "Hadi bir el at da şu perdeleri sanayi bölgesine gidip alalım," diyordum. Sağ olsun yardım eden oluyordu olmasına da duymazlıktan gelenler de yok değildi. Millet benimle mi uğraşacaktı? Benim işim bitmezdi ki. Taleplerim hiç bitmezdi.

Yeri gelmişken anlatmadan geçmek istemedim. Müdür de benim ya aynı zamanda... Bu kadar koşuşturma içinde bir de okulun resmi yazı işlerini yönetmem gerekiyordu. Servisim Samsun'a gidiyordu, benimse yazılarımı çıkışta Çarşamba'ya bırakmam gerekiyordu. Servisin içinde de başka bir köy okulunun müdür yetkilisi vardı ve çalıştığı okulun anasınıfı öğretmeni Çarşamba'da oturuyordu. Çarşamba'da oturmasını da bırakın, her gün Milli Eğitim binasının önünden geçiyordu. İlk kez küçük bir ricada bulundum ve "Bu yazıları benim için Milli Eğitim'e bırakır mısınız?" dedim. Demez olaydım çünkü "Bırakamam," cevabını aldım. Demem o ki en kötü an meslektaşının sana bile bile yardım etmek istemediği andır. Tabii ki saygı duymak gerekir ama aynı şeyi o bana sorsaydı çok farklı olurdu.

Diyeceksiniz ki niye kendin bırakmıyorsun? Yazıyı oraya bırakmak, bir de haftanın birkaç günü bunu yapmak çok büyük zaman kaybıydı. Bunu göze alamazdım. O zamanlar elektronik evrak kayıt sistemi de yoktu. Her şey elle yapılıyordu. Neler kaçırdım, neler... Aktarmalı dolmuşlarla yolu iki katı uzatmış oluyordum. Bu sefer köyden Çarşamba'ya giden birilerini bulmaya başladım. Servis şoförü, muhtar, aza... Kim varsa sorup soruşturuyordum. Mutlaka bir çıkar yol buluyordum. Okulun az ilerisinde benzinlik vardı. Bazen oraya elimde yazılarla yürüyüp, hiç tanımadığım insanlara "Çarşamba'ya mı gidiyorsunuz?" diye sorduğum bile oluyordu ve hiç ret cevabı almıyordum. "Geç de olsa bırakırız hocam," diyorlardı, durumu tatlı dille anlatınca. İnsanlık öldü mü? Köyde bir kadın öğretmenin ricası önemseniyordu. Tek başıma oralara kadar gelmiştim. Bana acıyorlar mıydı yoksa saygıdan mı evet diyorlardı, bilemiyorum ama içinde insanlığın ölmediği insanlardı onlar...

***

Form tamamdı, bekleme aşamasında perdeleri de hallettim. Eksik okul kitaplarını almaya gittiğimde o bölümün şefi ile konu konuyu açtı. Ne yaptı ne etti okula perde işini halletti. Bir yandan okula satranç takımları alıyordum, diğer tarafa sanat köşesi yapmaya çalışıyordum. Halihazırda annemin diktiği kostümlerle bir drama köşemiz de oluşmuş durumdaydı.

Bu ne biliyor musunuz? Bir puzzle. Benim puzzle'ım... Yavaş yavaş parçalarını koyup tamamlıyordum. Kaşla göz arasında hobi sınıfını da oluşturuyordum. Hayalim, okulu ev ortamı kıvamına sokmaktı. Tuvaletler tamamdı, günlük temizlik ve soba yakma problemimiz de yoktu artık. Ardiye gibi kullanılan kırk iki metre karelik sınıfı hobi sınıfı oluşturma çabalarım da tüm hızıyla devam ediyordu. Aslında Beyaz Bayrak işin bahanesiydi... Benim zaten bunları yapasım vardı. Hem de öyle bir vardı ki...

Sonradan öğrendik ki kurul gelmeden önce haber vermiyormuş. Gerçekten de Milli Eğitim'den ve Sağlık Bakanlığı'ndan üçer kişiden oluşan bir heyet, çat kapı kontrole geldi. Tabii ki bu bizi endişelendirmedi, çünkü zaten her şey çoktan hazırdı. Onların bahçeye girdiği esnada birkaç anne temizlik yapıyordu. Beni görür görmez, "Geleceğimizi biliyor muydun?" diye sordular. Nereden bileyim yahu! Sanırım temizlik yapanları görünce haber alıp son dakika toparlamasına giriştiğimizi sandılar.

Heyetten bir görevli, "Okulun temizliğini kim yapıyor?" diye sordu. Ben tam "Hep beraber" diyecekken kadınlar lafa atladı: "Bu var ya bu çok fena." Haydaaa... Ama öyle tatlı esprili yerel bir ağızla dediler ki kızamıyordum. Denetime gelenler de kıs kıs gülüyorlardı. Bu işin benim başımın altından çıktığını anlamışlardı.

***

Çocuklarla serbest etkinlik derslerinde en çok konuştuğum konu şuydu: Yeni tanıştığınız insanlarla iletişim becerileri kurarken nelere dikkat etmeliyiz? Neler yapmalıyız? Onlara içten ve sıcak iletişimin, misafirperverliğin önemini o kadar anlattım ki... Özgüven becerilerinin gelişmesi için özellikle yetişkinlerle kurdukları iletişim çok önemliydi. Ben de sanki içime doğuyormuş gibi, okula yüzlerce ziyaretçi geleceğini biliyormuşum gibi onları bu konuda hep bilinçlendirdim. Daha önce dediğim gibi okula ilk geldiğimde adlarını bile söylemeye çekiniyorlardı, yüz yüze iletişimde kafalarını çeviriyor, gözlerini kaçırıyorlardı. Bu duruma son vermek için sürekli onlarla konuştum. Sürekli ama... Günlük hayattan yüzlerce soru sordum. Cevap içinde cevaplar aradım. Onların beni merak edip, bana soru sormalarını sağladım. Derken en güzel yansıması da bu ziyaretçilerle olan iletişimlerinde kendini gösterdi.

Çocuklar kurulu sıcacık ve samimi bir şekilde karşıladı. Bir gurur duydum, bir övündüm anlatamam. İçten içe öğretmen şımarıklığı yaşadım. Onları olumlu bir şekilde yönlendirmek, bu yolda teşvik etmek her şeyden önemliydi. Nasıl girişkenler! Daha kimse sormadan okullarının tanıtımını yapmaya başladılar; önceden böyleydi, şimdi böyle oldu. Benim annemin temizlik sırası perşembe, benim anneminki salı, diye diye doğal sohbet havada uçuştu. Gelenler bayıldı.

Sanki ben öğretmişim gibi patır patır nasıl konuşup anlatıyorlardı... Nasıl gülüşüyorlardı...

Buraya kadar okuduklarınızdan "Ama bu öğretmen de sadece okulun görünüşünü düzenlemeye çalışmış," diye düşünenleriniz varsa umarım bu noktadan sonra yapmaya çalıştığım esas şeyin ne olduğunu artık anlamışlardır. Yapılan hiçbir şey "makyaj" değildi. Onların hayatlarının daha iyi olması adına, kendilerini daha iyi ve önemli, dahası önemsenmesi gereken bireyler olarak hissetmeleri adına atılmış adımlardı. Ve gelin görün ki işe yarıyordu...

Heyetin çocukların okulun değişiminden duydukları heyecanı hissettiğini görebiliyordum, bu onları hayli etkilemişti. Aralarında duygulananlar da oldu, çocukların sıcaklığı ve doğallığı karşısında onlarla nasıl iletişim kuracağını bilemeyen de... Çocuklardan biri, gelen denetçilerden birinin elinden tutup "Gelin size tuvaletleri göstericem," deyip çekiştirdi. Girişkenliğin dozunu siz düşünün. Bu kadar kısa sürede oluyordu bu... Adam da çocuğa dönüp "Biz zaten kontrol edeceğiz," dedi. Sanki otuz yaşında biriyle konuşuyordu. Ne enteresan... Hevesini kaçırmasana... Hadi koşup bakalım, göster anlat bakalım desene... Nerede? Peki asıl bu yetişkinlere iletişim dersini kim verecek? Ya da öğrencim bana şunu demeyecek mi? "Öğretmenim, bu adamlarla mı iletişim kurarken dikkat etmemiz gereken kuralları öğreniyoruz?" İnanın böyle bir şey sorsa utanır cevap veremezdim. Çünkü haklı da. Neyse ki aralarından bir adam, "Ya bu çocuklar ne kadar çok konuşuyor? Ne çok şey soruyor," demedi. Oracıkta düşer bayılırdım herhalde... Olur olurdu... Her şeye hazırlıklı olmak gerekirdi.

Ben bir yandan çay servisi yapma telaşındaydım, onlar her yeri inceliyordu. Formlara bakıp işaretler koyuyor, tikler atıyorlardı. Tabii ben de heyecan vardı. Bir an önce bitsin gitsin istiyordum. Çünkü bazen bu ziyaretler ne kadar önemli olursa olsun benim planımı aksatıyordu, ders akışımı engelliyordu. Sonuca değse de ertesi gün için beni strese sokuyordu. Nasıl yetiştireceğim?

Denetim sırasında öğretmen masamın üzerinde duran on beşten fazla kılavuz kitabı gören kişi inanamadı. Bir de ona birleştirilmiş sınıf müfredatını nasıl işlediğimi ayaküstü anlattım. Milli Eğitim'in içinde olan insanlar bile bu durumu anlamakta güçlük çekiyorlardı. Başkaları ne yapsın?

İçme suyu olayında biraz takıldık; köy, baraj kenarı olmasına rağmen elektrik-su kesintisi fazla oluyordu. Tuvalete yerleştirilecek bir su deposu düşünülebilirdi ama bütçesi çok tuzluydu. O güne kadar benim hiç aklımda yoktu su deposu yaptırmak. Bunu aklıma onlar sokmuştu ama hiç de fena fikir değildi. "Bir kenarda dursun bakalım," dedim içimden.

Ziyaret umduğumdan çok daha iyi geçmişti. Onayı ya da sonucu ne zaman alacağımız belli olmasa da ayrılırken aldığım enerji "Size vermeyeceğiz de kime vereceğiz," şeklindeydi. Samsun'un on yedi ilçesi var. Tüm ilçeler dahil hiçbir köy okulundan yani birleştirilmiş sınıflı köy okulundan Beyaz Bayrak almak için başvuruda bulunan olmamıştı. Bu da enteresan bir not olarak kalsın.

Kumköy için yolun çok başındaydım ve içimde bir enerji patlaması vardı. Bu enerji fazlalığını akıtmak istiyordum. Bazen bu patlamalar olumlu yönde oluyor, bazense faciaya dönüşüyordu...

***

Birkaç hafta sonra geldi haber. Sevinçten havalara uçtuk. Aldığımız unvana bak! Türkiye'de ilk defa bir köy okulu bir hizmetlisi olmamasına rağmen hijyen kurallarına göre Beyaz Bayrak almaya hak kazandı. "Vay be!" dedik.

Sonrası teslim töreni. İl Milli Eğitim Müdürü'nün bizzat geleceğini öğrendim. Tabii o gelince İlçe Müdürü de gelir. Öğlen saatine denk gelecek hazırlıkları yine köy usulü menüyü yapacak kadınları bir araya toplayarak organize ettik. Her şey yolundaydı.

Yine tüm protokol okulumuzdaydı. Tüm öğrenciler gururla bayrağımızı gönderimize çektik. Ben Beyaz Bayrak sertifikasını alacağımızı ilk öğrendiğim zaman bizzat İl Müdürlüğü'nden fotokopi makinesi talebinde bulunmuştum. Sözünü almış, belgeyle birlikte onu da getirirsiniz, diye şaka bile yapmıştım ama gerçekten getirdiler. Demem o ki kendimize hediye getirtmenin farklı yollarını da keşfediyordum. Günahlarını alamam. "Ne ihtiyacınız var?" diye sormuşlardı sağ olsunlar. Çoook eksik vardı ama yavaş yavaş parçalar yerine oturacaktı.

Dumanı Üstünde Çorbalar

Sık sık yaptığım veli toplantılarından biriydi. Toplantıya yalnızca bir baba gelmişti. Diğer velilerin hepsi kadındı. Ve baba olan velimiz nedense sıraya biraz çekingen oturdu. Yüzü de nasıl çocuğunun aynısı. Resmen öğrencimin büyümüş halini görüyordum onda. O da onun gibi utangaç olmasın mı? "Siz bayanlar aranızda konuşun. Aldığınız kararlara uyarım, toplantı tutanağını da imzalarım," dedi. Ve çok da fikrini söylemeden aramızdan ayrıldı. Ama ayrılmadan önce kaşla göz arasında oğlunun durumunu sordu. Benim de huyumdur ya da prensip diyelim, bir veliye çocuğunun durumu hakkında bilgiyi herkesin önünde vermem. Hatta eğer kendi başıma çözebileceğim bir şeyse, genelde her ayrıntıyı velinin kendisine de vermem.

Neyse baba gidip de sınıf kadınlar matinesine dönünce, yine her kafadan ses çıkmaya başladı. Herkesin bir fikri vardı, tahmin edersiniz ki benim de! Zaten anneler artık beni o kadar iyi tanıyorlardı ki "Çıkar ağzındaki baklayı" der gibi bakıyorlar, konuşmadan gülüyorlardı. Bir bakmışız ki gözlerimiz anlaşıyor. Artık nasıl baktıysam. "Söyle söyle, kabul ediyoruz," dedi bir tanesi. Güldüm. Acaba nasıl bakıyordum; ajite olmuş bir halde mi, kararlı mı, talepkâr mı? Bence sonuçta yapmak istediğim şeylerin hepsinin kendi çocuklarıyla ve gelecekleriyle ilgili olduğunu anlamışlardı onlar da.

Konumuz bütün insanlığın konusuyla aynıydı: Beslenme. Beslenme saatlerinde yaşadığımız olumsuz durumları anlattım. Kahvaltısız okula gelen çocuklar, ilk teneffüs çantalarından çıkarttıkları ıvır zıvırları yiyorlardı. Güzelim tazecik sağlıklı mideleri güne gofretle merhaba diyordu. Adını hiç duymadığım cipsler, ekmek arası helva ve çikolata kremalı ekmekler, tuhaf bisküviler, bazense çok fena kokan sucuklu ekmekler havada uçuşuyordu. Önce bu durumu anlattım. "Benim çocuğum şundan şundan başka bir şey yemez," deyip parmaklarıyla üç besin sayanlar vardı. Yani klasik muhalefet anne cenahından lafı "sıkıyorsa sen yedir"e getirenler.

Onları çok iyi anlıyordum. Ben de bir anneyim ve oğluma asla havuç yediremezdim. Asla ve asla... Havucu ağzına koymayı bırakın, eline bile almazdı. Ama bir gün ben anlamadan kreşte bir şey oldu ve bırakın havucu sevmeyi, adını bile düzgün söyleyemeyen oğlum havuç yemeye başladı. Öğretmenine sordum. Belli bir fikri yoktu. Sonra birdenbire kendi anlatmaya başladı, "Anne Murat hep okula havuç getiriyor. Bazen benimle paylaşıyor. Ben de onunla mandalinamı paylaşıyorum." O zaman parçalar yerine oturdu. Belli ki çok aç olduğu bir anda Murat kıtır kıtır havuç yerken bizimkinin canı çekmişti. Deneme o deneme... Açken aldığı o tatla devam etti. Her çocuğun farklı beslenme alışkanlıkları olduğunu biliyorum. Çoğu kendi bile zor yer, döke saça... Sekiz-dokuz yaşında hâlâ annesinin yedirdiği çocukları biliyorum. O yüzden ekmek arası ve hazır gıdalar hem annenin hem de çocukların kolayına geliyordu.

Kendi çocuğumla ilgili yemek yeme sorunlarını da anlattım. Bu arada ben böyle konuşurken "Hoca Hanım hadi kısa keselim, valla evde yemek yok," diye serzenişte bulunanlar da çıkıyordu. Ben de "Benim evde de yemek yok," diye cevap veriyordum. Sonunda lafı çok da gevelemeden açık açık, "Bizim okulda sıcak yemek yapmamız lazım," diye pat diye söyledim. "Çocukların boğazından sulu bir şeyler geçsin. Önümüz kış. Bari çorba günleri yapalım. Haftanın üç günü yeter," dedim. İçimden de tabii bu bir başlangıç, diyordum. Ne tepkiler ne tepkiler... Bu sefer temizlik olayından daha kararlıydım, ne söyleyeceğimi ve nasıl yapmaları gerektiğini anlatmayı daha iyi biliyordum. Ne de olsa Kumköy'ün huyuna suyuna alışmıştım. Kültürü yakından tanımanın ve kişisel iletişimin ne kadar önemli olduğunun kanıtlarıydı bunlar. Nasıl yaparız ederiz demelerine kalmadan "İster evde yapın ister gelin okulda yapın. Bir tencere çorba karıştıracaksınız. Sonuçları çok güzel olacak, bana güvenin. Süt ve yumurta günlerini de ikiye çıkaralım," dedim. Köy yerinde süt içmeyen, yumurta yemeyen çocuk mu olur yahu?

Gerçi işin zor kısmı annelerden ziyade çocukları ikna edebilmekti. Hadi pişti, önlerine geldi. Nasıl yiyeceklerdi? Sulu yemekle arası hiç iyi olmayan çocuklar vardı. Nasıl çorba içeceklerdi? Anneler de gülüyordu. Şaşkınlardı. Çünkü inanmıyorlardı. Ama inadım inattı; "Siz inanmazsanız çocuklarınız da inanmaz," dedim ve "Durumu heyecanlı ve cazip hale dönüştürmek siz annelerin elinde," diye ekledim.

Şimdi özetleyelim. Anneler sırayla otuz çocuğa yetecek kadar çorba yapacak ve okula getireceklerdi. Çorba da ekmeksiz içilmez, diyen anneler oldu. Olabilir. O zaman "Her çocuk için de birer dilim ekmek getirelim," dedim. Okula kâse ve kaşıkları ben alacağım dedim –her işin bir ucundan da siz tutarsanız daha bir sahiplenici oluyor. Her öğrenci kendi için küçük sıra örtüleri getirebilir, dedim. Beslenme saatlerinde ev ortamı hissetmelerini istiyordum. Bunun gerekliliğine çok inanıyordum. Düşünsenize, annelerinin elinden sıcacık organik köy çorbaları... Tıpkı temizlik listesi gibi sırayı oluşturdum. Öyle annelerin çok yorulacağı bir etkinlik olmayacaktı, hatta her anneye ayda yalnızca iki kez sıra gelecekti. Evi uzak olanlar gün içinde iki kere git-gel yapmasın diye sabah çocuklarını bıraktıklarında çorba tenceresini getireceklerdi. Ben servis zamanına yakın, okulun elektrikli ısıtıcısında ısıtacaktım. Süt-yumurta günleri ise her öğrenci kendi süt ve yumurtasını yanında getirecekti. İsteyenler yanına mevsime göre meyve ya da sebze koyabilirdi.

"Bakın, hemen önümüzdeki hafta başlıyoruz ona göre," dedim. Her toplantıda bir taleple karşılarına çıktığımı düşünenler de vardı ama orta yolu bulmak o kadar kolaydı ki. Her lafın arasına girip benim oğlanın matematiği nasıl, benim kızın okuması çok yavaş değil mi diye soranlara, "Rahat olun ve lütfen endişelenmeyin," diyordum. Bu benim görevim. Çünkü akademik başarı zaten öğretmenin asli görevi. Önemli olan bunun üstüne neler koyabildiğiniz.

Bence her öğretmen asli görevi dışındaki detayları da düşünmeli. Derse girip çıkmak, müfredatı aktarmak dışında başka ne gibi kazanımlarınız olabilir, düşünün. Ve her gece kafanızı yastığa koyduğunuzda kendinize şu soruyu sorun: "Bugün ne yaptım? Okulum için, öğrencilerim için, toplum için, çevrem için ne yaptım?" Hadi onları da geçtim, "Kendim için ne yaptım?" diye sorun, cevabını kendinize verin ve öyle uykuya dalın.

***

İsim listeleri, kimin hangi çorbayı ne zaman yapacağı belli değildi. Öyle her zaman aynı çorbalar olmayacak, menü çeşitli olacaktı. Birinin "yoğurt çorbası yemem" deme lüksü de olmayacaktı. Ben de tabii öğretmen olarak, kim yiyecek kim yemeyecek listesi de çıkardım. Her ismin yanına bırakın çorbayı içip içmediğini ya da yumurtayı yiyip yemediğini; beslenme örtüsü geliyor mu, tırnaklar temiz mi gibi kriterlerden oluşan bir liste hazırladım. Yani bana çocukları ikna etmek ve listeleri tik atarak tamamlamak kalıyordu.

Bu tarz sistemler kurarken en zoru hep başlangıç olur. Ama her şey mükemmel başladı ve devam etti. Hatta sonrasında abarttık. Her gün çorba günü oldu. Sonra yine abarttık. Bu sefer çorba dışında sıcak ve ev yapımı yemekler gelmeye başladı. Anneler inanılmaz motive oldu. Çocukların mutluluk söylemleri evde etki yarattı. Üstelik her annenin el lezzeti farklıydı. Menüler heyecan yaratıyordu. Sanki her gün farklı bir restoranda yemek yiyor gibiydiler. Hele de anneler servise gelince. Çocukları izlemeleri onlarda farklı duygular yarattı. Çocukların topluca iştahlı iştahlı yemeleri, yemek duası etmeleri; birbirlerine afiyet olsun, annelere elinize sağlık demeleri… Hatta aynı yemekten ikinci tabağı istemeleri…. Bunlar hep anneleri motive etti. "Hani çocuğun çorba içmezdi, yumurta yemezdi," başlıklı videolar çekip annelere izlettim. Diğer annelere şahitlik bile ettirdim. Daha ne yapayım?

Biz köy bir okuluyduk; kantinimiz, yemekhanemiz yoktu ama annelerimiz vardı! Her gün bir anne otuz çocuğa yetecek şekilde sıcak yemek yaptı benim okulumda... Dumanı üstünde çorbalar getiriyorlardı. Bu işte çok emek vardı. Bu yüzden "aman anneler okula yemek yapıyormuş," kadar basit bir söylemle konuşulup geçilmesine karşıyım. Maddi, manevi büyük bir emekten bahsediyorum…

Tabii şimdi merak edenler olur; yemeyen çocukları nasıl ikna ettim? Bazıları çok kolay, bazıları çok zor oldu. Çok acıkan, sabah kahvaltı yapmadan okula gelen çocuk, çantasında da hiçbir atıştırmalık alternatifi olmayınca mecburen önüne konulanı yiyecekti. Arkadaşının yumurtasının yarısını ödünç isteyene bile rastladım. Hani haşlanmış yumurtanın kokusuna bile dayanamazlardı? Yumurtayı nefretlik derecesinde algılayan, sanki dünyada öyle bir besin yokmuş gibi davranan öğrencilerim de vardı. Hele de birinci sınıfsa vay öğretmenin haline... Yapacağınız ufacık bir hata, söyleyeceğiniz yanlış bir söz veya vereceğiniz yanlış bir direktif onları kaybetmenize yol açabilir. Sırf bu yüzden okuldan anında soğuyabilirler. Hatta sizden bile... En son yumurtaların kabuklarına farklı farklı yüzler çizdiğimi, onlara karakter yüklediğimi, yumurta deneyleri yaptığımı, kabuklarını soyduktan sonra o kabukları kâğıtlara yapıştırttığımı ve onları rengârenk boyattığımı bile hatırlıyorum. Dekorasyon misali. Dilimleyip tabakta kız yüzü, erkek yüzü bile yapıyordum. Maydanozdan saç, domatesten dudaklarını yapıyordum. Yumurtanın beyazının üstüne birer zeytin koyunca da harika göz oluyordu. Hadi şimdi gözünü yiyelim, şimdi burnunu yiyelim derken çocuklar yumurta yediklerinin farkına bile varmadılar. Hep oyun, hep oyun. İnanın şifre buydu...

Hayatım boyunca dünyanın farklı yerlerinden, farklı milletlerden çocuklarla çalıştım. Tek bir ortak dil var: oyun ve sevgi. Çocuk, dünyanın her yerinde çocuk; köyde de aynı, şehirde de, başka bir ülkede de... Tek istedikleri sevgi, ilgi ve oyun. Bu kadar... Bu süre boyunca hızını alamayan annelerimiz oldu. Ayranlar çırptılar, börekler açtılar, dolmalar sardılar... Daha neler neler... Çikolataların gofretlerin yerini ev yapımı irmik helvaları, sütlaçlar aldı. Çocuklar görgü kurallarından tutun da toplulukla yemek yeme davranışlarına, el tırnak temizliğine kadar birçok kazanım sahibi oldu.

Anneler için de ayrı bir deneyimdi... İşi çıkanın yerine diğeri yapıyor, arada günleri değiştiriyorlardı. Bazen haberim bile olmuyordu çünkü eskisi gibi her şeyi bana sormuyorlardı. Anneler de organize olmayı öğrenmişti. En çok hoşuma giden de, yıllar yılı birbirine soğuk davranan aile ve akrabaların böyle etkileşimler sayesinde birbirlerini hoşgörüyle kabullenmeleri oldu.

Okula ziyarete gelmek isteyenleri çok rahat öğle yemeğine davet edebiliyorduk artık. İleride okulun lojmanındaki anasınıfı mutfağını yenileme fikri de var kafamda... Olacak... Hepsi olacaktı... Yavaş yavaş. Sabırla, inanarak ve her şeyden önce umutla hepsinin zamanının gelmesini bekliyordum.

En yakın öğretmen arkadaşlarıma yapmaya çalıştıklarımı ve yaptıklarımı anlatmaya başlayınca enteresan yorumlar almaya devam ediyordum, "Bir çorban eksikti? Ya midesi bulanıp kusan olursa, beğenmeyen olursa..." Hep olumsuz sorgu ve eleştiriler. Hiç olumlu yönünden bakamaz mısınız? Hep mi kusur arar insan? Sen benim yakın arkadaşımsın. Sen de böyle dersen, millet neler der? Ama içlerinden biri öyle bir yorum yaptı ki hâlâ mıh gibi aklımda, unutamıyorum: "Ohh hayat sana güzel be Dilek. Okulun temizliğini ve öğle yemeklerini anneler yapsın, bahçeyi muhtar temizletsin, Atatürk büstünü eşin getirip kursun, boya badanayı sponsorlar yapsın, tuvaletleri gönüllüler renklendirsin... Böyle köy öğretmenliğini dedem de yapar..." Bu yorumlar beni o kadar üzüyordu ki sonraları hiç anlatmamaya karar verdim. Etrafım pozitif enerjiyle anlattığım her şeyi negatif enerjisiyle sömürmeye çalışan insanlarla dolmaya başladı. Uzak dursam da asıl yapmam gereken hiç anlatmamaktı belli ki. Soran olursa da, "Yapıyorum işte bir şeyler, elimden geldiğince," deyip geçiştirecektim... Siz hiç "Memleketi sen mi kurtaracaksın?" diyen öğretmen gördünüz mü? Ben gördüm. Elbette sadece negatif insanlar yok hayatta. Yaptıklarımı anlatırken duygulanıp ağlayanlar da olmuştu. Olaya nasıl baktığınız önemli. Ben kendi etkinliklerime ne dünyanın en önemli işi gibi baktım, ne de çok basite indirgeyecek kadar ilgisiz davranıp sadeleştirmeye çalıştım. Bir şey gerekli mi gerekli benim için. O zaman onun üstüne gitmeye değer.

Kral ve Kraliçe Satranç Oynuyor

"Eğer ebeveynler bütün zamanlarını, çocuklarının boş zamanlarını doldurmakla geçirirlerse, o zaman çocuklar bunu kendileri için yapmayı asla öğrenemezler."
Lyn FRY

Hobi sınıfına bir satranç köşesi hazırladım ama satranç takımımız yoktu. Sponsor bulup dev bir kitaplık yaptırdım, köy kütüphanesi oluşturacaktım ama kitap yoktu. Çocuklar hobi sınıfında yatıp yuvarlansınlar, ayakkabıları çıkarsınlar istiyordum rahat rahat, ama bu sefer de halı yoktu.

Kendi imkânlarımla satranç takımları aldım ama tabii ki o kadar kaliteli değillerdi. Ona rağmen çocuklar öyle hevesli, öyle severek öğrendiler ki... Ne plastik olmasını umursadılar ne küçük boy takımlar olmasını... Yavuz ve Yiğit diye iki kardeş öğrencim vardı. Satrancı çok iyi öğrenmişlerdi ve hep birlikte oynarlardı. Biri diğerini yenince keşfettiği, fark ettiği güzel hamleleri benimle ve arkadaşlarıyla paylaşırdı. Böyle bir şey olabilir mi? Bu nasıl bir zekâ ve anlatım şeklidir... Ben bıraktım çocuklara satranç öğretmeyi. Yavuz herkese öğretiyordu. Yıllar geçtikçe, kendinden küçük iki sınıfa da öğretti bildiklerini. Yendiler, yenildiler, eğlendiler.

Teneffüslerde oyunu bitirmeye zamanları yetmezdi. Satranç takımını öylece bana teslim edip "Öğretmenim lütfen bunu müdür odanızda saklar mısınız? Bir dahaki teneffüs devam edeceğiz," diye tembihlerlerdi. Birinci sınıflar merak eder dokunur da önceki hamleleri boşa gider diye endişeleniyorlardı. Ama zamanla birinci sınıflar da öğrendi. Artık hobi sınıfından çıkmak istemiyorlardı. Bazen de benim gönlüm rahat etmiyor, onlara dersten ekstra zaman veriyordum; "Çok heyecanlı madem. Siz güzel konsantre olun, oyununuz bitince sınıfa girin," diyordum. Bir yandan hoşlarına gidiyordu, bir yandan da Yavuz, "Dersten bir şey kaçırır mıyız, bize ihtiyacınız olur mu?" diye endişeleniyordu. Onlara göre ayarlardım ben de tabii ki. Büyük sınıflara ortak etkinlik ödevi verip birinci ve ikinci sınıflara öğretmenli anlatım yapıyordum, böylece Yavuz da geride kalmıyordu. Nasıl kıkırdıyordu bunu anlayınca... Biz yetişkinlerden çok daha sade bir ruhları var çocukların. Bazen sanki karşımda yedi-sekiz yaşında çocuklar değil de yirmi-yirmi beş yaşlarında delikanlılar oturuyor, fikir yürütüyor gibi hissederdim.

***

Kumköy İlkokulu'ndaki ilk yılımdan itibaren satranç köşem hep vardı. Yıllar geçtikçe köşe de çağ atladı tabii. Zamanla her iki öğrencinin bir satranç takımı oldu. Üstelik profesyonel olanlarından. Yepyeni gıcır gıcır. Bakmaya doyamazsınız. Takımlar o kadar güzeldi ki bazı öğrencilerimin at ve fili ellerine alıp konuşturduklarına bile şahit oluyordum. Satranç öğretmek için özel mıknatıslı öğretmen tahtamız da oldu. Ben dokundum desem yalan olur. Öğrencilerim kendi aralarında birbirlerine öğretip durdular. Hatta bazen dikey olarak mıknatıslı tahtanın üstünde oyunlarını sürdürmek istediler. Resimli ve öğretici satranç kitapları aldım. Kum saatleri aldım; satrançla ilgili her şey onlara ilginç gelsin, hiçbir şey sıkıcı olmasın diye elimden geleni yaptım. Öyle anlar oluyordu ki iki kişi bir kişiye karşı, üç kişi iki kişiye karşı oynuyorlardı. Hiç ses çıkarmıyordum. İtiraz da etmiyordum. Öyle şey olur mu? Herkesin kendi düşünce becerisi var satranç bireysel spordur da, demiyordum. Onların kafalarına göre takılmaları çok hoşuma gidiyordu. Onları gözlemlemek. Ama kendi hallerindeyken gözlemlemek dünyanın en iyi hissettiren duygusuydu. Hele de bazen bana laf atmaları yok mu? Onlara dalıp gitmişken hemen aradan fırlayan bir "Öğretmenim" çağrısı. İki öğrenci üç yıl sonra il genelinde yapılan satranç turnuvalarında dereceler aldı. Bunu kendi kendilerine yaptılar. İlk satın aldığım uyduruk plastik satranç kutularının üzerinde yazılan talimatlardan okuya okuya öğrendiler. Bazen bahçede bile biri kale, biri fil, biri vezir ola ola, hızlarını alamayıp defterlerine satranç kareleri çizip taktikler vere vere başardılar. Tüm bu çabaları bile onlara çok şey katıyordu. Bireysel bir satranç oyununda bile takım olabilmeyi başarabiliyorlardı. Dereceler, turnuvalar bir yana onların kendi kendilerine kattıkları kazanımlar en güzel ödülleri oldu. Ortaokula geçtikleri an, bu farklarını sonuna kadar hissettirdiler. Hep güzel haberlerini aldım. Her zaman en iyisi için çabalamayı öğrendiler ve en gurur verici yanı ise bunun hep devam etmesi oldu.

Her yıl satranç takımlarımız eskise de bize yenileri geliyordu. Nasıl mı? Tabii ki sağa sola yazarak, çizerek, kişiler ve kurumlar arasında bağlantılar kurarak, mail'ler atarak oldu. Çankaya Rotary Kulübü bu konuda çok duyarlı davrananlar arasındaydı. En kaliteli takımları, en pahalılarını okulumuza gönderdiler. Hatta hızlarını alamadılar; öğrencilerimin hepsini (mezun ettiklerim de dahil) Ankara'daki Satranç Müzesi'ne götürdüler, onlara harika hediyeler verdiler. Satranç müzesinin kurucusu ile tanıştırıp sohbet ettiler. Orada iki saatten fazla zaman geçirdiler... Böyle bir ayrıcalık, önemli hissetme hali olabilir mi? Yalan değil; ben de kendimi çok, çok değerli hissettim!

***

Çocuklar hobi sınıfından çıkmak istemiyordu. Olay yalnızca satranç değildi; orayı köyde çocukların rahat sosyalleşebileceği, kendilerini ifade edebilecekleri ve eğlenerek öğrenebilecekleri bir hale getirmek istiyordum. Bana göre çocukların hatta köy halkının da sosyalleşebileceği tek ortam okuldu. Okulu yaşam alanı haline getirmek bu yüzden çok anlamlıydı.

Büyük ve kullanışlı bir halıya ihtiyacımız vardı. Bir gün taşımalı eğitimle benim öğrencilerimin gittiği okulun müdürü okulumuza uğradı. Okulun fiziksel ortamı müsait olduğu ve kayıt sorunu olmadığı halde okulöncesi sınıfını kapatmıştı. O anlattıkça ben içimden "vay be" diyordum. Ben birleştirilmiş sınıfın harabe lojmanında okulöncesi sınıf açayım diye kendimi parçalıyorum. Adamlar kocaaa okuldaki anasınıfını kapatmışlardı. O köyden bizim anasınıfına gelen öğrenciler de oldu. Olmaz mı? Bizim anasınıfı bir kıymete bindi anlatamam. Artık özel okul kıvamdaydık, hem de öyle parmakla gösterileninden.

Laf lafı açtı açmasına ama ben hiç eleştirmedim. "Niye"-sini bile çok sormadım. Ama neyi sordum bilin bakalım? Tabii ki kapattıkları sınıftaki eşyaları ve materyalleri ne yaptıklarını. Müdür de bana "Valla hocam biz onları çoktan Milli Eğitime teslim ettik. İhtiyacı olanlar yazıyla talep edebilir," dedi. "Ama..." diye devam etti, "elimizde bir tek kocaman bir sınıf halısı kaldı." Ben daha halının lafını bile etmeden duyduklarıma inanamadım! O an tek ihtiyacım olan şey ayağıma kadar kendi gelmişti. Gerçekten iyi niyet enerjisine inanıyorum. Ve tabii ki talep ve merak ilişkisine de. Sormasam, merak etmesem nereden haberim olacaktı? Bu durum okulun müdürünün de hoşuna gitti. Kardeş okul gibi yani. Onlar büyük okul. Biz küçük okuluz. Onlar bana halı verecekti ama ben de ona canavar gibi, zehir gibi öğrenciler gönderecektim. Özgüveni tavan yapmış, akademik başarısı kapasitesinin üstünde öyle öğrenciler mezun ettim ki...

"Siz muhtara aldırtırsınız halıyı," dedi. Bir dakika içinde muhtarla yapmam gereken "rica-minnet" konuşması geldi gözümün önüne. Bu yüzden müdüre geçerken arabaya atıp getirir mi, diye sordum. Cevap olumsuzdu olmasına ama bir detay vardı ki gözlerim parladı: "Halı çok büyük, kamyonet gibi bir şey gerekir." Ben gereken cevabı almıştım; halı bizimdi, gerisi her türlü halledilirdi. Taşıma Eğitim Merkezi Okulu'na telefon açtım ve halımız öğleden sonra kapımızdaydı!

Koskocaman, mavi, ince ama kaliteli halımızı hobi sınıfına serdik. Öğrenciler de anneler de bayıldı, iki gün içinde bir de güzel silip temizledik. Konfor alanları olsun diye ev ayakkabıları aldırtmıştım. Bir halı bir terlikle okulda yatacak kadar hevesli olacaklarını nereden bileyim? Bir halı, bir çift terlik bu kadar mı değiştirir çocukları?

Hobi sınıfı yaklaşık kırk beş metrekareydi, bu epey büyük bir alan demekti ama orayı farklı köşelerle donatmak istiyordum. Çoklu zekâ kuramına paralel bir anlayışla... Hobi sınıfına giren çocuk istediği köşede vakit geçirebilsin istiyordum... Hiçbir şey yapmıyorsa yatsın halıya, puflarda dinlensin. Yağışlı ve çok soğuk havalarda çocukları dışarı çıkaramıyordum, bu yüzden de bu hobi sınıfının varlığı müthiş oldu. Tam tamamlanmamasına rağmen ilgi alaka çoktu. Bazen veliler bile orada oturup vakit geçiriyorlardı. İnsanları okula ısındırmak böyle bir şeydi. Yeter ki gelsinler. Okulun sıcaklığını, gerçekten ikinci yuva olduğunu hissetsinler, çocuklarına da hissettirsinler. Okul çıkışı ödevlerini hobi sınıfında yapmak isteyen öğrencilerim oluyordu. Nasıl cevap verirsiniz? "Hayır," diyemezdim. Belli ki burada daha fazla zaman geçirmek içindi her şey. Bu yüzden çözüm yolu üretebilirdim. Serbest etkinlik ders saatlerini hobi sınıfında yapabilirdik mesela ya da öğle yemeklerimizi bazen bu etkinlik sınıfımızda yiyebilirdik.

Drama Köşesi

Drama köşesi, benim çizip annemin diktiği kostümlerle dolup taştı. Pamuk Prenses'ten Hacivat Karagöz'e, kral, kraliçe ya da çeşitli hayvanlardan süper kahraman ve mesleklere kadar ne kostümü ararsanız bulabileceğiniz bir köşemiz vardı. Öğrencilerim boş zamanlarında kostüm askılarını istedikleri gibi yönetiyorlardı. O kıyafetleri giyip çıkarmaları bile büyük el becerisi gerektiriyordu. Kendi kendine montunu bile giyemeyen çocuklarım orada giy-çıkar, giy-çıkar, ilgi alanlarına göre çok büyük öz beceri kazandılar. Hiç müdahale etmiyordum. Kendi hallerinde kendi zevklerine göre ne isterlerse yapıyorlardı. Bazen ters bile giydikleri oluyordu. Karışmasanız da bir süre sonra kendileri düzeltiyor, o düzeltmezse arkadaşları uyarıyordu; birlikte düzeltmeye çalışıyorlardı. Alın size akran öğrenmesi. Gözlemlerken en keyif aldığım anlardı....

Bazen üzerlerinde kostümle satranç oynuyorlardı. Hoşlarına gidiyordu. Bir bakmışsınız kral ve kraliçe birlikte satranç oynuyor; bir bakmışsınız bir arı bir kelebekle... Bir bakmışsınız biri hâkim cübbesini üstüne geçirmiş, karşısına da tavşan kostümlü arkadaşını almış. Bize alakasız da gelse o anda onu istemiş, öyle yapmayı tercih etmişlerdi. Çocuk ruhu başka bir şeydi. Kıyafetleri giydikten sonra tekrar yerine koyma ve toplama işlemi önemliydi. O da el becerisi ve aynı zamanda sorumluluk gerektiriyordu. Oh üstüne biraz da özgüven serpelim, tadından yiyemezsiniz! Drama ve satranç köşeleri tamamdı da bomboş raflar gözüme batıyordu.

Bin Bir Kitap

Kütüphane için çok büyük raflar yaptırmışım ve rafları dolduracağıma çok emindim. Yüzlerce hatta binlerce kitap bulmayı hayal ediyordum. O zamanlar da ne sosyal medyam vardı ne de büyük mail zincirlerim. Önce büyük okullarla irtibata geçtim. Kütüphanesini yenileyen okullar eski kitapları bize göndermeye başladı. İkinci el kitapları çok ince eleyip sık dokumak lazımdı. Evet onlar da okuldan geliyordu ama bazen de öğretmenler sınıflarında kitap toplama kampanyaları yapıp bize destek oluyorlardı. Bu yüzden okula gelen her kitap, ne olursa olsun içerikleri incelenerek giriyordu kitaplığa. Okul çıkışları saatlerce kitap eleyip seçtiğimi bilirim. Bazen içlerinden çözülmüş bulmacalı ve çözülmüş testli kitaplar da çıkıyordu. Onları hemen geridönüşüm bölümümüze ayırıyordum.

Kaynak kitaplar ve ekstra test kitapları için farklı yayınevleriyle yazışıyordum. Çok güzel etkinlik kitapları toplamaya başlamıştım. Sonunda adını *Binbir Gece Masalları*'ndan esinlenerek koyduğumuz bin bir kitaplı kütüphanemiz oldu (2019 yılında tam 2019 kitabımız olmuştu). Köyde kütüphane olması ve üstelik bunun halka açık olması bambaşka bir şeydi. Köydeki yetişkinlerin, liseyi bitirmiş gençlerin bir-iki kitap karıştırması bile nasıl önemliydi. Hiç okumasalar bile arada gelip kitapları karıştırsalar da bana yetiyordu. Yeter ki dokunsunlar. O ona, öbürü buna derken birbirlerine haber verir, tavsiyelerde bulunurlardı. Türkiye'nin dört bir yanından kitaplar topladık okulumuza; yepyeni, rengârenk, gıcır gıcır kitaplar... Koliler dolusu... Öğrenciler kitapları öptüler, kokladılar, koyunlarına alıp yattılar. Okuma aşkını alevlemek adına yaptım bunu. Ben kitaplar içinde yüzen çocuk gördüm. Daha ne isterim.

Okulumuza en çok kitabı gönderen büyük kuruluşlar oldu. Turkcell gönüllüleri bunlardan biriydi. Kitapla kalmadılar, öyle güzel oyuncaklar da gönderdiler ki... Bu sayede okulöncesi sınıfımız için oyuncak kütüphanesi yapma fikri bile doğdu. Asım Kocabıyık'ın gönderdiği *Atatürk Kitap Klasikleri* inanılmazdı. Onlar da ayrı rafta yerini aldı. Koleksiyon misali... Farklı dernek ve kuruluşlar destek oldular. İngilizce kitaplar bile gelmeye başladı. Kitapları sayması, numaralandırması, bunun için ayrı kayıt defterlerinin oluşturulması ve yaş gruplarına göre ayrılması çok ayrı bir zaman ve çalışma gerektiriyordu. Bir de bunları öğrencilere öğretmesi var tabii... Çocuklar o kadar mutlu ve heveslilerdi ki çıldırıyorlardı kitap kitap diye.

Altını özellikle çizerek söylüyorum. Bu çocukların evde oyalanabilecekleri en önemli etkinlik kitap okumak ve benim verdiğim ödev kâğıtlarını yapmaktı. Üstlerinde bir-iki resim olsa bile nasıl hoşlarına gidiyordu. Eteklerimi çekiştirip ödev ödev diye yalvaran öğrencilerim oluyordu benim. Çünkü onun evde tek eğlenceli uğraşı o dağıttığım ödev kâğıtlarıydı. Hafta sonu "Bir kitap yetmez üç kitap alabilir miyim?" diye soran çocuklarım vardı. Bunlar rüya mıydı, gerçek miydi? Evde istediği gibi televizyon seyretme özgürlüğü olmuyor; genelde babaların, dedelerin istediği kanallar izleniyordu.

Kendilerine ait tablet, bilgisayarları zaten yoktu... Akıllı telefonlar, Disney Chanell'lar, Digiturk'ler, Playstation'lar da yoktu... Çocuk ne yapıyordu, kitaba yapışıyordu. Aslında bu çoğu eğitim sisteminde tartışma konusu olmuş bir konuydu. Teknolojiyi fazla tüketen çocukların okuma oranları düşüyor mu? Çocukları kitaba yaklaştıran ve çocukları kitaptan uzaklaştıran unsurları çözmek şöyle dursun... Benim gözlemlerim her şeyi açıklıyordu. "İyi de kardeşim bu çocuklar hiç mi teknoloji ile buluşmayacaklar," dedim. Ve işte teknoloji köşesi fikri de ortaya çıkmış oldu.

Yeniliğe Kavuşmadan, Eskiyen Yenilikler...

"Her eğitimli kadının bu Cumhuriyete borcu vardır."
Türkan SAYLAN

Köyde bilgisayar yoktu, internet zaten yoktu. Bu yüzden babamın ve eşimin işyerinden topladığım bilgisayarlarla küçük bir teknoloji köşesi oluşturdum. Okula internet bağlattım. Üç tane masaüstü bilgisayarım vardı. Ardından Samsun Devlet Opera ve Balesi sanatçılarından biri, klasik müzik CD koleksiyonu ile birlikte bir bilgisayarı okulumuza bağışladı. Nasıl güzel bir incelikti bu!

Çocuklar ilk defa teknolojiyle okulda buluştular. Dünyayla okulda tanıştılar aslında. Modemiydi internetiydi derken hobi sınıfında farklı havalar esmeye başladı. Çocuklarda ummadığım bir ilgi alaka belirdi. Benim asıl amacım farklı eğitim modüllerini yükleyip, derslerde geri kaldığını düşündüğüm öğrencilerimin, daha doğrusu daha çok tekrar yapması gereken öğrencilerimin, bu modüller sayesinde konuların üstünden geçmesi, öğrendiklerini sorularla pekiştirmesiydi.

İnterneti olumlu yönleriyle anlayıp kullanmak da gerekliydi. Çocukların algıları o kadar açıktı ki kendi kendilerine öğrendikleri çok şey oldu. Hatta bana öğretmelerini, onların o öğretirken ki gururlu hallerini görseydiniz... İlk birkaç yıl böyle geçti ama asıl sonrası olay oldu: Proje daha da büyüdü. Türkiye'de ilk defa bir köy okulunda interaktif sınıf kurdum. Her öğrenciye birer laptop ve sınıfımıza akıllı tahtayla birlikte. Hem de bir kuruş bile harcamadan. Devletten hiç yardım almadan. Nasıl mı? Anlatayım...

Taaa o zamanlar başlamıştı Fatih Projesi. Her yerde afişler, ilanlar, mail'ler, duyurular... Her sınıfa akıllı tahta gelecek, yok efendim her öğrencinin tableti olacaktı. Dersler tabletten işlenecek falan. İyi güzel de hangi okuldan başlayacaktı, bize ne zaman sıra gelecekti? Mümkün mü böyle bir şey? Tabii ki hayır. Önce pilot okullar alacaktı, sonra diğerleri; onca il-ilçe varken köylere ne zaman sıra gelecekti? Şu kadarını söyleyebilirim ki bahsettiğim durum 2011 yılıydı; bugün yine gidip bakalım köy okullarına, o Fatih Projesi ütopyasının özellikle de birleştirilmiş sınıflara uğramadığını görürüz. Hatta yanından bile geçmedi.

Taa o zamanlardan anlamıştım beklemenin boşuna olacağını. Servisteki köy okulu öğretmeni arkadaşlarım şöyle diyordu: "Devlet vermek zorunda. Ben nereden bulayım akıllı tahtayı." Biz de laf arasında espriler yapıyorduk, "Devlet nereden bulduysa biz de oradan bulalım," diye. Şaka yaptığımı sanıyorlardı, elbette ciddiydim. Elektronik tahta varsa ihalesi de vardı mutlaka. Ne yaptım ettim, öğrendim. Meğer Vestel'le anlaşmaları varmış. Artık Allah ne verdiyse... Vestel'in kapısına dayandım; yazdım, çizdim, telefon açtım. Bana hayaletmişim gibi davrananlar oldu, sanki ben yokmuşum hiç olmamışım gibi görmezden gelenler de oldu. Ama yılmadım. Bu arada çalışmalarımla ilgili ulusal ve uluslararası ödüller alıyor, hafta sonları oradan oraya davetlere koşturuyordum. Bazen çok büyük organizasyonlar da oluyordu. Önüme etli butlu kuvvetli şirketlerden kim çıkarsa, altıydı üstüydü diye ayırmadan saldırıyordum: Şu eksik bu eksik! Bakıyordum hiç o taraklarda bezi yok; "Peki sizin elinizden ne gelir? Bizim için ne yapabilirsiniz?" diye soruyordum. Vazgeçmek yoktu. Yine öyle günlerden birinde Avusturya Samsunlular Derneği tarafından Meslek Onur Ödülü almaya davet edildim. Ödül konuşmasında aldım elime mikrofonu; bir bir anlattım yaşadıklarımızı. Sebebini bilmiyorum, çok ağlayan oldu. Belki de kendilerinden bir şeyler buldular, gerçekten bilmiyorum... Baktım salonun nabzı benim elimde ve hatta mikrofon denen güç de bende, "Buradan elim boş dönmek istemiyorum. Bize laptop lazım," deyiverdim, öyle pat diye. Önce bir sessizlik oldu ama fazla uzun sürmedi. Bir an için müzayedede gibi hissettim kendimi; sağdan soldan "Benden bir tane!", "Benden de iki tane!" cümleleri kopmaya başladı! Plaket mi? Plaketi ne yapayım ben; yok yerden sekiz bilgisayarım olmuş!

Ardından İzmir'de çok büyük bir inovasyon haftası oldu. Türkiye İhracatçılar Meclisi'nin düzenlediği bu etkinlikte "Sıradışı Kadın" seçilmiş ve konuşma yapmıştım. Acemiliğimle konuşma süremi epey aşmama rağmen ilk defa bin kişiden fazlası beni ayakta alkışlamıştı, ayaklarım yere değmiyordu ve çok mutluydum. Bir de ne göreyim, Vestel'in hikâyesi anlatılacakmış, kim anlatacak? Zorlu Holding'in CEO'su! Şimdi size komik gelebilir ama CEO unvanını ilk kez orada duymuştum. Ne anlama geldiğini, içeriğini yani...

Allah'ın köyünde çalışırken kaç kere insanın karşısına CEO çıkar ki? Ömer Gürgün'ün katıldığı panel sona erdi. Talebimi kendisine ileteceğimden o kadar emindim ki heyecandan onun konuşmasının içeriğini bile dinleyememiştim. Türkiye İhracaatçılar Meclisi'nin yönetim kurulundaki en önemli isimlerden Sabri Bey'i tanıyordum, ön koltuklardan birinde oturduğunu görünce yanına gidip kısaca derdimi anlattım. Zamanla yarıştığımın farkındaydım. "Benim Ömer Bey ile tanışmam lazım," demeye kalmadan kendisini tam sahneden inerken merdivende yakalayıverdik. İşte o, tam olarak "iki-üç cümleyle derdinizi nasıl anlatırsınız" ânıydı. Bazen insanın söylediklerinden çok genel tavrı, yüz ifadesi ve özellikle gözleri çok şey anlatır. Sesindeki tını bile farklı bir iz bırakır. Yüzümde artık nasıl bir ifade varsa, hemen telefonunu verdi ve "Bana hatırlat. Sana sürprizlerim de olabilir," dedi. Kör istedi bir göz, Allah verdi iki göz!

***

Oradan nasıl mutlu ayrıldım, nasıl heveslendim. Hafta içi okula döndüğümde verilen söz aklımdan çıkmıyordu. Ama ne zaman olacak, diye diye kendi kendimi yiyordum. Oysa çok beklememize gerek kalmadı! İki hafta geçmeden geldi. Bir de ne görelim: Koskoca etkileşimli tahta, en büyüğünden, en donanımlısından, en pahalısından, en güzelinden, en son üretileninden. Bu nasıl bir jestti? Ben sınıfıma iki büyük beyaz tahta bulup taktım diye sevinirken, akıllı tahtamız vardı artık. Üstelik o kadar ince düşünmüşlerdi ki kullanımını detaylı öğrenebilmem için bir de eğitmen göndermişlerdi. Eğitmen detaylıca anlattı ama çoğu bir kulağımdan girdi, diğerinden çıktı. Aklımda asıl öğretim sistemini nasıl kuracağım vardı. Zamanı teknolojinin verimli yanlarıyla nasıl dolduracağımın, ders planlarımda bunu etkin hale nasıl getireceğimin yollarını arıyordum. Her sırada bir laptop görmek ne demek; onların kurulumu, internet bağlantısı, kullanımları, korunmaları nasıl da önemliydi.

Açıklıkla şunu söyleyebilirim ki kendi kendime aldığım en önemli karar, çocukların bilgisayarlara ulaşımını zorlaştırmamak aksine kolaylaştırmaktı. Hatta kitap gibi hep sıra üstünde dursun istiyordum. Yer kapladığını düşündüklerinde ya da kullanmayacaklarına emin olduklarında sıranın alt gözüne de kaldırabilirlerdi. Yok öyle ya kırılırsa korkusu. Tabii ki laptoplara iyi bakmayı, korumayı ve temiz kullanmayı öğretecektim ama. Oldu ki kırıldı, bozuldu... Yine bulurum, bozulursa yaptırırım, diyordum.

Ben ilk defa ortaokulda on bir-on iki yaşlarımdayken tanışmıştım masaüstü bilgisayarla; aman ne tanışma. Haftada bir ders bilgisayar dersi olurdu. Bilgisayar masasına onun tam karşısına oturur ama dokunmazdık; sadece önünde otururduk. Üstelik bilgisayar da kapalı durur, biz küçük boy bilgisayar defterimize öğretmenin yazdırdığı şeyleri geçirirdik. O kadar saçmaydı ki şu an o deftere yazdığım hiçbir şeyi hatırlamıyorum –ki fark ettiyseniz hafızam hiç de fena değildir. Bir tek başlık kalmış aklımda: "algoritma"; aman ne güzel. Yazdığımız şeyden çok birbirimize güzel yazmış mıyım, diye gösterdiğimizi hatırlıyorum. Çünkü odaklanabildiğimiz tek şey oydu; güzel yazmak. Ama hakkını yemeyelim, yıl sonunda bilgisayarı açıp kapamayı öğrenmiştik. İnternet o yıllarda zaten yoktu. Ders bitince bilgisayar salonu kilitlenirdi. Yahu izin verin biraz dokunalım, keşfedelim. O da yok. Gizemli bölge gibiydi yani orası. Sürekli bir korku vardı, ya bilgisayarlar bozulursa diye. Gerçi öğretmen ne yapsın, müdürün korkusuna temkinli davranıyordu. Yine de bari klavye kullanmayı deneyimleseydik...

O günlerin bana neler hissettirdiğini bildiğim için öğrencilerimin de teknoloji ile buluşma anlarını benim gibi hatırlamalarını istemedim. Tüm teknolojik eşyalarımızı bir sınıfa hapsetmek de istemedim. Akıllı tahtamız kurulduktan sonra laptopları bireyselleştirdim. Her öğrenciye birer tane düşüyordu artık. Onların tek tek fotoğrafını çektim ve isimleriyle birlikte bilgisayarın üst bölümüne yapıştırdım. Nasıl benimsediler, nasıl özümsediler... Olması gereken buydu. Kişisel eşyaları gibi sahip çıkacaklardı. Boş zamanlarında alıp hobi sınıfına gidebilecek, araştırmalarını yapabileceklerdi. Ders sırasında hele de öğretmensiz saatlerde benim yüklediğim modüllerden kendi kendine çalışabileceklerdi.

Yoksa ben o kadar mücadeleyi niye yapmıştım? Üstüne basa basa yine söylüyorum. Bir lira harcamadan, devletten bir kuruş yardım almadan yapmıştım. Demek ki her şeyi de devletten beklemek gerekmiyormuş. Devlet yapısını hepimiz biliyoruz: Çok hantal. Yani birçok yeniliğe kavuşuncaya kadar yenilik yenilik olmaktan çıkabiliyordu. Dolayısıyla her şey olduğundan olacağından daha yavaş işliyordu. Sadece Türkiye için söylemiyorum. Birçok ülkede de böyle olduğunu gördüm, duydum, araştırdım. Bizzat farklı milletlerden öğretmen arkadaşlarımdan dinledim. Devlet yapısı sizin istekleriniz için harikalar diyarı değil.

Morpa Kampüs üyelikleri, Okulistik modülüne üyelikler... Özellikle ilkokul öğretmenleri iyi bilirler, öğrencilerin her biri için üyelikler yıllık ücrete tabidir. Ben hiçbirini ödemedim. Her öğrencime ve kendime ücretsiz üyelikler aldım. Hatta her sınıf için ayrı ayrı. Nasıl diye sormayın, bu biraz kendiliğinden oldu. Bu üyelikler tek bir yıl olup bırakılabilirdi ama ben yıllarca sürmesi için mücadele verdim.

Öğretmenler şimdi düşüneceklerdir. "Öğretmenlere üyelik zaten ücretsiz," diye ama tüm modüller tek sınıfı tanımlıyor. Yani bir öğretmene bir sınıf tanımlanıyor. Ama birleştirilmiş sınıfta görev yapan zavallı öğretmenleri kimsenin düşündüğü yok. Buna yayınevleri de dahil. Talim Terbiye Kurulu Başkanlığı bile 2018 yılına kadar birleştirilmiş sınıfın programına uygun kitap basmadı. Cumhuriyet tarihinde öyle bir kitap yok. Siz sanki müstakil sınıf okutan bir öğretmenmişsiniz gibi düşünülüyorsunuz. Yani normal kitaplar basılıyor. Sınıf sınıf size veriliyor. Gerisi öğretme becerinize kalmış. Aslında etkinliği bol, ödevli ve öğretmensiz ders saatlerinin de düşünüldüğü kitaplar basılmalıydı. Her köyde fotokopi makinesi ne arar?

İşte bu yüzden kendi sistemimi kurdum. Tek öğretmen olmanın en güzel yanı da "ohhh karışanın yok, danışanın yok" düşüncesiydi. Köyde kendi "Öğretme Cumhuriyetimi" kurdum. Tabii tek öğretmen olmayı kötüye kullanan, suiistimal eden meslektaşlarımı da görmedim desem yalan söylemiş olurum. "Karışanım yok, danışanım yok" lafı sizin ne düşündüğünüze bağlı olarak da şekillenebilir. Aslında belki tek öğretmen olmakla da ilgisi yoktu bunun. Sınıfın kapısını kapattığınız an her şey öğretmenin büyüsü ile ilgili. Sınıfınızı çok sıkıcı bir hapishaneye de dönüştürebilirsiniz, çocukların hiç çıkmak istemeyecekleri eğlenceli ve mutlu bir öğrenme ortamına da... Bu da tamamen öğretmenlerin elinde. Ya öğrenciler "Offf yine mi ders?" diye sınıfa girerler ya da "Yaşasın ders başlıyor" diye. Bu iticiliği de cazibeyi de sağlamak her zaman öğretmenin elindedir.

Ben ne akıl veriyorum ne de tavsiyede bulunuyorum. Siz öğretmenler neyin ne olduğunu zaten çok iyi biliyorsunuz. Bunu hissediyorsunuz. Herkes öğrencisinin gözünden okur her şeyi. Öğretmene en güzel notu öğrencisinin sıkılan uykulu ya da ateş saçan enerjik parlak gözleri verir. O gözlere baktığınızda ona ne verdiğinizi de anlarsınız. Bundan kaçış yoktur.

***

Tahta kurulmuştu; kişiye özel laptoplar hazır, kurulumlar tamamdı. Ücretsiz kazanım üyelikleri ayarlanmış, üstüne bir de o modüllerin kaynaklarını ücretsiz temin ettiğim arşivim eklenmişti. Bir anlamda cidden Türkiye'de ilk defa bir köy okulunda interaktif sınıf kurmuş olduk. Bu durum basında da yer buldu. "Başka eksiğiniz var mı?" diye soranlar oldu. Teknosa üst düzey yöneticileri ve ekipleri okulumuzu ziyarete geldiler. El yapımı ahşap oyuncaklar hediye getirdiler. HP işbirliği ile kablosuz bilgisayar mouse'ları ve kulaklıklar getirdiler. Kulaklıklar olmazsa asla toplu çalışılamazdı. Anasınıfımız için de bir bilgisayar getirdiler. Çocuklarıma bir sarılan bir daha sarılıyordu.

Akademik başarılarımızda çok güzel artışlar oldu. Bu kurulu sistemi öğrencilere öğretmek çok zaman aldı, çok emek verdim. Okul çıkışları öğrettim, teneffüslerde üstüne üstüne gittim, "Bunu da bilin, pratik kazanın," dedim. Öğle tatilleri zaten onlarla dolu dolu geçerdi.

Düşünün ki benim ne öğretmenler odam vardı ne de zümrem. Okulöncesi öğretmenimiz derseniz, o zaten benden önce ayrılıyordu okuldan. Öğrencilerim, yalnızlığımı paylaştığım arkadaşlarım oldu. Onları o yüzden bu kadar benimsedim. Yediğimiz içtiğimiz ayrı gitmezdi derler ya... Öğrencilerime bilgi yüklemesinden çok bilgiye nasıl ulaşacaklarını öğrettim. Matematik problemlerinden önce hayattaki problemleri nasıl çözmeleri gerektiğini öğrettim. Çok öğrenci tanıdım, okul birincisi ayakkabısını bağlayamıyor; çok öğrenci tanıdım, dereceler almış ve fen lisesine gidiyor ama asansörde karşılaştığı birine bir selam bile vermiyor.

***

Bir gün Büyükşehir Belediye Başkanı okulumuzu ziyarete geldi. Gelirken yanlarında çikolatasından oyuncağına kadar çeşit çeşit hediyeler getirmişlerdi. Başkan nezaketen sordu: "Bir isteğiniz var mı?" Ben nezaketten anlar mıyım?

Orada hemen aklıma geldi ve "Başkanım," dedim, "ben elimden geldiğince buldum buluşturdum. Harika bir teknoloji sınıfı yaptım. Ama bu laptoplar okulda kalıyor. Çocukların evlerine götürecekleri birer tabletleri olsun. Ne dersiniz?" O da hemen yanındakilere talimat verdi. Şaştık kaldık. "Mümkün değil," de diyebilirdi ya da "Başka sefere," deyip geçiştirebilirdi. Hemen yanımızda bir öğrencimizin dedesi vardı. Olup biteni duydu. Başkan arabasıyla okulun bahçesinden ayrılırken ve biz daha arkasından el sallarken, dedemiz bana dönüp "Öğretmen hanım sizden korkulur," dedi. "Giderayak aldınız sözünüzü." Tabii ki burada kalır mı? Işık hızıyla yayıldı köye. "Dilek Öğretmen istese okula demirbaş bir şeyler isterdi. O öğrencileri için istedi. Üstelik evlerine götürüp sahiplenebilecekleri pahalı hediye." Bunlar yetmemiş, "Dilek Öğretmeni plastik top hediyesi kesmedi," diye espriler yapmışlardı. Köyün kahvesinde bir konu çok konuşuluyorsa o konu popüler olmuş demektir!

Diyorsunuz ki, "Oh Dilek övgüleri de aldın artık kim tutar seni!" Hem haklısınız hem de fena halde yanılıyorsunuz. Çünkü iş asla övgüyle bitmez. "Ve sonsuza dek mutlu yaşadılar," cümlesi bizim meslek için söylenmemiş. Zira yüzünüzdeki gurur sırıtışı şöyle bir cümleyle donup kalabilir: "Madem senin böyle imkânların vardı, o zaman laptopları niye eve vermedin?" Mesela bir velim sadece bunu söylemek için gelmişti... Görünüşte naif naif gülmeye devam ediyordum ama içim dondu, beynim yandı. Şaşkınlıkla kızgınlık arası yaşanan duygunun bir adı varsa, işte tam o haldeydim. Her şeye rağmen kendimi topladım ve uzunca bir cevap verdim:

"Ahh keşke olsaydı ama her yıl mezun öğrenciler gönderiyoruz. Laptoplar onlarla birlikte giderse okuldaki laptop sayısı azalacak ve yeni kayıt olan öğrencilere laptop kalmayacak. Her yıl aynı mücadele ile nasıl bilgisayar sponsor bulayım?

Bütün bunları zaten okula istediğim için böyle jestler yapıyorlar. Okula gelen tüm yeni nesil yararlansın diye. Okula zimmetliyoruz. Zaten tabletleri olacak, başkandan söz aldık. Tabletlere kazanım modülleri de yükleyeceğim, internet olması şart değil, çevrimdışı kullanabilecekleri çok yararlı uygulamalar var. Onlar da yüklü olacak ve hatta elektronik öykü kitapları da yükleyeceğiz. Okuma saatlerini tabletle de yapabilecekler."

Bu sadece, bir soruya verdiğim bir cevaptı. Evet, bir veliye derdimi anlattım ama bitti mi, bitmedi... Aslında bu tamamen aman ne güzel de laf soktum, diyebileceğim cinsten bir cevap da olabilirdi. Ama yapmadım. Karşımdaki velinin gömlek cebinden içtiği sigarayı görebiliyordum, üstelik en pahalı markalardan biriydi. Ben ona "Benden laptop isteyeceğine bir-iki paket sigara az iç, o parayı kenara at, çocuğuna istediğin bilgisayarı taksitle alırsın," da diyebilirdim. Ama demedim. "Yap bir fedakârlık ne de olsa babasın," da diyebilirdim. Ama demedim, diyemedim. Çünkü ben öğretmenim. Bulunduğum bölgenin şartlarını, eğitim durumunu biliyorum. Ani parlamalar, yanlış anlamalar, tartışma haline bürünme olasılıkları çok yüksekti. İletişimde dengeli gitmek benim önemli bir şartımdı. İnsanları bu şekilde kazanıyordum; bilinçsiz, düşünmeden konuşan talep sahibini böyle kazanıyor, ikna ediyordum.

Başkan sözünü tuttu, on beş gün geçmeden tabletleri kendi elleriyle getirdi okula. Sevinmek bir yana çocuklar resmen şok oldu! O kadar ki şaşkınlıkları sevinçlerinin önüne geçti. Okulda kardeşi olanların evine iki tablet birden girmiş oldu, onlar için o kadar ütopik bir durumdu ki bu...

İlk birkaç hafta el ve göz koordinasyonları için tabletlerle serbest etkinlikler yaptırdım; sonradan rahat etsinler, kendi kendilerine pratik yapıp alışsınlar diye. Kitap gibi taşıyıp her gün çantalarında okula getirmelerine de izin verdim. Daha önce planladığım gibi elektronik kitapları yükledim. Çünkü en çok korktuğum şey, teknolojinin çocukları kitap okumaktan uzaklaştırmasıydı, ama öyle olmadı. Hatta okumaya ilgileri arttı. Şöyle ki; daha çok araştırma yapıyorduk, ister istemez o sayfadan diğerine derken, aslında dijital okur yazarlığı da artıyordu çocukların. Daha çok bilgiye daha kısa zamanda ulaşıp web sayfalarındaki bilgiler arasında daha iyi bağ kurabiliyorlardı; araştırma yapmayı öğreniyorlardı. Öyle yetenekli öğrenciler vardı ki dizüstü bilgisayar mouse'la kullanılmaz deyip dokunmatik bölümünden öğrenimlerini sağladılar.

Akıllı tahta kullanımı da o biçimdi zaten. Hız konusunda gerçekten beni geçtiler. Teknolojik anlamda her şey yolunda gibi görünse de bu durumun olumlu ve olumsuz yanlarını yönetmek, teknolojinin yararlarıyla bağımlılığı arasındaki farkı çözebilmek her zaman öğretmenin elinde. Bu yüzden her gittiğim yerde söylüyorum: Türkiye'de akıllı tahtadan önce akıllı öğretmenlere ihtiyacımız var.

***

Bu olayın üzerinden birkaç yıl geçtikten sonra Türkiye'de "Yarını Kodlayanlar" adında bir proje başlatıldı. İlk kez bizim okula geleceklerdi. Çok heyecanlandık. Ama çocukların yaşları birbirinden çok farklıydı. Bu şekilde kodlama eğitmenlerinde nasıl bir yol izlenecekti? İşin komik tarafı, o zamanlar kodlamanın ne olduğunu ben bile bilmiyordum. Gelenlerin önce bana anlatması gerekecekti. Eşzamanlı olarak Milli Eğitim'de de "kodlama" ifadesi yavaş yavaş duyulmaya başlamıştı. Hatta haberlerde "Ertesi yıl birinci sınıf müfredatlarına kodlama dersi eklenecek," deniyordu. Nasıl yani? Benim sınıfım müfredata girecek bir dersten önce mi deneyimleyecekti bunu?

Bunun için Milli Eğitim'den izin almadım. Zaten teknoloji sınıfı oluşturduğumu biliyorlardı. Tabii ki bunun için çabalayacağımdan da haberdarlardı. İzin alındığında, verilmediğini biliyordum artık. Her türlü yenilik önce bir engelle karşılaşıyor, ancak sonuçları ortaya çıkınca kabul ediliyordu. Bu yüzden öğretmenlerin kendi çalışmalarından ödün vermemesi gerektiğini söylüyorum. Zor, biliyorum, ama sabır ve özveri tüm sonuçlara değiyor emin olun!

Kodlama eğitmenlerinin geldiği ilk ânı hiç unutmuyorum. Fen Bilgisi Öğretmenliği bölümünden gencecik bir üniversite öğrencisi hem TEMA hem TEGEV Gönüllüsüydü. Bir de üstüne gönüllü kodlama eğitmenliği yapıyordu. Gönüllüydü elbette ama her gün şehirden köye, köyden şehire gelmesi gitmesi çok masraflıydı. Benden bile fazla yolu vardı. Kaşla göz arasında hemen ara sponsor buldum. Ve eğitmenimizin gidiş-dönüş masraflarını karşıladılar. Zaten haftada bir gün iki saat okul çıkışları kodlama eğitimi yapıyorduk. Bazen eğitmenimiz erken gelmeyi tercih ediyor ve serbest etkinlik derslerinde de kodlama yaptırıyordu.

İlk tanışma günü eğitmen amaçlarını nasıl işleyeceğini anlatıyordu ama bizimkilerin gözü elindeki çantadaydı. Dışarıdan alet edevat çantası gibi görünen çantayı merak etmekte haklılarmış. Konuşmanın sonunda hepsi nefesini tutmuştu, çünkü o "gizemli" çantanın içinden çeşit çeşit robotlar çıkmıştı ortaya!

***

Eğitimler devam ediyordu; ben de bir yandan veli görüşmeleri yapıyor, bir yandan okula uğrayanları ağırlıyor ve tabii ki müdürlük görevlerini yürütüyordum. Hepsine yetişmeye çalışırken kodlamaya dair her şeyi istediğim gibi öğrenemedim. Bu yüzden birkaç hafta sonra robotik kodlamalarının uygulama halini görünce şaşkınlıktan küçük dilimi yutuyordum! Birinci sınıflar, ikinci sınıflar talimatlara uygun kodlar yazıyor ve robotu bu doğrultuda hareket ettirebiliyorlardı! Sıralar kenara çekilmiş, sınıfın ortasında çocukların komutlarıyla bir sağa bir sola yürüyen küçük bir robot arkadaş. Yaşıma rağmen ben bile ağzım açık izliyordum. Beni bu kadar şaşırtan bir şeyi öğrenmek, onlar için ne kadar büyük bir anlam taşıyordu...

Ertesi hafta bir baktım, kendi bedenlerinden notalar çıkarıp melodiler oluşturuyorlar. Nasıl demeyin, vallahi ben de bilmiyorum! Her şeyi kendileri yapmış, bir de benden gizli çalışmışlar. Bir gün okula geldiğimde beni bir grup olarak müzikle karşıladılar! Eğitmenlerinin üzerlerine bağladığı farklı renklerde aparatlarla birbirlerinin ellerini tutarak, iletişimde bulunarak çıkarıyorlardı sesleri. Ardından kendileri keşfettiler, kendilerine göre şarkılar çıkardılar. Ne kadar "vay be!" desem de doyamıyordum.

Eğitmenimizin de çok büyük emeği vardı. Farklı yaş gruplarına aynı anda aynı kazanımlarla eğitim veriyordu. O da hayatında ilk defa birleştirilmiş sınıf gerçeğiyle yüzleşti ama çok da hoşuna gitti. Okulumuza dışarıdan gelen her kim olursa olsun soruyordum: "Aklınızda ne kaldı? Sizi en çok etkileyen ne oldu? Belki de buraya bir daha gelmeyeceksiniz. Kumköy İlkokulu'nu, öğrencileri ve tüm köy ortamını nasıl hatırlayacaksınız?" diye. Kodlama eğitmenimiz şu cevabı verdi o gün: "Hocam böyle bir yer unutulur mu? Bu doğallık, bu sevgi saygı unutulur mu?" En çok saygıdan etkilendiğini itiraf etti. "Böyle bir saygı görmedim. Öğretmene saygıyı geçtim. Çocukların birbirlerine olan saygıları beni çok etkiledi. İçime işledi," dedi. İşte bu! Bir öğretmen daha ne duymak ister ki!

Çocuklar kodlamayı öyle hevesli öğrenmişlerdi ki gönüllü eğitmenimiz başka eğitim modülleri de uygulayabileceğini söyledi. Sonuçta öğretmenimizin asıl branşı fen bilgisiydi. O günden sonra haftada bir gün kodlama için, bir gün de doğada fen eğitimi için okula gelmeye karar verdi.

Çok ilginçtir, köy yerinde çocukların doğayla tahmin ettiğiniz gibi bir iletişimi yoktu. Maydanozu görse tanımayacak çocuklar vardı. Bu yüzden gönüllü eğitmenimizle yaptığımız doğa yürüyüşleri ve bahçede uygulamalı dersler bir yıl boyunca hepimize çok şey kazandırdı. Bir yandan teknolojiyi öğreniyor, diğer yandan da doğadan uzak kalmıyor, aksine onu özümsüyorlardı. Hepsini bilmeleri yaşamaları gerekiyordu... Tüm bu çalışmalar duvarsız eğitim ve esnek sınıf modeli uygulamalarının tam karşılığı oldu.

Biz Her Yerdeyiz!

Peki duvarsız eğitim bununla bitiyor muydu? Elbette hayır. Farklı şeyleri deneyebilmelerini istiyordum; yeni deneyimler yaşamalarını, daha çok şey görmelerini istiyordum. Bu yüzden gezi planlaması yapmak istedim. Ama tabii ki hemen ardından gezi izinleri almanın ve evrak işlerine boğulmadan bu işten sıyrılmanın çok zor olduğunu öğrendim. Olması gereken bu belki ama bir yılda birkaç gezi planlamak istiyorsanız, izinlerin ayrı sorumluluk boyutunun ayrı olduğunu aklınızdan çıkarmamanız gerekiyor.

Çevremden bildiğim kadarıyla çoğu öğretmen sırf bu işlemler yüzünden yılıyor, yakın çevre gezilerini bile iptal ediyorlardı. Bu yüzden planladığım, hayalini kurduğum gezileri hafta sonu da yapabileceğim düşüncesi ortaya çıktı. Bir ya da iki veli refakatinde de olabilirdi. O zaman uzun uzadıya izin işlemlerine de gerek kalmazdı. İsterlerse velisiz de gidilebilirdi. Yeter ki amacımı, ne yapmak istediğimi en iyi şekilde anlatmaya çalışayım. Okulda gezi duyurusu yapmak o kadar zordu ki... Neredeyse bir büyük sayfa dolusu ayrıntılı açıklama yazıp evlere gönderdim. Zor olan onu yazma kısmı değildi, doğru algılanması gerekiyordu. Resmen istemeden yeni bir infial yaratmıştım. Daha önce hiç gezi yapılmamıştı, öyle ki bunu duyan eski mezun öğrenciler bile isyan çıkarmışlardı evde. Benimkiler okula gelip anlatıyordu: "Öğretmenim ablam evde 'ama bu haksızlık!' diye bağırdı!" Liseden mezun olmasına rağmen hayatında hiç okul gezisine gitmediğini söyleyenler de vardı. Bahsettiğim yalnızca şehir merkezine olan bir geziydi. Buna rağmen "gezi" lafını duyan herkeste olağanüstü bir panik hali başlamıştı. Onlara ne kadar garip geliyorsa, bana da o kadar doğal geliyordu. Çocukların anne-babaları ve kardeşleri yanlarında olmadan, kendi özgüvenleriyle deneyimleyecekleri bir öğretim olacaktı bu.

***

Her veliye kâğıtta yazdıklarımı tekrar tekrar anlatmak zorunda kaldım; o da yetmedi, birer kere de telefonda anlattım. Annesi yetmedi babasına anlattım, babası yetmedi annesine ayrı, dedelere ayrı anlattım. Konuya komşuya, okulda çocuğu olmayanlara bile anlattım. Onlar sordu, ben cevapladım. O kadar kendimden emin konuşuyordum ki konu durup durup, "Hocam çocukları sana emanet etmeyeceğiz de kime edeceğiz?"e geliyordu. Demek ki ilk etaptaki sorun güvendi. Gezi fikri ortalıkta yayılmaya başlar başlamaz, annelerin çoğu "biz de geliriz" demişti. Şehir merkezi gezisi üzerine o kadar çok ve detaylı konuşmuştuk ki bu kadar çok konuşma üzerine anneler de bizimle gelmiş kadar oldular. Ve gerçekten gezi günü anneler vazgeçip gelmedi. Bu ikna mücadelesindeki en önemli somut amacım geziye tüm çocukların katılımını sağlamaktı. Bir tane bile fire vermemeliydim. Yirmi beş çocuğun hepsi yanımda olmalıydı.

Daha önce görev yaptığım köylerde bir-iki geziyi zar zor yapabilmiştim. Şehir turu, müzeler, vali ziyareti... Ama anlattığım gibi, önceki okullarımda bir yıldan fazla kalamadığım için dönem arası gittiğim, yarım dönem görev yaptığım okullarda başka şeylerin mücadelesinden geziye zaman kalmamıştı. Kumköy öyle değildi. Orada farklı bir şey seziyor ve bu "yenilenme" mücadelesini sonuna kadar yürütmek istiyordum. Belki de tam zamanıydı. Mesleki deneyim yıllara göre çok değişim gösterir, bunu biliyordum ama bu sefer farklı olmalıydı. En azından ben farklı olmalıydım. Hiç olmadığım kadar kararlı, hiç olmadığım kadar sabırlı ve hiç olmadığım kadar üretken olmalıydım. Artık köy okullarının kapanma sürecine direnme zamanıydı.

İlk hafta sonu gezimiz için servis yapan minibüsleri araştırmaya başladım. Ne de olsa hafta sonu okul yoktu ve bu minibüsler boştaydı. Şehirden normal bir minibüs kiralamaya kalksak çok pahalıydı. Geldisi gittisi derken ilk etapta bütçemiz de yoktu. Neyse ki köyden birinin tavsiyesiyle yine köyde ikamet eden birinin minibüsünü tutmaya karar verdim. Tutmak dediğim de öyle kira falan değil. Mazot hesabı, git-gel ne kadar yakıyorsa ona göre bütçeyi belirlemek...

İlk gezi telaşıma da bakın hele, nelerle uğraşıyordum. İşin içine para girince stresim artıyordu, çünkü velilerden para istemek berbat bir histi. Bize hizmet verecek kişiyle maddi pazarlık yapmak ise en kötüsüydü. Çenesi çemberi derken sağ olsun kabul ettiler. Meğer bir öğrencimin amcasıymış. Minibüsü bütün gün bizim için kullanacak ve aslında her şeye de şahit olacaktı. Harcayacağı mazot parası tahmin edildi ve velilerden biri paraları toplayıp şoföre verdi.

Hafta sonu geldiğinde sabah yedide evden çıktım. Samsun şehir merkezinde oturuyordum, bu yüzden köye gidip çocukları alıp tekrar merkeze dönecektim. Minibüs şoförü ben getiririm, dese de ilk gezide böyle bir şeyi kabul edemezdim. Yol boyunca heyecanlıydım, neyse ki tüm öğrencilerim oradaydı! Onları görünce derin bir oh çektim, hadi bakalım başlıyoruz!

Hareket eder etmez atılan çığlıkları duymanızı isterdim. Annelerin okulun bahçesinden el sallamaları (dakikalarca) görülmeye değerdi. Ancak küçük de olsa içimde bir tedirginlik vardı: Aldığım büyük bir sorumluluktu. Birinci sınıflar çok küçüktü; annesini tutturan, ağlayan olabilirdi.

Yola çıkar çıkmaz acıktığını söyleyenler oldu. Bir süre sonra her biri beslenme çantasını kurcalamaya başlamıştı bile. Her zamanki gibi doyurucu bir şeyler getirenler epey azdı ve yolculuğun on beşinci dakikasında yanlarında ne varsa çoktan bitmişti. Meğer heyecandan kahvaltı yapamamışlar. Çocuklar heyecanlıydı ama geride kalan veliler onlardan heyecanlıydı belli ki; dakika başı telefonum çalıyordu. O zamanlar *Whatsapp* yok; grup kurma, fotoğraf yollama özelliği ya da sesli mesaj yok... Gelişmeleri kısaca ve hızlıca aktarabileceğim tek yol, bir mesajı topluca hepsine göndermekti: "Her şey yolunda."

Çocuklara annesiz de bir yerlere gidebilmenin özgüvenini aşılamak müthiş bir şey. Bu yüzden gezi düzenlemek ben de ayrı bir mutluluk yaratıyordu. Zaten organizasyon gerektiren her şeyi ayrıca seviyordum. Ama sahada olmanın, sahada öğretmenin tadı bambaşkaydı. Yolda şarkılar, türküler, alkışlar... Çocuklar cıvıl cıvıldı... Durup durup okulda öğrendiklerini anlatmaları şoförün ilgisini çekmişti. "Hocam bunlar ne çok şey biliyor, fışkırıyor maşallah, dillerine vurmuş." Yolda mevsimlerden tutun da çarpım tablosuna kadar her şey konuşuluyordu. Haberlerde izledikleri trafik kazaları, trafik kurallarına yönelik fikir tartışmaları birden konuyu hız problemlerine getiriyordu. Heyecan, beyin fırtınasını tetiklemişti.

Mutlu olduklarında ve farklı bir şeyler yaşamaya başladıklarında, konuşacak konuları okulda öğrendiklerinden seçiyorlardı. Daha ilk gezide, üstelik henüz yolun yarısına bile gelmemişken, Samsun'a varmamışken ve gezi planını uygulamaya başlamadan fark etmiş oldum. Daha durur muyum? Bu bir başlangıçtı. Yol üzerinde bulunan Tekkeköy ilçesinde harika bir Atatürk evi vardı. Atatürk'ün doğduğu evin birebir aynısını yapmışlardı ve içinde tam istediğim gibi bir müze rehberi bizi bekliyordu. Rehber müzeyi çocuklara ne kadar güzel anlatmış, çocuklara ne güzel davranmıştı. Her odayı ayrı ayrı hikâyeleştirerek hem de... Ben bile o büyünün içinde merdivenlerden yukarı çıktığımda Mustafa bebeği görecekmişim gibi duygulanıp, heyecanlandım. Doğduğu odanın özellikleri, eşyaları birebir aynıydı. Evin merdivenleri daracıktı; küçücük basamakları, alçak bir tavanı vardı. Kendine özgü kokusuyla odaların halı desenlerini bile aynı yapıp döşediklerini gördük. Mobilyaların ölçüleri, banyo taşları bile aynıydı. Ayrıntıları anlatmakla bitiremem. Gidip görmeniz lazım.

Samsun, buram buram Atatürk kokan bir şehirdir. İstanbul, Ankara ya da İzmir gibi büyükşehirlerde yaşamak ister misin deseler hayır, derdim. Samsun da bir büyük şehir. Üstelik burada da her şey var. Sinemalar, tiyatrolar, opera ve bale, alışveriş merkezleri, aklınıza gelebilecek bütün spor faaliyetleri, çeşit çeşit oteller, sahiller, her bütçeye uygun restoranlar, kafeler, her yere toplu taşıma, park bahçe... Ne ararsanız var. Trafik de çok yok. Neredeyse her yere yürüyerek gidebilirsiniz. Hangi yokuşu inerseniz inin karşınıza deniz çıkar, dolayısıyla Samsun'da kaybolmak da yok. Üstelik Samsun'da geçinmek de diğer büyük şehirlere göre daha kolay. Benim yıllarca evim ya da arabam yoktu ama tam istediğim gibi harika bir hayatım vardı. Memleket fanatikliği böyle bir şey sanırım. Doğduğunuz ve büyüdüğünüz şehri tüm yaşam alanlarının üstünde tutmak. Eski mi eski, çarpık mı çarpık çarşılarına âşık olmak... Benim Samsun sevdam böyle bir şeydi. Öğrencilerimin yaşadığı ise bambaşkaydı; onların Samsun'dan, şehirden haberleri bile yoktu. Bir kez bile trafikte yürümemişlerdi. Ne müze ne sinema ne de tiyatro görmüşlerdi. Beni en çok üzen şey buydu.

Ben çocuklarıma ne yaşattıysam aslında benzer deneyimleri öğrencilerimin de yaşamasını istedim. Yaptığım şey buydu: Öğrencilerimi kendi çocuklarımdan ayırmamak. İlk gezileri yaparken tek çocuklu bir anneydim. Sonraki süreçte iki çocuklu bir anne oldum. Doğum iznini doğru dürüst kullanmamış ve ücretsiz izne bile çıkmamış bir anneydim. Her neyse, bu ilk geziyi hayli detaylı anlatıyorum çünkü daha sonra yaşayacakları gelişmelerin kaynağı kaçırılsın istemiyorum.

Atatürk evindeki rehber, çocukları tek tek tebrik ederek onlara övgü dolu sözler söyledi. Çocuklar gezinin bu ilk durağında çok iyi iş çıkarmıştı. Sordukları sorularla ve onlara söylenenleri büyük bir saygıyla dinlemeleriyle rehberi bile kendilerine hayran bıraktılar. En son bölümü incelerken, rehber kulağıma eğildi ve "Buraya yüzlerce öğrenci geliyor, sayısız okul, öğretmen... Şu anda şaşkınlıklar içindeyim. Böyle bir grupla ilk defa karşılaşıyorum. Gerçekten örneksiniz," dedi. Ardından daha önce yapmadığı bir şeyi yapacağını ve tüm öğrencilerinize Atatürk Evi Hatırası hediyeler dağıtacağını söyledi. Ne müthiş bir jest. Minibüse bindiğimizde onlara neden bu hediyelerin verildiğini anlattım. Öylesine bir şey olduğunu düşünmelerini istemiyordum, onlarla gurur duyduğumu ve bir rehberin de ilk defa böyle bir şey yaptığını söyledim onlara. "Kendinizi alkışlayın ve yanınızdaki arkadaşınızı tebrik edin," dememle servisin içi birbirine sarılan çocukların sesleriyle cıvıldadı.

Dikiz aynasından şoförün gözlerini görüyordum, o da şaşkındı, arada "Bizim çocuklara da bak sen nasıl kaptılar hediyeyi," diyerek gülümsedi. Köyden birinin bize eşlik etmesi şahane bir şey olmuştu. Böylece dönüşte çocuklar dışında gezilerin ne kadar güvenli ve eğitici olacağını anlatacak bir yetişkin, bir şahidimiz olacaktı.

"Biz Hiç Deniz Görmedik"

İkinci durağımız Bandırma Vapuru'ydu. Samsun sahiline demir atmış durumda, içi de müze haline getirilmiş. Ama daha içeri girmeden güvenlikte takıldık. Önceden belediyeyi arayıp izin almak gerekiyormuş ama hafta sonu olduğu için aranacak bir telefon yoktu. Müze Müdürlüğü de cevap vermiyordu. Güvenlik, ben ve arkamdaki yirmi beş küçük çocuk...

Bu sırada müze kapısı vızır vızır; çıkan gruplar, girenler, basın. Derken içlerinden biri bizi fark etti. Gazeteci, grubu kolej öğrencileri sandığına yemin ederek güldü. Biz güvenlikten haber beklerken, o ve çocuklar iyice kaynaştı. Derken hiç beklemediğim bir cümle çalındı kulağıma: "Biz hiç deniz görmedik." Ben de gazeteci de şaşmıştık. Abartıp abartmadıklarını, dikkat çekmeye çalışıp çalışmadıklarını anlamak, emin olmak için birkaç defa sordum. Hayır, gerçekten aralarında denizi hiç görmeyenler vardı. Bazısı uzaktan görmüştü birkaç dakikalığına. "Baraj gördüm sayılır mı?" diyen ufaklık gülümsetti yüzümü. İşler iyice karışmıştı ama gazetecinin bir fikri vardı: "Hepinizi açık hava müzesine alalım, çekim yapalım. Tüm geziyi haberleştiririz. Köy okulu olması çok dikkat çeker. Örnek olur."

O sıralarda da hiç gezi yapan köy okulu yoktu. Hele de yetmiş kilometre uzaktan gelecek, gezi hafta sonu gerçekleşecek, tek öğretmenli birleştirilmiş sınıf olacak. Yok öyle bir dünya... Başlı başına bir farkındalıktı. Güvenliğe birlikte rica ettik. Çocuklar bir yandan bağırıyordu: "Lütfen lütfen!"

Neyse ki yetkililer ikna oldu ve içeri alındık. Çocuklar oradan oraya koşuyordu ve ardı arkasına fotoğraflar çekiliyordu. Sert bir rüzgâr vardı ama aldıran yoktu. Deniz dalgalıymış, rengi griymiş umurlarında değildi. Koşup koşup öylece duruyorlar ve Bandırma Vapuru'na şöyle bir dıştan bakıyorlardı. Aralarında adım ölçüsüyle vapurun boyunu ölçenler bile vardı. Ben onları gezi alanlarında özgür bırakıyordum. Tabii ki ortak anlayışla yapacağımız, dinleyeceğimiz anlar da oluyordu ama onları biraz da kendi hallerine bırakmak hem onlara hem de bana çok şey katıyordu.

Onları serbest zamanda izleyerek umduğumdan daha hızlı tanıyordum; bu en güzel hediye, en güzel deneyimdi. Ben asıl o zaman öğretmen oluyordum. Öğretmenliğin en büyük parçası gözlemdir. Her birinin o kendine has özelliklerini, huylarını, nedenlerini, niçinlerini fark etmek, onları anlamak ve onlara göre bir yol izlemek için müthiş bir çalışma... Hepsini tek tip bireyler yapmak istesem, hepsine aynı eğitimi versem olmaz mıydı? Olurdu. Ama o zaman bireysel farklılıkları gözden kaçırır, hatta hiçe saymış olurdum. Onları sürü gibi bir oraya bir buraya götürmemin hiçbir anlamı olmazdı.

Çocuklara müze kavramını anlatmak, onların yaşına göre müze kültürünü anlamalarını sağlamak ayrı bir meziyetti. Samsun'da da birçok müze vardı. Hemen Samsun Meydanı'nın göbeğinde Arkeoloji ve Sanat Tarihi Müzesi bulunuyordu. Götürmezsem olmazdı. İyi ki müze yetkilisini önceden aramıştım, çok ilgi gördük ve müze içi turumuz umduğumun üzerinde verimli geçti. Mücevher bölümleri, kuru kafa insan kalıntıları, hayvan iskeletleri, farklı mozaik granit ve taşlar çocukların çok ilgisini çekti. Çocuklar buradaki müze görevlisini de soru yağmuruna tuttular, merak ettikleri her şeyi sordular. Salonun ortasında yerdeki mozaiklerin her birinin farklı şehirden geldiğini duyduklarında daha da şaşırdılar. 81 ilden gelen farklı kazı örneklerini tek bir motifle birleştirdikleri zemin döşemenin tam üstündeydik. Sıkılır gibi olan birinci ya da ikinci sınıf öğrencileri olduğunda hemen durumu hikâyeleştiriyordum. Çünkü bazen yetkililer sabit ses tonu ve mimiklerle konuştuklarında çocuklar sıkılabiliyor, ilgileri dağılabiliyordu. Hele de seviyenin çok üstünde; yıl, yüzyıl vs. gibi bilgiler verilmeye başlanınca sanki çocukları o ortamdan soyutlamış oluyordunuz.

Biz ne kadar anlatırsak anlatalım onların ilgisini çektiğimiz kadar dinleniyoruz, onların dikkatini çektiğimiz kadar ciddiye alınıyoruz. Çocukların bir konuya dikkatlerini verme süresi çok değişken. Hele de 7-10 yaş arası çocuklar, okul dışı ortamlarda öğreniyorlarsa dikkatlerini belli bir konuya toplamak ayrı bir uzmanlık. İster istemez gözleri başka şeylere takılıyor, konudan konuya geçiş yapıyorlar. Bu yüzden bana göre dikkati sıcak tutmak öğretmenin en büyük yeteneğidir. Benim için hep böyle oldu, ne anlatacağımdan çok nasıl anlatacağıma odaklandım. Ah o "nasıl"lar yok mu? Öğretmeni öğretmen yapan kısmı tam da orası. Bir süper kahraman gibi mi anlatıyorsunuz yoksa ölmek üzere olan yaşlı bir ruh gibi mi? Anlatımınızdaki enerji öyle önemli ki... Çocuk bir süre sonra konunun içeriğini unutsa da sizin anlatım tarzınızı, öğretirken yaydığınız enerjiyi asla unutamıyor. En kalıcı olanı enerjiniz...

At Çiftliği, Fayton İkilemi ve Hayvanat Bahçesi

Hayatta en zorlandığım, kendimi sınıfta kalmış ve yetersiz bir öğretmenmiş gibi hissettiğim yer hayvanat bahçesi oldu. Evet çocuklar köyde hayvanlarla iç içe yaşıyorlardı ama ilk kez hayvanat bahçesine gelmişlerdi ve üzgünlerdi. "Öğretmenim masallarda ayılar, aslanlar, kaplanlar ormanda yaşar. Bunlar neden burada tek başınalar ve kafes içindeler?"

Biliyor musunuz, onlara cevap veremedim. Onların empati düzeyini yakalamak için öğrenmemiz gereken çok şey var. O an fark ettim ki inanmadığınız hatta karşı olduğunuz bir şeyi çocuklara aktardığınızda, onların da bundan keyif almadığını görebilirsiniz. Çünkü sizden önce seziyor, anlıyor ve kavrıyorlar. İçlerinden biri "O zaman bizi niye buraya getirdin?" diye sorsa, verecek cevabım yoktu. Sonuçta kendimi toparladım ve yalnızca hayvanların özelliklerini anlatan tabelalara odaklanmalarını sağladım. Ne yerler, ne içerler, ne kadar hızlı, ne kadar güçlüler, kaç yavruları oluyor derken, işi gözleme çevirmek biraz da olsa iyi hissettirdi.

***

Harika bir at çiftliği var Samsun'da. Gittik gitmesine... Hem de ücretsiz. Taa o zamanlar bile bir turu bilmem kaç lira... Öğrenciler ücretsiz at binsin diye belediyeye yalvar yakar, sonunda hem tur hem de üstüne çiftlikteki restoranda yemek servisi aldık. Değmeyin keyfimize.

Kendi aralarında tatlı tatlı anlaşıyorlardı, kilosu az olanlar küçük ata binsinler, kilosu fazla olanlar büyük ata binsinler diye. Sanki daha önce çok kez at binmişler gibi birbirlerine önerilerde bulunuyorlardı. At yorulur diyerek binmek istemeyenler çıktı. Bu nasıl bir empatiydi... Bu durumun aslında bir spor çalışması olduğunu anlatmaya çalışsak da onlar atların koşup yorulmasını dile getirip duruyorlardı. Biz de yalnızca binmek isteyenlerle tur attık, ama günün sonunda herkes çok eğlendi.

Her yıl, yeni bir gezi düzenlediğimde illa at çiftliğine gitmek zorunda olduğumuzu düşünmüyordum ama onların her konuda geliştiğini görmek hoşuma gidiyordu. Bu onların hem fiziksel hem duyuşsal gelişimlerine inanılmaz bir katkı sağlıyordu. Ertesi yıl yeni birkaç öğrenci sınıfa katılsa da birleştirilmiş sınıf olduğu için eski öğrenciler gezi süreçlerini her yıl birkaç kez tekrar etmiş oluyorlardı. Bu durum artık "okulun gezi âdetleri" diye anılabilirdi. Birçok şeyi ilk defa onlarla birlikte deneyimleyip öğrenmek de benim için ayrı bir keyifti. At binmek bunlardan biriydi. İlerleyen bölümlerde anlatacağım golf ve buz pateni deneyimim de onlarla öğrendiğim sporlara en güzel örnekti.

At demişken aklıma geldi. Samsun sahilini faytonlarla gezme imkânınız oluyordu ve tabii ki biz de fayton turları yaptık. Her geziye çıktığımızda çocuklar hem deniz havası alsınlar hem de açık havada manzaranın tadını çıkarsınlar diye fayton iyi bir fikir oluyordu, çocukları da heyecanlandırıyordu. Fayton arabaları o kadar süslü püslü ve gözalıcıydı ki, önünde iki at olduğunu unutuyorlardı bile. Renkli tekerleklere bakıyorlardı, tamamen taşıma aracı olduğuna odaklanmışlardı. Binmeden önce oturma bölümü ve tekerlekleri en dikkat çekici olanları seçmek istiyorlardı. At çiftliğindeki empatiye ne olmuştu? Bir gün bir arkadaşımdan faytonlara karşı başlayan bir eylemin ayrıntılarını içeren bir mesaj aldım. Çok etkilendim. Bu yazıyı sınıfta çocuklara da okudum. Tabii sansürleyerek ve özetleyerek... Onlar da çok etkilendiler. Aslında tekerleklerin olması sanki atları yormuyormuş gibi gelse de çocuklar atlar konusunda yine hassaslaşmışlardı. Bu eylem İstanbul adalardaki faytonlara tepki olarak başlamıştı ama sonra bu bilinç yaygınlaştı. Ve belli kesimlerde iki ayrı görüşe yol açtı. Bir taraf fayton kültürünün eskiden kalma bir gelenek olduğunu ve sembolik de olsa yaşatılması gerektiğini söylerken, diğer taraf faytonun atlara işkence olduğunu belirtecek kadar sert eleştirilerde bulunuyordu. Geleneksel kültürü savunan taraf da atlara gerekli ilgi ve bakım yapıldığı sürece faytonların varlığının

Türkiye'de olması gerektiğinin altını çiziyordu. Kim ne düşünürse düşünsün ama ben bu düşünce kargaşasında olmak istemedim ve ilk iki geziden sonra fayton deneyimlerimizi iptal ettim. Kalbim öyle istedi. Dünyanın medeniyet beşiği İngiltere'de bile hâlâ atlı polisler ve askerler var. Hatta sarayın önünde nöbet bile tutuyorlar. Yine de kalbimin sesini dinlediğim için mutluydum. Ayrıca daha önce düşünmediğim kadar ince ayrıntıları bana hatırlattığı için arkadaşıma çok teşekkür ettim. Biz öğretmenler de insanız ve her yönümüzle mükemmel olamayabiliriz. Ama en azından en iyisi olmak için elimizden geleni yapabiliriz.

Yine at demişken, farklı bir gezi hatıramız da aklıma geldi. Anlatmadan geçemem. Samsun'a Dünya Akrobasi Sirki adında bir gösteri gelecekti. Afiş ve ilanlarını önceden görmüştüm. Biletler de çok ucuz değildi, ne yapıp edip sirki düzenleyenlere ulaştım ve 20 kişilik grup bileti kaptım. Biz sanıyoruz ki akrobasi denilince vücudu esnek, yetenekli şov insanlarının gösterisi olacak. Oradan oraya sıçrayıp atlayacaklar, etten duvarlar örüp kuleler yapacaklar, tek tekerli bisikletlerle gidecekler, ateşe değmeden halkalardan geçecekler falan. Çılgın şov insanları hayal etmiştik. Aynen televizyondaki "Yetenek Sizsiniz" programı gibi. Aslında haklarını yemeyelim, gösteri gerçekten güzeldi; müzikler, olağanüstü hareketler. Onlarca insanın havada asılı halkalar oluşturması, heyecan, bağırış çağırış derken benim de çocukların da ilk kez deneyimlediği bir gösteri olmuştu. Her şey güzel gidiyordu ki sahneye tüyleri renkli renkli boyanmış, kafasına gözüne bir şeyler takılmış onlarca at çıkmasın mı? Neymiş efendim at dansıymış. Doğalarına aykırı bir şekildeler ve zorlandıklarını hissediyorsunuz. Faytonda bizi taşırken bile daha mutlulardı. Bunu hissedebiliyordum. Sirkte yılan ve atlar dışında başka hayvan yoktu ama atların karşımıza spor ve taşıma dışında dans alanında da çıkması gezi planlarımızı yaparken daha fazla düşünmemiz gerektiğine dair bir işaret miydi?

İlklere Şahit Olmak ve Tiyatro

Ah tiyatro, ah tiyatro... Kulağa ne kadar da hoş geliyorsun. Ders işleyişleri sırasında tiyatro terimi o kadar havada kalıyordu ki... Tabii ki derslerde drama yaptırıp, özel günlerde kısa skeçler hazırlayıp çocukların teatral yeteneklerini keşfetmelerine yardımcı oluyordum ama gerçek tiyatro sahnesi ayrı bir olaydı. Çocuklar birbirlerini bile izlemekten bu kadar zevk alırken, gerçek sahnede gerçek oyuncuları izlerken nasıl hissederlerdi acaba? Görmekte fayda vardı!

İlk deneyimlerini küçük sahneler ve kısa oyunlar yerine, Samsun'un en büyük sahnesi Devlet Opera Balesi'nde yaşasınlar istedim. Harika bir çocuk oyunu bulmuştum. Oyun yerine yarım saat önce vardık ve tiyatro kültürünü onların dilince anlatmaya çalıştım. Her zamanki gibi onlarla birlikte ben de çok heyecanlıydım. Kocaman bekleme salonunda dağılmışlardı. Duvarlardaki resimleri inceliyor, koltuklara dokunuyor, ortamın havasının tadını çıkarıyorlardı. Ben de onları, gerçek hayatın ta kendisini izliyordum. Salondaysa neyle karşılaşacaklarını henüz bilmiyorlardı. Bize biletleri ücretsiz olarak temin eden Halkla İlişkiler Müdüresi, çocukları bekleme salonunda ziyaret ederek onlarla sohbet etti. Çocuklara bayıldı, çünkü o kadar sosyal, sıcak ve tatlı dillilerdi ki...Tam istediğim cevabı oracıkta duydum: "Hocam ne zaman isterseniz misafirimizsiniz!"

Bu sözü duyan ben boş durur muyum! Köşe raflardaki broşürlerden kaptım ve her ay gösterimi olacak oyunların listesine tikler atmaya başladım. Müdüre Hanım ayrılmadan da eline listeyi tutuşturuverdim. Kendimden o kadar eminim ki çocuk sayısından hiç fire vermeyecektim. Hatta her yıl tüm listelere mezun ettiğim öğrencilerimin isimlerini de mutlaka ekledim. Zaten çoğunun kardeşi ya da kuzeni de benim öğrencimdi. Duyanlar duymayanlara, görenler görmeyenlere anlatsın durumunu yaratmak istemedim. Herkes görsün, herkes duysun, fırsat varken onlar da tiyatroyu canlı canlı yaşasınlar istedim...

Çocukların söylemleri başta beni olmak üzere herkesi duygulandırıyordu. Bugün düşününce, buna her deneyimlerini anlatmaya başladıklarında "ilk defa" tanımını seçmelerinin sebep olduğunu düşünüyorum. Bir insan hayatının "ilk"lerine bu kadar yakından şahit olmak, buna vesile olmak müthiş bir şeydi.

***

Aradan yıllar geçti ve evet, onlar artık Samsun'da hiçbir çocuk oyununu kaçırmamış bir ekipti. Düşünün tiyatro izlemeye ve o müthiş seyirci kültürünü öğrenmeye birinci sınıftan başlıyorlardı... Mezun olduktan sonra bile ben onları gittikleri ortaokuldan alıp oyunlara götürmeye devam ediyordum. Üstelik ailelere de maddi açıdan hiç yük olmadan.

Her gidişimizde bize sahnenin en ön sırası veriliyordu. Bazen bu durumdan rahatsız oluyordum. Şehir merkezindeki diğer okullardan gelen çocuklara haksızlık mı oluyor acaba diye... Bir yandan da seyirci koltuklarının arkasını, ortasını, hepsini bilsinler istiyordum.

Başka bir gün yine bir çocuk müzikaline yerimiz ayırtılmıştı. Birkaç gün önceden opera yetkilileri benimle iletişime geçtiler. Zaten o sıra on dört öğrencim vardı. Beni bir heyecan bastı. Sergilenecek oyunun belli sahnelerinde çocuk oyunculara ihtiyaçları vardı ve bu çocukların zaten amatör olmalarını istiyorlardı. Tam bizlik teklifti. Amatörlerdi ama hevesleri vardı, zaten çocuklara başarı katan şey o hevesti. Teklif telefonundan sonra okulun içinde resmen haykırıyordum: "Gerçek sahneye çıkıyorsunuz!" Çocuklar heyecanla çığlık çığlığa bağrışırken yine kendimi sesli düşünürken buldum: "Ah nasıl olacak acaba? Gerçi repliksiz roller ağırlıkta, olsun sahne tozunu yutmaları bile yeter." Daha o yaşta heyecanlarını dengeleyip sahnede, o kadar seyirci karşısında durmaları onlar için unutulmaz bir deneyim olacaktı. Bu çocuklar köyde yaşıyordu, birleştirilmiş sınıfta eğitim görüyorlardı. Bunu yüz kere de olsa tekrar tekrar söyleyeceğim, siz okumaktan sıkılacaksınız belki ama ben söylemekten sıkılmayacağım. Çünkü bunu unutmanıza izin veremem. Bu kitapta belki de bin kere "özgüven" diyeceğim. Bana göre her şeyden önemli çünkü. Bir çocuğa, geleceğin yetişkinine özgüven aşılayın. Gerisini onlar getirecektir zaten. Yeter ki teşvik edin. Onlara bu fırsatı verin. Özgüveni özyeterlilik ile tamamlamak da şart.

Ve işte oyun günü geldi çattı. En enteresan kısmı öğleden önce boş sahnede tek prova yapılmasıydı. Oyunun içinde okul ve restoran dekorları olduğu için okul eşofmanları ile sahne aldılar. Düşünün kostüm bile yoktu. Ben yalvarsam, istesem okulumun isminin sahnede duyulacağı bir ortam yaratamazdım. Üstelik bu biletli bir etkinlikti; öğrenciler, veliler, öğretmenler para ödeyerek gelmişlerdi. Çocuklar, 500 kişinin izlediği gerçek bir tiyatro sahnesinde yer aldılar. İşlerini o kadar ciddiye alıyorlardı ki gülmeye ve şımarmaya vakitleri yoktu. İlk birkaç dakika tedirginliklerini hissettim ama bir-iki alkıştan sonra kendilerine geldiler. Sahnede nasıl rahatlardı, nasıl bir rol yapma istekleri vardı anlatamam. Heyecandan oturamayacağımı biliyordum, o yüzden salonun kenarında ayakta gözlerim dolu dolu izledim.

Hiçbir zaman umutsuzluğa kapılmadım. Kendimi de onları da hiçbir sosyal girişimden geri çekmedim. Bazen hazırlıklı, bazen hazırlıksız yakalandık beraber. Ama onlara yarayacak her girişim için koşturmaktan geri kalmadım. Sonuçları her zaman güzel oldu. Çocukları sosyal hayata hazırlamak önceliğimdi. Belki çocuklukta güzel bir anı olarak hatırlayacaklardı ama tüm yaşadıkları hayatlarında o kadar unutulmaz bir iz bırakacaktı ki.

İlkokul yıllarımda, tahtaya çıkıp sınıf huzurunda bir şeyler sergilemek, şiir okumak, skeç yapmak bile ne kadar heyecan verirdi. O zamanlar gerçek sahnede olmanın heyecanını düşünemiyordum. Üstelik biz ilkokulda kendi arkadaşlarımızın huzuruna çıkarken bile tir tir titriyorduk. Benim öğrencilerim hiç tanımadıkları yüzlerce kişinin karşısında rol aldılar. Sahnedeki profesyonel oyuncular sahneye öyle hâkimdi ki. Küçük hataları bile hiç fark ettirmeden kapatıp üstüne espri bile yapıyorlardı.

Eşofmanlarının arkasında kocaman "Kumköy İlkokulu" yazısı vardı. Seyircilere kulak kabarttım; Kumköy de neresi diyenler, "Bu çocuklar nasıl buraya geldi?" diye soranlar, gurur duyanlar... Kafamı uzatıp "Ben onların öğretmeniyim," dememek için zor tuttum kendimi. Hele o selamlama bölümü yok mu! Sanki kalbimde kıyametler kopuyordu. El ele tutuşup eğilip kalkmaları, içten içten gülerek gururla seyirciyi selamlamaları... Gerçek bir final... Perdenin kapanma anını hiç ama hiç unutamıyorum. Sahnenin arkasında aldım soluğu, hepsini öptüm, kucakladım. Oyuncular hepsiyle tek tek ilgileniyordu, kimisi fotoğraf çektiriyordu, kimisi kostümlere dalmıştı çoktan; naftalin kokusunu tanıyanlar, gülüşenler, sevinenler... Güzel bir gün nasıl olur? İşte böyle! Deneyim, tutku, heyecan, özgüven ve hak edilmiş mutluluklar.

***

Olay basının gözünden kaçmamıştı elbette. Durum böyle olunca işi büyütmek artık âdettendi: 23 Nisan için Samsun genelinde bir proje yapmak! Neden olmasın? Sadece bizim köy okulumuz için değil, Samsun'daki tüm birleştirilmiş sınıfta eğitim yapan köy okulu öğrencilerini içine alan bir uygulama yapalım istedim. İlçe Milli Eğitim Müdürlüğü ile işbirliği yapmak zorundaydım, Ar-Ge de şarttı. Amaç şuydu: 23 Nisan Ulusal Egemenlik ve Çocuk Bayramı'nda tüm köy okulu öğretmenlerini ve öğrencilerini otobüslerle köylerden alıp şehir merkezindeki tiyatro gösterimine götürmek... Aynı zamanda da Samsun Devlet Opera ve Balesi Genel Müdürlüğü ile konuşup o güne özel bir oyun, müzikal ve gösterinin sergilenmesi için önden bilgi vermekti. Daha süremiz vardı. Ulaşım, bilet ve yemek organize edildikten sonra resmi yazı ile okullara duyurulması İlçe Milli Eğitim Müdürlüğü'nün sayesinde daha da hızlı ve ciddiye alınacak şekilde yürüyordu. Belediyeden otobüsler ayarlandı. SDOB ile görüşmeleri ben yapıyordum; Ar-Ge, ulaşım ve yemek peşindeydim. Sponsor da bulmak gerekiyordu. Ücretsiz bilet işi bendeydi zaten. Bu arada aile izinleri, öğretmenlerle irtibat kısmı hafif sancılı geçiyordu. Bu işe sıcak bakmayan köy öğretmenlerini gördükçe beynim yanıyordu, anlam veremiyordum. Birbirinden farklı negatif bahaneler duyuyordum... Oysa onlar için de bir fırsattı. Ama işte değerlendirebilene...

İyi ki işin içinde İlçe Milli Eğitim vardı ve iş resmiyete dökülmüştü, yoksa benim ricamla yalvarmamla olacak iş değildi bu. Veliyi sorun eden var, o kadar çocuğun sorumluluğunu nasıl alacağız, diyen var... Aslında her öğretmenin bir avuç öğrencisi vardı zaten. Herkes kendi öğrencilerine sahip çıkacak, isteyen yanına yardımcı bir ya da iki veli alabilecek, dedik.

Yine mızmızlanmalar oldu. Enteresan şekilde bir grup öğretmen de "Yaşasın! 23 Nisan çalışmaları yapmak zorunda kalmayacağız," diye sevindi. Bayram hazırlıkları ve provalar nedense bazılarına çok iyi gelir, bazılarına ise eziyet, yorgunluk. Ben dönem dönem hangi grupta olduğumu düşünürdüm. Müfredat yetiştirme yarasına tuz basmak gibi geldiği de olmuştur; inkâr edemem. Ama her şeyi çok iyi planlamak, bayram hazırlığı yapmak için zaman yönetimini çok iyi uygulamak gerekiyordu. O zaman bayram hazırlıklarının keyfinden geçilmezdi. Okul sayılarını ilçe köy okulları sayısı ile belirginleştirdik. İlçede 49 köy okulu, 600'den fazla da öğrencimiz vardı. Ve tüm bu öğrencileri ilk kez tiyatro ile tanıştırmaya hazırdık. Bu demek oluyor ki salon o gün yalnızca bizim olacaktı.

23 Nisan günü otobüsler okullardan öğrencileri toplamadan önce özellikle rica ettim. Nasıl olsa öğrenciler öğretmenleri ile birlikte okulda hazır durumdalardı. Yola çıkmadan önce mutlaka bayrak törenimizi, saygı duruşumuzu yapalım, İstiklal Marşımızı söyleyelim, söyletelim, dedim. Tam o sabah saati, çoğu veli de çocukları ile birlikte okulun bahçesindeydi. Aslında tam zamanı ve fırsatıydı; en güzel şekilde coşa coşa yaptık. Hatta Türkçe dersinde öğrendiğimiz ve sınıf içi sunum ve provalarla renklendirdiğimiz *Biz Yarının Büyükleri* adlı oratoryomuzu da sunduk. Aslında biz ne yapmış olduk? Çok uzun gösteriler olmasa da bir toplu şiir dinletisiyle velilerin gönlünü aldık, çocuklarını daha coşkulu ve gönül rahatlığı ile yolcu ettiler. O günün bayram sevincinin bir parçası olacağını anladılar.

Gerçekten büyük bir organizasyondu. Tüm ayarlamalar yapıldı, o kadar ayrıntı vardı ki... Otobüsler, öğrenciler, öğretmenler hazırdı; hava çok güzeldi. Tam nisan havası, ılıktı ve huzur veriyordu. Köylerden gelen tüm öğretmen ve öğrenciler ilçe meydanında otobüslerle bir araya geldik. Samsun Devlet Opera ve Balesi bizleri misafir etmek için hazır bekliyordu. Tamamen ücretsiz. Kalpten karşılamayla... Bu özel ve üstelik normalde resmi tatil olan bir günde tamamen çocuklar için kurgulanıp hazırlanmış bir oyunla karşımıza çıkacaklardı. Samsun'a doğru yola koyulduk.

Önceden hep kendi öğrencilerimi gözlemlerdim gözlemesine ama bu sefer gözüm diğer öğrencilere de takılıyordu. Onların tepkilerini de inceliyordum. Hepsi de nasıl kıpır kıpır, nasıl heyecanlılardı. Koltuklarında hop oturup hop kalkıyorlardı. Her gördükleri ayrıntıyı birbirleriyle paylaşıyorlardı, gözleri parlıyordu. Sosyal yaşantıları çeşitlendirmedeki ilk tepkilerine şahit olmak kesinlikle kayda değerdi...

Oyun başlar başlamaz, sahne yönetmenlerinden biri yanıma gelip, "Hocam sizin öğrenciler sahneye alışık. Sonda coşkulu bir sahnemiz var, izin verirseniz onları da sahneye çıkaralım, son sahneye katılsınlar," dedi. Hazırlıksız yakalanmıştık ama planlasak böyle olmazdı resmen. Ben bir yandan diğer öğrencilere haksızlık, ayrımcılık oluyor mudur, diye kendimi yiyordum. Ama "Kumköy İlkokulu öğrencilerini sahneye davet ediyoruz," anonsu yapıldığında salondan coşkulu bir alkış kopunca rahatladım. Oyuna katılım, selamlama, alkış kıyamet derken herkese ilham olmuşlardı işte. Unutulmaz bir 23 Nisan oldu. Çocuklar ilk kez kendi bayramlarında kendileri için, kendi mutlulukları için sahnedeydi. Mutlulukla dağıldık evlere... Kendi öğrencilerimden dolayı gelecek güzel tepkileri biliyordum ama bu defa 49 köy daha vardı işin içinde. Aslında bunun öğrencilerde bıraktığı etkiyi de görmek istiyordum. Biz de tiyatro ile buluşmayı konu alarak resimler çizip onlara anlattırdık çünkü bir kez daha böyle yaşamalarını istemiştim kendi anılarını...

***

Tamam ilkleri yaşattık ama bu durumu nasıl sürekli kılabilirdik? Mesela her ay olsa, hiçbir çocuk oyununu kaçırmasalar, hepsini izleseler. Ben kendi okulum ve öğrencilerim için bunu yapmaya kararlıydım ama diğer yüzlerce köy okulu öğrencisi bu imkânları nasıl bulacaktı? Tek başıma buna gücüm yetmezdi ki... Öğretmenlerle ciddi işbirliklerine ihtiyacım vardı. Birkaçı yapsa bile sonuç farklı olacaktı. Nihayetinde tek başımaydım, elimde beş sınıf vardı. Tüm gücümle kendi öğrencilerime, kendi okuluma odaklanıyordum ama aklımda başka köy okulları için neler yapabilirim düşüncesi vardı. Sosyal ve kültürel etkinlikleri bülten haline getirmeye karar verdim. Evet tiyatroyla başladık ama devamında sinema da opera da olmalıydı. Hatta yöresel kukla oyunları, okula davet edeceğimiz müzikal dans etkinlikleri, bale...

Bir gün gazetelerde Samsun'a bir Disney gösterisi geleceği ilanını gördüm. Yıl 2009, bir bilet 50 TL... O güne göre o kadar pahalı bir bilet ücretiydi ki bizim o parayı vermemiz mümkün değildi. Afişin altındaki sponsor logolarını fark ettim. Okul çıkışı eve giden bir saatlik yol boyunca bahsi geçen o markalara ulaşmaya çalıştım. Telefon açıp mail gönderiyor, okulu ve çocuklarımı anlatan videolar yolluyordum; hatta mektup yazdığım bile oldu. Sonunda beş sponsordan biri dönmesin mi! Bize "Disney Gösterisine tüm öğrencilerle gidebilirsiniz ve en güzel yerden izleyebilirsiniz," dediler. Havalara uçtum.

Veliler çabamı ve heyecanımı gördükçe her zaman bana destek oldular. Tüm amacımın çocukları mutlu etmek olduğunu öyle hissediyorlardı ki... Bir gün bir anne yanıma gelip, "Dilek Öğretmenim benim vicdanım size hayır demeye el vermez," dedi. Bu söz çok kıymetliydi. Hâlâ kulağımda çınlar. Üstelik Disney Gösterisi hafta sonuna denk geliyordu. Ücretsiz araç buldum, sabah önce şehirden hareket edip köyden çocukları aldım ve tekrar Samsun'a döndüm. Yol boyunca kıpır kıpır bir çocuk gibiydim. Kendi oğlumu da götürüyordum. Öğrencilerimle kaynaşmasına, arkadaşlık kurmasına aracı oluyordum. Çok büyük bir gösteriydi ve hafta sonu olmasına rağmen öğrencilerimin yine okul eşofmanları ile gösteriye katılmaları dikkat çekti. Artık sık sık yerel ve ulusal basında yer almaya başlamıştık. İlerleyen zamanlarda sırf bu yüzden adımız, "Gezici Okul"a çıkacaktı.

Bilet Lütfen, Araç Lütfen, Yemek Lütfen...

İnsan imkân yakalayınca üstüne üstüne eklemek istiyor. Tiyatro salonlarıyla iletişimimiz güçlenmiş ve basın sayesinde birçok insan bizi tanımaya başlamıştı. Oyun alanları ve alışveriş merkezleri ile telefon trafiği yaşıyordum. Başta kapı kapı gezip "Siz beş bileti karşılayın, siz on bileti karşılayın," dediğim salonlar, kuruluşlar bir süre sonra benim direncimi ve mücadelemi gördüklerinde beni arayıp, "Hoca Hanım yeni filmimiz geliyor, buyurun ücretsiz izlemeye gelin, misafirimiz olun," demeye başlamışlardı. O yıllarda Samsun'da bir tane alışveriş merkezi vardı. Bağımsız sinema salonları vardı ama alışveriş merkezinde sinemaya gitmek daha etkili ve güvenli geliyordu. Çünkü böyle olunca çocuklar aynı mekânda yemek yiyebiliyorlar, kitap ve oyuncak dükkânlarını gezebiliyorlar ve hatta jetonlu oyun alanlarında grupça harika vakit geçirebiliyorlardı. Bu, böyle bir cümlede anlatılacak kadar basit ve bütçesi az etkinlikler değildi aslında. Gerçekten maliyetliydi. Ve benim hedefim bu etkinlikleri yılda bir kere değil, sürekli yapmaktı.

İlk sinema etkinliğimizde sinema sahibi bize indirim uygulamıştı ve o indirimli fiyat üzerinden hayırsever bir tanıdığımız da biletleri karşılamıştı. Hiçbir etkinlik sürecinde kimseden doğrudan para istemedim, okulumuzun aile birliği hesabı vs. gibi şeyleri de yoktu. Ben kapısını çaldıklarımdan yalnızca hizmet istedim: bilet lütfen, araç lütfen, yemek lütfen, kitap lütfen, eşofman lütfen, kırtasiye malzemeleri lütfen, oyuncak lütfen... diye sürüp gitti. Daha saymakla bitiremediğim ve bu hikâyenin içinde yer alan birçok ihtiyacı isterken "lütfen" dediğim gibi.

Sinema deneyimi bambaşkaydı... Çocukların yorum yeteneğini artırıyordu. Hatta daha da ileri gitmiş ve hafta sonu etkinliği olarak aynı gün hem tiyatro oyunu hem de sinema filmi izlemelerini sağlamıştım. Tabii arada güzel bir öğle yemeği ve oyun saati eşliğinde. Bu durumda aynı gün hem sinemayı hem de tiyatroyu yorumlayabiliyorlardı. Benzer ve farklı yanlarını, hissettirdiklerini, yaşattığı heyecanı...

Sınıf içinde bu durumu ne kadar anlatırsam anlatayım bu kadar etkili olmazdı; yaşamadan bu kadar verimli yorumlar yapabilmelerini sağlayamazdım. Derslerden ve okul saati etkinliklerinden de çalmamış oluyordum çünkü gezileri hafta sonu yapıyorduk. Tüm günümü onlarla geçiriyordum ki bu hem verimli hem de eğlenceliydi.

Alışveriş merkezlerinden taleplerim de oldu. Şimdilerde bu daha kolay gibi görünse de 2010 yılı Samsun'u için hiç de kolay değildi. Aslında itiraf ediyorum, bir öğretmen olarak talepte bulunmayı biraz abartıp yalvarma ve insanları bunaltma seviyesine kadar getirebiliyordum. Ama kararsız bir cevap ya da "Hayır"a doğru kayma gördüğümde dayanamıyordum. Çünkü onlardan "paket" talebim vardı ve bunu kabul etmeleri işimizi çok kolaylaştıracaktı; üç boyutlu filmler dahil sinema bileti, patlamış mısır ve içecek. Öğle yemeği ve oyun alanında sınırsız oyun –çocukların her oyuncağı deneyimleyebileceği bir eğlence paketi. Durum böyle olunca alıveriş merkezinin yönetim departmanı ile de iç içe oluyorsunuz, ofislerinde büyük toplantı masalarında bizi ağırladıkları bile olmuştu.

Tavukları Pişirmişem

Yine başka bir yıl... 23 Nisan etkinlikleri için bu yıl farklı ne yapabiliriz diye düşünürken, alışveriş merkezinin halka açık gösteri alanında okulların kendi hazırladıkları gösterileri sunmaları için fırsat tanınacağını duyduk. Rahat durur muyuz? Hemen kaydımızı yaptırdık. Sonuçta şehir merkeziydi... Ve elbette listeye baktığımda özel okullar çoğunlukta olmak üzere katılanların hepsinin büyük okullar olduğunu gördüm. Aralarında hiç köy okulu yoktu. Birleştirmiş sınıf olacak, halka açık gösteri için çalışacak, kostümüydü rolüydü, yoluydu, sorumluluğuydu kimse uğraşmak istemiyordu, biliyordum. En yakın arkadaşlarımı görüyordum. Bu tür etkinliklere soğuk bakan, tedirginlikle karşılayan arkadaşlarım vardı. O kadar kalabalık insan grubunun olduğu mekânlarda doğal olarak kimse risk almak istemeyebilir.

Beş gün boyunca okul gösterileri sunulacaktı. Her güne on beşer okul paylaştırılmıştı. Şimdilik yetmiş beş okul. Bir şarkılık hakkımız vardı. Hadi şarkı üç-dört dakika desen, hazırlanması toparlanması en fazla beş-altı dakika sürer. Bize ayrılan bu kısacık zamanı en eğlenceli, en fark yaratan şekilde nasıl değerlendirebilirdik? Akılda kalan, seyirciyi içine çeken bir şey olmalıydı.

Tabii ki yöresel bir tema seçtik, ama bu sefer konseptimiz komedi olsun istedim. *Tavukları Pişirmişem* o dönem çok gündemdeydi. O şarkı eşliğinde hem dans olsun hem de insanları güldürsün, diye düşünüp kolları sıvadık. Kostümleri annem dikti. Bizi etkinlik süresi boyunca bekleyebilecek bir araç bulabildim. Diğer gösterileri de izlemeleri için çocukların tüm gün orada olmasını isterdim ama ne yaptıysam olmadı. Neyse gösteri günü çabucak geldi çattı. Çocuklarla on gün boyunca her okul çıkışı saatlerce rollerini çalışmışız, hepsinin kendine güveni tam. Çalışmaları videoya alıyor sonra onlara da izletiyordum ki ne yaptıklarını görsünler. Kendilerince hata gördükçe daha iyisini yapmak için çalıştılar.

Bu kadar kısa süreli bir gösteri için onları sınıf sınıf ayırmam mümkün değildi, bu yüzden altı yaşında da on bir yaşında da oyuncumuz vardı. Sunucu, "sırada çok uzaktan gelen küçük bir köy okulumuz var," diye yaptı anonsunu. Sonuçta ortaya kusursuz bir komedi dans oyunu çıktı. Hem kusuru olsa ne olurdu ki, o tatlı kostümler içinde öylece dursalar bile insanın içini coşturuyorlardı. Sahne de müzik de harikaydı, izleyenler de coşmuştu. Mağazalardan çıkan insanlar durup bizimkileri izliyordu. Tek pişmanlığım şarjı biten telefonum ve o âna şahit olacak bir-iki veliyi yanımda getirmemekti...

***

Aradan birkaç hafta geçti, aynı alışveriş merkezinden bir haber daha gelmesin mi? Ayrıcalıklı bir davet üstelik. Bu sefer bir Çocuk Oyun Festivali yapılıyordu ve bizim okulun komedi gösterisini özel olarak programa dahil etmek istiyorlardı. Açık açık geçen sefer ulaşım desteği vermemiştiniz, dememe kalmadan "Aracınız hazır, sizleri alacak, ayrıca buradaki restoranlarımızdan birinde okulca yemek yiyebilirsiniz," cevabı geldi. "Yemek hakkımızı bir sonraki etkinliğimize kullanalım," dedim. Yine hafta sonuydu. Çocuklar öğle yemeklerini yiyip araca bindiler, okulu açtım, kostümlerini giydirip aksesuarlarını taktım ve yola koyulduk. Bu sefer sahne etrafındaki kalabalık çok çok daha fazlaydı. İkinci kez izleyenler olmuştu. Tebrik üstüne tebrik geldi. Bu defa iyi ki birkaç annemiz bize eşlik etti. Gösteri sonunda ben seyircilerin yorumlarını dinleyip onlarla sohbet ederken, veliler çocuklarla ilgilendi. Bu arada seyirciler arasında bulunan Belediye Başkanı gösteriyi ayakta alkışladı.

Neşe ve mutluluğun üstüne eklenen en büyük kazanımımız özgüvendi. Bana bir sürü öneriyle gelen öğrencilerim vardı artık. Bir öğretmen daha başka ne isterdi ki?

***

Samsun Devlet Opera Balesi opera tur etkinliği yapacaktı ve ilk olarak bizim okulu seçmişlerdi. Çok kapsamlı bir sanat etkinliğiydi. Üstelik bu benim için de bir ilkti, ağzım açık izledim hepsini. Operanın tüm bölümlerini bir kurgu çerçevesinde canlı canlı tanıttılar. Kostümlerini diken terzi bile bizi bir arya ile karşıladı. Dekoru yapan marangozlar, ışıkçılar, dansçılar, balerinler, ses sanatçıları... Hepsi bir olarak inanılmaz bir opera turu düzenlediler. Gördüklerimize inanamadık, rüya gibiydi. O gün yalnızca bize özeldi... Binayı adım adım gezerek neredeyse yaşadık. Orkestrayı tek tek tanıttılar. Şef sınıfa şarkı söyletti. Enstrümanları denediler. İşte bu deneyim yaşayarak öğrenmenin ta kendisiydi.

Okul hayatlarına deneyim üstüne deneyim katıldı. Opera sanatçılarını taklit eden öğrencilerim güldüler de güldürdüler. Bu kadar sıcak bir karşılama, bu kadar bilgi dolu ve eğlenceli bir tur beklemiyorduk. Opera Turu benim de duyurularımla birlikte birçok okulun da davet edildiği bir etkinlik olmaya başladı. Aslında bu sanat organizasyonu da yeni bir müzikal oyununun gösterimi gibiydi. Lansmanı da bizimle yapılmış oldu.

***

Gezi planlarımız her zaman tiyatro, sinema ve opera ile sınırlı değildi. Listeye ekleyebildiğim kadar gezilecek görülecek yer ekliyordum. Derslerdeki konularımıza uyumlu yerlerin dışında madem Samsun'da bu yerler var neden gidip görmeyelim, diyordum. Teleferik yolculuğundan farklı farklı restoranlara, postaneden bankaya ve uzay gözlem evine kadar, gezmedikleri görmedikleri yer kalmadı. Her türlü parka gidiyorduk. Hepsi sistemli ve zamanlıydı. İşin ucunu hiç kaçırmıyorduk yani.

Hayatlarında ilk defa lunaparka gideceklerdi ama nasıl? O tanıdık bu tanıdık, onun selamı şunun ricası var derken soluğu lunaparkta aldık sonunda. Oyuncaklara ne kadar binme hakları olduğunu bilmiyordum ama yine de sınır koymak iyi olabilir düşüncesiyle, herkesin dört farklı oyuncağa binme hakkı olduğunu söyledim. Yaş gruplarına ayırdım ki müzikli, hareketli ya da el göz koordinasyonunu geliştirecek şeylerden doğru faydalanabilsinler. Ne kadar eğlendiklerini söylememe gerek yok sanırım. Ara ara tren vagonlarından "Bugün benim en mutlu günüüüm!" diye bağıran bir ses geliyordu, sevinç çığlıkları sadece benim değil sanırım onlara şahit olan herkesin gününü şenlendirmişti. Görevliler hem yardımcı hem de cana yakındı. Bunun ne demek olduğunu henüz bilmiyorlardı, artık kimseden selam götürmeyecek ve "Ben Dilek Öğretmen, çocuklarla lunaparka gelmek istiyoruz," diye girecektim lafa. Sonraları bizim için her şey ücretsiz olacaktı. Üstelik bu Samsun'daki tek lunaparktı, dolayısıyla benim de çocukluğum burada geçmişti ama anne-babamın izin verdiği süreyi geçmemek için her şeye binemezdim. Yine de denediğim her şeyde içimde kabaran heyecanı o gün onların yüzünde görmek beni bir kez daha çocukluğuma götürdü...

Ne para ne zaman; hiçbir şeyin önemi olmuyordu çocuklar için. Böyle düşündüklerini de bildiğim için onları saatlerce beklemeye razıydım. Ondan ona, ondan ona tüm oyuncakların üstüne atlamalarını, "Hadi hareket etsin, hemen başlasın," derkenki heyecanlarını çok iyi anlıyordum. Güneş fazla gelmiş, yüzü gözü terlemiş, umurunda değildi. Bir şeyi gerçekten hissederek yaşamak böyle bir şeydi.

Ben çocukken lunaparkın büyük bölümü fuar alanıydı. Gece on ikilere kadar tezgâhlar olurdu; çeşit çeşit, ne ararsanız... Işıklı gece pazarı gibi. Ben çok fazla oyuncağa binmek isteyince babam daralır, sıra beklemekten hoşlanmazdı. Sıraya gir, bilet al, bir de çocuğu bekle, aman bir şey olacak mı? Kaşını gözünü bir yerlere vuracak mı? Bir de bunun stresini yaşa... Hiç babama göre değildi. O yüzden fuara her geldiğimizde bana yeni bir oyuncak alır, binmek istediğim şeyleri unutmamı sağlardı. Ben tüm gece yeni *barbie* bebeğimle ilgilenirdim. Bu yüzden onlarla dönme dolapta döndükçe kendi çocukluğumu hatırladım. Ben bu yaşlarda ne yapıyordum, ne hissediyordum, böyle bir gün geçirsem ne düşünürdüm? İşin özü, öğrencilerimle birlikte kendi çocukluğumda yaşayamadıklarımı yaşadığımı biliyordum.

***

Peki, Atatürk'ün Samsun'a ayak bastığı Tütün İskelesi'ne gitmeyelim mi yani? Balmumu heykelleriyle Atamızın önde olduğu o yolu görmeyelim mi? İlkadım güzergâhında yürüyüp gururlanmayalım mı? Hatta öylece denize doğru dalıp Kurtuluş Savaşı'nı anlatmayalım mı? Sahilde simit ayran yapmayalım mı? Çocuk cıvıltısından beslenen ben... Sınırsız yeşillikte, parklarda ve bahçelerde kovalamaca oynamayayım mı? Bilmece sormayayım mı? İlk kez spor aletleri deneyip nefes nefese kalmayalım mı?

Hepsini doyasıya yaptık. Bir kez değil, defalarca yaptık. Her yıl yaptık. Okulumuza yeni öğrenciler geldiği için her geziyi yeniledik, anılar biriktirdik. Bir çocuk aynı yere belki üç-dört defa gitti ama her seferinde başka şeyler düşündü; farklı sınıftaydı, her yıl gördüğü ve yaşadığı aynı şey için hep farklı şeyler yazdı o çocuk... Bu yaşanmışlığın çeşitliliğine en güzel kanıttı.

***

Öğrencilerimi yine oradan oraya gezdirmeye devam ediyordum. Artık bir gezi ajandası tutuyordum. Çocuklar sahil güvenlik gezisinde helikopter keşfine çıktılar, Sahil Güvenlik Komutanlığı bizim okulu özel olarak davet edip eğitim verdi. Çocukların mutluluğu, şaşkınlıkla merak arası bakışları... Onları izlemek bana ilham veriyordu. En basitinden, komutanlıkta verilen yemekte çocukların yetkililerle ettikleri sohbetlerini dinlemek bile beni bambaşka duygulara sürüklüyordu.

Asker üniformaları neden bu renk?

Asker olmaya nasıl karar verdiniz?

Hanginiz daha cesur?

Hiç balina kurtardınız mı?

Helikopter denize düşerse ne olur?

Kaç numara postal giyiyorsunuz?

Bizim köydeki baraj taşsa ne olur? Okulu kurtarmaya kaç dakikada gelirsiniz?

Paraşütünüz var mı?

Daha ne sorular...

Gezi izlenimlerimizi sağda solda anlatınca, "Oralara gitmek nereden aklınıza geldi?" diye soruyorlardı. Samsun'da neredeyse gitmediğimiz yer kalmamıştı, gittiğimiz yerleri ertesi yıl ikinci kez tekrar ziyaret ettik. Hatta bir süre sonra deneyimli öğrenciler okula yeni başlayan öğrencilere âdeta tur rehberliği yaptı, ilgi çekici senaryolar yazıp gerektiğinde oradaki anılarını ve hissettiklerini de ekleyip eğlenceli bir akran öğrenmesi yaşadılar.

İyilik Bulaşıcıdır: Bir Dilek Tuttum Parkı

Geziler bu yoğunlukta devam ederken çocukların en çok parklarda mutlu ve özgür olduğunu hissediyordum. Onların mutlulukları bana ilham veriyordu. Beni daha başka birçok şey yapmak için de motive ediyordu. Bazı şeylere de ben kendimi mecbur hissediyordum. Bir gün bir öğrencim bana, "Keşke köyde de bir parkımız olsaydı," dedi. Kaydıraktan kayıyordu, bana baktı ve birdenbire bunu söyledi. Aslında söylediği şeyi o anda ayrıntılı düşünemedim bile.

Onlara birkaç soru sordum. Mesela aileleriyle ilçe merkezine gittiklerinde ne yapıyorlardı? Anneleriyle arada sırada pazara alışverişe gittiklerini, babaları ya da dedeleri ile tamirci, kasap gibi yerlere uğradıklarını söylediler. Parka gitmek için çok vakit harcamadıklarını cevaplardan anlamıştım. Hayal edin lütfen 1200 metrekarelik bir alanda 100 metrekarelik bir okul binası vardı. Geriye kalan her yer bomboştu. Hava yağmurlu olduğunda her yer çamura bulanıyordu. Çocuklar tahta çubuk sopalarla çelik çomak oynuyorlardı, bu gibi oyunlar ve topraktan tencere yapımı da bir yere kadar idare ediyordu. Fiziksel anlamda da grupça eğlenerek vakit geçirebilecekleri açık hava bir oyun alanı gerçekten ihtiyaçtı.

O günün akşam eve bu düşüncelerle döndüm. Bir köy öğretmeni yeterince ilgilenirse, rahatlıkla o köyün ihtiyaçlarını belirleyebilirdi, bunu artık biliyordum. Hemen park maliyetlerini araştırmaya başladım. Ama o kadar pahalıydı ki kim buna yanaşırdı? Birkaç yakın arkadaşımla paylaştım, aslında artık neyle karşılaşacağımı biliyordum. Yine gülüp geçtiler. Bu durumu kanıksamıştım artık. Bu kadar az öğrenci için sponsora para harcatmanın gereksizliğini bile duydum. Belediye miymişim ben... Belediye? Evet bu iyi bir fikir olabilirdi! Eleştirilmenin bile ilham verdiği anlar vardır.

Şehir merkezinde parkları olan okulları araştırdım. Koskoca okulların bile oyun parkları yoktu. Sadece çok büyük özel okullarda vardı parklar. Bir kısmı da güvenlik tedbiri ve sık kazalara maruz kalmamak adına yaptırmamış mesela. Bunu da o zaman öğrendim. İlçe Belediyesini belki yüz kere aramışımdır. Asla dönmediler, on beş dakikalık randevu bile alamadım. Büyükşehir Belediyesi'ni de ısrarla aradım. Onda da randevu çok zordu ama meğer hafta sonu belli saatler halk günü yapılıyormuş. Yani halktan kişiler başkandan randevu alıp görüşebiliyorlarmış. Hemen adımı o listeye yazdırdım. Hazırlıklarımı yaptım. Başkana, "Ben çocuklar için, okul için şunu şunu şunu yaptım. Gelin sizin de katkınız olsun, siz de bu parkı bize armağan edin," demek istiyordum.

Ben istiyordum istemesine de, çok talep varmış, hepsine yetişmeleri mümkün değilmiş. Beni bir daire başkanına yönlendirdi. O, durumu değerlendirelim dedi; Park Bahçe İşleri girdi olaya, hepsiyle ayrı ayrı görüşme yapmam gerekecekti. Bu da benim için okul çıkışı yeni bir koşturma anlamına geliyordu. Herkesi nasıl yakalayacak, nasıl görüşecektim bilmiyordum. Telefon konuşmalarımı serviste yapıyor, meslektaşlarımı da uykularından ediyordum. Özür diliyordum ama mecburdum, bir tek o zamanları değerlendirebiliyordum.

Mütemadiyen belediyeden hizmet, arkadaşlardan anlayış dileniyordum. İçimden de ömrüm böyle geçecek herhalde, deyip kendimle dalga geçiyordum.

Aslında kulağa ne kadar normal bir istek gibi geliyor değil mi? Bir ilkokulun bahçesine oyun parkı istemek kadar sıradan bir dilek olabilir mi? Ama gelin görün ki işler öyle ilerlemiyor. Sonunda biri duydu sesimi. Daire Başkanı ile sonunda yüz yüze görüştüm. Bu kadar hizmet odaklı bir daire başkanı ile daha önce hiç karşılaşmamıştım. Hiç sözümü kesmeden uzun uzun beni dinledi. "Elimizden geleni yapmaya çalışırız," dedi ama somut bir cevap gibi gelmedi. Hemen ekledim: "Biz ikinci el yani kullanılmış, paslı bir parka bile razıyız. Köyde ben onun onarımını sağlar, boyatıp kullanırım. Varsa bir yerden söktüğünüz hurda parkları görmek isterim." Bu sırada işimi şansa bırakmamak için okulun fotoğraflarını gösterdim, ölçülerini verdim. Israrla okula davet ettim ve "Burada ne konuşsak boş. Gelip görmeniz lazım," dedim.

Gerçekten de tüm ekibiyle okulu ziyarete geldi. Bir sıcak karşılama, bir paylaşım. Çocuklardan çok etkilendi. Parkla kalmayıp içeride de eski bulduğu öğretmen masası, sandalye gibi eşyaları rica edebileceği iş insanları olduğunu söyledi. Çocuklarla bir ders önce kendi şiirlerimizi yazıyorduk. Ben de *Bizim Hikâyemiz* adındaki toplu şiir etkinliğini hazırlamıştım. Herkesin ezbere söylediği ayrı bölümü vardı. Çok sık prova yapmamamıza rağmen o heyecanla başkan ve ekibine bu oratoryoyu sunmak istedim. Çocuklar da hazırlıksızdı ama misafirler hobi sınıfını gezerken onlara bir kez okuyup gözden geçirmelerini söyledim. Misafirlerimizi sıralara oturttuk ve toplu şiir etkinliğimizi yaptık. Nasıl duygulu anlardı... Misafirlerin daha başında gözleri dolu dolu oldu. Tiyatronun çocuklara sağladığı özgüveni, sahne kullanma deneyiminin faydasını hemen orada gördüm. Çocukları ayakta alkışladılar, nasıl sarıldılar, öptüler... Öğrencimin biri yanıma sokulup "Adamlar ağlıyor öğretmenim," dedi. Öyle garipsediler ki... Misafirler neden ağlıyordu?

Bizleri yakından görmeleri ve yaşamaları her bakımdan iyi oldu. Eylem planını yapmıştık bile. Plan proje, ölçüler ve malzeme ihtiyacı belirlenmesi için geleceklerini söylediler. Normalde ikinci el paslı parka bile razı olan beni o kadar sevindirdiler ki... Buraya yapamayacağız da nereye yapacağız, birkaç iş insanı ve şirketleri de sosyal sorumluluk projesi olarak işin içine katarız, dediler.

Her şey o kadar hızlı gelişti ki... Sadece iki gün sonra tüm belediye görevlileri ve bu işe gönül verecek firma yetkilileri köye geldi. Ölçüler alındı. Üstelik bahar da yaklaşıyordu, tam da oyun zamanıydı... Yine de içimden bahara yetişmese bile yeni okul sezonuna da razıyım, diyordum.

Ama bırakın sezonu; ben bir istedim, bahçe beş oldu! Park yapma süreci haftalarca sürdü, ustalar hafta sonları bile gelip çalışıyordu. Muhtar şaşkındı, "Bir sözünle mi oldu bunlar?" Ben de ona şunu söyledim: "Bir şeyi istediğini ama gerçekten istediğini anladığında insanlar bu çabayı karşılıksız bırakmıyor." Onlar "hayır," dese parktan vaz mı geçecektim? Hayır. Başka kapıları çalacak, gerekirse kampanya başlatacaktım. Çalışanlar için yemekleri organize ettik, anneler yine sırayla yemek hazırlıyordu. Artık belediye çalışanları da bizim ailemizden olmuştu. Her öğlen mükellef sofralar kuruluyordu.

İş tabii ki parkla kalmadı, Atatürk büstümün çevresine müthiş bir dekorasyon yapıp varaklı zincirlerle, çiçekliklerle süslediler. Boya badana işlerini hallettiler, pencerelere ferforjeler taktılar. Tuvaletlerdeki ufak tefek ihtiyaçları elden geçirdiler. Daha sonra parkın tabanında kullanılacak kauçuk malzemeyi alışveriş merkezinin karşıladığını öğrendim. İş benden çıkmıştı; onlar kendi aralarında yapılacak işleri bölüşmüş, sponsor ve ödenek zinciri kurmuşlardı. Her şey umduğumdan çok daha detaylı ve hızlı gelişmişti. Ben ve çocuklara düşen tek şey, heyecanla beklemekti!

Çalışmaları yerinde izlemek isteyen Mehmet Başkan da iki haftada bir ziyaretimize geliyordu. Herkes kendimizi öyle özel hissettirdi ki üzerinden ne kadar yıl geçerse geçsin hiçbirimiz bu jesti unutmadık, unutamayız.

Parkın tabanı oluşturulduktan sonra salıncakları, tahterevallisi, kaydırağı, yaylı oyuncakları geldi; hepsi çok kaliteli ve yepyeniydi. Montajları yapılırken çocuklar cama yapışıp izliyordu. Bir şeyi izlerken hiç bu kadar hoplayıp zıpladıklarını görmemiştim. Heyecandan ve sabırsızlıktan yerlerinde duramıyorlardı... Sonra hiç beklemediğim başka bir şey oldu. Park oyuncaklarının yanına bir de spor aletleri bölümü yapılmıştı. Her gün o malzemelerin yapıldığı fabrikanın önünden geçiyor, bahçesinde sergilenen spor malzemelerini görüyordum.

Bir gün tam takım hepsinin benim okulumun bahçesinde olabileceğini hayal bile edemezdim. Bu, okula bambaşka bir hava katacaktı. Kumköy'de artık herkes spor yapacaktı. Gençlerin ve köy halkının yaşam alanı olmaya hazırlanıyorduk. Bu tam hayalini kurduğum şeydi! Üstelik bununla da kalmadı: muhteşem bir basket potası, birinci kalite voleybol sahası ve tabii ki mini futbol kaleleri. Bahçede artık şenlik vardı...

Hepsi bittiği zaman çocuklar, gençler ve hatta kadınlar bence neyi nasıl kullanacaklarını şaşıracaklardı. Ve öyle de oldu. Tam gün saymadım ama bir ay bitmeden her şey tamamlanmıştı. Son aşamada parka bir isim vermek gündeme geldi. Tam da okul çıkışı, velilerin bahçede toplandığı sırada usta başı sordu, "Nasıl bir tabela yapalım? Bu parkın adı ne olsun?" Orada bulunan anneler hep bir ağızdan, "Bir Dilek Tuttum Oyun Parkı olsun," dediler. Ben de şaşırdım, çok hoşuma gitti. Bu benim de tek dileğimdi ve gerçek oldu. "Ama" dediler, "unutmadan bir de tırmanma bölümü yapalım." Daha neler! Bir çocuğun oyuncak dükkânından seçtiği en güzel oyuncağa hemen o anda sahip olduğunda yaşadığı mutluluktan bile öteydi belki hissettiklerim. Uzun yıllar böyle duygular yaşamamıştım. Hizmet üstüne hizmet geliyordu. Bir kişi gidiyor üç kişiye anlatıyor, o üç kişi gidiyor beşer kişiye derken... İyilik gerçekten bulaşıcı hale geliyordu.

Ertesi gün okula geldiğimde bir kamyonet dolusu toprak, çiçek ve fidanla karşılaştım. Aman Allahım cennette miyim, diyordum kendi kendime. Öyle güzellerdi ki aralarında palmiye bile vardı. Nereye ne ekeceğimize bir türlü karar veremiyorduk. Hadi, dedik, hem çocuklardan akıl almış olalım hem de onlar da fidan dikmiş olsunlar. Çocuklar daha önce hiç fidan dikmediklerini söylediler. Fen bilgisi dersi, doğada eğitim, hayat bilgisi, fiziksel eğitim, el becerisi, duygusal zekâ, düşünme, hayal kurma... Hepsi bir aradaydı.

Köyün en güzel yanı öğrencilerin doğayla içi içe olmalarıydı. Teneffüslerde çocuklar çayıra çimene dalıyor, yeşillikler üstünde taklalar atıyor, toprak kokusuyla büyüyorlardı. Çayırda çimende koşan çocuklar beni hep etkilemiştir. Ağaç altında kitap okuyan çocuk kadar güzel bir görüntü var mıdır? Bunu gördüğüm zaman gururdan ve huzurdan içim eriyordu. Köy okullarıyla nasıl yüzleştiğimden bahsederken demiştim ya hani köyden kente göç var diye, aslında kentten köye göç olmalı. Bence köyler yaşanılacak yerlerdi.

***

Ben daha ne anlatayım, okulun çevre duvarı da en güzelinden yapıldı, demir kapılar sıfırlandı. Bir okula ve bahçesine ait düşünebileceğiniz her şey yenilendi.

Parka "Bir Dilek Tuttum Oyun Parkı" adını vermişlerdi evet ama beni en çok etkileyen tabelaya bir dilek perisi resmi koymalarıydı. Çünkü Grafik Müdürlüğü'nden arayıp "Tabelada hangi çizgi film kahramanı olsun?" diye sorduklarında "Şimdi telaş içindeyim, siz karar verin, en uygun olanını koyacağınızdan eminim," demiştim. Keloğlan, Nasrettin Hoca ya da Disney figürleri de koyabilirlerdi ama dilek perisi çok güzel sürpriz oldu...

Banklar, dört bir yana ahşap çöp kovaları, hatta piknik masaları. En son "Yok artık," demeye başladım. Bahçede boş yer kalmayacak duruma gelecektik. O kadar dolu dolu ve kullanışlı bir peyzaj yapıldı ki... Bu okulun cazibe merkezi haline gelmesinin en somut örneğiydi.

***

Tabii ki her güzel şeyin arkasında olduğu gibi burada da can sıkacak konuşmalar geliyordu kulağıma. "Köy böyle hizmet görmedi," diyenler oldu. Bunlar muhtarla aramı bozabilecek söylemlerdi, üstelik benim ağzımdan çıkmış gibi yayılmasından hiç hoşnut değildim. Elbette muhtarın yol, su gibi yapacak birçok şeyi vardı ama ben okulum için uğraşıyordum her şeyden önce. Her yerde olduğu gibi köyde de bazen kötü niyetli insanlar çıkabiliyordu ya da iyimser yönden bakalım, düşünmeden konuşanlar diyelim. Öyle görünmese bile bu noktadaki kriz yönetimi gelecekte alınacak kararlar açısından önemliydi.

İnsanları kutuplaştırmak bu kadar kolay mı? Ben bu kadar şeyi yaparken bir de olumsuzluklarla mücadele etmek zorunda kaldım. Savaşmadım aslında, anlaştım. Herkesi anlamaya çalıştım. Her seferinde toplantılar yaptım, fikrimi paylaştım, köylüyü her şeyden haberdar ettim. Muhtar, imam, öğretmen işbirliğini köy yararına nasıl kullanabilirizin altını çizdim. "Bugün benim elime böyle bir fırsat geçti, ben yaptım. Yarın öbür gün köyden başkaları hizmet odaklı fırsatlar yakalar, onlar da yaparlar. Yarışma zamanı değil, paylaşma zamanı, birlik zamanı," dedim. Madem bir şeyleri başlattık, devamı da gelecekti. Köyümüzün adını herkes duyacaktı, hizmetleri olumlu anacaktık.

Peki beni eleştiren, "Belediye misin sen?" diyen meslektaşlarımı hatırlıyor musunuz? İşte onlardan bana boya badana fazlası soran oldu. Girişimciliklerini takdir ediyordum tabii ama önceden mücadelenin doğru olmadığını düşünüp sonra da kazanılmış bir hak içinden "Buradan bize ne kalır," düşüncesiyle hareket edilmesi ağırıma gidiyordu.

Köyde park yapımına bir Allah'ın kulu karşı çıkmadı. Ancak kırsal bölgede hiç beklenmedik durumlarla karşılaşabiliyorsunuz. Şok olacağınız, bu da olur mu diyeceğiniz çok tepki görebiliyorsunuz. Zira muhalefet her yerde muhalefet. Ama köyde suların kesik olduğu bir gün okul bahçesine doluştu ahali. Benimle konuşmak istiyorlardı. Aralarında, "Belediye park yapacağına köyün su sorununu halletsin," diyen oldu. Ne alaka değil mi? Bu durumun muhatabı ben değildim, muhtarlık ya da Devlet Su İşleri'ydi. Bunun da bir usulü vardır; dilekçesi, imza toplaması vs. Sanki belediyeyle arkadaşmışım, ne istersem halledebilirmişim gibi davranmaya başlamışlardı. Bu canımı sıkıyordu, benim okulla ilgili tek bir şeyi halletmek için bile kaç kapı çaldığımı bilmiyorlar mıydı? Üstelik köy baraj kenarı olduğu için yalnızca su değil, elektrik de barajda yapılan çalışmalardan dolayı sürekli kesintiye uğruyordu. Ama gelin görün ki bunu ben nasıl anlatacaktım...

Ufak tefek olumsuzluklar olur, dedim. Bunlar da işin nazarı olsun, diye hep kendi kendimi sakinleştirdim. Güzelim geridönüşleri bunlarla nasıl gölgeleyebilirdim? Park sayesinde komşuluk ilişkileri gelişti. Çevre köylerden gelenler, hiç tanımadığımız insanların arabalarını yolun kenarına bırakıp çocuklarını parkta oynatmaları, banklarımızda oturup soluklanmaları, bazen bir çayımızı içmeleri, piknik etkinlikleri... Bütün bunların hepsi okuldaki park bahçe düzenlemesinden sonra oldu. En önemlisi halk daha bir sosyalleşti, iletişim becerileri arttı. Ben birbirine küs iki ailenin parkta çocuklarını oynatırken barışmalarına şahit oldum. Daha ne isterdim ki...

Bu arada profesyonel spor malzemeleri okulun en güneş alan, en güzel yerine konmuştu. Ben çocuklar için esneme askıları, barfiksler olmasını istemiştim laf arasında. Altı farklı spor aleti, tekli çiftli kondisyon bisikletleri gelmişti... Bir büyükşehrin parkında görebileceğiniz tüm spor takımları köydeki okulumun bahçesine kuruldu. Yepyeni, ambalajları üstünde...

Spor aletlerini kurmak bir yana, köydeki insanları bu aletleri kullanmaya teşvik etmek de önemliydi. Bazı aletler on iki yaş üstüydü mesela. Gençlerden daha büyük yaş grubuna sıra kalır mıydı bilinmez ama sabahları annelerin çocukları okula bıraktıktan sonra spor yapmaları en güzel manzaraydı. Sınıfın penceresinden tam da o bölümü görüyordum. Yüzümde gülümseme beliriyordu. Karşılıklı sohbet ederek kondisyon bisikleti çevirmeleri, yüzlerinde yorgun ama yine de rahatlamış ifadeler görmek çok hoşuma gidiyordu. Sonuçta farklı bir etkinlik yapıyorlardı. Günde on beş dakika bile olsa hem güzel bir alışkanlık haline geliyor hem de yapılan onca masrafın hakkını vermiş oluyorlardı.

Okul çıkışları çocuklar da annelere, "Haydi birlikte spor yapalım," diye ısrar ediyorlardı. Çocukları almaya gelen anneanne-babaanneler "Hocam hangisi dizime, belime daha iyi gelir?" diye bile soruyordu. Artık Kumköy'de herkes spor yapıyordu. Babalar, dedeler, konu komşu... Hele ilk yapıldığı zamanlar sıra beklediklerine dahi şahit oldum. Sonradan ilgi biraz seyrelse de spor takımlarının okuldaki varlığı beni çok mutlu ediyordu. Okulda yok yok durumuna gelmiştik.

Öğretmen Her Şeyi Bilen Değildir

Okulda açık hava sergileri yaptım. Sergilerimize çevre köyleri ve çevre okulları davet ettik. İlçe Halk Eğitim Merkezi ile ortak halk oyunu etkinlikleri yaptık. Hem sergi için hem de halk oyunu gösterileri için Kaymakam'ı okulumuza davet ettik. Her davetime o kadar büyük bir destekle ve mütevazilikle katılım gösterdi ki... Bahar şenlikleri düzenledik; yöresel keşkek günleri, mangal ziyafetleri, pide günleri... Yöresel mutfak kültürünü hem öğrencilerimize hem de misafirlerimize en iyi şekilde sergilemeye çalıştık. Maddi olarak köy halkına yük olabilecek etkinliklerden sakındım. Onun yerine erzak ve malzeme desteği aldığım çok oldu. Mesela iki bütün tavuğumuz mu var? Haydi bu dövmelik buğdayla bir keşkek çevirelim, deyip kadınlardan fiziksel destek bekledim. Tıpkı her gün yapılan sıcak yemek dayanışmasında olduğu gibi. O kadar lezzetli yemekler yapıyorlardı ki. Okul yol kenarıydı, buraya bir yöresel restoran mı açsak diye kadınlarla çok şakalaştığım olmuştur. Köyün ilk ve tek restoranını kadınlar açsa fena mı olurdu?

***

Öğrencilerim hayatlarında ilk defa bir uçurtma şenliğine katıldılar. El yapımı uçurtmalar yaptık. Anneleri de işin içine kattık. Çocuklar hayatlarında ilk defa bir uçurtma şenliğine katılmıştı ama yalnızca onların değil, annelerin de ilk defa umutlarını gökyüzüne uçurduklarına şahit olduk. Okul bahçesinde kalmayıp çayırlara, çimenlere, kırlara yayıldık. Her zaman şehir gezisi şart değildi elbette. Doğada bin bir çeşit öğrenme yolu vardı, köy okulu duvarsız eğitimin ta kendisiydi. Esnek sınıf modeli ise birleştirilmiş sınıfta uygulanabilen en verimli yoldu.

Geziler her yıl yoğun şekilde devam etti. Bazen günde yedi-sekiz farklı yer, bazen tek bir yer... Ne olursa olsun, tüm bu çeşitlilikler çocukların dünyasında farklı bir hal almaya başladı. Okulda teneffüslerde oynanan oyunların şekli şemaili değişti, kurgular çoğaldı, imkânsızlıklar azaldı.

Onları istesem uzaya bile götürebileceğimi düşünen öğrencilerim vardı; hayallerinin sınırı yoktu. Uçsuz bucaksız hayaller, umutlar... Artık öyle sorular sormaya başlamışlardı ki bazen *Google* bile imdadıma yetişemiyordu. Samsun'da üniversitede kurulan planetaryumda onlara eğitim aldırmıştım, günübirlikti ama nasıl iz bıraktıysa, nasıl bir ufuk açtıysa sorular bitmek bilmiyordu.

Çocuklara öğrettiğim önemli şeylerden biri benim her şeyi bilmediğimdi. Ve benim de aslında öğrenciliğimin devam ettiğiydi. "Öğretmen her şeyi bilen değildir, öğretmen öğretmeyi bilendir," dedim onlara hep, "Ben de okuyacağım, araştıracağım ve gelip size anlatıp öğreteceğim." Dedim ya, bazen *Google* yetmez cevaplara, belki yerinde çözmek gerekir problemleri... Yerinde gidip öğrenmek gerekir. Kim bilir, belki gerçek bir uzay kampı yolu da gözükürdü bize...

Hayalden Gerçeğe

"Çocuklar, yapabildikleri şeylerle hayatta izlerini bırakırlar, yapamadıkları şeylerle değil... Okul önemlidir, ama hayat daha önemlidir. Mutlu olmak demek becerilerini ve yeteneklerini her ne olursa olsunlar üretken bir şekilde kullanmak demektir."
Howard Gardner

Okuldaki spor alanlarını öğrencilerin ve köy halkının aktif olarak kullanması, benim de birçok hareketi daha ayrıntılı şekilde gözlemlememe vesile oldu. Çocuklar gerçekten yetenekliydi. Oradan oraya sistemsizce zıpladıkları, ağaçlara tırmandıkları da oluyordu. Onların ilgi alanlarını keşfetmenin dışında, neleri yaparken keyif aldıklarını bilmek de önemliydi.

En çok dikkatimi çekenlerden biri de bahçeye kar yağdığında, botlarının tabanına poşet geçirip karda kaymaya çalışan öğrencilerimin olmasıydı. Güya buz pateni yapıyorlardı. Figürler, tek ayak üstünde dönmeler... Yoğun yağmurlar bahçe çukurlarını doldurduğunda etraftaki tahta parçalarını alıp üstlerine çıkmalarına şahit oluyordum, bu tahtaların onların ağırlıklarını taşımayacağı aşikârdı. Ama hayal işte... Onlara sorduğumda "Sörf yapıyoruz," öğretmenim demesinler mi? Bazen ayakkabılar sırılsıklam okulun içine girdikleri oluyor, çoraplar soba başında kurutuluyordu. Hobi sınıfından yedek puf ayakkabılar geçiriliyordu ayaklara...

Bahçede hayaller bitmiyordu. Her birini ayrı zamanda ayrı hayallerin içinde gözlemliyordum. Kuru dallara mısır püskülü takıp at yapıyorlardı, binicilik yapıp at yarışları düzenliyorlardı.

Küçük ince çubukları sopa niyetine kullanıp bilyelerle bilardo oynuyorlardı. Basket potamız yokken, çocukların kollarıyla halka yapıp pota niyetine kendilerini kullandıklarını görünce, hayallerin benim aklıma gelmeyen pek çok pratik yönteme dönüştüğünü de anlamış oluyordum.

Çocukların oyunları ve hayalleri beni tüm yaptıklarımı başarmam için ateşleyen şeydi. Bir öğretmen olarak hayallerin gerçekleşmesine vesile olmak, her seferinde onları bir adım daha ileriye taşımak için özel bir çaba harcamama gerek bile yoktu artık. Kendimi birçok şeye mecbur hisseden ben, çocukları her türlü spor faaliyetini denemeleri için harekete geçerken buldum.

Buz pateni pistinde paten yapmak iyi bir başlangıçtı. Daha Samsun'da alışveriş merkezlerinde bile yokken, kapalı spor salonlarına kurulu buz pistlerinden başladık. Ben de onlarla birlikte öğrendim. Paten ayakkabısını ve pisti tanımak, metalden ince bir çizgi üzerinde dengede durmak onlar için olduğu kadar benim için de bir ilkti. Çok zorlandım hatta korktum ve bunu onlara hissettirmemek için çok çabaladım ama elbette hemen anladılar: "Öğretmenim korkmayın, bakın ne kadar da basit!" Sanki kırk yıldır buz üzerinde kayıyormuşçasına rahatlardı, şaşkınlık içinde onları izliyordum. Her gidişimizde en az bir saat vakit geçiriyorduk.

Her gezide buraya gelip yarım saat de olsa egzersizlerini artırmak gerekiyordu. Amaç, bunu yalnızca bir defalığına yaşamaları değil, çok zevk aldıkları paten kaymayı gerçekten öğrenmeleriydi. Sıcak tutan eşofmanlar üzerlerinde keyifler yerindeydi. Arada sırada düşüp kalkmalar tabii ki oluyordu. Hatta bazen gülmekten dakikalarca yerden kalkamıyorduk.

Alışveriş merkezlerinde açılan tüm buz pistlerini denedik, hem de saati bilmem kaç lira olan etkinlikleri ücretsiz olarak... Saatlerce dil döker, konuşurdum. Bırakın pisti kullanmayı, üzerine bir de bize buz patenini öğretecek eğitmenler gönderirlerdi. Bir süre sonra benim dil dökmeme gerek kalmaz, yetkililer bizi davet ederlerdi. Yıllarca böyle sürdü gitti. Tam yedi yıl boyunca tüm öğrenciler doya doya kaydı, eğlendi. Pist işletmecileri bize kalabalık olmayan saat seçenekleri verirlerdi. Daha da güzel olurdu. Tüm pist bizim okula tahsis edilmiş gibi, "okul etkinliği var" yazısı yazıp okla gösterirlerdi. Gelenler bizim etkinliğin bitmesini beklerdi. O sırada bekleme yerlerinden çocukları izleyip alkış tutanlar da olurdu. Yeteneklerini keşfetmek bir yana; hayallerinin gerçekleştiğini görmek, mutluluklarına mutluluk katmak, kendilerini önemli hissetmelerini sağlamak en güzeliydi.

Golf Zengin Sporudur...

Buz pateninin yanı sıra, Samsun'da Yelken Kulüp var mesela. Hatta Golf Kulübü de var. Neden değerlendirmeyeyim, diye düşündüm? Tabii bütün bunları yapmaya kalkınca dünyanın eleştirisini de alıyordum. "Ne işiniz var yelkende, çocuğun biri boğulacak, başına bela alacaksın," gibi sözler... Ah...

Yaz tatillerinde, yani okullar kapandığında, çocuklarla kaç defa yaz okulu kampları yaptık. Çünkü çocuklar artık sosyalleşmeye alıştıkları için karne tatillerinde yalvar yakar beni arıyorlardı. Köyde sıkıldık, sizi özledik, yine bir yerlere gidelim, birlikte öğrenip paylaşalım diye. Düşünün okul kapanıyor, karne alınmış... Yaz tatilinde iki hafta boyunca çocukları köyden aldım, şehre getirdim. Doğada fen uygulamalarının yanında su sporlarıyla da tanıştılar. O zaman Golf Kulübü daha yeni açılmıştı, dumanı üstündeydi... Hemen randevu alıp çocukları golfle tanıştırdım.

Fakat tabii ki ne işimiz varmış golfle? Golf zengin sporuymuş, on dört çocuk golf ile tanışsa ne olurmuş tanışmasa ne olurmuş… Ah, benim umurumda mıydı? Golf Kulübü'ne ayak basan ilk okulduk. Bir avuç öğrencim olduğu doğruydu ama öğrenme hevesimiz dağa taşa sığmıyordu. Biraz da Golf Kulübü'nün yeni açılmasından mütevellit, tüm yönetim, tüm çalışanlar ve yetkililer çocukların etrafında döndüler.

Bir de Milli Golfçümüz Hamza Sayın ile tanışmayalım mı? Oturduk çimenlere, Hamza Hoca bize tüm hikâyesini anlattı. Golfle nasıl tanıştığını, nasıl milli golfçü olduğunu ve ülkeyi nasıl temsil ettiğini anlattı tek tek... Çocukların hepsi nasıl hevesle dinlediler. Ona bir süper kahraman gözüyle baktılar, ilham almanın hazzını yaşadılar. Ve Hamza Hoca'mız bize yaz okulumuz boyunca ve diğer tüm golf sahası ziyaretlerimizde ücretsiz ders verdi. Tamamen gönüllü olarak. Anlattığım herkes şaşıp kalıyordu. Çocuklarla tek tek sabırla ilgileniyordu. Hatta bir öğrencim Türkiye Golf Federasyon Yönetim Kurulu üyesinden burs kazandı. Bu tüm eleştirilere en güzel cevap değil miydi? Belki bir avuç öğrencim var diye eleştiri yağmuru yağdı ama... Aralarından bir kişiye bile bu fırsatı tanıyabilmenin verdiği gururun tarifi yoktu.

Çünkü ben Mustafa Kemal Atatürk'ün, "Her çeşit spor faaliyetlerini Türk Gençliğinin milli terbiyesinin ana unsurlarından saymak gerekir," sözünü hiç aklımdan çıkarmadım.

Trafik Pisti, Mutlu Pedallar

Çocuklar zaten köyde trafikten uzaktı, bahçede boş alan da vardı. Basketbol sahası zeminini çift amaçlı kullanalım, çocuklara trafik pisti oluşturalım, dedik. Basket sahası zeminine yol çizgileri, yaya geçidi çizgileri oluşturduk. Bunun için de ilçe merkezinde görev yapan bir öğretmen arkadaşımızın desteğini aldık. En azından en doğru malzemeleri nasıl seçeceğimiz konusunda bilgiler aldık. Hayal ortaklarım dediğim birçok esnaf olmuştu o dönem. Onlar da pistimiz için trafik levhaları oluşturup bize hediye ettiler. Levhaların askıları vardı, portatif olmaları kullanmadığımızda rahatça kaldırabilmemizi sağlıyordu. Akülü arabalarla trafik eğitim pistimizi zenginleştirebilirdik.

"Her şeyiniz tamam da akülü arabanız mı kaldı," dediler. Bunun ihtiyaç değil, okul için gereksiz bir istek olduğunu söylüyorlardı. Ne olursa olsun kafayı taktığım akülü arabalara sahip oldum. Çocuklar için eğlenerek, yaşayarak öğrenme modeli oldu. Her ne kadar arabaların akü sorunu olsa da öğrenciler birbirlerini saygılı bir şekilde beklemeyi çok iyi öğrendiler. Sabırla beklediler. Haftada bir ya da iki saat olan trafik dersini her öğle tatilinde her teneffüste işlemek isteyen öğrencilerim vardı artık. İşin içine uygulama girince dersin rengi de değişiyordu. Arabaların şoför koltuğuna oturanlar ayrı rolde, şoför koltuğunun yanına oturanlar ayrı roldeydi. Ah tabii bir de yayalarımız vardı ve trafik polislerimiz. Derken öğrencilerin kendi repliklerini kendilerinin yazdığına da şahit olduk. Hava şartlarının kötü olduğu zamanlarda hobi sınıfında levhaları kullanarak trafik dersini drama ile işleyebiliyorduk.

Zorlu İşlerin Altını Değil Üstünü Çizin

"Yaratıcı bir yetişkin,
hayatta kalmayı başarmış bir çocuktur."
Ursula K. Le GUIN

Sobayla ısınan okulumuz için bu kadar fiziksel değişim hayata geçirilmişken klimamız da olsa hiç fena olmaz diye düşünüyordum. Birkaç yıl boyunca bu isteğim hakkında birçok yere defalarca yazdım, çizdim ama pek sonuç alamadım. İnsanlara lüks geldi. Bir tuşla ısınmak istedim ama elektrik faturasını hiç düşünmemiştim. Öncelikli isteğim her sınıfa birer klima taktırmaktı. Ana dersliğimize, hobi sınıfımıza ve tabii ki okulöncesi sınıfımıza. Yalvarma yakarma kısımlarını yazmıyorum artık. Ne kadar ısrarlı istediğimi siz tahmin edin. Bin bir çeşit "hayır" geliyordu ama hiç umurumda değildi. Bir kulağımdan giriyor, diğerinden çıkıyordu. "Evet" duyana kadar mücadeleye devam. Beyaz eşya markalarına ve bayilerine sayfa sayfa mektup yazdığımı bile hatırlıyorum. Hem de ellerimle yazdım, öyle bilgisayarla falan da değil. Hele açtığım telefonların haddi hesabı yoktu.

Kapı kapıyı açar derler ya; eşimin kardeşinin bir arkadaşı klimalardan birini üstlendi, bir özel okul ortaklarından bir meslektaşım bir klima üstlendi, akıllı tahtayı aldığımız firmaya "Hadi bir güzellik daha yapıp anasınıfımıza da bir klima gönderin, söz daha bir şey istemeyeceğim," dedim. Birdenbire okul klimalarla donatıldı. Gerçekten tek tuşla ısınır duruma geldik. Ama ne olur ne olmaz, diye sobayı da hemen söküp kaldırmadık. Çünkü baraj yüzünden elektrikler hiç ummadığımız anlarda kesintiye uğruyordu. Kesinti uzun sürerse, sobanın içinde halihazırda bekleyen odun parçalarını hemen tutuşturuveriyorduk. Hesaba katmadığım şey tabii ki elektrik faturasıydı. Benden önce veliler aralarında para toplayıp elektrik faturası ödüyorlar, bazen de imamın ya da muhtarın eline faturayı sıkıştırıyorlarmış. Elektrik faturaları o kadar düşük geliyormuş ki bu faturaları İlçe Milli Eğitim Müdürlüğü'ne yazmaya, bir de evrak işiyle uğraşmaya değmez düşüncesiyle kimseyi haberdar bile etmeden faturalar ödeniyormuş.

Göreve başladığım ilk aylarda da elektrik faturaları bir süre böyle ödenmişti. En çok da muhtar alır, öderdi. Ama gelin görün ki okulda üç klima birden çalışmaya başlayınca faturaların yüksek tutarları bir yana, sürekli sigorta atmaya başlamıştı. Bu sefer de tüm elektrik sisteminin değişmesi gündeme gelmişti. Bunlar oldukça masraflı işlerdi... Faturalar kabarıktı. Gelen elektrik faturalarıyla kaç ton odun kömür alırdık, bir yandan onu hesaplıyordum. Birkaç yıl bu şekilde sürdürmek zorunda kaldık ama her ayın faturasını İlçe Milli Eğitim'e bildirmek zorunda kaldım. Yazışmalardı, evraklardı, okul çıkışları faturaları Müdürlüğe bırakmaydı derken sorunsuz iki-üç yıl geçirdim. Devlet faturaları ödese de içim rahat değildi, ısınmanın soba ve klima dışında bir yolu yok mu diye her seferinde düşünüyordum. Ha biz ödemişiz ha devlet ödemiş. Boşu boşuna uçuk rakamlar ödeniyordu. Evet klima, sobadan çok daha pratik ve sağlıklıydı ama farklı bir yolu da olabilirdi.

Okulun ısı yalıtımı iç mekân sıcaklığı için çok önemliydi. Eşim inşaat mühendisiydi, kulaktan dolma bilgilerim vardı ama kaynak yaratmak her zamanki gibi en büyük sorundu. Bazen meraktan, bazen öylesine inşaat malzemesi satan ve dış cephe yapan birçok firmadan fiyat teklifleri alıyordum. Rakamları görünce istediğimin hayal olduğunu daha iyi anlıyordum.

İnsanlara hikâyenizi ve bazen çaresizliğinizi doğru anlatmanın ne kadar önemli olduğunu o sıralar daha iyi öğrendim. Yıllar geçti geçmesine ama günün birinde küçücük köy okuluna koskoca ısı pompası düzeneğinin kurulacağını, günlük üç-beş liralık elektrikle tüm okulun cayır cayır ısınacağını, yirmi dört saat sıcak suyumuzun olacağını, dış cephe kaplamamızın Avrupa standartlarının bile üstünde olacağını, elektrik tesisatımızın komple değişip güçlendirileceğini aklımın ucundan bile geçirmezdim. Evet hepsi oldu; belki yalvar yakarmayla, sancıyla, ısrarla... Belki birkaç yıl bekleyerek oldu... Ama hepsi oldu.

Ve ben okula her gelene bu muhteşem değişimi de büyük bir heyecanla anlatmak zorunda kaldım. Bunları şaşkınlıklar içinde dinleyenler hep bir şeyler yapmak istedi. Başkalarının yaptığı yardım, iyilik ve değişim hareketleri bunları gören diğer kişilere de ilham veriyordu. Herkes birbirini teşvik eder oldu.

Okula geldikten altı yıl sonra bir çatı yenileme durumum vardı ki hiç sormayın. Ne zorluklar ne saçmalıklar başıma geldi. Yine de dert etmedim. Başıma gelen zorlu işlerin altını değil hep üstünü çizdim. Yok saydım, görmezlikten geldim. Her ayrıntıyı anlatmaya kalksam kitabın dörtte birinin inşaat içerikli olması gerekir. Siz yokluk içindeki bir köy okulunun hiçbir eksiği kalmayıncaya kadar hatta üstüne daha da koyarak bir özel okul formatına dönüştürüldüğünü hayal edin, bana yeter.

En Güzeli Paylaşmak!

Hep daha farklı ne yapabilirimin üstüne gittiğinizde bir süre sonra yaratıcılıkta sınır tanımıyorsunuz. Daha önce topladığımız oyuncakların sayıları artınca bir oyuncak kütüphanesi oluşturmaya karar verdik. İstanbul Gençlik Platformu kar kış demeden okulumuza kendi elleriyle koli koli oyuncak getirdi. Bu oyuncaklar çocuklar için çok da güzel karne hediyesi oldu. Hatta o yılki karne günümüzde gençler çocukların karnelerini birer oyuncak eşliğinde dağıttılar. Raflara ve sepetlere doldurulan oyuncaklarla birlikte saatlerce oyun oynadılar. Kuşaklar arası oyun ve uyumun ne de güzel bir örneği oldular.

Çocuklar, okula ziyarete gelenlere ayrı bir ilgi duyardı. Kendilerini fazlasıyla önemli hisseder ve gelenlerin gitmelerini hiç istemezlerdi. Sosyal iletişim becerilerini sergilemeleri için misafir ziyaretleri güzel fırsatlardı. Çocuklarda da öyle bir şeytan tüyü vardı ki... Her gören, her konuşan, her oynayan öğrencilerime hayran olur, köyden mest olarak giderdi. Gittikleri yerlerde de okulu, öğrencileri ballandıra ballandıra anlatırlardı. Bazen hiç bilmediğimiz, ummadığımız kişilerden kırtasiye yardımları geliyordu. İşte bu yardımların birçoğu da bizi kulaktan kulağa anlatanlar sayesinde oldu. Bu nedenle yardım yapacağınız yeri, kişileri yerinde görmek çok iyi gelir. Haz verir, güven hissettirir. Bizi canlı canlı gelip görenler en güçlü referanslardır.

Hem ilkokul bölümümüze hem de okulöncesi binamızın bir odasına oyuncak kütüphanesi yaptık. Okulöncesinde bu çok iyi bir fikir oldu. Çünkü okulöncesi çocukları ödünç aldıkları oyuncaklarla evde oyunlar kurup okulda arkadaşlarına anlatıyorlardı. Hem de emanet aldıkları ne olursa olsun sahip çıkmayı ve onu teslim aldıkları gibi geri vermeyi öğreniyorlardı. Okuldan emanet alınan her zaman bir kitap olmamalıydı. Okulöncesi çocuklarımız okuma bilmedikleri için ödünç kitaplar yerine ödünç oyuncaklar almaları ve onlara sahip çıkmaları çok büyük etki yarattı. Her seferinde farklı bir oyuncak demek, aynı zamanda kurulan farklı bir oyun demekti.

Kendi evimde çocuğumun kullanmadığı, eş-dost, akraba çocuklarının büyüdüğü için "nereye versek" dediği yüzlerce oyuncağı toparlıyor, seçip derliyordum. O yıllar sosyal medyam bile yoktu, *Facebook* nedir bilmezdim. Herkesi birebir aramak, konuşmak ve duyurmak gerekirdi. Evden servise yüklediğim kolilere öğretmenler şaşkınlıklar içinde bakarlar, "Acaba bu kadın yine neyin hamallığını yapıyor?" diye düşünürlerdi. Her zamanki gibi çoğu kişiye göre angarya işlerdi bunlar... Bana göre de işin en keyifli yanıydı. Okul bazen dolup taşınca hemen yakınımdaki çevre köylere muhtarın arabasıyla gider, bize fazla gelen oyuncakları komşu köy okullarımıza hediye ederdim. Paylaşmak en güzeliydi.

İletişimin Sihri ve Bitmesin İstediğimiz Kutlamalar: Belirli Gün ve Haftalar

Okulda yaptığınız etkinliklere komşu okulları çağırmanın çok büyük faydaları vardı. Bu bir yeni yıl kutlaması ya da herhangi bir belirli gün ve hafta etkinliği olabilirdi; *Kızılay Haftası, Tutum Yatırım Türk Malları Haftası*, kostüm partileri, Hacivat Karagöz Oyunları ya da illüzyon gösterileri gibi... Hepsini farklı öğrenci ve öğretmenlerle paylaşmanın tadı başkadır. O kadar girişimi sadece 20-25 çocuk için yapmıyorsunuz, çevre okullardaki çocukları da toplayıp farklı bir atmosfer yaratmış oluyorsunuz. Hazır ayağımıza böyle imkânlar, hizmetler gelmişken herkes faydalansın istiyordum.

Köye ilk geldiğimde en çok yeni yıl kutlaması yüzünden eleştiri almıştım. Bazı muhafazakâr kesimler, "Olur mu öyle şey, bizim kültürümüz değil, dinimize aykırı" gibi eleştirilerle karşınıza çıkabiliyor, üstelik bunu pat diye yüzünüze söylüyorlardı. Öylece kalakalıp susmak ya da çatır çatır kavga etmek yerine yerel dille ve yüreklerine dokunarak konuşmaya çalıştım. İletişimin sihri böyle durumlarda işe yarıyordu. Elbette tatlı dil, güleryüzden anlamayanlar da oluyordu. Ama dengeyi sağlamak o kadar önemliydi ki. Kırsalda olmanız şart değil. Günlük yaşantımızda da durum böyle.

Niyet, kilit noktadır. Benim bu kutlamayı yapma amacım nedir? Öğrencilerim bazen okudukları hikâyelerde, bazen çizgi filmlerde ya da televizyonda yeni yıl kutlamalarını konu alan birçok görüntü ile karşılaşıyorlardı. Bu süslü bir ağaç, süslü bir kapı ya da süslü pencereler olabiliyordu. Parlak dekorasyonlar, farklı renkte şapkalar, eğlenceli düdükler, açılmayı bekleyen kocaman hediye paketleri... Bunları ben uydurmadım. Öğrencilere okulda yılbaşı kutlasak bunu nasıl yapmak isterdiniz, hayal edin dediğimde verdikleri en güzel cevap çizdikleri resimler oldu.

Ben, "Keşke..." diye başlayan onlarca cümleden sonra kutlamaları nasıl yapacağıma karar veriyordum. Yeni yıl kutlamasını bir dini sembol değil; yeni bir yılın başlangıcını çocukların farklı hayallerle ve planlarla süsleyebildikleri, umutlarını yeşerttikleri zaman yolculuğu olarak tanımlıyordum. Hediye alıp vermenin mutluluğunu yaşamalarını istiyordum. Hatta bunları kurayla ve gizli isim seçeneğiyle yapmayı deniyorduk. Nasıl heyecanlanıyorlardı, günlerce o hediye ânının gelmesini bekliyorlar, merak edip tahminde bulunuyorlardı.

Bazı zamanlar çocukların isteklerini gözden geçirip özel okullarla da işbirliği yaptığım çok oldu. Kardeş sınıf, kardeş okul... Ama asıl amaç onların hayallerini gerçekleştirmekti. Kendi aralarında birbirlerine hediye alıp vereceklerdi ve bu çok güzeldi. Ama bir de sahip olmak isteseler de arkadaşlarının onlara alamayacakları hediyelerin hayalleri vardı. Yeni yıl hediyesi olarak yıllarca öğrencilerimin hayal ettikleri ne varsa, sahip olmak istedikleri ne varsa onu gerçekleştirmeye çalıştım.

Mesela hediye istek kâğıdına robot mu çizmiş, robot geliyordu. Bebek mi bebek, Lego mu Lego, pilli tren mi pilli tren; o yılbaşı günü mutlaka paketin içinden istedikleri neyse o çıksın diye uğraştım. Yılda bir gün. Onların gözleri o kadar toktu ki... Mesela sınıfta iki erkek kardeş olan öğrencilerimden büyük olanı bana bir gün şöyle dedi: "Öğretmenim biz nasıl olsa aynı evdeyiz, bize iki hediye masrafı olmasın, biz oyuncak tren istiyoruz, o trenle ikimiz de oynarız zaten." Bunu duyduğunuz an ne yaparsınız? Ona sıkıca sarılmaktan başka?

Bazen yakın çevreden, çocukları hazıra alıştırdığımı düşünenler çıkıyordu. Her şeyi veremezmişim; onlara göre bir gün bir şey isteyecekler ve yapamadığımda üzüleceklerdi. "Yaptığın fedakârlıklar, görevin haline gelecek," diyorlardı. Bazen gülüp geçiyor bazense ciddi ciddi alınıyor, inciniyordum. Evet dünyayı isteseler, önlerine dünyayı serebilirdim.

Ama ben her şeyden önce öğretmendim; onlara hayatı öğretiyordum. Kendilerini tanımaları, ne istediğini bilecek yetişkinler olmaları için çalışıyordum ve düşünülenin aksine önlerine her şey hazır gelmiyordu ve onlar da ne için çaba göstermeleri gerektiğini öğreniyorlardı. Ama her şeyden önce önemsendiklerini bilen bireyler olacaklardı. İşte yapılan eleştirilerin hiçbiri bu noktaların dikkate alınmadığını gösteriyordu bana, bu yüzden canım sıkılıyordu. O gün Kerem'in, "Bize bir tren yeter," dediği ânı bir kamera olsaydı da çekseydi keşke. Belki o zaman beni daha iyi anlarlardı.

Doğum günleri keza öyle. Çocuk hayatında doğum günü kutlamamış. Neden okulda kutlamasın? Dünyanın her yerinde yapılan şeyler bunlar. Yeni yaş aldığında hediye almak, bu sevinci, mutluluğu arkadaşları ile paylaşmak... Kendini bir gün için de olsa dünyanın merkezi sanmak. Bunu yapsın çocuk; yıllar çabuk geçiyor, her yaşın keyfini çıkarsın. Kendi adına özel tasarım pastalar yapılsın. Ben o pastaları okula gelirken getireyim. Çocuklar zıplasın... Siz ne anlatırsanız anlatın, ilk dört ders sadece öğle tatilinde yapılacak olan doğum günü partisi konuşulsun.

***

Kızılay Haftası geliyordu. Öyle kuru kuru kutlamak, kitaptan üstünkörü paragraflar okumak, düz bir şekilde kutlamak yok! Hemen duruma drama katmak, hatta okul koridoruna sembolik bir Kızılay çadırı kurmak, roller paylaştırıp kan alma ünitelerinde repliklerle Kızılay'ın görevlerini yaşayarak öğrenmek var bizde.

Tutum Yatırım ve Türk Malları Haftası geliyorsa hazırlıklar haftalar öncesinden başlardı. Mevcut okulöncesi öğretmenimiz bu hazırlıklara katılıp ciddi materyal desteği sağlardı. Anne-çocuk kek çırpma, fındık kavurma, mısır patlatma etkinlikleri okulda yapılırdı. Samsun'da üretimi olan ve tamamen yerli gıda firmalarıyla bağlantıya geçip okulda küçük stantlar oluştururduk. Mesela helva standı, her yıl mutlaka olurdu. Açık büfe kültürüyle çeşit çeşit yemekler sunulur, yapılışları annelere anlattırılırdı. Her *Tutum Yatırım ve Türk Malları Haftası* etkinliğinde bir müzikli oyun, bir tiyatro ve bir şiir dinletisi mutlaka olur ve istisnasız her davetimize Kaymakam Bey gelirdi. Üstelik bundan da çok keyif aldığını söylerdi. Bazı kutlamalar yıllar içinde geleneksel hale geldi.

Sebze-meyve toptancısı olan babam, her yıl aralık ayının ikinci haftasında mevsimin hangi sebzesi meyvesi varsa onlardan kasa kasa yüklenir, okula getirirdi. Siz deyin 300, ben diyeyim 500 kilo... Neredeyse bütün köye yetecek kadar. Hem o hafta hakkıyla kutlanır, babam çocuklarla sohbet eder, onların sorularını cevaplardı hem de okulun eksiği gediği varsa belirler, bize destek olurdu. Kumköy'deki dokuz yılın dokuzu da böyle geçmiştir. Sebze ve meyveler büyük itinayla çocuklar tarafından poşetlere paylaştırılırdı. Pay etme alışkanlığı da böyle gelişirdi...

Muhtarından imamına tüm velilerim, ailem geldiğinde sıcacık misafirperverlikleriyle karşılarlardı onları. Kavrulmuş fındık yedirmeden göndermezlerdi. Köy halkı, ailemin ve benim okula karşı olan aidiyetimizin o kadar farkındaydı ki... Bu güzel ilişkiler yıllarca hep bu sıcaklıkta sürdü.

***

Kütüphane Haftası'nda kütüphaneleri geziyorduk. Okuldaki kütüphanemize anneleri, babaları, gençleri ve köy sakinlerini davet ediyorduk. Okulda okuma etkinlikleri yapıyor, gelenlere de ödünç kitaplar verip okuma sözü alıyorduk.

Hayvanları Koruma Günü oluyordu olmasına ama o günün tek bir güne sığdırılmaması gerektiğini vurguluyorduk. Köyün sahipsiz köpeğine okulda bakmaya, beslemeye ve onunla oyunlar oynamaya başlamış; adını da Kırpık koymuştuk. Dışarıda ıslanıp üşüyünce, dizimizin dibinde ısınmasını sağlıyorduk. Kırpık için sağlıklı mama desteği de almaya başlamıştık.

Çayırlara çimenlere yüzlerce kuzunun içine dalıyorduk. Ağaç dallarına, pencere kenarlarına kuşlar için yemler bırakıyorduk. Arı kovanlarını gözlemliyor, kraliçe arıyı bulmaya çalışıyorduk. Karınca yuvalarına bakarak ders anlatıp dururduk. Tavuklar ve civcivler zaten olmazsa olmazımız, her daim misafirlerimizdi. Köyümüzün inekleri, yeni doğmuş buzağıları... Onlar da biliyordu; en taze, en güzel otlar okulun bahçesindeydi! Çiçekleri salata niyetine yemeselerdi iyiydi tabii, peyzajımız da durumdan nasibini alıyordu.

Bir sabah okula vardığımda bahçede kalabalık mı kalabalık bir yaban at sürüsü ile karşılaştım. Yarı şaşkın, yarı korku içinde bir yandan kapıya ulaşmaya çalıştığımı, diğer taraftan da harika fotoğraflar çektiğimi hatırlıyorum.

Sonraları bu yüzden okula bir bahçe duvarı ve giriş kapısı yaptırdım –yine sponsorlardan destek alarak. Evet, elbette hayvanları çok seviyorduk ve çocuklara özellikle hayvan sevgisini aşılayan özel programlar geliştiriyorduk ama henüz yaban at sürüsüne ev sahipliği yapacak durumda değildik.

Dünya Tiyatrolar Günü'nde okulumuza tiyatrolar davet ediyor, onların oyunlarını da gidip yerinde izliyorduk. *Dünya Dans Günü*'nde, okula balerinler, folklor ekipleri, modern dans grupları gelip gösteri yapıyorlardı, öğrencilerim de onlara eşlik ediyordu.

İstiklal Marşı'nın Kabulünü birinci ve ikinci sınıflarla birlikte okulca kutluyorduk. Bunun sebebi nasıl ezberlediklerini gösterebilmekti. Aslında ben özel bir şey yapmamıştım, onlar abi ve ablalarının etkisiyle ve tabii birleştirilmiş sınıfta okumanın sağladığı algıyla başarmışlardı bunu. Veliler yine şaşkındı... Bazen de ben kendimi sorguluyordum. Bu kadar küçük yaşta çocuğun on kıtayı da ezbere bilmesi ve söylemesi gerekli midir, diye. İlk bakışta bunu ezberci bir yaklaşımla küçücük çocukları telaffuzu bu kadar zor kelimelerden oluşan bunca kıtayı öğrenmek için zorlamışlar gibi gelse de, durum hiç de öyle değildi. Bir bakmışsınız kendiliğinden olmuş bitmiş bile her şey. Siz öğretmen olarak üzerine vurgu, tonlama ve duygu katmaya çalışıyorsunuz. Yaş seviyelerine göre kelimelerini anlamlarının üzerinden geçiyorsunuz. Mehmet Akif Ersoy'un hayatını, İstiklal Marşımızı yazışının ve kabul edilişinin hikâyesini canlandırıyorsunuz. Şunu bilin ki öğrenciye rol verince o her neyse aklına kazınıyor. Yıllar sonra rastladığım ve mezun ettiğim öğrenciler "Öğretmenim aman da ne güzel ders anlatıyordunuz," diye hatırlamıyorlar birçok şeyi; "Ben Atatürk olmuştum, ben Mehmet Akif olmuştum, ben kurt olmuştum, ben çilek olmuştum, ben palyaço olmuştum, ben böbrek, ben yutan eleman olmuştum," diye hatırlayıp on-on beş yıl önceki rollerini replikleriyle bana söylüyorlar. Bu nedenle dramanın tüm derslerdeki gücüne hep inandım.

***

Y*aşlılar Haftası* olur, haydi huzurevi ziyaretlerine, kuşaklar arasında köprü kurmaya... Evdeki anneanne-babaanneler hediyeler vermeye, şiirler okumaya...

Belirli Gün ve Haftalar'ın içeriğine baktığınız zaman bir günlük iş değil gibi düşünebiliyoruz, evet, ama o gün ve hafta öğrencilerde farkındalık yaratıyor. Müfredatın bir parçası...

Bence faydalı da... Okul kültürünü, öğretmen ve öğrenci enerjisini yüksek tutuyor. Öğrencilere görev ve sorumlulukların periyodik olarak verilmesi onların çok yönlülüklerini artırıyor. Kendi kendilerine bir şeyler yaratmalarına ve üretmelerine de katkı sağlıyor.

Sınıfın köşesinde asılı olan Belirli Gün ve Haftalar Takvimi, zaman içinde çocukların sürekli gözden geçirdikleri bir liste haline gelmişti. Kendi eylem planlarını oluşturuyorlar, bir sonraki etkinlik için heyecanlanıp kurgularını yapıyorlardı. Bazen kendi tavsiyeleri ve projeleriyle karşınıza çıkabiliyorlardı pat diye!

Orman Haftası'nda fidan diker, ağaçlara isimler koyar, ormanla ilgili açık hava tiyatroları kurardık. *Turizm Haftası*'nda otelleri ziyaret eder, otel yetkililerini okulumuza davet eder, merak ettiklerimizi sorar, ülkemizin güzelliklerini konu alan sergiler açardık. *Trafik ve İlk Yardım Haftası*'nda zaten trafik pistimiz hazırdı ama biz gerçek trafik pistine de gider, ilçedeki trafik polislerinden eğitimler alırdık. *Müzeler Haftası*'nda müze turlarımıza devam eder, müze içi etkinlikler yapar, orada saatler geçirir, basamaklara oturur, gördüklerimizle ilgili uzun uzun konuşurduk. *Yeşilay Haftası*'nda sınıfta film gösterimleri yapar, köy halkını davet edeceğimiz dersler düzenlerdik.

Neredeyse her ay işleyeceğiniz ikiden fazla önemli gün ya da haftanız varsa taşıyacağınız enerjiyi düşünün. Anlık planlar yapsak da, yılın başında ne yapacağımızı işlediğimiz Belirli Gün ve Haftalar dosyamız artık tek bir doküman olmaktan çıkmış; her etkinliğimiz için ayrı bir dosya haline gelmeye başlamıştı.

Öğretmenler Günü benim için özeldi özel olmasına ama çocuklara, "Aslında beni de bir öğretmen yetiştirdi ve birçok öğretmen hayatıma dokundu," mesajını vermeyi daha çok önemsedim. İlkokul öğretmenim hâlâ görev yapıyordu. Bir öğretmenler gününde tüm öğrencilerimi aldım ve 90 kilometre uzakta Bafra'da görev yapan ilkokul öğretmenimi ziyaret etmeye karar verdim. "Öğretmenimin Öğretmeni" adını verdiğim projede unutamayacağımız anlar yaşadık. Ben öğretmenimin öğretmenliğini, öğretmenim de benim öğrenciliğimi anlattı çocuklara.

O gün öğrencilerim çocukluğumun hikâyesini canlı canlı, birinci ağızdan dinlemiş oldular. Doğduğum evden, gittiğim okullara kadar hepsini tek tek gezdik. Film şeridi gibi onlara ne hissettiğimi anlattım, çocukken oyun oynadığım mahalleleri, çıkmaz sokağımızı gösterdim. Bafra'da ünlü ne varsa... Gelmişken yine bir kültür ve lezzet turu da yaptık. Babamın iş yerine Bafra Sebze ve Meyve Hali'ne gittik, meyvelerimizi aldık. Bafra'nın en güzel pide restoranında pidelerimizi yedik. Baraj gezisi yapıp ayranlarımızı içtik. Her yeri dört gözle inceledik. Çocuklar öğretmenlerinin hikâyesini canlı müze misali gezip öğreniyor, yorumlar yapıyorlardı. Farklı ortamlarda farklı insanlarla tanışıyorlardı. Sosyal ve duygusal zekâları tazeleniyor, gelişiyordu. Bir zamanlar benim de onların yerinde olduğumu anlamaları, geldiğim noktayı kavrayabilmeleri için de önemliydi. Bir gün benim yerimde olabileceklerine inanmaları için...

***

Gezilere tam kadro gitmemiz çok ilgi görüyordu. Her aile bu konuda çok anlayışlı ve duyarlıydı. Birini birinden ayırmak olmazdı. Yaş grupları farklı da olsa hep birlikte yaşayıp öğrenmeleri ve tüm deneyimlerini birlikte paylaşmaları olumlu etkiler yaratıyordu. İki hafta gezi olmasın, hemen veliler sorgulamaya başlıyordu, yakınlarda gezi var mı diye. O ilk gezilerde endişeli bakışlarla çocukları uğurlayan, gün boyu bana mesaj atan velilerin yerini, mutluluk ve güven dolu anneler-babalar almıştı.

Birleştirilmiş sınıfın aslında hayatın ta kendisi olduğu tam da bu noktada ortaya çıkıyordu. Biz toplum içinde yaşlara göre ayrışır mıyız? Yirmili yaşlar buraya, otuzlu kırklı yaşlar şuraya, hadi elli üstü de şöyle gelsin, diyemeyiz. Hep birlikte yaşarız, birlikte öğreniriz. İşte birleştirilmiş sınıf da hayatın aynası gibiydi...

***

Okulda konser şölenleri yapmaya başladık. Minik minik kısa süreli ama eğlenceli, tadımlık konserler. Öğrenciler, "Yaa niye bu kadar kısa sürdü?" deyip okul çıkışları omuz silkip mızmızlanarak eve gidiyorlardı. Müzik derslerini ve serbest etkinlikleri dolu dolu yaşıyorduk. Ve bazen çoğu etkinliğimiz okul çıkışları da kulüp etkinliklerine dönüşüyordu. Hangi çocuk müzik sevmez? Hangi çocuk şarkı sevmez?

On Dokuz Mayıs Üniversitesi Eğitim Fakültesi öğrencilerinden büyük destek alıyorduk. Özellikle müzik bölümünden. Farklı farklı öğretmen adayları okulumuza geliyor, önce kendi ödevleri olan gözlem ve ders anlatma deneyimlerini gerçekleştiriyor, ardından çocukları tanıdıkça neredeyse her hafta okula gelmek istiyorlardı. Gidip arkadaşlarına anlatıyorlar, arkadaşları da bizim okula gelmek, hem kendilerine fayda sağlayacak deneyimler kazanmak hem de yetenekleriyle öğrencilerimi eğlendirmek istiyorlardı. Bir süre sonra rutin listeler oluşturmaya başladık. Bunu yapmak için kimse onları zorlamıyordu. İç motivasyonlarıyla ve tamamen gönüllü olarak okula geliyorlardı.

Her hafta farklı üniversite öğrencileri okulda yeteneklerini sergilemeye başlamıştı. Bu sayede çocukların yeteneklerini de gözlemliyorlardı. Hobi sınıfında kurduğumuz köşe zamanla küçük bir müzik atölyesine dönüştü. Maalesef ben flüt dışında bir enstrüman çalamıyordum. Ama mevzu ben değildim zaten, çocukların hangi enstrümana ilgisi daha fazlaysa o enstrümanı çalan öğretmenleri okula çağırıp, bizzat onlardan öğrenmelerini sağlayabiliyordum. Bana göre öğretmenlik bir rahatsızlık mesleğiydi... Bir şeylerden rahatsız olacaksınız ki çözüm üretesiniz. Hâlâ canım sıkkın olduğu zaman açar, o güzelim müzik atölyelerimizin videolarını izlerim.

7-10 yaş arası öğrencilerimin daha o yaşlarda sivil toplumculuğu, sosyal sorumluluğu iyice kavramaları adına her yıl yaptığımız Fiziksel Engelliler Derneği ziyaretlerimiz geleneksel olarak devam etti. Ve empati yürüyüşlerimiz... Her öğretmene tavsiye edebileceğim yegâne etkinliklerdendir. Empati yürüyüşünden birinde öğrencilerin her biri kendilerine verilen tekerlekli sandalyeyle dolaştı sokaklarda. Başta hepsi heyecanlıydı; "Ooo tekerlekleri ne kadar da büyük, elimizle mi hareket ettireceğiz? Bu ne güzelmiş, koltuğu rahat, hadi yarış yapalım, benimki daha hızlı gidiyor..." gibi sohbetler havada uçuşuyordu. Ama kısa bir cadde turundan sonra o kadar yoruldular ve o kadar zorluk çektiler ki... Kaldırım kenarları, devrilme tehlikeleri, trafikteki araçların olumsuz manevralarını göre göre yaşadılar bu deneyimi. Ve bedensel engelli bireylerin günlük ve sosyal hayatlarını ne zorluklarla devam ettirdiklerini bizzat yaşayarak öğrenip, onların ne hissettiklerini de anlamış oldular. Okulda haftalarca bu konu üzerine düşünce yazıları yazmışlardı.

Yıllar sonra okulumuzun anasınıfına yurtdışından köye taşınan bir ailenin çocuğu geldi; tekerlekli sandalyesi vardı. Anasınıfı öğretmenimiz engelli öğrencimizi engellerini yok sayacak o kadar etkinliğe kattı ki; bahar şenliklerinde dans gösterilerinden 23 Nisan'da ront gösterilerine kadar... Öğrencilerimizin insanları olduğu gibi kabullenme, her oyuna engelli arkadaşını dahil etme çabası birçok yetişkine örnek olacak güzellikteydi. "Hepimiz engelli adayıyız," anafikrini akıllarından hiç çıkarmadılar. Tüm bu süreçte öğretmenin rolü zirvede seyrediyordu. Anasınıfı öğretmenimizin verdiği emek görülmeye ve takdire değerdi, hatta gözleri yaşartacak cinstendi...

Dernek ziyaretlerimizin sonunda Türkiye çapında uygulanan birçok yardım hareketine de ayak uyduruyorduk. Mavi kapak toplayıp ihtiyacı olanlara tekerlekli sandalye alma furyasına katıldık. Katıldık ama öyle zordu ki... Hatta imkânsızdı... Köyde topu topu kaç kişi var zaten? Plastik şişe kullanan kişiler de suları bittikten sonra yine aynı şişeyi suyla dolduruyordu. Kaç mavi kapak ne kadar zamanda toplanabilirdi? Köyün kahvesine de bakkalına da haber saldık, ama bir ayda elimize iki avuç kapak geçti. Baktım bu böyle olmayacak. Samsun'daki restoran ve kafelerle iletişime geçtim. Eş-dost, akraba kim varsa haberdar ettim. Birlikten kuvvet doğar, dedim; öyle de oldu. Yıl sonuna kalmadan bir tekerlekli sandalye alacak kadar kapağımız oldu ve bu kampanyaya katkı sağladık. Sayısı bir taneydi belki ama bize verdiği gurur başkaydı. Ne kadar olduğunun önemi yok, işin bir ucundan tutmanın gerekliliği, bir amaca yönelmek... Bunların hepsi çocukların hayat dersine ait kazanımlardı.

Yardım İsterken Yardım Eden Olmak

"Empatiyi, iyiliği, sebat etmeyi ve hatalarımızdan ders almayı öğrettiğimizde, kimse 'Bunlar gerçek hayatta ne işimize yarayacak?' diye sormaz."

Denis SHEERAN

Ne tuhaftır ki insanlar bize yardım ederken biz insanlara yardım eder olduk. Okula ilk geldiğimde velilere kırtasiye ihtiyaç listesi verdiğimi hatırlıyorum; ilk ve son diyelim. Bir süre sonra öyle bir hareket oluştu ki ne deftere, ne kaleme, ne boyalara para vermemiz gerekti. Hele bir gün okula elli koli kırtasiye malzemesi geldi. Resmen ihtiyaç fazlasıydı, çevre köydeki okullara da dağıtılmasını sağladık. İlerleyen yıllarda yardımlar devam edince bu sefer ülke çapında yedi bölgeye kırtasiye malzemesi, oyuncak desteği vermeye başladık. Kargo şirketlerinden sponsorluk aldık. Artık ne bize gelen koliden ne de bizim gönderdiğimizden ücret alınıyordu. Bu yardımlaşma ağı sadece okullar arası değil, kişilerarası da olmaya başladı. Özellikle sosyal medyaya ilk başladığım zamanlar –ki ben sosyal medya mecralarına çok geç girdim. Hatta net tarihini söyleyebilirim: Öğretmenlik görevime 2002'de başladım, Kumköy'deki görevime ise 2008'de... İlk *Instagram* üyeliğim Mart 2014, ilk *Facebook* üyeliğim ve beraberindeki aktif kullanıcılığım Kasım 2014'e dayanır. Aradaki zaman farkına bakın...

Türkiye'deki insanların neredeyse yarısından fazlası Facebook'tan sıkılmışken, ben ancak girebilmiştim. Benim kuşağım için sosyal medya kullanıcılığı o yıllarda çok geç kalınmış bir eylemdi. Hele de bu kadar sahada olmayı, oradan oraya koşturmayı seven biri için. Ama bazen de iyi ki geç olmuş, diyordum. Sosyal medyada harcayacağım zamanı telefonda bizzat nokta atışı görüşmelere harcadım. Bazen sesinizden yayılan heyecan, sosyal medyaya yazacağınız bir dolu paragraftan çok daha etkilidir. Konuşmanın yazılı mesajın çok üstünde bir güç olduğuna inanırım.

Ben kendimi altı parçaya ayırmıştım. Bir parçam okul, diğeri çocuklar, üçüncü parça köy halkı, dört köy kadınları, beşinci parça öğretmen adayları ve altıncı parçam ailem için debeleniyordu. Sonra bu parçalar kendi içinde de ayrılmaya başladı. Örneğin çocuk parçam akademik başarıya, sosyokültürel yaşantıya, spor alanlarına bölünmüştü bile. Hangisi için çırpınacağımı şaşırıyordum.

Sınavların Ülkesinde Hayat Sınavı

"Çocuklara küçükken çizginin dışına taşırmadan boyamayı öğretiyoruz ama büyüdüklerinde farklı düşünebilen yetişkinler olmalarını bekliyoruz."

Frank K. SONNENBERG

Tabii sınav ülkesinde yaşıyoruz. Çocuklar kendileriyle yarışmaları gerekirken hep başkalarıyla yarıştırılıyorlar. Biz de ister istemez bu kervana katılıyoruz. Deneme sınavları ya da seviye tespit sınavları köyde bile olsa karşınıza çıkıyor. Abileri ve ablaları ortaokul, liseye gidenler test stresine evde de şahit oluyorlardı. Kaç doğru, kaç yanlış, kaç net? Bütün bunlar kulakta birikiyor, ister istemez kaygı ortamı oluşuyordu...

"Daha fazla test ile okulları geliştirebileceğinize inanmak, boyunuzu sürekli ölçerek uzatabileceğinizi düşünmek gibidir," der Robert Schaeffer. Bu okkalı söz bir öğretmen olarak hep aklımın bir köşesindedir. Çocukları testlere boğmak, onların gerçekten gelişeceğine inanmak mıdır?

Sınavlar bir yana, bir de ilçeler ya da iller arasında yapılan bilgi yarışmaları vardı. Bu da başka bir serüven: Okul yarışları ve turnuvalar. Bunlar genelde okullar arasındaki uçurumların pek de göz önünde bulundurulmadığı platformlardı. Bu yüzden de köy okulları bu tarz yarışmalardan muaf tutulurdu. Dolayısıyla biz hep liste dışıydık. Biz ve taşımalı okullar. Bu yıllarca böyle olmuş. Sadece Samsun'da değil, birçok ilde de durum aynıydı. İlçe merkezindeki okullar kendi aralarında, il merkezindeki okullar kendi aralarında yarışırlardı.

Bir gün İlçe Ar-Ge biriminde Şube Müdürümüz ile sohbet ederken laf lafı açtı. Köy okullarına yönelik projemizin bir parçası olarak tadında bir rekabet ortamı oluşturabiliriz, dedik. Hatırlarsanız köy okullarını ilk kez tiyatro ile tanıştırmak ve bunu geleneksel hale getirmek de bu projenin bir parçasıydı. Şimdi akademik başarıların, köy okulları düzeyinde nasıl olduğuna bakılacaktı. Köy okulları kendi aralarında yarışmalara katılacaktı. Yine merkezi okullar ortada yoktu.

Köy okullarının öğrenci mevcuduna göre bazıları tek öğretmen, bazıları ise ikişer-üçer öğretmen olarak çalışıyordu. Okuldaki öğrenci sayısı otuzun üstündeyse o okulda iki öğretmen görev yapıyordu. Benim okulumun ilkokul bölümü yirmi öğrenciydi ve ben beş sınıf bir arada tek öğretmen olarak görev yapıyordum. Ve kırk dokuz köy okulu arasında tek başına görev yapan az sayıda öğretmen vardı. "Köy okulları kaderine terk edilmiş durumda mı bir bakalım" durumuydu bu aslında. Köy okulları neden birçok faaliyetten soyutlanıyor, diye sorduğumda sık sık, "Köy okulları zaten kapanıyor, sayıları azalıyor, bırakın her yılı her dönem öğretmen değişiyor," gibi cevaplar alıyordum. Müfettişlerin çoğu köy okullarına gidip dördüncü sınıftaki çocukların hâlâ okuma yazma bilmediklerine şahit oluyor, bu yüzden de birleştirilmiş sınıfta eğitim kalitesinin düşüklüğünü savunuyorlardı.

Ben de kendi okulumu göz önüne alarak tüm bu görüşlerin tersini savunuyordum. Çünkü ben birleştirilmiş sınıfı avantaja çevirmeyi başarmış bir köy öğretmeniydim. Hem sosyal hem de bilişsel zekâ gelişiminde akran öğrenmesinin çok faydasını görmüştüm.

Uzun lafın kısası; bilgi yarışması duyulur duyulmaz etraftan söylentiler de gelmeye başladı. "Ya bu Dilek Öğretmen çocukları gezdiriyor, tozduruyor, resimler yaptırıyor, sergiler açıyor... Bu kadın ne zaman ders yapıyor ki," diye söylenenler oluyordu. Yıldık mı? Elbette yılmadık. Üst üste bilgi yarışmalarına katıldık, derece aldık, ikinci olduk, sonra birinci olduk... Bu söylentilere en güzel cevaptı kazanılanlar. Neden biliyor musunuz? Çünkü o çocuklar yaşayarak, yerinde görerek, gezerek ve eğlenerek öğrendiler.

Belki ben çocuklardan daha hırslıydım. İkinci olduğumuz yıl o kadar çok üzüldüm ki itiraf ediyorum eve gelip hüngür hüngür ağladım. O yıllarda anasınıfı öğretmenimiz olan Esra Öğretmen, beni üzgün görünce evde ziyaretime gelmişti, bir fasıl da onun omzunda ağlamıştım. Şimdi diyeceksiniz böyle öğretmen mi olur? Ufacık rekabet ortamında kendini koyveren eğitmen mi olur? Muhtemelen bu başka şeylerin de birikimiydi ve orada öylece patlayıvermiştim.

Yarışma hediyelerinin sponsorlarını da ben bulmuştum. Birinci olacağımızdan o kadar emindim ki gidip kuyumculardan gram altınlar bile almıştım: Yarışmaya katılan üç öğrencimin her birine birer gram altın. Nasıl hevesliydim. İkinci olunca benim sağladığım hediyeler birinci olan okulun öğrencilerine gitti. Benim öğrencilerimin mahsun bakışları hep gözümün önüne geldi. Bütün çocuklar bizim elbette... Ama düşünün ben, yılların deneyimli öğretmeni, böyle stres yaşıyorsam; o küçücük yürekler ne yapsın? Üstelik sahada yarışanlar da onlardı.

O gün, Esra Öğretmen'in omzunda ağlarken bana bir şeyi hatırlattı. İkinci olduğumuz yarışmada aramızdaki fark yalnızca tek soruydu. Ama başka bir şey vardı, aslında eşit şartlarda yarışmamıştık. Benim beş sınıfım, yirmi öğrencim vardı; birinci olan okulda ise üç sınıf ve on öğrenci... Biz Samsun merkeze en uzak olan köydük, birinci olansa en yakın... Eşit şartlar değildi derken hayattan bahsediyorum aslında; sosyal, ekonomik ve coğrafi durumlar göz önüne alındığında her şeyin başarıya etkisi vardır. Ama böyle düşünmek beni rahatlatmıştı. Tek bir soru farkla ikinci olmuştu öğrencilerim, onlarla gurur duyuyordum.

Bununla da kalmadım, öğrencilerimi hafta sonu Samsun'da yapılan çeşitli sınavlara götürmeye başladım. O zamanlar Samsun'da sayılı özel okul vardı. Onların bursluluk sınavları, yayınevlerinin düzenlediği ülke çapındaki seviye belirleme sınavları... Hepsine götürüyordum. Sınavlardan sonra da stres atma gezilerine devam ediyorduk. Neredeyse her hafta sonu dolu dolu geçiyordu.

Çocukları köyden alıyor, tekrar köye bırakıyordum. Kimse beni bunları yapmaya zorlamıyordu. "Durumdan vazife çıkarmak" ifadesini çok severim. Tam da öyle oldu. Zira durum ortadaydı ve ben çoğu şeyi yapmaya kendimi mecbur hissettim.

Öğrencilerim çok köklü yayınevlerinin Türkiye çapında düzenlediği sınavlarda dereceler yaptı. Herkesin en çok şaşırdığı ve neredeyse üniversitelerde araştırma konusu olacak şekilde baktığı olay, köydeki çocukların devlet bursluluk sınavlarını nasıl kazandıklarıydı. Asla kıyaslama yapmıyorum ama şartlar kesinlikle aynı değil, bunları okurken bunu unutmamanız için altını sürekli çizmek istiyorum.

Öğrencilerimin bursluluk sınavını kazandıktan sonra yaşadıkları zorluklarsa sınavların yanında hiç kalırdı. Ne güzel işte öğrenciler köyden bursluluk sınavlarını kazanmışlar, devletten karşılıksız para alıyorlar. Emeklerinin ve çalışmalarının sonucu. Eğitimlerine katkıda bulunuyorlar, aileleri mutlu. Zorluk bunun neresinde, değil mi ama? Ben de öyle sanıyordum. Öğrenci sizden mezun oldu, bursu devam ediyor. Liseye geçiş sınavında çok güzel bir puan aldı, köyden iki saat uzaklıkta bir Fen Lisesi'ni kazandı ve kaydoldu. Fakat okul yatılı... Henüz on beş yaşındaki öğrenci ya okulda yatılı olarak kalacak ya da her gün köyden iki saat gidiş, iki saat dönüş toplam dört saatini yolda geçirecek. Her gün bu yolu çekmek bir yana, köyün yolu o kadar ters ki... Bunun için ne doğru dürüst özel servis ne de toplu taşıma var. İmkânsız yani gitmesi... Daha bunun karı var kışı var... Öğrencimin annesi köydeki en bilinçli annelerden biri, aile kararsız, çocuk kararsız. Soru dönüp dolaşıp bana geldi: "Öğretmenim ne yapsak?"

Kaç yıllık öğretmendim; tam da o yıl enteresan bir şekilde bursluluk genelgesinde yazan bir maddeyi yeni öğrenmiş, şaşıp kalmıştım. Üzüldüm, kızdım, anlam veremedim, isyan ettim. Köyde eğitim göreceksin, yoklukla mücadele edeceksin, üstüne tırnaklarınla kazıya kazıya çalışarak hakkın olan bursu kazanacaksın. Bilmem kaç sorudan neredeyse hepsini doğru yapacaksın. Devlet sana üç ayda bir 450 TL para ödeyecek. O para ilaç gibi gelecek. Kitabın, kıyafetin, bazen bir öğle yemeği öğünün olacak. Sonra yatılı bir devlet okulunu kazandığın ve orada yatılı okumak zorunda kaldığın için bileğinin hakkıyla kazandığın burs kesilecek. Böyle bir şey olabilir mi? Evet oldu da... Ahmet yatılı okula kaydını oldu, yerleşti. Üstüne devlet bursu kesildi.

Sonra bana bir hırs geldi. Haksızlığa uğradığını düşündüğüm öğrencim; kişi emek verdiğim, tüm gelişimini gün gün takip ettiğim, arkasını asla bırakmadığım çocuğumdu... Tüm öğrencilerimin olduğu gibi. Ben onları mezun ettiğimde, bağımızın bittiğini düşünmelerini istemiyordum. Çünkü asla öyle değildi. Kafaları karıştığında, moralleri bozuk olduğunda ya da çok büyük mutluluklar yaşadıklarında da yanlarında olduğumu bilmelerini istedim her zaman. Bu yüzden Ahmet'i yüzüstü bırakamazdım. Yardım için telefonlar açmaya başladım, telefonu açtığım her iki kişiden de "evet" cevabını aldım.

Çağdaş Yaşamı Destekleme Derneği'nin düzenlediği bir öğretmenler günü etkinliğinde de durumu böyle olan başka öğrenciler için de sahnede bağıra çağıra, yalvar yakar burs istedim. Verdiler de... Bin kere yaşasınlar, çok yaşasınlar! Dernek bir kenara, daha önceleri başka istekler için kapılarını çaldığım iş insanlarından da yardım aldım. Devletin kestiği burs miktarı, benim bulduğum bursların yanında çok az kalmıştı. O rakamların iki katına erişen burslar, öğrencilerin yaşam kalitelerini artırdı. Bunu gözümle gördüm. Bazen sürekli olmayabileceği konusunda endişe ettim, yardımlar gelmeye devam edecek miydi? Her ay hatırlatmalarda bulundum. Eğitim için destek toplamanın hiçbir zaman kolay olmadığını biliyordum.

Tuhaf bir şekilde Türkiye'de hep üniversite öğrencilerine burs veriliyor, tabii ki verilebilir. Bir kısım kurumlar lise için de burs veriyor. Ancak unutulmaması gereken şey şu ki Türkiye'de asıl köydeki çocukların maddi ve manevi desteğe ihtiyaçları var. Hatta ilkokul çocuklarının çok daha fazla... Bunun adına destek deyin, para deyin, kitap deyin, kıyafet deyin; ne derseniz deyin. Köydeki çocukların sosyal yaşantılarının çeşitlenmesi için bir sinema bileti, bir tiyatro bileti belki... Ömrüm yetse de sadece köy çocuklarına ve köy öğretmenlerine fon sağlayabileceğim bir dernek ya da vakıf kurabilsem.

Bazen yardımseverler de panik yaşıyor; ilkokul çocuğunun eğitimi için verdiği paraya ailesinin el koymasından ya da çocuğun ihtiyaçlarından başka bir yere harcanmasından endişe ediyorlar. Bu güvensizlik ortamını anlayabiliyorum. Elbette insan bir amaç için emek ya da para verdiğinde bunun doğru yere gittiğinden emin olmak istiyor. Böyle zamanlarda söyleyebildiğim tek şey, her şeyin para olmadığı...

Örneğin bir köy çocuğunun öğrenim hayatı boyunca giyeceği ayakkabıyı, botu ya da montu karşılayabilirsiniz. Pahalı olan şeyleri, örneğin okul üniformalarını yaptırabilirsiniz. Bayramlarda onları giydirebilir, evlerine aylık kitap setleri ya da sanat malzemeleri gönderebilirsiniz. Yıllık sinema bileti alabilir, yol masraflarını karşılayabilirsiniz. Parayı cebine ya da banka hesabına koymaya gönlünüz razı olmuyorsa, o çocukları köyden şehire taşıyan servislere peşinen ödeyebilirsiniz... Bunu ve daha fazlasını yapabilirsiniz. Yeter ki isteyin.

Ben ne dernektim ne vakıf ama yüzlerce öğrenci için bu yardımları yapmak istedim. Ne kadar iyi olduğumu göstermek için değil. Hepimizin elinden geldiğince, gönlünün yettiğince neler yapabildiğini göstermek için; "Ben yaptım, sen de yapabilirsin," demek için... Mezun ettiğim öğrenciler şurayı kazanmış burayı kazanmış diye övünmek yerine, hayatlarına nasıl dokunduğumu bilmek daha önemliydi benim için. Ne yaparsan, hangi işi yaparsan yap, hep en iyi şekilde yap. Bu benim felsefemdi. Ve her zaman bunu hissetmelerini istedim.

Hayata İlham İliştirmek

Çocuklar gelecekteki mesleklerine dair hayaller de kurabiliyorlardı. Bir gün bir öğrencim coşkuyla, yanaklarını kızartan bir heyecanla bana aynen şöyle dedi: "Öğretmenim, ben çoban olmak istiyorum!"

Öylece birbirimize bakakaldık ama öğrencime hiçbir zaman "Ne çobanı?" diye sormadım. Eleştirmedim. Birçok kişiye anlattığımda buna tebessüm eden yüzler, "Nasıl olur?" diye soran gözler gördüm; dalga geçenler, "okuyup çoban mı olacakmış?" diyenleri de... Bense çoban olmak isteyen öğrencime kararlı bir sesle şu cevabı vermiştim: "Evet çoban olabilirsin, elbette olabilirsin ama en iyi çoban sen olmalısın. En iyisi sen olmalısın. Şöyle bir gökyüzüne baktığında hava durumunu en iyi sen tahmin etmelisin. En yeşil, en taze çayırları, en güzel yaylaları sen bilmelisin. En iyi çoban sen olmalısın!"

O sırada sohbetimize şahit olan başka bir öğrencim elinde topu kan ter içinde kendi cevabını yetiştirmek için koşturdu yanımıza: "Öğretmenim ben servis şoförü olmak istiyorum!" Olma diyemeyeceğim gibi ol, diye de ısrar edemezdim. Ona da döndüm ve "Bir şartım var," dedim. "En iyi servis şoförü sen olacaksın. En iyi kuralları bilen. En sorumluluk sahibi şoför sen olacaksın!" Sonradan öğrendim ki meğer dayısı servis şoförüymüş. İlçe merkezinde öğrencilere, memurlara taşımacılık yapıyormuş. Bunu anlatan Cemil bana dönüp ekledi, "Evet insanları taşıyor ama benim dayım canı nereye gitmek isterse gidebiliyor!" Orada o küçük çıkarımları yakalamak o kadar değerli ki; olay servis şoförü olmak değil, olay istediği yere gidebilmekti. Demek Cemil'in hayali buydu...

Çocuklar hayallerini gerçek hayatta gözlemledikleriyle eşleştirirler. Onların beyninin içindeki gizemleri çözmek, iki laf arasındaki kelimeleri cımbızla seçmek ve onları anlamlandırmaya çalışmak... Sırf bunun için bile öğretmen olunur. Onlarca, yüzlerce ve hatta binlerce çocukla birebir bu kadar uzun süre vakit geçirip sohbet edebilmek, iç dünyalarına girebilmek, bazen hayallerinden bir parça çalıp kendi hayatına ilham iliştirmek... Hepimiz bir öğretmen, bir ebeveyn ve bu güzel ülkenin bir vatandaşı olarak; öğrencilerin kendilerini başkalarının gelişimi ve ilerlemesiyle değil, kendi gelişim ve ilerlemeleriyle karşılaştırmalarını teşvik eden bir eğitim sistemi görmek istemiyor muyuz? Çünkü biliyoruz ki hepimizin başlangıç noktası farklı ve hepimiz farklı hızlarda yol alıyoruz. Kapasiteler de çocukların geleceğe dair planları da farklı. Carol Dweck boşuna dememiş: "Başarı ölçümleri size bir öğrencinin nerede olduğunu gösterir, sonunda nereye varacağını değil."

Artık sekiz yaşındaki çocuk bile biliyor testlerin şefkati öğretmediğini, vicdana dokunmadığını. Onların bile arayışları farklı. Bazen öğrencilerin en çok ihtiyaç duyduğu şey ders planında yer almaz. Bunu yaşaya yaşaya öğrendim. Arada kitaplarda karşılarına çıkan çoktan seçmeli soruları çözdükten sonra bile, öğretmenim test bitince sohbet edelim mi, diye soruyorlardı, "Bize çocukluğunu anlat, bizim yaşımızdaki halini anlat..."

Dersleri hikâyeleştirmenin önemi, çocukların anılarla daha çok şey öğrendiği bilgisi de bir köşemizde dursun. Bununla birlikte ülkemizde en çok tartışılan konulardan biri müfredat. Dünyanın en iyi müfredatını kötü bir öğretmenin yani öğretme hevesi olmayan bir öğretmenin önüne koyun, hiçbir anlamı yoktur. Dünyanın en kötü müfredatını da iyi bir öğretmenin önüne koyun, önündeki kötü müfredatla bile mucizeler yaratabilir.

Müfredat öğretmene ne yapması gerektiğini söyler, nasıl yapması gerektiğini değil. Nasıl yaptığınız öğretmenlerin yaratıcılığıdır, öğretmenlerin sanatıdır. Öğretmen öğretirken ne kadar hevesli olursa, öğrenci de öğrenirken o kadar hevesli olur. Onlar sıra arkadaşlarıyla fıs fıs konuşurken bile sizin öğretme hevesinizi o kadar zekice ölçerler ki... Ders anlatımındaki en güzel ölçü, kaç çift gözbebeğinin sizinle temas ettiğidir. Hele de gözbebekleri hafif açılıp büyüyorsa, bilin ki ders anlatımında işler yolunda gidiyordur. Ses tonunuz, beden diliniz, oynadığınız oyunlar, anlattığınız anılar öğretmenin şovunda çok kıymetlidir. Hele de birkaç espri patlatıyorsanız, o dersin tadından yenmez.

Derslerde mizahı kullanmak hatırlamayı kolaylaştırır, topluluk hissi yaratıp stresi azaltır. Çocukları güldürmeyi çok önemsiyorum çünkü onları ne kadar güldürürseniz derse o kadar bağlanıyorlar. Dersin ilk beş dakikası güle oynaya başlarsa, hormonel olarak da dersin devamı o kadar keyifli geçer. Bunlar benim püf noktalarım.

Topu onlara atıp hadi bu cümlemi de sen tamamla, dediğinizde aldığınız alakalı alakasız cevapların hepsi dersin bir bütünüdür. Tadını çıkarmak lazım. Tam da buraya Ken Robinson'un özlü sözünü sıkıştırıyorum: "Eğitimin kalbi öğrenci-öğretmen arasındaki ilişkide yatar. Diğer her şey bu ilişkinin nasıl verimli ve başarılı olduğuna bağlıdır."

En çok yaşadığım şeylerden biridir; özellikle birinci sınıf öğrencilerinin yanlışlıkla "anne" deyip sonrasında "Ayyy! İşte öğretmenim," deyip kızarıp utanmaları, kıkırdayarak kendilerine gülmeleri. İlkokul öğretmeninin doyamadığı meslek hazları arasındadır. Ana kucağından henüz kopmuş çocukların öğretmenlerine yanlışlıkla, anne diye seslenmeleri kadar doğal bir şey olamaz.

O noktada insan ister istemez kendini sorgulamaya başlıyor. Sana bir can emanet edilmiş, sırada oturup seni izleyip dinlemesi için değil... O cana okulda nasıl sahip çıkacağımı sorguluyorum. Okula nasıl ve hangi duygularla geldiğini, okuldan eve hangi duygularla gittiğini sorguluyorum. Ben okulu sevdikçe ve onlar benim sevgimi hissettikçe, okula daha çok bağlandıklarına şahit oluyorum. Ders başlamadan bir saat önce o soğukta, o ayazda, o karanlıkta okula gelinir, kapıda öğretmen beklenir mi? Sırf hobi sınıfında daha fazla vakit geçirmek için?

"Okul sayesinde, okulun vereceği ilim ve fen sayesindedir ki Türk milleti, Türk sanatı, Türk ekonomisi, Türk şiir ve edebiyatı bütün güzellikleriyle gelişir!" demiş Mustafa Kemal Atatürk. Okulun gücünü hissettirmek adına, bu yazıyı kocaman yazdırıp okul bina kapısının tam karşısına astım. Okuldan içeri giren ilk olarak o yazıyı görüp okusun diye...

***

Okulöncesi öğretmenlerimiz her yıl değişiyordu. Her gelen birbirinden değerliydi. Kimisi evlenip başka yere giderken, kimisi bir yıl sözleşmeli olduğu için değişiyordu. Her öğretmenle oluşturduğumuz etkinliklerin, sergilerin, gösterilerin tadı bambaşka oluyordu.

Okulumuzda en uzun süre anasınıfı öğretmenliği yapan Nazire Öğretmenimiz oldu. Nasıl çalışkan, uyumlu, saygılı, şefkatli, iyimser... Her şeyden önemlisi çok büyük bir destek. Bir kardeş, bir arkadaş... Moralimin en dipte olduğu zamanlar, bakış açımı olumlu yönde değiştiren bir yapısı vardı. Hâlâ var.

Her savaş yorgunluğundan sonra "Dilek Hocam, her şey yoluna girer," derdi. Gerçekten de girerdi ama... Nazire Öğretmen okuldaki sağ kolum, hayattaki en pozitif arkadaşlarımdan ve meslektaşlarımdan biri ve Kumköy hikâyemin en büyük şahidi oldu.

Kadın ve Yaşam

Öğrenmenin Yaşı Yoktur

Okul için her şeyi yaptık, fiziksel donanım cepte. Köy okulu kolej kıvamında. Hatta öğrenciler okulda yatmak istiyor. Spor, sanat, akademik başarılar, kişisel gelişime dair her şey önlerine serilmiş durumda. Çok mutluyuz. Her gün farklı etkinlikler, eğlenceler, deneyimler yaşıyoruz. Tüm bunları yaparken anneleri okula çekmenin vermiş olduğu mutluluk ve huzur da var. Elbirliği, işbirliği en üst seviyede... Yine ve yeniden bir şeyler yapma çabası. Sonra bir şeyler daha...

Okula giderken bir saatlik yolum vardı. Bir saat gidiyor, bir saat geliyordum ve yol boyunca düşündüğüm tek şey daha farklı neler yapabileceğimdi. Aslında bazı şeyleri farkında olmadan yapmaya başlıyorsunuz bile. İhtiyaçları belirlediğiniz an kritik bir önem taşıyor çünkü bu, çözüm için kolları sıvamış olduğunuz anlamına geliyor.

Batuhan birinci sınıftaydı. Tatlı, kanlı canlı çok hareketli bir çocuktu. Derste olmayı seviyor, söylediklerimi dikkatle dinliyordu. Ama her çocuk gibi oyunu daha çok seviyordu. Sırtında çantası, elinde kucakladığı futbol topuyla okula geliyor; ödevini yapmadığı zamanlar mahcup mahcup gülümsüyordu. Önceleri oyunu çok sevdiği için ödevlerini aksattığını sanıyordum. "Okulda ve okul çıkışında evin bahçesi de dahil her yerde top oynuyor, çok yoruluyor, akşam olunca da ödev yapmaya vakti ya da enerjisi kalmıyor," diye düşünüyordum.

Henüz birinci sınıftaydı ve yolunda gitmeyen bir şeyler vardı. Ben çok ödev veren, sayfalarca ödevle çocukları bunaltan bir öğretmen değilim. Sadece kısacık, küçücük ve basit günlük metinler veriyor, onları sesli okumalarını ve veli desteğiyle dikte çalışması eşliğinde yazmalarını istiyordum. Bu, okulda yaptığı etkinliklerin küçük bir tekrarı niteliğindeydi. Dikte çalışması okuma yazma becerilerinin olmazsa olmazıydı. Veli önce öğrenciye okutacak, sonra okunan metin yorumlanacaktı. Yani veli tane tane okuyacak, öğrenci duyduğunu deftere yazacaktı. Metne bakarak değil, duyduğunu seslendirerek yazıya dökecekti.

Ancak Batuhan, bu zamana kadar verdiğim metinleri ne okumuş ne de yazmıştı. Bir, iki, üç derken durum süreklilik arz etmeye başladı. Okulda fazladan bireysel çalışma gerektiren bir öğrenciye dönüşmüştü. Özellikle dikte çalışmalarında donup kalıyordu. Onu kelime kelime çalıştırmak zorundaydım. Ödevini neden yapmadığını sorduğumda, omuz silkip "Yapamadım," diye yanıtlıyordu. Ben de durumu fazla irdelemeyip onun için fazladan bir çalışma planı yapıyordum.

Birebir çalıştığımız bir öğle tatilinde soruyu farklı şekilde sormaya karar verdim. "Annen ve baban evde neler yapıyor, ailece evde nasıl vakit geçiriyorsunuz? Sana ödevin var mı diye sormuyorlar mı?" Batuhan, babasının uzaklarda çalıştığını ve üç ayda bir eve geldiğini söyledi. Aklıma ilk gelen şey baba özleminden kaynaklı bir aksaklık olduğuydu. Annesi okula sürekli katkı sağlayan bir velimizdi. Onu yakından tanıdığımı sanıyordum. Temizlik, yemek gibi işbirliği etkinliklerine düzenli katılıyor, tüm işleri severek yapıyor ve hatta çoğu kez daha fazlasını yapmak istiyordu.

Batuhan'a "Annen çok çalışkan, oradan oraya koşuşturuyor, sana ödev verdiğim zaman annenden destek isteyebilirsin. Ödev senin sorumluluğun. Unutmamalısın ve annene de ödevlerinden bahsederek hatırlatmalısın. Dikte çalışmasında unutma, annen okuyacak sen duyduğunu doğru yazmaya çalışacaksın," dediğimde hiç beklediğim bir cevap aldım.

"İyi ama öğretmenim, benim annem okuma yazma bilmiyor ki..."

O anda olduğum yerde öylece kalakaldım. İki haftadır debelendiğim, çözümünü bulmakta zorlandığım konu buydu demek ki...

Velilerin eğitim durumlarını sormak daha önce hiç aklıma gelmemişti. Hepsinin en az ilkokul mezunu olduğunu düşünmüştüm. Bunu neden daha önce akıl etmedim, diye kendime kızdım. Öyle bir koşuşturma ve telaş içinde geçiyordu ki günler... Kadınların eğitim durumlarını kendilerine ya da çocuklara sormak veya veli toplantılarında yüzeysel bir eğitim düzeyi sohbeti gerçekleştirmek gündeme aldığım bir konu değildi. Ta ki Batuhan annesinin okuma yazma bilmediğini söyleyene kadar...

Semiye Hanım'la bir gün okul çıkışında karşılaştık. Okul kapısının tam önündeydik. Benim bir şey söylememe fırsat vermeden, oğlunun durumunu sordu ve okuma yazma bilmediğini söyledi. Yüzüne güneş vururken ceviz yeşili gözleri hem doluyor hem de ışıl ışıl parlıyordu. Öyle kendinden emindi ki... Geçmişe dair kızgınlıkları vardı. "Beni babaannemle dedem okutmadı," diye girdi söze ve devam etti, "Abilerim, erkek kardeşlerim okula gitti ama beni göndermediler. Onları hep kıskandım. Gece herkes uyuduktan sonra abilerimin çantalarını eşeler, kitaplarına bakar, defterlerini ve kitaplarındaki resimleri incelerdim. Bana o incecik renkli ders kitapları hayal dünyası gibi gelirdi. Sayfaları her çevirdiğimde heyecanlanırdım."

Lafını bitirmesini beklemeden araya girdim. "Ben size öğretirim." Yüzündeki o şaşkın ifade hâlâ dün gibi aklımda. İlk söylediği şey "Bu yaştan sonra mı?" oldu. İçten içe istiyordu ama aynı zamanda tereddüt ediyordu. "Ne varmış yaşında diye?" çıkıştım. "Öğrenmenin yaşı yoktur!"

Semiye Hanım'ı bulmuşken bildiği tanıdığı başka kadınlar olup olmadığını sordum; okuma yazma bilmeyenleri, ilkokulu bitiremeyenleri tek tek söyledi. Bir yandan isimleri sayıyor, bir yandan da "Öğrenmek için okula gelmezler ki," diyordu. Köydeki tüm haberler ondan sorulduğu için haklılık payı olduğunu biliyordum.

"Bir dahaki veli toplantısında etraflıca konuşuruz," dedim ve ilk iş olarak muhtar ile imama haber saldım. Muhtar kahvede, imam camide duyurursa okuma yazma bilmeyenlerin listesini oluşturmak daha kolay olacaktı. Köyde en yaygın ilan şekli cami hoparlöründen yapılan duyurulardı. Caminin hoparlöründen ufacık bir ses, belli belirsiz bir yankı gelir gelmez yediden yetmişe herkes o sese kulak kabartırdı. Kısacası, camiden gelen ses ciddiyeti temsil ediyordu.

Duyurular yapıldıktan sonra çevre köylerden bilgi almak için okula gelenler oldu. Ama garip olan şuydu ki bizim köyden tık yoktu. Ne gelen ne giden. O sırada şehirde elliden fazla köy okuluyduk. Köylerde okuma yazma kursları pek yaygın değildi. Hatta birkaç köy okulunda başlamış, devamsızlıklar olunca kendiliğinden kapanmıştı.

Bu süreç valiliklerin, kaymakamlıkların okuma yazma seferberliğini sıkça konuşmaya başladığı zamana rastgeldi. Elime isim listeleri ulaşıyordu, sorup soruşturarak telefon numaralarını öğreniyordum. Okul çıkışları evine gittiklerim de oluyordu. Öğrencilerimin anneleri, anneanneleri, babaanneleri, teyzeleri, yengeleri... Bir dizi akraba topluluğu ile karşılaşıyordum. Bazıları kendi kendine öğrenmeye çalışmıştı ve yarım yarım sesten heceden okuyordu, bazıları yıllar önce bir kursa başlamış ancak tamamlayamamıştı; bazısının yürüme, bazısının görme engeli vardı...

Yaşı altmışın üstünde olanların, ben anlattıkça yüzüme boş ve alaycı bir şekilde baktıklarını hissettim. Ben okuma yazma ile ilgili konuştukça, onlar farklı konulara atlıyorlardı. Çabam karşılıksız gibi gelmeye başlamıştı. Tam sesimi ciddileştirmeye hazırlanıyordum ki ağızlarının altındaki baklayı çıkarıverdiler: "Bizden geçmiş artık...".

Kendi kendilerini etiketliyorlardı. Her cümlesine "Kızım," diyerek başlayan Fadime Hanım onlara sözcülük yaptı: "Kızım, bizi bu yaştan sonra köyün meydanlarından geçirme; defterle kitapla okul yolu mu tutacağız?" Çok istedikleri ama başka sebeplerden dolayı bastırdıkları isteklerini kendileriyle dalga geçerek dile getiriyorlardı.

Kırsalda "Elâlem ne der?" olayı daha yaygındır. Çok hevesli Semiye Hanım bile "Her gün gelemeyiz biz," dedi. Bunu durumu kabullenmek istemiyordum. Köyde evi okula en yakın olan da bu iki kadınımızdı. Köy meydanı, okul yolu bahaneydi. İsteseler, okulun arka bahçesinden atlar, yine o sınıfa girerlerdi.

Birbirinden farklı düşünen onlarca kadını nasıl organize edeceğimi düşünürken, telefon görüşmelerimi sıklaştırdım ve ev ziyaretlerine yoğunlaştım. Hatta bir gün Semiye Hanım'a "Siz okula gelmezseniz, ben sizin evinize geliyorum," bile dedim. Bu teklif Semiye Hanım'ın çok hoşuna gitti. Ben de bir hafta içi öğle tatilinde Semiye Hanım'ın evine gittim.

Kuru fasulyeler, pilavlar, turşular... Öyle bir sofra kurulmuş ki bilsem yer miydim o kuru simitleri? Gücenmesin diye elbette tadına baktım. Sonra masanın üzerindekileri kibarca kenara aldım ve önüne bir ses tablosu koydum.

"Hangilerini biliyorsun, göster bana."

Semiye Hanım televizyon yazılarından ve ambalajlardan çözdüğü heceleri, sesleri mırıldandı. Sonra gülümseyip "Yıllar içinde ismimi ezbere yazmayı öğrendim," dedi. Belli ki bir çabalama olmuştu. Hevesi olduğunu da görünce, püf noktaları vermeye başladım. Anlıyor, hatta duygulanıyordu. Yarım saatlik o kısacık zaman diliminde bile özgüvenindeki kıpırdanmaları görebiliyordunuz.

"İstesen de istemesen de bu iş tamamdır, öğreneceksin! Evde ya da okulda... Bunu bir şekilde halledeceğiz."

"İstemez olur muyum? Her şeyden çok istiyorum."

İnsan kaç yaşına gelirse gelsin, çocukluk yıllarında iz bırakan olayları unutamıyor. Semiye Hanım daha önce anlattığı şeyleri tekrar tekrar anlatırken, belli ki rahatlıyordu. Sadece kız çocuğu olduğu için okutulmayan Semiye ile savaşı devam ediyordu. O üzüntüden büzülmüş küçücük kalbi hâlâ geçmişle birlikte atıyordu. Çarşıda, pazarda, yolda, hastanede, bankada yaşadığı zorlukları da konuşmalarına ekliyordu. O kadar içten, samimi anlatıyordu ki... Kendime kızmadan edemedim. Meğer benim daha önce okuma yazma bilmeyen bir yetişkinin yaşadığı zorluklar hakkında hiçbir fikrim yokmuş...

Bankada imza bile atamadığını, utandığını, birçok evrağa parmak bastığını anlattı. Okuyamadığı bir kâğıda parmak basıp onay vermenin rahatsızlığını yaşadığını; yanında gölge gibi erkek kardeşlerinin ya da eşinin durduğunu... Bir gün kendisini azarlayan dolmuş şoföründen gözleri dolarak bahsetti.

"Dolmuş şoförüne 'Fakülte yoluna gider mi?' diye sordum. Şoför kafasını camdan çıkarıp 'Tabelaya baksana, okuman yazman yok mu abla ya?' diye bağırdı. Öyle utandım ki..."

Hastanelerde de yaşadığı tonlarca olayı vardı. Semiye Hanım hiç durmadan anlatıyordu. Yaşadıklarını öyle acı acı dillendiriyordu ki söyleyecek söz bulamıyordum.

"Bir gün hemşireye poliklinik yolunu sorduğumda 'Önünde yazıyor baksana; okları, isimleri takip et,' diye terslendi. Okuyamadığıma mı üzüleyim, işittiğim azarlara mı?"

Her ders Semiye Hanım'ın anılarıyla dolup taşıyordu. İlerleyen zamanlarda, onun anlattığı her yaşanmış hikâyenin beni hırslandırdığını fark ettim. Elimdeki isim listesinin üstüne gidiyordum. Yılmamaya kararlıydım. Yetişkinlere okuma yazma öğretmiş kişilerle sohbet etmek için okul çıkışları İlçe Halk Eğitim Müdürlükleri'ni ziyaret ediyor, kitapları inceliyordum. Kafamda kendi sistemimi yaratmaya çalışıyordum. Benim hızlı, daha kalıcı bir okuma yazma programı geliştirmem gerekiyordu. Kursu açmadan önce üzerinde günlerce çalıştım. Bir okul defteri tutmalarını sağlayıp önce sesli harfleri kavratacak, köyün ve kadınların kültürüne uygun şifrelerle hikâyeler uyduracaktım. O harfi gördüklerinde hikâyedeki kişinin isminden yola çıkacakları kavram haritaları oluşturuyordum.

"E deyince Eren Efendi aklınıza gelsin, Ö deyince Ömer Dayı, A deyince Asiye Abla..."

Sesli harfleri kişilerle eşleştirip üstüne de küçük hikâyeler anlatınca daha bir akılda kalıyordu. Bir sonraki iş sessizleri sesli harflere eklemekti. Onu da yaptıkları nakış örnekleriyle benzeştiriyordum. Televizyondan ödevler veriyordum; şiirler, maniler, en komik fıkralar... Dolu dolu bir müfredat yazıyordum kendimce. Buradaki en güzel nokta özgünlüktü. Onlara özgü bir programdı, benim de kendime özgü oluşturduğum bir öğretim tekniği olmuştu.

Semiye, Fadime, Havva derken, üçlü de olsa bir ekip oluşturduk. Tabii bu durum köyde duyuldu, görüldü... Sevim Hanım onların peşi sıra, koşa koşa soluğu okulda aldı. "Çat pat biliyorum, daha çok öğrenmek istiyorum," dedi. Kızı Zeynep de okula geliyordu zaten. Böylece "Ana-kız

Okuldayız" projesi kendiliğinden doğmuş oldu. Derslerimiz okul çıkışları 15.30'da başlıyordu. Ama kadınlar ders başlamadan neredeyse bir saat önce bahçede beliriyorlardı. Çok hevesli ve heyecanlılardı. Yıllardır köyde beraber yaşıyorlardı ama bir sınıf içinde sosyalleşmek onları ayrıca mutlu etmişti. Sırada oturmanın, defter kalem hışırtısının, silgi kokusunun onlara iyi geldiğini hissediyordum. Okula başlamak onlara terapi gibi gelmişti, "Hocam burada her şeyi unutuyoruz. Rahatlıyoruz," diyorlardı. Bazen sohbete dalıp derse başlamamı zorlaştırıyorlardı. Espriler, gülüşmeler... Kırsal bölge kadınını yakından tanımak benim de çok hoşuma gidiyordu. Artık onların gelişimlerinin bir parçasıydım. Onları kesinlikle zorlamıyordum, sadece kararlı olduğumu hissettiriyordum.

"Bu yola baş koyduk, ben de sizin yol arkadaşınızım; yolu yarıda bırakmak, geri dönmek yok!"

Çevre köylerden de aramıza katılan kadınlar oldu. Ama evleri çok uzak olduğu için istikrarlı bir şekilde devam edemediler. Ama böylece Kumköy'deki diğer kadınların da dikkatini çekmiş oldular: "Farklı köylerden kursa gelen var, okul bizim evimizin dibinde, hele biz de gidelim bakalım."

Öğretim becerilerime yenisini ekliyordum. Yetişkinlerin ilgi alanları, ihtiyaçları ve amaçları farklıydı. Ne olursa olsun ana tema onların dikkatini çekebilmek ve bu dikkati sürekli kılabilmekti. Aynen çocuklarda olduğu gibi.

Üçtü, beşti, ondu derken, liste giderek kabardı. Ama motivasyonları hiç azalmadan aksine çoğalarak devam eden bir kemik kadrom da vardı. Ders sırasında laftan lafa atlayanlar; duyduklarını duymayanlara, gördüklerini görmeyenlere anlatanlar; birbirinin derdini dinleyenler, fikir verenler, eleştirenler... Sosyolog edasıyla öğretmenliğimin en güzel günlerini yaşıyordum.

Ve Kadınlarımız Okumayı Söktü

Metinler, şiirler akıp gidiyordu. Hafta sonları onlara yazma ödevi veriyordum. En keyifli kısmı yazdıklarını gelip sınıfta okumalarıydı. Okumalarını yavaş bulduklarında başlıyorlardı konuşmaya. Yaşadıkları olayı defterden okuyarak anlatmak istemiyorlardı. Kimisi yavaş okuyunca, aralarından bir ses "Haydi sıkıldık," diye tatlı tatlı isyan ediyordu. O doğallık, içtenlik, dürüstlük, şeffaflık beni çok etkiliyordu. İçten içe özgüvenlerinin arttığını da hissediyordum.

Konu konuyu açtıkça, ister istemez başka ihtiyaçları da belirler oldum.

O sıralar, kursun resmi işleri için sık sık Halk Eğitim Merkezi'ne gidip geliyordum. Bu ziyaretler sırasında onlarca farklı kişisel gelişim kursu olduğunu öğrendim. Seç, beğen, istediğin kursu aç. Ama kursların çoğu Halk Eğitim'in kendi binasında gerçekleştiriliyordu. İlçe merkezindeki okullara kurs açıp yürütenler de olmuştu ama köydeki okullara eğitmenlerin gelip gelmeyeceği muallak bir konuydu. Devreye yine benim girmem gerekiyordu. Eğitmenlerin nabzını yoklama zamanıydı.

Köydeki kadınlarımız okuma yazma öğrenmişlerdi ancak farklı yönlerde de eğitime ihtiyaçları vardı. İletişim, sağlık, beslenme, hijyen, aile eğitimi... Bütün bunları kafama koymuştum. Ama ilçeden ancak saat başı dolmuşun kalktığı bir köye hangi eğitmenler gelirdi? Bunu da öğrenmek lazımdı.

Diğer eğitim kurslarını açmak istiyordum ama bir yandan da okuma yazma kursunun sergi hazırlığı vardı. İlçe merkezinde olacaktı ve kadınlarımız birinci aşamayı bitirip okuma yazmada ikinci aşama yolunu tutmuş olacaklardı. Hatta sonrasında ortaokul ve liseyi açıktan bitirme şansları doğacaktı.

Halk Eğitim Merkezi yönetimi de yıl sonu etkinliği için harıl harıl hazırlanıyordu. Halihazırdaki diğer okuma yazma kurslarını da göz önünde bulundurmuşlar. Hem devamlılık hem de benim istekli duruşumdan da olsa gerek, neredeyse sekiz yüz kişinin izleyeceği organizasyonda benim kursiyerlerimden birinin konuşmasını istediler. Nasıl bir heyecandı bu? Kadınlara bu haberi vermek için sabırsızlanıyordum ama bir yandan da ürkebilirler mi diye de endişeleniyordum. "Aranızdan biri yüzlerce kişiye konuşacak, hem de kürsüden hem de mikrofonla," dediğimde nasıl tepki vereceklerini kestiremiyordum.

Sonunda bir plan yaptım, "Konuşma yapar mısınız?" diye sormayacaktım. "Aramızdan birinin bu etkinlikte konuşma yapması gerekiyormuş, haydi hep birlikte bu kişinin kim olacağına karar verelim," diye girecektim konuşmaya. Çok heyecanlı olduğumu da hissettirmeyecek, heyecan yerine gururlu bir tavır takınacaktım.

Konuşmam şöyleydi: "Sizinle gurur duyuyorum. Hem bu zamana kadar müthiş bir istikrarla bu yolculuğa devam ettiniz hem de hedefinize ulaştınız. Şimdi hikâyemizi başkalarına da anlatma zamanı. Herkes ilham alsın, isteyince neler yapılabiliyormuş duysunlar." İlk tepkileri "Dilek Hoca sen konuş," oldu. "Bizim adımıza en iyi sen konuşursun." Elbette kabul etmedim.

"Olur mu öyle şey. Sizi sizden dinleyecekler. Aranızdan bir kişi konuşacak, hepimiz de o kişinin yanında olacağız. Hem bu yıl kaymakamlığımız da kursiyerlere özel hediyeler dağıtıyormuş, hepinize değişiklik olur."

Uzun uzun anlattım ama hâlâ kadınlardan kimin kürsüye çıkacağı belli değildi. Herkes topu birbirine atıyordu. Derken... Semiye Hanım büyük bir özgüven örneği sergileyerek, "Ben konuşurum," dedi. Ders çıkışı oturduk ve konuşma metni hazırlamaya çalıştık ama onun öyle doğal bir konuşma tarzı var ki kâğıttan okuduğunda o doğallık gidiyor, daha çok heyecanlanıyordu.

İşte o anda bir karar verdim ve hazırladığımız metni yırtıp attım.

"Unut bunu. İçinden ne geliyorsa, ne hissediyorsan onu konuş. Hem ikinci kademeye de geçiyorsun. Onun mutluluğu da ayrı güzel."

Bunu duyunca Semiye Hanım'ın o ceviz yeşili gözleri ışıl ışıl parladı.

Belli ki o hafta yoğun geçecekti. Hatta Halk Eğitim'den okul ziyaretleri de oldu. Her gelen okula bayılıyordu. Gelenler gelmeyenlere anlatıyor derken, okulumuz bayağı bir isim yaptı. Herkes Kumköy deyince şöyle bir durup düşünüyordu. Köyün adı, "Şu hareketli köy mü?" diye değişmişti sonradan.

***

Sergiye iki hafta daha vardı. Hava cayır cayır yanmaya başlamıştı. Mayısta ağustos sıcağı yaşıyorduk ama okulun içi serindi. Yine bir ders çıkışı kadınlarımız geldi. Dersimize başladık. Gülmece güldürmece, maniler, şiirler; tam gaz devam ediyorduk ki... Birden sınıfın kapısı çaldı. İçeri giren üç takım elbiseli adamı ilk bakışta müfettiş sandım. Sonra dikkatli bakınca, bizim şube müdürlerinden biri olduğunu anladım. Diğerleri de Milli Eğitim'in taşımalı eğitim departmanından memur arkadaşlarmış. Birden karşıma çıkınca tanıyamamıştım.

Şube Müdürü'nün ilk sorusu şaşkınlık vericiydi.

"Ne yapıyorsunuz burada?"

Bizi suçüstü yakalamış gibi davranıyordu.

Fadime Hanım hemen araya girdi. "Okuma yazma öğreniyoz."

Ben durumu anlattım. Şube Müdürü de bana "Doğrudan kapanacak köy okullarının listesini yapıyoruz, köy köy dolaşıp öğretmenlerin görüşlerini alıyoruz ve bir dahaki yılın öğrenci sayısını da öğrenip karar veriyoruz," dedi. O kadar ciddi bir ses tonuyla konuşuyordu ki...

Kadınlar bizim konuşmalarımızı pür dikkat dinliyorlardı. Ben köy okullarının kapanmasına karşı olduğumu söyledim. Net fikrim buydu... İçimden "Sözü birazdan kadınlara veririm," diye düşünürken, kadınlar çoktan lafa girdi: "Okul kapatmak da neymiş?"

Cevap Şube Müdürü'nden geldi. "Biz artık birleştirilmiş sınıf istemiyoruz. Benim çocuğum köyde olsa, devlet de taşımalı eğitim imkânı sunsa birleştirilmiş sınıfta çocuk okutmam." Ben şaşkındım. Ama o güne dair hatırladığım en net görüntü, kadınların gelenleri kovmaktan beter etmesiydi. "Size okulu gezdireyim," dedim. "Buraya daha yeni binlerce liralık masraf yaptık; bahçesine, teknolojisine, sporuna, anasınıfına, ısınma sistemine kadar. Öğrenci sayısı zaten onun altına düşmüyor, bu masraflar çöpe atılamaz; bu okul da kapanamaz."

Zaten üzerimizde serginin heyecanı, gerginliği vardı. Bu haber iki gün içinde köyde duyulacak, ağızdan ağıza yayılacak, belki de araya yapılan eklemelerle farklı yönlere çekilecekti. Bunun üzerine benim bu yanlış anlamaları düzeltip teke tek herkese izah etmem gerekecekti. Bu da fazladan zaman kaybı demekti. Tam da düşündüğüm gibi oldu. Kahvesi, camisi, muhtarı, imamı, bakkalı derken herkes haberi duymuştu. Bu sefer akıllık edip muhtara talimat verdim. Kapanma söylentileri doğru değildi ve bunu herkesin bilmesi gerekiyordu.

Muhtarın açıklamasına rağmen boş kaldıkça okula uğrayanlar oluyordu. Hepsinin dilinde aynı soru vardı: "Okul kapanacak mı?"

***

Ve tüm bu telaşın içinde sergi günü geldi...

Hazırlıklarımız sabahtan başladı. On bir kadın olarak ilk defa ortak bir etkinlik için köyden çıkıyorduk. Öğleden sonra görevli izinliydim ve bu belge organizasyonu çok önemliydi. Sergiden öte, kadınlar gösterdikleri gayretin belgesini yüzlerce kişinin önünde alacaklardı. Güzel güzel giyindik, kuşandık. Birlikte olmanın ve bir şeyler paylaşmanın tadını çıkaracaktık.

Güle oynaya okulun önünden minibüse bindik. Çok mutlu ve heyecanlıydık. Minibüs şoförü bile dayanamayıp, "Nereye böyle?" diye sordu.

Kadınlar çok tatlıydı. Yüksek sesle "Diploma almaya gidiyoruz, diploma!" diye cevap verdiler. Salona yaklaşırken, dışarıdaki kalabalığı görmek bizi daha da heyecanlandırdı. İçeri girip önlerde yerimizi aldık. Gerçekten de salon tıklım tıklımdı. Hatta ayakta kalanlar bile vardı. Klasik program başladı: İstiklal Marşı, açılış, protokol konuşmaları derken beklediğimiz an geldi. Salonun sıcağından mı yoksa heyecandan mı bilinmez ama hepimizin yanakları kıpkırmızıydı. Hele Semiye Hanım, "Nereden çıktı bu kürsüde konuşma işi?" der gibi suratıma bakıyordu. Ama çare yoktu. Konuşacaktı.

Kendinden emin bir şekilde merdivenlerden çıkışını asla unutamıyorum. Yanakları al aldı ama gözleri ışıl ışıl parlıyordu. Biz de oturduğumuz yerden çılgın gibi el çırpıyorduk.

Sunucunun "Semiye Hanım okuma yazma seferberliğine baş koymuş tüm yetişkinler adına konuşacak," ifadesini duyduğumda kendi kendime "Allah" dedim, "başlıyoruz..."

Sahnede Semiye Hanım

O kadar içten, o kadar doğaldı ki... O heyecanının arasında Kaymakam Bey'i selamlamayı ihmal etmedi. Bana da teşekkür etti. Daha ilk iki cümlesinde başladı alkış almaya... Sesi nasıl gür, nasıl ciğerden geliyordu...

Alkışı duydukça daha bir coştu, coşturdu. Yıllardır mikrofonla haşır neşirmiş gibi o kürsüde resmen bir hâkimiyet kurdu. O kendine güvendikçe, benim de gururum kat be kat arttı. Sanki karşısında yüzlerce kişi yoktu da evinin avlusunda eşine dostuna anlatıyordu. Rahatlığı ve samimiyeti inanılmazdı. Alnı boncuk boncuk terliyor, yüzü nemleniyor, konuşmasındaki iştah ve hareketlilikten baş örtüsü hafif arkaya kayıyor, saç dipleri görünüyor, sesi çatallanıyordu. Ama halinden o kadar memnundu ki... Onu tanıyanlar bile şaşkındı. Önümde arkamda oturanlardan sesli yorumlar geliyordu. Yaşadığı zorlukları tek tek anlattı Semiye Hanım. Dolmuş maceralarını, hastanede, bankada yaşadıklarını, işittiği azarları. Küçük bir kız çocuğuyken okumak için nasıl yanıp tutuştuğunu... Hepsini büyük bir içtenlikle anlattı. Konuştukça boğazındaki damarlar kabarıp belirginleşiyordu. Protokol Semiye Hanım'ı ayakta alkışladı. Seyirciler ıslıklar eşliğinde alkış tuttular. Sonra belge töreni için diğer kursiyerler de sahneye çağrıldı.

Kadınlarımızın nasıl bir gururla sahneye çıktıklarını anlatamam. O belgeleri bir tutuşları vardı ki... Artık ikinci kademeye geçmişlerdi ve yolları açıktı. Çekinerek, ürkerek başladıkları bu kurs onlara kendine inanmanın huzurunu da yaşatmıştı. Belge töreninden sonra bir dizi konser ve halk oyunu gösterisi de olunca epey keyiflendik.

Program bitince bir yerel gazeteci gelip benimle röportaj yapmak istedi. Ben kısaca konuştum ama asıl Semiye Hanım'ın başına üşüştüler. Sadece basın değil, farklı mesleklerden insanlar da onunla konuşmak istediler. Duygulanıp yanına gelenler, tebrik edenler oldu.

Ben de telaş içindeydim. Yetkililerle ayaküstü farklı kurslarla ilgili konuşmak istedim. Daha önce bu konuları açtığımı biliyorlardı. Kadınlar önden çıktı, beni bahçede beklemelerini rica ettim. On beş dakika sonra işimi bitirip dışarı çıkınca, ellerinde koca bir buket gülle bana doğru geldiklerini gördüm. İnanılmaz bir sürprizdi benim için.

Ama aslında benim onlara teşekkür etmem gerekiyordu. Bu yolda yalnız değildim. "Çok teşekkür ederim," diyebildim sadece. "Olmasaydınız olmazdı." Kelebekler gibi mutluydum. O günün anısına fotoğraflar çektirdik. Hâlâ o fotoğraflara bakıp içlenirim.

O güne damgasını vuran Semiye Hanım'ın sırtını sıvazlaya sıvazlaya vedalaştık. Kaymakamlığın dağıttığı hediyeleri de aldılar. Sonra onlar köylerine, ben evime...

Akşam yerel televizyonda Semiye Hanım'ı izlemek ayrı bir keyifti.

Fark yaratıldığında yaşanılan görünürlüğü seviyordum. Bir kadının binlerce kadına ilham verebileceğini, birçok güzel girişim için teşvik edici olabileceğini de çok iyi biliyordum. Bunları canlı canlı yaşamak ve bu hikâyenin içinde olmaktan dolayı ayrı mutluydum.

Ortaokulu dışarıdan bitiren velilerim oldu, sayıları belki azdı ama bana verdiği haz çok büyüktü. İki yıl içinde köyde okuma yazma bilmeyen kadınımız kalmadı. Hatta köyde ilk defa bir kadın sürücü ehliyeti aldı. İlk kademe okuma yazma kursunu bitirenler ertesi yıl koşa koşa ikinci kademeye de geldiler.

Her yıl yapılan belge törenlerine davet ediliyorduk. Geçtiğimiz yıl Semiye Hanım'ın konuşmasındaki etkiyi hiç kimse unutmamıştı. Yine bir belge töreni yapılacaktı ve yine benim kursiyerlerimden birinin konuşmasını talep ettiler. Bu sefer de yıl boyunca karnı burnunda kursa gelen Sevim Hanım'ın konuşmasına karar verdik. Kadınlar aralarında şakalaşıyorlardı. "Aman ha, heyecandan sahnede doğurmayasın."

Sevim Hanım'ın kızı da okulda öğrenci olduğu için "Ana-Kız Okuldayız" hareketinin en canlı örneğiydi. Üstelik kursta ikinci kademeye yükselmiş ve bebek beklediği halde düzenli olarak devamlılık sağlamıştı. Kendince söyleyecekleri vardı. Tarzı daha sakin ve dingindi. Eminim bunu konuşmasına yansıtacaktı. Genel bir tema belirledik. Dört kız evladı vardı. Daha çok kız çocuklarının eğitimlerine yönelik konuşup kendi yaşadıklarından da örnekler verecekti. Hamile haliyle hiç aksatmadan okula geldiğini de anlatacaktı. Aynı heyecanı yaşadık yaşamasına ama hiç ummadığımız bir sürpriz bizi bekliyordu. Yine aynı salon, yine aynı kalabalık. Hatta daha fazlası. Kapı girişi bile tıklım tıklımdı bu sefer. Sonra Samsunlu olan ve şehrindeki etkinliklere ayrı bir ilgi gösteren Gençlik ve Spor Bakanı'nın da programa geleceğini öğrendik. Meğer ortalık o yüzden karışıkmış.

Program yine klasik şekilde başladı. Protokol konuşmaları, Müdür, Kaymakam derken kürsüye Bakan geçti. Konuşması beklenenden uzun sürünce, programda ciddi bir aksama oldu ve birçok etkinlik iptal etti. Koltuk aralarından bize ulaşan kişiler belge töreninin toplu olarak yapılacağı bilgisini verdi. Bu aksama yüzünden Sevim Hanım konuşmasını yapamadı. Üzüldük ama birlikte olmanın ve tabii ki kursiyerlerimizin hakkıyla belgelerini almalarının mutluluğunu yaşadık.

***

Aynı yıl anne kitaplığı da gündeme geldi. Bu kadar mücadeleye bir anne kitaplığı yakışmaz mıydı? Yine kitap seferberliği başlattım. Bir süre sonra dört yüz yetişkin kitabından oluşan anne kitaplığımız da hazırdı.

Doğruyu söylemek gerekirse, süreç tek kelime ile geçiştirilecek kadar basit değildi. Mobilyalar, kitapların toplanması, konularına göre ayrılması, numaralandırılması, kadınlara kitaplığı nasıl kullanacaklarının açıklanması ve hatta kitaplık defterinin oluşturulması çok zaman aldı. Köydeki mezun öğrencilerim tertip düzende elim ayağım oldular.

"Kitapları kolilere koy, üçer beşer dağıt kadınlara," deyip akıl verenler de oldu ama evlerde mecbur kalınınca eski kitap sayfalarının sobalarda tutuşturulduğunu öğrendikten sonra bu fikrin işe yaramayacağını anladım.

Ciddiyet önemliydi. Bu ciddiyeti çevremdekilere hissettirebilmek daha da önemliydi. Ve değer vermek. Her şeyin temel kaynağının değer vermek olduğunu öğretmek. Kitaba değer vermek, nereden başlayacağını bilmek. Sanıyor musunuz ki tüm kitaplar sular seller gibi okundu? Hayır efendim.

En sancılı kısmı orasıydı. Örneğin bir annemiz bir kitabı alıyor, okumak için evine götürüyordu. Ertesi gün geri getiriyordu. "Okudun mu? Bir günde mi okudun?" diye sorduğumda gülmeye başlıyordu. Sonra da dürüstçe "Beğenmedim, ilk on sayfasından da hiçbir şey anlamadım," diyordu. Böyle örnekler çoktu. Haklılardı da. Birdenbire kitap okuma alışkanlığı kazanmak kolay değildi. Beş günde beş kitabın gidip geldiğini bile gördüm. Hiç ses etmedim. Mutlaka sevecekleri kitaplar çıkacaktı. Her kitabı okumak zorunda değillerdi ama ince de olsa bir kitabı baştan sona okumaları bir istikrar belirtisi olabilirdi.

Anne-çocuk birlikte okuma seansları yaptık. Anneler, çocukların okudukları kitaplara daha çok ilgi gösterdiler.

"Hocam bize bunlardan ver," deyip şakalaştılar. Bazen çocuklara görevler veriyordum: "Anneniz size üç sayfa sesli okuma yapacak, siz de annenize üç sayfa okuyacaksınız." İşin eğlenme, kitaplarla ilgili konuşma ve olayları tahmin etme kısmı size kalmış," diyordum. Birkaç haftadan sonra bu işbirliği işe yaradı. Çocuklar sınıfa gelip "Annemle okuma yarışı yaptık," demeye başladı.

Bu okuma seferberliği yıllarca sürdü. Okula uğrayıp kitap bağışlayanlar da çok oluyordu. Herkes eninde sonunda gönlüne, ilgisine göre kitap buluyordu. Çıkışta çocuğunu hobi sınıfında bekleyen annelerin raftan bir kitap seçip içinden gözüne kestirdiği birkaç satırı okuması bile benim amacıma ulaştığımın bir kanıtıydı. Tabii arada sıcaktan bunalıp kitabı elinde yelpaze yapanlara da rastlamak mümkündü.

Ortaokulu açık öğretimle dışarıdan bitiren Emine Hanım heyecan içinde yanıma geliyor, girdiği sınavları hevesle anlatıyordu. Bazen de okulda internet bağlantısını kullanarak sınav sonuçlarına, kayıtlarına birlikte bakıyorduk.

Velilerin bilinçlisi, öğretmene çok iyi gelir. Bana da çok iyi geliyordu. Biraz rehberlik ve yönlendirmeyle kendi gelişimi paralelinde çocuklarının gelişimleri için de üst düzey çaba gösteriyorlardı. Kırsal bölgede kız çocuğu olan annelere özel iletişim seminerleri bile düzenledik.

Daha önce de bahsettiğim gibi, farklı başlıklarda bir sürü kurs vardı ama bu kursları verecek eğitmenlerin köye gelmesini sağlamak, onları ikna etmek ayrı bir zaman işiydi. En çok da 0-12 yaş grubu çocuğu olan anneler için Aile Eğitimi Kursu'nun açılmasını istedim. Artık köyde kala kala, gözlem yapa yapa, dert dinleye dinleye, sorunları göre göre ihtiyaçları daha kolay belirliyordum. Hatta bir tık ileriye gideyim, bunu kendim için de çok istiyordum. Sonuçta ben de bir anneydim ve bu gelişime ben de ortak olmayı arzu ediyordum. Onlarla birlikte ben de bu eğitimi alacaktım.

Halk Eğitim yetkilileri bunun için Samsun'dan bir eğitmenin geleceğini söylediler ancak eğitmenin köye ulaşım konusunda tereddütleri olduğunu eklediler. Haftada yalnızca iki gün gelecekti ve eğitim altı ay sürecekti.

Kurs tüm heyecanımızla başladı. Yol boyunca eğitmenimizle sohbetler ediyor; her ailenin durumu, her kadın kendi hikâyesi hakkında yorumlarda bulunuyor, yapılabileceklerimiz hakkında konuşuyorduk. Öyle zamanlar geldi ki okula psikologlar, sosyologlar davet ettik; hatta ev terapileri yaptık. Bir süre sonra öğrencilerimin yattıkları yer bile değişti. Mutfakta yatan çocuklar vardı. Ayrı odanın ve çalışma masasının önemi, anne-baba iletişimi, sınav kaygıları, erken çocukluk dönemi, ebeveynlerin ergenlik döneminde iletişim becerileri ve alt başlıklarında yer alan onlarca alan taramasını köyde uygulatma şansımız oldu.

Sosyoloji, psikoloji, yaşam koçluğu alanlarında destek olanlar bir lira bile talep etmeden, tamamen gönüllülük esasına dayanarak seminer ve eğitimler verdiler. Bütün bu kursları neredeyse her yıl düzenledik ve yıllara, aylara yaydık. Hatta kurs kültürümüzü abartıp kozmetik firmaları aracılığıyla güzellik ve bakım etkinlikleri yaptık. Kadınlar diyetisyenlerden sağlıklı beslenme ve hijyen eğitimleri, diş hekimlerinden ağız ve diş sağlığı eğitimlerini uygulamalı olarak aldılar. Hatta diş taramaları çocuklara ve köydeki yaşlılara da yapıldı.

Daha önce hiç fark etmediğim o kadar çok şeyi fark ediyordum ki... Mesela yıllardır tanıdığım Asiye Hanım'ın dişlerinin döküldüğünü hiç fark etmemiştim. Eksik dişlerinin olduğunu, bazı dişlerinin konuşurken oynadığını hiç mi hiç fark etmemiştim.

Bunu diş hekimi okula geldiğinde, aralarında geçen sohbetten sonra öğrendim. Asiye Hanım'ın sorduğu sorulara kulak kabartınca gerçekten sıkıntısı olduğunu anladım. Çok garip ama ilk yaptığım şey kendime kızmak oldu. Nasıl daha önce anlayamamıştım? Madem okula diş hekimi çağırıyorsun, öncesinde kadınlara ve çocuklara sıkıntılarını sorup neden not almıyorsun? Kendi özeleştirimi acımasızca yaptığım zamanlar oluyordu ama bu durumlardan ders çıkarmayı da ihmal etmiyordum. Bazen de sanki bu benim suçummuş gibi bu durumu telafi etme çabasına giriyordum.

Asiye Hanım ile diş hekiminin konuşmasının tam ortasında lafa girdim. "Bu dişler nasıl düzelecek?" Doktor "Diş implantı yapılmalı," deyince, o işlemin ismini de ilk kez orada duymuş oldum.

Seminer, bilgilendirme kısmı ve kadınlara yapılan açıklamalar bitince, diş doktoru ile baş başa kaldık. İçimde kalmadan açıkça söyleme huyum hiç değişmedi. "Siz yapıverin şu implantı," dedim, "bu kadınımızın ne sağlık güvencesi ne de maddi durumu var." Çok pahalı bir uygulama olduğunu da orada öğrendim. Üst damak, alt damak, komple bir ağzın ve tüm dişlerin değişiminden bahsediyorduk.

Samsun'a onun arabasıyla dönme fırsatım olunca, ısrar etme şansım da arttı. Yüzlerce soruyla yol boyunca kendisini bunalttım. Ama yine de son sözüm "İçinizden geliyorsa yapın, asla zorla yapın demek istemem," oldu. Yine de sözü aldım, mutluydum ama işin en heyecanlı kısmı Asiye Hanım'ı durumdan haberdar etmek oldu. Eve girer girmez onu telefonla aradım, başladım nefes nefese anlatmaya. Asiye Hanım şaşkındı. "Nasıl olacak?" diye sorup duruyordu. "Ben de nasıl olacağını bilmiyorum ama bir şekilde halledeceğiz. Önemli olan doktorun seni çağırdığı günler... Saatleri iyi ayarlamak gerekir. Köyden Samsun'a gitmekten bahsediyordum. Peş peşe olabilir, haftada bir gün gitmen gerekebilir. Ama merak etme dişlerinle ilgili problemleri çözeceğiz," diyerek onu rahatlatmaya çalıştım.

Asiye Hanım'ın ağzından çıkan dualar dün gibi aklımda. Bir yandan da masrafını soruyor, "Gerçekten gönüllü mü yapacak?" diye endişeleniyordu. Evde eşime durumu anlattığımda "Memleketi sen kurtaracaksın galiba," diye takıldı bana. Kim ne derse desin, ben yine bildiğimi okumaya kararlıydım. Ders üçte bitse de dörde kadar kurslarda vakit geçiriyordum; bir saat ilçe ziyareti, üstüne bir saat yol, üstüne evin ve okulun eksikleri... Oradan oraya koşturuyordum. "Evde yemeğim yok", "Oğlum okuldan çıkacak, evde kimse yok" kısmını da bir yardımcı teyzemizi işe başlatarak çözmüştüm. Bu konudaki özgürlüğümü çocuğumu okuldan gelince karşılayan ve yemeklerimizi yapan Birsen Ablamıza, ikinci çocuğumdan sonra ise Selma Teyzemize borçluydum. Ve tabii ki anneanne ve babaanne desteği. Onlar olmadan bunca şeyi başaramazdım.

Neyse, çok geçmeden şu diş işi ciddiye bindi. Diş hekimimiz gerçekten de Asiye Hanım'ı randevuya çağırdı. Diş hekimine ilk gidişi olduğu için benim de ona eşlik etmem gerekecekti. İlk randevu çok güzel geçti. Asiye Hanım öyle tatlı dilli bir kadın ki, neredeyse konuşmaktan doktora kontrollerini yaptıramayacaktı. Doktorumuzun yaptığı işten aldığı hazzı o anda hissettim. Yüzünde maske vardı ama kontrol sırasında gözlerinin hep içi gülüyordu.

Asiye Hanım "Şimdi beni görünce köydekiler sıraya girer," deyince gülmekten doktorun gözünden yaş geldi. "Olsun," dedi, "onlarınkileri de yaparız. Hepsini ben yetiştiremezsem bile arkadaşlarım var, onlara yönlendiririm."

Daha ilk randevuda anahtar cümleyi kapmıştık. Çünkü artık hepimiz iyiliğin bulaşıcı olduğunu biliyorduk. Bir kez iyilik yaptığın zaman üstüne daha çoğunu koymak istiyorsun; daha fazlası olsun, daha fazla insan fayda görsün istiyorsun. Bunu etrafına yaymaya çalışıyorsun.

Ben ilk randevudan sonra aradan çekildim ama Asiye Hanım'ın tedavisi haftalarca sürdü. Diğer taraftan köyde bu durum duyulunca güzel tepkilere yol açtı. Yine de kimse Asiye Hanım'ı emsal gösterip, "Bizim de dişlerimizi yaptır," demedi. Çünkü herkes en çok kimin ihtiyacı olduğunu biliyordu.

Sonraları insanlara doğrudan yardım yerine, onları yönlendirme yöntemlerimi de geliştirdim. Rehber olmak gibi... Birçok bilgim ve bağlantım vardı. Yardımcı olmak istediğim kişileri bu şekilde de çözüme ulaştırdım. Örneğin bir genç kız dişleri için ortodonti tedavisi görecekse, onu üniversitenin ilgili bölümlerine gönderiyordum.

Balığı önlerine koymak yerine, balık tutmayı öğretmek misali...

Köyde kadınların eğitimlerinden gelişimlerine, kendilerini ifade etmelerinden sağlıklarına, iletişimlerinden özbakım becerilerine kadar her türlü konuda kurs ve seminer almalarını sağlamak bende motivasyon patlaması yaşatıyordu. Bu yüksek motivasyonun içinde Isaac Asimov'un "Eğitim bitirebileceğiniz bir şey değildir," sözünü de aklımdan çıkarmıyordum.

Yıl 2012. Öğretmenliğimde onuncu yıl coşkusu yaşıyordum. Yaptığım işe gönlümü, cesaretimi koyuyordum. Verebildiğim en büyük değeri veriyordum. Öğretmen ortamında "Öğretmen kendi saygısını kendi yaratır," dediğimde çoğu kez tepki bile aldığım oluyordu. Köyde hissettiğim ve yaşadığım duygu tam da buydu aslında. Ben belki çok büyük bir holdingin patronu değildim ama on beş dakika içinde tek bir çağrıyla, hiçbir karşılık gözetmeksizin bütün köy halkını okula toplayabiliyordum. Bu çok büyük bir güçtü. Bu öğretmenliğin gücüydü. Aslında bu, onlara verdiğim güvenin gücüydü. Hangi meslekte olursanız olun karşınızdaki kişiler onları ne kadar önemsediğinizi hissederlerse, onlar da sizi o kadar önemser, destekler, arkanızda dururlar.

Değer vermek öyle hissedilen bir kavram ki, Kumköy'de bu zamana kadar yaşadıklarım da bunun üzerine kuruluydu. Çocuklar, kadınlar ve köy halkı onları ne kadar önemsediğimi çok iyi biliyor, hissediyordu. Her ortamda, her mahallede, her köyde muhalif insanlar vardır. Siz sürekli "değer" vurgusu yaparsınız, onlar da size "değmez" vurgusu yaparlar. Bu tip insanlarla mücadele kısmı da yoruyor insanı. Ben tek başına sivil toplum örgütü gibi çalışmayı seviyordum. Hâlâ da öyle... Bağlantılar kurmayı, insanlarla hizmet odaklı çalışmayı, ekip olmayı, kırsal yaşamda iletişimi... Bunların hepsini çok seviyordum. Herhangi bir dernek üyeliğim yoktu ama birbirinden farklı onlarca dernekle aynı anda çalışabiliyordum. Bir değil, birçok dernek adına yapılan yeniliklerde ve faaliyetlerde bulunuyordum. Bu da benim çok yönlülüğümü tetikliyordu.

Yılın Öğretmeni

2012'de eğitim-öğretim yılı başlamadan ağustos ayında okula gelen bir yazı dikkatimi çekti. Öğretmenler Günü için her ilden bir temsilci öğretmen seçileceği duyuruluyordu. Devamını daha bir heyecanla ve ilgiyle okumaya başladım. Bu seferki çok farklıydı. Bir önceki sene gibi İl Milli Eğitim Müdürü'nün bireysel olarak seçtiği bir öğretmen değil, bir jüri eşliğinde seçilecek bir platformdan bahsediliyordu. Hem de önce ilçe kurulundan geçecek, sonra ile gidecekti. Katılmak isteyen öğretmenlerin birkaç sayfalık form doldurmaları gerekiyordu. Formlar çok detaylıydı, ince eleyip sık dokuyacakları belli oluyordu. Hatta üç dakikalık video ve yaptıklarımızı anlatan görüntülü kanıtlar da istiyorlardı. Aslında okuduğum tam bir yarışma formatıydı. Yarışma sonunda üç öğretmen seçilecek, ardından bu üç kişinin ismi Milli Eğitim Bakanlığı'na gönderilecek, en son kararı Milli Eğitim Bakanlığı verecekti. Kulağa hakkaniyetli geliyordu. O anda içimi bir heyecan kapladı. Başvurmaya karar verdim ama böyle bir başvuru yapacağımı kimseye söylemedim.

Mesleğimin onuncu yılıydı ve bana göre Türkiye'de köy okulu öğretmenlerinin gündeme geldiği günler tam da o zamandı. Evet, birçok şey yapıyorduk ve yakın çevremiz farkındaydı ama bu durum ne Kaymakam Başarı Belgesi'ne ne de müfettişlerin teşekkür belgesine benziyordu.

Seçilen öğretmen "Yılın Mesleğinde Fark Yaratan Öğretmeni" unvanıyla, Samsun'u Milli Eğitim Bakanlığı, Türkiye Büyük Millet Meclisi, Başbakanlık ve Cumhurbaşkanlığı Köşkü'nde temsil edecekti. Türkiye'deki en üst makamlarla birebir tanışma ve kendini ifade etme fırsatı yakalayacaktı.

Formları aylar öncesinden doldurdum. Elimdeki tüm fotoğraf arşiviyle, yüzlerce fotoğraftan seçtiğim anları tasarımı bana ait bir resimli kitapta toplamaya karar verdim ve okul çıkışları tasarım merkezlerine gitmeye başladım. Bu öyle bir kitap olacaktı ki kelimeler değil, resimler konuşacaktı. Kapak tasarımında da dosya içinde kullandığım bütün fotoğrafları harmanlayıp bir kalbin içine kolaj şeklinde yerleştirdim. Kapak yazı karakterini Mustafa Kemal Atatürk'ün imzasının karakterini kullanarak yazdırdım. Ama bu kronolojik albüm kitabıma hâlâ bir isim bulamamıştım. "Kumköy Hikâyesi" mi yoksa "Benim Hikâyem" mi desem, bir türlü karar veremiyordum. Günlerce uğraşınca ve eve geç gelmeler devam ettikçe eşime durumu söylemek zorunda kaldım. "Böyle bir fikrim var," dediğimde eşim pek umursamadı. Ama albümün tamamlanmamış halini eline tutuşturduğumda fikri değişti. Hatta fotoğraflara bakıp başlangıç kısmı için yazdığım şiiri görünce gözleri dolu dolu oldu (Bir süre sonra aile arasında o albümün adı almanak oldu. Almanak aşağı almanak yukarı.).

Şiirin adını "Ben Bir Öğretmenim" olarak belirlemiştim. Eşim güzel bir öneride bulundu ve kitabın da aynı adı taşıması gerektiğini söyledi. Hiç fena bir fikir değildi. Kabul ettim.

Son olarak video arşivlerimden kolajlar yapıp üç dakikalık videomu da oluşturdum. Sonunda başvuru günü geldi çattı. Bu sırada 2011-2012 Eğitim-Öğretim Yılı başladı. Tüm evraklarım hazırdı. İlçe Milli Eğitim binasına gittiğimde, memurlarla sohbet etmeyi çok severdim. Çay odasında adaşım

Dilek Hanım vardı. Ona sevgiden öte, çok saygı duyardım. Çalışkanlığına, atom karınca gibi oradan oraya koşturmasına hayrandım. Orada içtiğim çayın tadını da başka yerde alamazdım. O binanın ve orada çalışanların kendine ait bir havası vardı. Hatta aynı yılın Cumhuriyet Bayramı'nda da memurların fotoğraflarından oluşan kocaman bir tablo oluşturmuş, bayramdan önce çocuklarla onları ziyaret edip kendi hazırladığımız çiçekleri dağıtmıştık. İlçe Milli Eğitim Müdürü de tabloyu koridorun en güzel yerine astırmıştı. Seksen santimetreye yüz santimetre boyutundaydı, uzaktan baktığınızda bir Atatürk portresi görüyordunuz. Yakınlaştıkça o binada çalışan memurların resimleri birer mozaik misali karşınıza çıkıyordu. Bu düşünce de başvurumu yapmadan yıllar önce, yine burada çay içerken aklıma gelmişti.

Az çok herkesin haberi olmuştu bu başvurudan. Başka başvuranlar da olduğu için havuzda öğretmen isimleri birikmişti. Her daldan, her branştan isimler vardı. Ama İl Milli Eğitim Müdürlüğü'ne bir isim gidecekti. Memura gülümseyerek başvurumu uzattım, her zamanki konuşkanlığım ve heyecanımla "Jüride kimler var?" diye sordum. Onun bile haberi yoktu. Memur başvurumu kaydederken soyadım dikkatini çekti. Diğer memur da atlayıp Zülfü Livaneli ile akrabalık bağım olup olmadığını sormaya başladı. "Soyadımı çok seviyorum ve soyadımla gurur duyuyorum," diye cevap verdim. "Bilmeyenler için de söyleyeyim. Artvin'in eski adı Livane. Livaneli de Artvinli demektir. Zülfü Livaneli ise en sevdiğim Livanelilerdendir."

***

Süreç uzun ve heyecanlıydı. Henüz eylüldeydik ama ben 24 Kasım'a gün sayıyordum. Daha fazla meslektaşımla hikâyemi paylaşmak, Türkiye'nin her köşesinden gelen öğretmenlerle tanışmak, Atamın huzuruna yürümek istiyordum. Ülkemin her şehrinden bir öğretmenle tanışmanın, hangi şehre gitsem bir öğretmen arkadaşımın olmasının düşüncesi bile çok güzeldi. Daha önce hiç böyle bir şey yaşamamıştım.

Ve ilçeden güzel haberi aldım. Şube müdürleri bile kendi aralarında bütün başvurular arasında en çok özenilen ve dikkat çekenin benimki olduğunu konuşmuşlar. İsmim İl Müdürlüğü'ne ulaşmış.

Bu başvurudan bir yıl önce İl Müdürü ziyareti yapıp çat kapı odaya girmişliğim vardı. Müfettişlerin bana verdiği teşekkür belgesi için iadeyi ziyarete gitmiştim. O yıl İl Milli Eğitim Müdürümüz kadındı. Samsun'a ilk defa bir kadın İl Müdürü atanmıştı. Bu durumun vermiş olduğu sevinç de vardı içimde. Özel kaleminden sözlü izin aldım. Randevum yok diye biraz yadırgandım ama "Çok uzun yoldan geldim, köy okulu öğretmeniyim. Hem kısaca çalışmalarımdan bahsedeceğim hem de aldığım teşekkür için ben de ayrıca teşekkür edeceğim," deyince zor zahmet içeri girdim ve kendimi tanıttım. Fazla vaktini almadan heyecanla anlatmaya başladım. Ben sohbet süresince Hülya Hanım diye hitapta bulunmuştum. O sırada odaya giren ve sonradan müfettiş olduğunu öğrendiğim bir adam konuşmalarımıza şahit olmuş. Odadan dışarı çıktığımda, müfettiş bana "Hoca Hanım, sizi naçizane uyarmak isterim, sohbetiniz sırasında işittim. Hep Hülya Hanım diye hitap ettiniz ama Müdüre Hanım demeliydiniz. Bu seferlik böyle olsun, bir dahakine aklınızda bulunsun, Hülya Hanım denmez," dedi. Neye uğradığımı şaşırdım. Gereksiz yere işittiğim o azar bugün bile aklımdadır. Her İl Milli Eğitim Müdürlüğü ziyaretinde o günü hatırlar, o güne benzer bir şey yaşamamayı dilerim. İlçeden başvuru gitmişti ama kim bilir kimin masasındaydı. Yine heyecanlı bekleyiş. Samsun'da on yedi ilçe vardı. Hepsinden öğretmen isimleri gelecek ve sonra kurul üç isim belirleyecekti.

İldeki sonuçları beklemek daha uzun sürdü. Günler sonra tesadüfen listeye üç öğretmenin girdiğini ve üç isimden birinin de ben olduğumu öğrendim. Çok sevindim. Artık beklemekten başka da çarem yoktu.

Bir yanda okulun işleri, diğer yanda ev işleri günler gelip geçiyordu.

Bu durumu çok kafaya takmış gibi görünmek istemiyordum ama çok heyecanlıydım. Hazırladığım onca arşiv ve özet doküman en üst makamlarca görülecek ve değerlendirmeye alınacaktı. Bu durum hoşuma gidiyordu ve ben Türkiye'de köy öğretmenliği alanında çığır açmak istiyordum.

Mesajım netti aslında: Birleştirilmiş sınıf Türkiye'nin gerçeğiyse, biz de bunu en iyi şekilde yaşamak zorundayız. Bahaneler hızımızı düşürür, enerjimizi azaltır. Bahanelerden arınmış bir meslek yaşantısı hedeflemiştim ve hedeflerime ulaşmanın tadını çıkarıyordum.

***

Yine yorgun bir cuma günü bitmişti. İstiklal Marşı'nı okutup öğrencilerimle vedalaşmış, soluğu müdür odasında almıştım. Yetiştirmem gereken onlarca yazı vardı ve haftanın yorgunluğu üzerime çökmüştü. O gün tesadüfen servisimizin de geç geleceği haberini aldım. Bu sırada servisten üç köy okulu öğretmen arkadaşım beni ziyarete geldi. Sohbet etmeye başladık; havadan sudan, varlıktan yokluktan... Okulu yakından görmek çok hoşlarına gitti. Öğretmenin öğretmene desteği, dayanışma ve paylaşım çok önemliydi.

John Meehan'ın dediği gibi, öğretmenlerin en değerli kaynağı birbirleridir. İşbirliği yapmazsak en fazla kendi bakış açımız kadar gelişebiliriz. Tam da bu sırada okul telefonu çaldı. O saatte kim arıyor olabilirdi ki? Normalde okul çıkış saatimizin çok sonrası bir saatti. Ekim ayının ortalarıydı; önce 29 Ekim, sonra da 10 Kasım telaşım vardı. Yoğunluktan başvurumu unutmuştum. Nasıl olsa bakanlığa gitti diye duygularımı koyvermiştim.

Telefondaki ses İl Milli Eğitim Müdürlüğü'nden arandığımı söyledi ve beni Müdür Yardımcısı'na bağladı. "Dilek Hanım tebrik ederiz. 24 Kasım Öğretmenler Günü'nde Yılın Öğretmeni unvanı ile Samsun'u siz temsil edeceksiniz." Heyecandan yerimden fırlayınca sağ dizimi masanın alt bölümüne çarptım, çok canım yandı ama ne diyeceğimi bilemeyecek kadar heyecanlıydım.

Arkadaşlarımın suratıma bakışını unutamıyorum. Hepsinin gözleri açılmıştı ama ilk başta haberin iyi mi kötü mü olduğunu anlayamadılar. Daha önce onlara böyle bir başvuru yaptığımı söylememiştim. Tir tir titriyordum. Parmaklarımı sabit telefonun kablosundaki kıvrımlara doluyor, Müdür Yardımcısı'nın bazı söylediklerini duyamıyordum.

Müdür Yardımcısı protokol kuralları için bana yazı ve kurallar gönderileceğini söyledi. Kaşla göz arasında diğer iki öğretmen hakkında da bilgi aldım. İkisi de merkezde görev yapan öğretmenlermiş. Dikkati köy okulunda çalışmamın çektiğini düşünüyordum. Bakanlığa gidecek herhangi bir yarışma ya da etkinliğe köy öğretmenleri pek başvurmazdı. Çoğu "Derdimiz başımızdan aşkın, bir de yarışmalarla mı uğraşalım?" diye düşünüyordu.

Aslında bu düşünceyi yıkmak adına benimki çok güzel bir adım oldu. Üstelik bu sıradan bir başvuru değildi, Milli Eğitim Bakanlığı'nın Öğretmenler Günü için seçtiği öğretmenler bir dizi kriterden geçiyordu. Zamanla bu seçimler format değiştirdi, bir kişi yerine her ilden üçer beşer kişi gitmeye başladı.

Ama şunu açıkça söyleyebilirim ki her şeyin ilki en güzeli oluyor. En şeffafı, en doğalı, en organiği oluyor. O yıl yaşadığım "Yılın Öğretmeni" senfonisi en güzeliydi.

Telefondan sonra elimi ayağımı koyacak yer bulamadım. O sevinçle arkadaşlarıma durumu üstünkörü anlattım ama asıl heyecanı ailemi aradığımda yaşadım. Hemen eşime ve babama haber verdim. En çok da babamın "Seninle gurur duyuyorum," demesi beni mutlu etti. Annelerin şaşkınlığı ve sevinci beni daha da duygulandırdı. İlkin Hanım "Sonuna kadar hak ediyorsun," dedi. Esen Hanım sırtımı sıvazladı. Tam da hikâyenin içinden birilerinden bu tepkileri almak ilaç gibi gelmişti.

Servisin geç kalması artık umurumda değildi. Her şey, her şeyin bahanesi olmuş gibiydi. O gün servisin beşe doğru gelmesi çalan telefona cevap vermeme vesile olmuştu. Üstelik cuma günüydü. O gün okul dışında olup telefona cevap verememeseydim, haberi iki gün gecikmeli olarak pazartesi öğrenecektim.

Hazırlıklarım başladı. Ailem ve yakınlarım bir yana, gerçek dostlarım ve meslektaşlarım da arayıp beni tek tek tebrik etti. Sonra bu haberi yakından tanıdığım, oldukça kıdemli ve deneyimli bir öğretmen arkadaşımla paylaşmak istedim. Heyecan içinde olanları anlattım. Tüm süreci, haberi öğrendiğim ânı... Ama ben anlattıkça karşıdaki ses düşmeye başladı. İçimde çok kötü bir his belirdi, ben anlattıkça onun sessiz kalmasına şaşırdım. Bir tebrik ya da "senin adına sevindim" gibi bir cümle duymayı bekledim. Ama onun yerine, farklı bir ses tonuyla eleştirel cümleler gelmeye başladı. Ve işin rengi değişti.

"Bu işler vitrin işleri Dilek'ciğim, hiç bulaşma. Oraya gitsen ne olur, gitmesen ne olur? Ben senin yerinde olsam gitmezdim. Boş işler bunlar. Bence arayıp gelmeyeceğini söyle, içten içe protesto et onları. Ayaklarına öğretmen çağırıyorlar."

Ne söyleyeceğimi bilemedim. Yaşadığım hayal kırıklığı, kızgınlığımın önüne geçmişti. Yaşadığım o şokla benim de verdiğim cevaplar oldu tabii. "Düşüncelerine saygı duyabilirim. Farklı açıdan düşünebilirsin ama ben gitmeyi çok istiyorum. Sonuçta ülkemin en üst makamları tarafından yılın öğretmeni seçilmişim. Hem de küçücük bir köy okulunun öğretmeniyken. Bunu nasıl göz ardı edebilirim."

"Seni düşündüğüm için bunları söylüyorum" bana en son söylediği ve en samimiyetsiz cümle oldu. O gün bu gündür pozitif enerjimi sömürmeye çalışanlarla arama hemen bir mesafe koyarım.

Arkadaşlığın çok farklı boyutlarıyla karşılaştım. Zor günlerimde benim üzüntümden beslenen; çok heyecanlı ve mutlu olduğum günlerde benimle ilgili güzel haberleri ve başarıları duymaktan rahatsız olan böyle başka arkadaşlarım da oldu.

Ama ben artık gün sayıyordum, kıyafetlerimi bile günler öncesinden hazırlamıştım. Koyu renk etek ve ceketlerimin son ana kadar jilet gibi olmaları için elimden geleni yaptım. Hatta bavuluma bile koymadım, Ankara Öğretmen Evi'ne yerleşene kadar elimde askıyla kılıfla taşıdım.

Seksen bir ilden farklı branşlarda, farklı kıdemlerde öğretmenlerle tanışıp hikâyelerimizi paylaşmak özel bir deneyim olacaktı. İlleri temsil eden öğretmenlerin bu kadar titizlikle seçilmesi ve bunun ilk kez belli kriterlere bağlı olarak yapılması o Öğretmenler Günü'ne o kadar büyük bir anlam yüklemişti ki... Ankara'da yaşadığımız ve dolu dolu geçen dört günün sonunda en çok hissedilen duygu buydu.

Protokol kısmı o kadar ayrıntılı ve enteresan ki oralara çok girmeyeceğim. Sadece olayın, bir öğretmen olarak beni değerli hissettiren kısmıyla ilgileneceğim.

Türkiye değişiyor, Dünya değişiyor, fikirler ve görüşler değişiyor. Siyasetin 's'sinden anlamam. "İnsanın hiç mi görüşü olmaz," diyenlere de cevabım hazır. Artık her şey küresel değerler üzerine kuruluyor. Ocu bucu şucu olarak anılmayı sevmiyorum. Devlet memurluğum süresince bir kere bile sendikam olmadı. Türkiye'de sendikacılık beni pek etkilemedi, hiç de gerek duymadım. Türkiye'de sendikacılık hep sınıflandırmalar üzerine kuruluydu, hâlâ da öyle. Bana göre değil. Tanıdığım fanatik sendikacılar vardı. "Yılın Öğretmeni" olduktan sonra sağ olsunlar ziyaretlerde bulundular, ısrar da ettiler. Ama dedim ya, bana göre değil. İyi ki hepsine "hayır" demişim. Zaten işinizi doğru düzgün yapma yolunda ilerlerken, tüm enerjinizi işe harcamaktan taraf olmaya bile vakit kalmıyor.

Öğretmenevinde Milli Eğitim Bakanı Ömer Dinçer uzun bir konuşma yaptı. O zamanlar Recep Tayyip Erdoğan Başbakan, Ali Babacan Başbakan Yardımcısı ve Abdullah Gül Cumhurbaşkanı'ydı. TBMM Başkanı ise Cemil Çiçek'ti. Bunları yaşarken ve görürken tarihe de tanıklık ediyorsunuz.

Çankaya Köşkü'nde yediğim yemeği unutamam. Öyle ihtişamlı ve güzeldi ki. Neredeyse hepimize smokinli birer servis görevlisi düşüyordu. Onların tabakları senkronize bir şekilde aynı anda kaldırıp aynı anda masaya koymalarına hayran kalmıştım. İlk defa böyle bir ortamda yemek yiyor, şaşkın şaşkın olup biteni gözlemliyordum. Benim bulunduğum masada Talim Terbiye Kurulu Başkanı da vardı, kendisi aynı zamanda benim üniversitede Okul Yönetimi derslerime giren Emin Karip Hocam'dı. Durum böyle olunca sohbet daha da koyulaştı.

Bir devlet memurunun yaşayabileceği en üst düzey günü yaşıyordum belki ama silsilenin ne kadar keskin olduğunu da görebiliyordum. Tüylerimi en diken diken eden kısmı ise seksen bir ilin öğretmenleri ile birlikte Anıtkabir'e, Başöğretmenimizin huzuruna yürümemizdi. Anıtkabir'e üçüncü gidişimdi. Daha önce öğretmen adayı olarak gittiğim Atamın huzuruna bu defa öğretmen olarak çıkıyordum. Her adımımız asker gibi güçlüydü ve her adımda kafamdan bambaşka duygu ve düşünceler geçiyordu.

Orada Atam'a söz verdim. "Bir gün öğrencilerimi, hatta öğrencilerimin annelerini de huzuruna getireceğim," diye geçirdim içimden. Gerçekten de ilginç bir şekilde yaşadığım her duyguyu onların da hissetmelerini istiyordum. Gördüğüm her yeri onların da görmelerini arzu ediyor, öğrendiğim her yeni şeyi onların da bir an önce öğrenmelerini diliyordum.

Yılın Öğretmeni unvanını aldığım Ankara maceramın her anını doyasıya yaşadım. İlk açıklandığında, yerel ve ulusal basında yer alan haberler Samsun'a döndüğümde de devam etti. Yerel basından çok büyük destek gördüm. Hepsi birbirinden heyecanlıydı. Her ay, hatta neredeyse her hafta basın mensupları beni arayıp yokluyorlardı. "Sırada ne var? Bundan sonraki projeleriniz neler? Sürprizler var mı?" Herkes merak içindeydi. Daha farklı ne olacak, daha farklı ne yapacak diye merak ediyorlardı.

Gazetede Cumhurbaşkanı ile fotoğraflarım çıktığında, bu defa valilik ve kaymakamlıktan da ilgi gördüm. Okuldaki eksiklerim konusunda duyarlılık arttı. Makamlarında sıkça ağırlandım. Ama her ziyaretimde, heyecanımı çocuk gibi anlatmaktan geri durmadım. Koskoca kaymakama, valiye hayallerimi anlatıyor, "yanındayız" lafını sıkça duyuyordum. Tabii aklımdan bin bir türlü düşünce geçiyordu.

Birkaç yıla kalmadan Milli Eğitim Bakanlığı tarafından On Çizgiötesi Öğretmen'den biri seçildim. Ve özel bir prodüksiyonla on beş dakikalık kısa filmimiz çekildi. Filmimiz Eba TV'de en çok izlenen öğretmen hikâyelerinden biri oldu.

***

Kadın ve Yaşam projemin birinci aşamasını kısmen tamamlamıştım ama eğitim öyle bir meseleydi ki asla bitmiyordu. Köy kadınının eğitim aşaması tam gaz devam ediyordu. Her şeyden önemlisi, kırsal bölgede eğitimin büyük bir mesele olduğunu hissettirebilmek ve ektiğiniz tohumları biçmek işin en güzel, en keyifli yanıydı.

Kadınların okuma yazma öğrenmeleri, eğitimlerine devam etmeleri için teşvik edilmeleri, başta iletişim ve aile eğitimleri olmak üzere aldıkları tüm kurslar köyün sosyo-kültürel bakış açısının yumuşamasına vesile oldu. "Kadınların derdi başından aşkın, bir de okuma yazma ile mi uğraşacaklar?" diyenler, "Ha gayret mezuniyete az kaldı" demeye başladı.

Başlattığınız eğitim hareketi köydeki ailelerde, komşularda, hatta köyün bakkalında, kahvesinde, camisinde konuşulmaya başladıkça etkisi daha da büyür. Hele köyün büyükleri dediğimiz dedeler, amcalar konuşmaya başlayınca, bu etki daha da güçlenir. Üstüne bir de dolmuşlarda, tarlada, yol kenarında, evlerin avlularında, "Şunun gelini şu eğitimi almış, şunun kaynanası okumayı sökmüş," gibi sözler duyarsanız, hedefi tam on ikiden vurdunuz demektir.

Tüm bunları yaparken aslında işin özü; onlara kendilerini önemli hissettirmekti. Karşınızdakileri ne kadar önemserseniz, onlar da sizi o kadar önemser, daha fazla destek olup tüm çalışmalarınıza arka çıkarlar. Hatta olay öyle bir hale gelir ki kendileri için çok önemli bir olayda bile sizin ağzınızdan çıkan tek kelimeye bakarlar ve önerilerinize daha can kulağıyla dinlerler. Bir gün bir köy kadınımız koşarak okula geldi. "Hoca Hanım, Hoca Hanım, bir ineğim doğdu, ona bir isim koyar mısın?" Onlar için gerçekten önemli ve sanki kendi çocukları doğmuş gibi heyecanlandıkları bir olaydı bu. Ve benim koyacağım ismi önemsiyorlardı. Köyde varsa yoksa

Karakız, Sarıkız, Benekli Kız... İneğin rengine göre isimler... Madem bana böyle bir fırsat verildi; ben de "Hadi," dedim, "İneklere evrensel bir boyut kazandıralım! Onları dünya starı yapalım!" Bu nedenle köyümüzde bir çok Madonnamız, Shakiramız var. Bu durum inek sahibi olanlarla aramızda hem merak hem de keyifli bir hava yarattı.

Kadınlar Kültür ve Sanatla Buluşuyor

Bazen bir cümle, kulağınıza gelen bir fısıltı ya da şahit olduğunuz bir konuşma her şeyi değiştirir. Harekete geçmek için yeni bir tetikleyici! İşte öğrencilerimden birinin annesiyle konuşmasına şahit olduğum o gün de böyle olmuştu.

Önce sinemaya, sonra operaya gitmişiz; çocuklar heyecan içinde koşarak annesine şahit olduğu şeyleri bir avazda anlatmaya çalışıyor. Aldığı tepkiyse "Hmm güzel." Önce bir şaşkınlık anıydı yaşadığım. Sonra ise aydınlanma. Bu tepki çok doğaldı, çünkü annesi çocuğunun neye şahit olduğunu, neden bahsettiğini bilmiyordu ki! Çocukla neyin yorumunu paylaşacaktı?

Sinema, tiyatro ya da opera dönüşlerinde çocuklara aileleriyle izlenimlerini paylaşıp paylaşmadıklarını soruyordum –ki zaten ben sormadan anlatıyorlardı. Heyecan paylaşıldıkça artar. Deneyimlerini paylaşamayınca heyecanlarının sönmesini istemiyordum.

Her zamanki gibi birileriyle paylaştım fikrimi; o zamanki amirlerimden biriyle. Köyde hayatında hiç sinema, tiyatro görmemiş kadınlar olduğunu anlattım. Buraya kadar sessizce dinledi. Samsun'daki operadan, onları oraya götürebileceğimden bahsettiğimdeyse yükseldi: "Daha neler, maskaralık gibi bir şey bu." Cevap kulaklarımda çınlıyordu. Bu, "Sakın yapma!" demekti, hatta "Duymamış olayım," demekti. Yorum gibi görünen bir tehditti aslında. Amirlerinden yana mağdur olanlari bunun ne anlama geldiğini çok iyi bilirler. Fazla girişken olursan, her soruna el atarsan, köy öğretmeni ve devlet memuru kimliğinle kendinden fazlaca bahsettirmeye başlarsan başın belaya girebilir. Bunun sinyalleridir.

Ama madem Türkiye'de silsile bu kadar keskin bir çizgi, o zaman bunun bir üstünün de olduğunun farkındasınızdır. Bir üst makamda da nabız yoklamak gerekebilir. O da aynı tepkiyi gösterirse ya siner, vazgeçer, saygı duyar, efendi efendi geri adım atarsınız ya da direnir ikna etmeye çalışırsınız, ya da isyan edersiniz. "Ya da"ların sonu gelmez ama şanslı olacağınız durum, alt amirin hayır dediği şeye üst amirin evet dediği an yüzünüzde ve devlet memuru ruhunuzda bir huzur ve rahatlama meydana gelmesidir. Ama bilin ki böyle durumlarda o alt rütbeli amiri tamamen kaybetmeyi de göze alıyorsunuzdur.

***

Yıl 2012; o zamanlar öğretmenlerin basında yer alması, televizyonlarda sıkça görünmesi hiç yaygın bir olay değildi. Ana haber bültenlerine çıkmaksa ütopya gibi bir şeydi. İlçe kültüründe öğretmenin bir gazeteye röportaj vermesi büyük bir mevzuydu. Sonradan bunların "resmi izin" gibi zorunluluklara bağlanması da ayrı maceraları peşinde getirdi. Onlara da sıra gelecek...

Aynı hafta içinde kaymakam ziyareti yaptım ve hatta oturup anlı şanlı "Kadın ve Yaşam" projemi anlatmaya başladım. Ayrıntılar veriyor, misafir koltuğunda hop oturup hop kalkıyorum. Kaymakam heyecanımı görüyor ve onu yok edecek en ufak bir davranışta bulunmuyor, aksine destekliyor ve can kulağıyla dinliyordu.

Kaymakam Bey'e köydeki kadınların okuma yazma kurslarını ve aldıkları eğitimleri sıraladım, sonra da "Sırada onların kültür ve sanatla buluşması var," dedim. Bunun üzerine köyde birkaç etkinlik yapacağımı düşündü. "Hayır" dedim, "Ben onlarla aynen çocuklara yaptığım gibi gezi planları yapmayı düşünüyorum. Yaşamadıkları deneyimleri yaşatmak istiyorum. Sinemayı, tiyatroyu, hatta operayı; hepsini görsünler istiyorum." Ben opera deyince Kaymakam Bey'in, gözleri parladı, "Nereden aklına geldi? Her zaman destekliyorum," dedi. "Lütfen siz de gelin," dedim. O da "Tabii ki gelirim ama öncelik senin... Bir kaymakam yanında otuz-kırk tane köy kadını ile operaya gider, onlara eşlik eder ama senin onlara öncülük edip bir köy okulu öğretmeni olarak yaptığın liderlik her zaman daha kıymetlidir," diye bitirdi lafını. Bunu demesi müthiş bir motivasyondu.

Maskaralık yapma, diyen bir alt amir ve "Her yenilikçi çalışmanda seni destekliyorum," diyen bir kaymakam. Aslını söylemek gerekirse, akşam saati yetişkinlerle ve okul dışında yapacağım bir organizasyonu kimseye açıklamak zorunda da izin almak zorunda da değildim. Aslında o zaman da izin almamıştım, heyecanla fikrimi paylaşmıştım. Basına yansıyan her haberimde tedirgin mi olmalıydım? Aman amirim ne der? Kim bilir, nasıl kalp kırar? Bunu mu düşünecektim? Cumhurbaşkanı ile fotoğrafım çıktığında okula gelmeyen, tebrik etmeyen kalmamıştı. Şimdi opera deyince mi açılmıştı radarlar?

Kaymakam'ın odasından öyle bir çıkışım vardı ki dünyalar benim olmuştu. İzin çıkmış gibi seviniyordum. Oysa izin almamış, nabız yoklamaya gitmiştim. Belki de amacım yalnızca kabul görmekti. Aksi olsaydı ne yapardım bilmiyorum, buna hazırlıklı değildim de zaten. Her ne yaparsam yapayım insanlar destek olmasa da saygı duysunlar istiyordum. Aklımdaki tek şey buydu, benim için yeterliydi.

Köydeki kadınlara ve tabii ki başta annelere planlarımı açıklamadan önce Samsun Devlet Opera ve Balesi Genel Müdürlüğü ile irtibata geçtim. Halkla İlişkiler Departmanı'nın şaşkınlığını anlatamam. O kadar ilgilerini çekti ve heyecanlandılar ki... Ben daha biletin lafını bile etmeden "İstediğiniz kadar köy kadınımız misafirimizdir, başımızın üstünde yeriniz var," dediler.

Durum böyle olunca, köyde alıştıra alıştıra nabız yoklamaya başladım. Kadınları böyle sosyal ve kültür içerikli aktivitelere nasıl katabilirdim? Hadi kadınları geçtim, evdeki aile büyüklerini bu duruma nasıl ikna ederim, diye düşünmeye başladım. Ve gerçekten de bu sürece başladığımda bürokrasinin aslında en basit kısım olduğunu anlamıştım. Amirlere anlatmak bir şeydi, olayın asıl muhataplarını ikna etmek bambaşka bir şey.

Neden böyle bir şey yapmak, neden köydeki kadınları operaya götürmek istiyordum? Bunun kime ne faydası olacaktı? Kadınlarla birlikte bir şeyler yapmak istiyordum, evet, ama buna operadan başlamak gerçekten çok mu iddialıydı? Denizde yüzmeye başlamadan önce bırakın suyun sıcaklığını, derinliğini kontrol etmeyi; umarsızca suya dalmak gibiydi. Operaya götürmeye ikna edersem sinema, tiyatro, gezi turları, konserler de peşi sıra gelirdi.

Bu hikâyeyi anlatmaya başladığımda herkesin yüzünde anlamsız ama alaycı bir gülümseme oluşuyordu. En aydın, en ileri görüşlü, en medeniyetin göbeğinde dediğiniz insanlar bile bu isteğimi garip karşılıyorlardı. "O kadar da değil," diyenler, "Bekleyip görelim bakalım," diyenler... Köyde kadınları her gördüğümde, şunu mu yapsak ay bunu mu yapsak, diyerek yokluyordum onları.

Bir gün Cemile adlı bir velim bana şöyle dedi: "Öğretmenim, biz artık çok sıkıldık. Köyde sosyalleşebileceğimiz tek müzikli ortam ne? Kına geceleri ve düğünler... Yahu her şey aynı. Müzik aynı, dans aynı, düğünün yapıldığı yer aynı. Sadece gelin ve damat değişiyor. Biz artık çok sıkıldık." Belki de kadınlar için yaptığım çoğu şeyin kıvılcımı bu sözlerdi. Bana ilham verdi. Tam anlamıyla eyleme geçmem için beni ateşleyen sözler bunlardı. Şimdi daha iyi anlıyorum. Teşekkürler Cemile Hanım... Bazen öyle sözler duyarsınız ki ne kadar doğru yolda olduğunuzu size hatırlatır. Bu, tam da o noktaydı aslında.

Etraftan gelen eleştirilere en iyi cevabı verebilmemi sağlayan sözler işte bu kadına aitti.

Kadınlara önce tek tek, sonrasında toplu olarak sordum ama "Sizi operaya götürmek istiyorum," yerine; "Sizinle operaya gitmek istiyorum. Bana eşlik eder misiniz? Birlikte bir şeyler yapıp birbirimizle zamanımızı paylaşalım, ne dersiniz?" dedim.

Bu teklifim çok hoşlarına gitti, gülerek tepki verenler çoktu ama ikna olmayacaklarına dair bir sinyal yoktu, bu iyiye işaretti. Düşünün ki çoğu kayınvalidesi-kayınpederi ile yaşıyor, evde üç-beş çocuk, eşi gurbette çalışıyor, tarım ve hayvancılık yapıyor, bir şekilde geçimini sağlıyor. Onları farklı bir atmosfere taşımak zaten okuma yazma kurslarıyla, farklı kişisel gelişim eğitimleriyle başlamıştı. Başlamıştı ama köyde başlamıştı. Bu defa köy dışında bir sosyal yaşantı deneyimi için uğraşıyordum.

Akşamın o saatinde köy kadınını evinden alıp bir yere götürmek sanıldığı kadar kolay değildi. Bu haber duyulduğu anda köy çalkalanmaya başladı bile: "Bağıran insanlara mı gidiyorsunuz? Ne işiniz var operada? Batı hayranı mısınız siz?" Önceleri acımasızca gelse de onlara teke tek cevap veriyordum: "Kadınların ilk kez kendileri için bir şeyler yapmasını istiyorum. Yanında çoluğu çocuğu, eşi olmadan, kendi için bir şeyler yapsın istiyorum," dediğimde bazen sus pus oluyor, bazen de burun kıvırıyorlardı.

Ben onları tutup da İtalyanca arya dinlemeye götürmeyecektim –ki onu ben de anlamam. *Seslerle Anadolu*, *Keşanlı Ali*, *Hekimoğlu* gibi oyunlara götürecektim. Götürdüm götürmesine de ilk gidişimiz gerçekten olay oldu. Öncesinde eşinden, kayınpederinden telefonla izin aldığım kadınlar da oldu. Neler söyledim neler! "Kazım Amcacığım, bunu düğün gibi düşün. Bir gün sizlerle de gitmek nasip olur," mesela... Yediden yetmişe iletişimi dengede tutmalıydım, artık onların dilinden konuşmayı da öğrenmiştim.

İlk olarak *Seslerle Anadolu* müzikaline gidecektik. Bütün gün "Ne giysek?" telefonları aldım. Her biri ayrı önemsemişti bu işi. Heyecandan gün boyu ne yapacağımı şaşırmıştım, pır pır uçuyordum. Yine de son dakika bir aksilik olur diye çok korkuyordum. Olur ya gelemezlerse diye hop oturup hop kalktım. Bendeki bu evham ne olacaktı? On yıl önce de yirmi yıl önce de hep aynı, değişmiyor.

Sonunda her şeye rağmen iki minibüs peş peşe düştü yollara. İki minibüs dolusu kadın. Minibüslerin birinin şoförü kadınlardan birinin kocası, diğeriyse kaynıydı. Sonuçta böyle bir organizasyona manevi desteğin dışında fiziksel anlamda da katılmaları büyük bir onurdu benim için.

***

Samsun Devlet Opera ve Balesi sanatçılarına haber gitmişti, halkla ilişkiler yetkilileri dört gözle bizi bekliyordu. Ben salona herkesten önce gittim. Gösteriden tam iki saat önce. En sevdiğim elbisemi giymiştim. Samsun Devlet Opera ve Balesi'nin girişi bana her zaman masal gibi gelirdi. Çıktıkça bitmeyecekmiş gibi gelen merdivenleri vardı. Yüksek mi yüksek de bir iç balkon. Gösterinin olacağı salona gitmeden sihirli bir şatoya girmiş gibi hissederdim... Belki de bundan önce çocuklarla oraya gitmenin vermiş olduğu bir duyguydu bu.

Asansörün varlığı aklımın ucundan bile geçmezdi. O merdivenlerden defalarca inip çıksam da asla yorulmazdım. O gün de öyle oldu. Ayağımda topuklu ayakkabılar, tıngır mıngır bir aşağı bir yukarı indim, çıktım. Yukarı çıktığımda bir de ne göreyim? Harika beyaz örtülü kokteyl masaları hazırlanmış, Kumköy'den gelecek kadın misafir sayımıza göre çeşitli ikramlar hazırlanmış. Gerçekten hiç beklemediğim bir jestti. Çünkü zaten o kadar kişi için en güzel yerden ücretsiz bilet hediye etmişlerdi. Bir de üstüne bu ilgi alaka beni çok mutlu etti. "Ne gerek vardı, bizleri ağırlamanız yeter," dememe kalmadan onlar bana ilk kez böyle bir taleple karşılaştıklarını söyleyerek, "Kırsal bölgede yaşayan kadınların operayla tanışmasına öncülük ettiğiniz ve bizlere bu fırsatı verdiğiniz için teşekkür ederiz," dediler.

Ben onlara teşekkür ediyordum, onlar bana. Bir yandan da kadınları arayıp yola çıktınız mı, her şey yolunda mı diye soruyordum. 60 kilometre yol git git bitmiyordur. Minibüs tıklım tıklım bahçeye yanaştı, nasıl mutluydum. Şoför onlara doğru uça uça gittiğimi görünce selektörleri yaktı. Herkes nasıl da güzel giyinmişti!

Gülüşmeler, kahkahalar eşliğinde tek tek araçtan inmeleri, keyifli sohbetleri beni pozitif etkiledi. Uzun uzun kucaklaştık. Bu defa daha yukarı çıkmadan teşekkür faslı başladı. Teşekkür cümleleri bitmiyordu. Bir yandan onlar bana teşekkür ediyordu, bir yandan ben onlara. Ben geldikleri için minnettardım, onlar da davet edildikleri için memnuniyetlerini belirtiyorlardı. Konuşa konuşa çıktık yukarı. Ama nasıl heyecanlıyız! Gösterimden önce bir şeyler yedik içtik, bu sırada bekleme bölümünde oturan insanlar bizi sormaya başladı. Bu kadar kalabalık bir kadın topluluğu, keyifli sohbetler insanların dikkatini çekti. Hiç tanımadığımız insanlarla iletişim haline girdik. Basın mensupları da orada olunca, gösteri çıkışı bir röportaj talebi geldi.

Çıkışta telaşlı ve tantanalı olur diye ayaküstü röportajımı da verdim. Kadınlar da yanımda beni dinliyorlardı. Amacımı, neden böyle bir şey yaptığımızı bir kez de kameralara anlattım. Benden sonra bazı kadınlara da uzattılar mikrofonu. Utanacaklar sıkılacaklar derken, ortaya bir coşkulu bir heyecanlı röportajlar çıktı ki anlatamam. "Ohh be," dediler, "günümüzü gün etmeye geldik." Espriler havada uçuşuyordu. Asiye Hanım harikaydı; kaptı mikrofonu bırakmıyor, bir konuşma bir konuşma... Herkes hayran hayran onu dinliyordu. "Önemli olan birlikte olmak," diye konuya bir girdi, sonra başladı anlatmaya: "Bugün tarlada çok yoruldum, akşam ezanında eve girdim, elim ayağım tutmasa bile illa geleceğim dedim," diye anlatıyordu tatlı tatlı. Asiye Hanım, kadınların sözcüsü gibiydi. Sesi de gümbür gümbürdü, hepimiz adına konuşuyordu, heyecandan bir alkış tutmadığımız kaldı.

Artık salona geçme zamanıydı...

Ahh o sahne kadifelerinden gelen koku, tavan ışıklarının loşluğu, koltuk sıraları, harfleri... Hepsini ayrı inceliyorlardı, onlar incelerken ben de onları seyrediyordum. Akıllarında ne kalacak, ne hissedeceklerdi? Sıra sıra koltuklarına oturdular. Ben de her kadını rahat göreceğim bir yere geçtim. Çantalarını kucakladılar, bir sağdakiyle bir soldakiyle konuşmaya başladılar. İçimden iyi ki buradayım, dediğimi hatırlıyorum. Ve ışıklar söndü!

Halimizden memnunduk, herkes merak içindeydi. Onlar neyle karşılaşacaklarını, bense onların tepkilerini merak ediyordum. Nasıl güzel danslar, canlı orkestradan yayılan müzik, kostümler, o diyaloglar, hareketler. O kadar dikkat çekiciydi ki... Gözümüzü sahneden bir saniye bile ayırmadan izliyorduk. Salonun o karanlığında sahneden kadınların yüzlerine yansıyan ışığı ve yüzlerinde oluşan ifadeyi çok rahat anlayabiliyordum. Tek sıra halinde onlarca kadın profilinin bende yarattığı mutluluğu ifade etmem mümkün değildi.

Ben onları seyrederken, tek bir erkek oyuncunun sahnede saz çaldığı bir bölümü duyduğumda şaşkınlıktan dilimi yutacaktım. Başını yarı anladım yarı anlamadım, kadınların hepsi benim yüzüme bakmaya başlayınca aslında bir süreliğine daldığımı fark ettim. Sahnedeki oyuncu hem sazı çalıp hem de "Dilek Öğretmenim ne güzel işler yapıyorsunuz. Kumköy'ün güzel insanları, güzel kadınları hoş geldiniz, sizler hep var olun," demez mi? Utandım, şaşırdım ama en çok da mutlu oldum. Benim için çok özel bir sürpriz oldu. Kadınlar da çok onore oldular. Yalnızca biz yoktuk ki, koskoca salon bine yakın seyirci. Sonuçta bir opera gösterisi... Sanatçının senaryo dışı bu jesti ömür boyu unutulmayacak bir andı. Salonda da alkış kıyamet koptu gitti. İnsan heyecandan kendini alkışlar mı? Ben avuçlarım patlayıncaya kadar alkışladım.

Kadınlar da köye döndüklerinde çevrelerine, yakınlarına en çok bu kısmı anlatmışlardı. Sonuçta tüm kadınların gönülleri de fethedildi mi? Edildi. Kendi kendime muhakeme yapıyordum, acaba cidden beğenmişler miydi yoksa bu jest mi onları etkilemişti? Yok, yok gerçekten sevmişlerdi.

Anadolu'nun her bölgesinin özelliklerinden izler taşıyan, tam bir mozaik harikası bu oyun herkesin hayranlığını kazandı. Önce duygulanıyorsun, sonra birdenbire omuz titretmeye, ayak ucuyla tempo tutmaya başlıyorsun; öyle bir oyundu işte. Bittiğinde daha selamlamalar yapılırken, dönüp "Çok güzeldi," demelerini hiç unutmuyorum.

Gösterinin sonunda seyircilerden yanımıza gelip fotoğraf çektirmek isteyenler bile oldu. Salonun dışında gösteriyi balkondan izleyen erkek misafirlerimiz de çok beğendiklerini söyleyince içimin yağları eridi. Sonuçta onlar için de bir ilkti. Bir de baktım ki basın mensupları da dışarıda bizim çıkmamızı beklemişler, hatta gösteri sırasında balkondan da sahne görüntüleri almışlar. Asiye Hanım'ı da tekrar yakalayıp sormasınlar mı? "Nasıl buldunuz? İzlenimleriniz nedir?" Allaaaah, bir başladı hitabet gücüyle anlatmaya ki tutabilene aşkolsun.

Aslında gerçek bir şahitlik durumu oldu. Çünkü bu fikri söylediğim en yakın arkadaşlarım bile bana durup durup Bayburt'un opera hikâyesini anlatmıştı: Neymiş efendim işkenceymiş, işkenceye ne gerek varmış. Önceki yıllarda Bayburt'a gelen operanın sonunda halktan biri çıkıp "Bayburt Bayburt olalı böyle işkence görmedi," bile demiş. Herkesin beklediği son buydu, ama hiç de öyle olmadı. Biz nereden başlayacağımızı biliyorduk.

Biz yerel basında çıkacağını sanarken ertesi gün kendimizi ana haber bültenlerinde bulduk. İşkence örneğiyle değil ama başarı hikâyesi olarak. Okula tebrik üzerine tebrik geliyordu. Kadınların bazıları beni arayıp rezil mi olduk acaba, diye sordular. "Olur mu?" dedim, "Ne rezilliği, siz farkınızı gösterdiniz."

Samsun Devlet Opera Balesi Genel Müdürlüğü'nden de haber geldi. Devamlılığı olmasını istiyor, hatta farklı köylerden de misafir ağırlayabileceklerini söylüyorlardı: "Ne zaman isterseniz başımızın üzerinde yeriniz var."

İlk gidişimiz ülke çapında olay yarattı belki, ama biz sonrasında da operaya gitmeye devam ettik. Üstelik sinemaya da gittik, tiyatro oyunlarına da... Samsun'daki kültürel faaliyetlerin hiçbirini kaçırmamaya çalıştık. Projelerin en çıkmaza girdiği anlar, devam ettiremediğiniz anlardır. Eğer yaptığınız bir çalışmayı istikrarlı bir şekilde devam ettirebiliyorsanız asıl başarı orada saklıdır. Hedefleriniz tam da orada kalıcı hale gelir.

Evet, bu yerlere ilk defa gittiklerini biliyordum. Bu çok normaldi. Projeden önce Samsun'a opera geldiğinde ben de bir yetişkin olarak ilk defa gitmiştim. Çok beğendim ve etkilendim. O yaşadığım duyguları köydeki kadınların, öğrencilerimin annelerinin de tatmasını istedim. Aynen kendi çocuklarıma yaşattıklarımı öğrencilerime de yaşatmak istediğim gibi.

Bu öyle bir döngüydü ki çoğu şey gerçekten de hayal ettiğim gibi oldu. Tüm kadınlar geldiler köye, anlattılar. Birinci ağızdan canlı canlı anlatılanların yanında basınmış, habermiş gazetelermiş, bunların hepsi fasa fiso kaldı. "Yahu hiç denildiği gibi değilmiş, biz bayıldık, bir daha gidelim. Nasıl bitti anlamadık, nasıl güzel değişiklik oldu. Sahne, müzik, kostümler hepsi çok güzeldi. Dilek Öğretmen'e söyledik, bir daha gitmek istiyoruz," dediler ve eklediler: "Bir daha gideceğiz. Haberiniz ola." Köyde böyle söylüyorlardı. Evdekilere, eşe-dosta... Kadınlar kendi farkındalıklarını yaşadılar aslında.

Bu arada imamın karısı bizimle gelmedi. İki kızını, bir oğlunu okuttum. "Neden gelmek istemiyorsun?" diye sorduğumda, "Benim ne işim var operada," diye çıkışmıştı. Elbette gelmek istemeyebilir, saygı duyarım. Olayın aslında operayla değil, uyum süreciyle ilgili olduğunu iyice anlamıştım.

İnsanlar gelmek isteyebilir de istemeyebilir de... Bari gidenler hakkında konuşmayın ve onları kötü hissettirecek bir şeyler söyleyip durmayın. İnsanların pozitif enerjilerini sömürmeyin. Başkalarının mutluluğu sizi hırslandırıp kinlendirmesin. Allahtan Kumköy kadınları öyle akıllı, öyle ne yaptıklarını bilen insanlardı ki kimseye pabuç bırakmadılar. Hatta öyle ballandıra ballandıra anlattılar ki bu sefer de köy halkı meraklanmaya başladı. Genci, yaşlısı, çiftçisi herkes operanın ne olduğunu sorguluyor, merak ediyordu. Düşündüm; bütün köyü operaya götüremeyeceğime göre, operayı köye getirmeye karar verdim. Getirdim de. Bütün bunlar peş peşe yapılan etkinlikler olmadı tabii. Mesela kadınlarla operaya ocakta gittiysem, operayı köye ancak haziranda getirebildim. Onun macerası ayrı tabii.

Bu arada bana "Maskaralık yapma, operayla mı yatıp kalkıyoruz?" diyen sevgili amirlerim de kendi aralarında eminim bunun kritiğini çok yapmışlardır. Kadınları operaya götürmek bir yana, köyde operayı pek kaldırabileceklerini düşünmüyordum doğrusu. O dönemin İlçe Milli Eğitim Müdürü'nün opera haberlerine tepkisi ne oldu, onu hiçbir zaman öğrenemeyeceğim. Tam burayı yazarken gülüyorum inanın. Beni odasına çağırıp bağırmasının ardından bir aya kalmadı görevden alındı. Vallahi benim suçum değil. Kader kısmet diyelim, benim temiz kalpliliğim diyelim. Ta 2013'ten bahsediyorum...

Yeni gelen İlçe Milli Eğitim Müdürü eski Halk Eğitim Müdürü'ydü. Çok saygı duyduğum ve sözüne duruşuna inandığım biriydi. Kendisinden tam destek aldım. Kadınlarla opera etkinliğini çok beğendiğini ve desteklediğini de üstüne basa basa söylemişti. Devamındaki haziran ayında şube müdürlerini de Köyde Opera etkinliğine göndermişti.

Bunun gerçek bir anı kitabı olmasını çok istiyorum ama her seferinde ilçe müdürü, şube müdürü yazmaktan çok yoruluyorum. Ben doğru bildiklerimi yapmaya çalışırken, emirlerin biri geliyor biri gidiyordu. Daha önce de söyledim, makamlar mevkiler gelip geçici, yapılanlarsa kalıcı... Evet, bunlardan bahsetmem hikâyenin tadını kaçırıyor belki ama bu noktada benim bir devlet memuru olduğumu aklınızdan çıkarmanızı istemem. Yer yer trajikomik olsa da birçok öğretmen ne demek istediğimi çok iyi anlayacaktır.

***

Köyde opera için her ihtimale karşı okullar kapandıktan sonraki bir tarihi seçtim. Haziran sonu olsun istedim. Hem de köy halkı fındık sezonuna başlamadan onlara da moral olur, değişiklik olur, diye düşündüm. Günler öncesinden yazışmaları yaptım. Her şey istediğim gibi gidiyordu. Her önüme gelene de söylüyordum, yakında köyde operaya hazır olun, diye.

Ocaktan hazirana kadar çocukları ve anneleri defalarca sinemaya, tiyatroya, çeşitli kültürel gezilere, yemeklere, pikniklere götürmem köyde opera için de güzel bir zemin hazırlamıştı. Kültür ve sanatla buluşma sezonu dolu dolu yaşanıyordu. Her ay bir etkinlik olması vizyon anlamında onlara da çok şey kattı. Ama bunlardan bahsetmek için henüz erken, zira mart ayı yaklaşıyordu ve bize güzel bir Dünya Kadınlar Günü kutlaması yakışırdı.

Kadınlara duygularını doya doya yaşatabileceğimiz, değişik, ilk ve kalıcı bir şey olsun istedim. Köy kadınlarıyla şiir dinletisi yapmaya karar verdim. Kadınlardan aldığım ilk tepki, "Haydaaa hocam bir şiirimiz eksikti!" oldu. En son ilkokul birinci sınıfta şiir okuduğunu söyleyenler, şiiri gerçek anlamda tanımayanlar vardı. Kimisine ilahi gibi geliyordu, kimisine yalnızca kürsüde milli bayramlarda okunan bir şeymiş gibi... Yine ayıptır günahtır diyenlere de rastladım. Ama yine haklı çıktım. Ve şiire ayıptır günahtır diyenlerin şair olduklarına bizzat şahit oldum.

Okul çıkışlarında, bazen öğle tatillerinde, hatta veli toplantılarının sonrasında kadınları hazır toplu halde bulmuşken onlara şiir örnekleri göstermeye, ellerine kâğıtlar sıkıştırmaya başladım. Alsınlar, evde okusunlar, sonra ne hissettiklerini bana anlatsınlar istedim. Kendi duygularını şiirlere döksünler diye çabaladım. Arada maniler çıkardı ortaya, gülüşürdük. Uydurma şiirler pek keyifli olmaya başlardı. Sonuna kafiye uydurmaya çalışmaları, hatta öğrettiğim akrostiş tarzını kullanmaları... Kadınların kendi çocuğunun, annesinin isminin baş harfleriyle başlayan dizeler oluşturduklarına şahit oldum. Hadi, dedim, artık hazırız. Herkesin kendi şiirlerini oluşturması için bir plan yaptıktan sonra, kimisine de ünlü kadın şairlerin şiirlerinden seçtik. Tam 20 kadın 20 şiir.

8 Mart Dünya Kadınlar Günü'nü ilk kez köyde kutlama fırsatı yakalayan kadınlarımızla birlikte yapacaktık bunu. Köyün yöresel yemekleri eşliğinde mis gibi bir etkinlik olacaktı. Köyün yaşça büyüklerini, konu komşularını, akrabalarını çağırdık. Kadınların anneleriyle, kayınvalideleriyle de tanışmış oldum. Onların gönlünü kazanmak, kadınların kadınlara şiir okuması, çocukların annelerini kürsüden dinlemeleri de bambaşka bir deneyim olacaktı. Kaymakam Bey'i de çağırdık, o da bir konuşma yapmak istedi.

Derken o gün geldi çattı. Herkes heyecanlıydı, programı ara şiirler eşliğinde ben sunacaktım. Kaymakam'ın köye geleceğini duyan basın da önden geldi. Bazen düşünüyorum, her etkinlikte basın olacak mı diye ama evet olacak. Olmalı da... İyi örnekleri görünür kılmanın en güzel yolu bu. Türkiye'de her zaman kötü örnekler mi ana haber konusu olacak? "Öğretmen" denince akla hep olumsuz kötü örnekler mi gelecek? İyi örneklerin yaygınlaştırılması için basın çok iyi bir araçtır. Ben hep böyle düşündüm. Çünkü gündem yüzünden öğretmen deyince akla hep dayakçı öğretmen, yan gel yat tatili bol öğretmen, istismarcı öğretmen gibi üzücü tanımlar geliyordu. Hoş bugün de durum çok farklı değil. Ben okulda ve dışarıda onlarca etkinlik yapınca, hepsi de birbirinden başarılı olunca ister istemez garip eleştiriler de geliyordu. Üstüne bir de basın duyurunca, halk da övgülerle taçlandırınca, nedendir bilinmez kendi meslek grubunuzdan insanlar bile sizi topa tutmaya başlıyordu.

Yok Dilek Öğretmen şov yapıyor, reklam yapıyor. Bu kadın organizasyon yapmaktan öğretmenliği unuttu gibi sözler ve daha neler neler... Amir tayfası da bir yandan. Bir gün yine böyle söylentilerden biri dolaylı yoldan kulağıma geldi ve ben de sinirden parladım: "Evet," dedim, "şov yapıyorum, reklam yapıyorum. İyi ki de yapıyorum. Bu ülkede öğretmenliğin reklamını yapıyorum." Çünkü bu ülkede öğretmenlik ayaklar altında... Hâlâ üç ay tatilli asalak meslek grubu gibi bir algı yaratılıyor. Önce bu algıyı yıkmak adına insanlara çıkışıyor, bıkmadan usanmadan anlatıyordum.

Şiir dinletisinin olduğu günün sabahı yağmur çiselemeye başlayınca yine her şeyi içeri taşımak zorunda kaldık. Bir yandan da konuklar gelmeye başlamıştı. Yaka rozetlerimizi dağıttım. Her kadın ayrı ayrı bu işi o kadar ciddiye almıştı ki... Düşündüğünüz küçük bir ayrıntı bile onların heyecanına heyecan katmaya yetiyordu. Rozetleri yakalarına takışlarındaki ciddiyet ve özeni görmeniz lazımdı. "Tamam," dedim, "her şey çok güzel olacak."

Bir kadın düşünün, kürsüde kendi yazdığı şiiri okurken onu hem annesi hem de kayınvalidesi izliyor. Her organizasyonda ilkleri yaşıyorlardı. Zaten adım da bir süre sonra "ilkleri yaşatan öğretmen" olarak anılmaya başlandı.

Bu önemli günde il ve ilçe bazında da birçok etkinlik ve davet yapılıyordu. Kaymakam'ın o gün köydeki kadınların şiir dinletisine gelmek istemesi ve bizi seçmesi bir ayrıcalıktı. Caner Yıldız'ın vizyonunu da bize gösteriyordu. Tam destek... Operaya giderken gördüğüm desteğin misli misli fazlasını da birçok etkinlikte kendisinden gördüm, hissettim. Türkiye'de işte böyle bürokratlar da vardı.

O destekledikçe ben de coşuyor, daha farklı şeyler yapmaya büyük bir motivasyonla devam ediyordum. Şiir dinletisinin finali ise bir harikaydı. Herkes kadınları ayakta alkışladı. Kaymakam Caner Yıldız'ın gözleri dolu doluydu, kadınların bu etkinliği nasıl sahiplendiklerine bizzat şahit oldu.

Tüketmeyi Değil Üretmeyi Seven Kadınlar

"Öğretmeye cesareti olan,
öğrenmeyi asla bırakmamalıdır."
John Cotton DANA

Ayaküstü sohbetlerde ve vedalarda hep iş imkânlarını konuşur olmuştuk. Evet iş, ama nasıl? Her dönem farklı bir haber geliyordu, fındık fabrikası mı açılacak yoksa salça fabrikası mı? Her kafadan bir ses çıkıyordu. Biri bir şey duyduysa bazen bir ekliyor, iki ekliyor, böylece laf dönüp dolaşıp hayali bir dedikoduya evriliyordu. O kutlama günü de konu birden yön değiştirdi: Madem emek günü, kadın emeğinden konuşuyoruz, kadının köyde sarf ettiği emekten çabadan konuşuyoruz; devlet ayağımıza gelmiş, köyde kaymakam var, kim ne şikâyeti varsa söylesine döndü durum.

Arada elektrik kesiliyor, sular bulanık, yol yetersiz gibi saymakla bitiremediğimiz şikâyetler... Kaymakam'ın hepsine öyle güzel, öyle makul cevapları oldu ki. Onları hem sakinleştiriyor hem de çözüm üretiyordu. Gerekli yerlerle yapılacak konuşmaları kendi üstleniyordu. Hemen her probleme "birlikte çözeriz" mesajıyla yaklaşıyordu. Ama asıl bomba giderayak patladı. Kaymakam tam arabasına yönelmiş yola çıkacakken, Gülten Hanım –beş çocuğunu benim okuttuğum– kalabalığın arasından sıyrılıp, "İş istiyoruz biz!" dedi.

Herkes kadar şaşkındım çünkü iş istediklerini ben bile bilmiyordum. Aralarda konuşulan fabrika dedikoduları onları cesaretlendirmişti belli ki. Oysa fabrika hikâyesi gerçekten hikâyeydi. Ama gerçek olan onların çalışma arzusunu kamçılamış olmasıydı.

"İş istiyoruz," cümlesiyle zihnim bambaşka yerlere gitti. Boş kaldıkça evde örgü, patik, banyo lifi örerek onları satanlar olduğu geldi aklıma, "Eve de bir katkım olur," cümlesi dönüyordu kafamda. Tüketmeyi değil üretmeyi seven kadınların arasındaydım. Şimdi benim işleri yoluna koymam için fikir üretmem gerekiyordu. Ne üretebilirler, nasıl üretebilirler, nerede üretebilirler?

Ağzımdan "İŞKUR ile bir görüşmek lazım," cümlesi çıkmış o hengâmede. 2012 İŞKUR'un aslında ne yaptığını çok iyi öğrendiğim bir yıldı. Talep halinde üretim kursları verip üstelik kursiyerlere de ücret ödendiğini öğrenmiştim sonraları. Yani kadınlara bir kurs açmalıydım ve bu kurs ihtiyaca yönelik olmalıydı. Bu fikir beynime değil bağrıma düşmüştü artık. İnsan her okul çıkışı İŞKUR'a gider mi? Halk Eğitim'e ise iki günde bir. Aman sistemi iyi öğreneyim, aman bir şey kaçırmayayım, aman modülleri iyi inceleyip en uygun olanını seçeyim derken süreç gerçekten biraz uzadı.

Aklımda tek bir soru vardı: "Ne üretecekler?" Bir gün kadınların okuma yazma kurs belgeleri için gittiğim Halk Eğitim'de Çarşamba Kunduracılar Odası Başkanı ile tanıştım. Heyecanımdan olacak ki ben konuştukça etrafımdakilerin kafalarını bana çevirdiklerini hissediyordum. Başkanın da benimle konuşmaya başlaması bu şekilde oldu. Orada yana yakıla kadınlar için iş modülü aradığımı gördü, duydu. Ben de ayakkabının üst bölümünü oluşturan "saya"nın üretimini ilk kez orada duymuş oldum. Ve bunun için Kunduracılar Odası'nın desteği olabileceğini de... Destek derken, oluşturulacak üretim sahası ve kursu için bir-iki makine, üretim, deneme malzemeleri vs. Ama her şeyden önemlisi, işi öğretecek bir usta olacaktı. Yani kadınlara bu mesleği öğretecek olan kilit kişi.

Ayaküstü düşünüyordum ama benim kafamda hep tekstil, takı tasarım, yapma çiçek kursları gibi seçenekler dolaşıyordu. Daha önce kadınların bu üretimi hiç yapmadığına dair de konuşulunca bu defa daha çok dikkatimi çekti ve diğer seçenekleri hemen eledim kafamda. Bir yandan da kursların kaç haftalık, kaç saatlik olduğunu inceliyordum. En uzun olanı hem daha fazla üretim hem daha fazla deneyim ve daha fazla para demekti. Kendi işimi kurarcasına hevesli, bir o kadar da meraklıydım.

Nasıl başlayayım? Köyde ilanı nasıl geçeyim? Önce velilerden mi başlasam? Köydeki diğer kadınlar da katılmalı mı? Bu süreci nasıl yönetmeliydim? Kaç yıllık öğretmenlik hayatımda en düşünceli, en meşgul zamanlarım tam da o döneme denk geldi. Kolay mı? Benim de ilk kez karşılaştığım iş alanlarıydı bunlar, alışmaya çalışıyordum.

Odada kalakaldım, kendi düşüncelerime dalmışım aslında. Başkan beni ikna etmeye çalışır gibi görünüyordu ama ben kendi içimde çoktan ikna olmuştum bile. İşin en merak ettiğim kısmı da köyde bunu duyurduğumda insanların tepkisinin ne olacağıydı. Her ne kadar birkaç kişi "iş istiyoruz," dese de, mevzu tamamen gerçeğe döndüğünde eyleme geçebileceklerinden şüpheliydim. Sonuçta çoğu kayınvalidesi-kayınpederi ile yaşıyor, tarım ve hayvancılık yapıyor, bir şekilde geçimini sağlıyordu; eşi gurbette olduğu için de bir yandan üç-beş çocuğa bakıyordu... Ama onların ömür boyu para kazanabilecekleri bir meslekleri olmasını çok istedim.

Yani ellerinde mesleki bir güçleri, ekonomik özgürlükleri olsun istedim.

Bu yüzden onlara kurs sisteminin nasıl işleyeceğini çok iyi anlatmam gerekiyordu. Bu hareketin bir parçası olmayı ve bu üretimi sahiplenmelerini sağlayacak konuşmalar yapmalıydım. Aslında devletin ne kadar da çok imkânı vardı. Kırsalda üretim sahaları oluşturmak için önünüz çok da kapalı değilmiş. Yeter ki bu imkânların farkına varın ve onları yönlendirin. Ben tam da bunu yapmış oldum. Bu yüzden hep söylüyorum, köy okulu öğretmenleri liderlik becerilerini daha çok sorgulamalı ve öne çıkarmalı, rehber olmalı ve asla çok yönlü olmaktan vazgeçmemeli.

Artık gelen tepkileri tahmin ediyorsunuzdur: Köye üretim sahası mı? Yok bir de fabrika kursaymışım, nereye saldıracağımı şaşırmışım... Saya da neymiş, hiç duyulmamış işmiş... Kunduracılar Odası Başkanı ile iletişim bilgilerimizi alıp Halk Eğitim Müdürlüğü'nden ayrıldık ama ayaküstü sorularım devam ediyordu. Kadınları eğitime değil de eğitimi ve atölyeleri kadınlara götürme fikrim biraz endişeyle karşılansa da ikna etmeyi başardım.

"Köyde yer var mı?" diye sorunca aklıma lojmanın kullanmadığımız odası geldi. Okulöncesi için düzenlediğimiz anasınıfımızın ilk zamanlarına denk geliyordu bu süreç. Hemen birkaç gün sonra Kunduracılar Odası Başkanı ve Meslek Edindirme Öğretmeni Osman Hoca köye geldiler. Okul çıkış saatine rast gelmişti. O hafta neredeyse her akşam eve çok geç gittim. Ailevi meselelere girmeyeceğim. Benim için çok sıkıntılı bir süreçti.

Aslında onlar ortama bakıp bu işin olabilirliğini kontrol etmeye gelmişlerdi. Ama bilmedikleri şey benim resmi yazışmaları çoktan başlattığımdı. Resmi yazıların nasıl hantal bir işleyişle yürütüldüğünü bildiğim için ön başvuruyu çoktan yapmıştım. O zamanlar tabii elektronik onaylar falan da yok, yazıları elden ele gezdirip imzalatmak gerekiyordu.

Bir yandan ölçü alınıp bir yandan lojmanın elektrik tesisatı kontrol edilirken; bir yandan da kaç makine sığar, elektrik voltajı kaldırır mı gibi tespitler yapılırken, Osman Hoca ilk kez kadınlarla çalışacağını ve ilk kez bir kurs için kırsal bölgeye geleceğini söyledi. "Her şeyin bir ilki olur," deyip gülüştük ama Osman Hoca'nın yüzünde belli belirsiz bir tedirginlik vardı.

Eylem planlarımızı yaptık: duyuru, başvuru yapacak kadınların sayısı, o kadınlara bilgilendirme toplantısı, birlikte bir kaymakamlık ziyareti... Yapılacak işleri sıraya koyduk. İşin keyifli ama en yorucu kısmına gelmiştim: Duyuru! Duyurudan sonraki ekstra açıklamalar ve soruları cevaplama kısmı en enerji tüketen eylemlerdi. Ama "Olsun," dedim, "madem böyle bir işe kalkıştın. Nefesin tükenene kadar anlatacaksın."

"Memleketi sen mi kurtaracaksın?" diye alay edenlere inat anlattıkça anlatacaksın, insanları aydınlatacaksın. Gerçekten de öyle oldu, ben heyecanlandıkça ve bir işe fazlasıyla inandıkça daha çok konuşurum, daha ayrıntı veririm. Konuşmamdaki en ateşli nokta onları üretime karşı heveslendirmek oldu. Öğrencilerle duyuru ilanları, camide cuma namazında duyuru, köyün kahvesine afiş ile duyuru derken, köyde herkesin haberi olmasını sağladık.

Duyanlar duymayanlara anlatsın, deyince çevre köyler de devreye girdi. Söylentiler yayılmaya başladı. "Fabrika açılıyor, fabrika açılıyor". Hiç tanımadığım insanlar okulun kapısına gelip, "Öğretmen Hanım, beni de fabrika işi için yazar mısın?" demeye başladı. "Ahhh," dedim, "ne fabrikası? Bir odada çalışacaklar."

Kursiyer sayısı en az on iki, en fazla yirmi olmalıydı ama ilgi alaka, başvuru o kadar fazla oldu ki biz de ne yapacağımızı şaşırdık. Ne öğle yemeği ne teneffüs yapabiliyordum. Kayıt sayısını makul düzeye çekmek için Osman Hoca bir bilgilendirme toplantısı önerdi. Toplantıya gelirken okula iki makine getirecek, "Yapacağımız iş bu," diyecekti. Hem kadınlara saya dikişini canlı canlı gösterecek hem de makinelerin başına oturmaya teşvik ederek tepkilerini yoklayacaktı.

Büyük gün geldi çattı. İŞKUR ve İlçe Halk Eğitim Müdürlüğü başta olmak üzere herkes hazırdı. Ben altı ders sonrası oldukça meşgul ve telaşlıydım; bir taraftan çocukları evlerine uğurlarken, bir taraftan okula gelenleri ağırlamaya başlamıştım. Sınıf doldu taştı. Kısa bir "hoş geldiniz"in ardından Mithat Başkan ve Osman Hoca sayayı örneklerle tanıtmaya başlayarak, işin içeriğinden ayrıntılı şekilde bahsettiler. Kadınlarımız pür dikkat dinliyor, üstüne soru bile soruyorlardı. Deri saya parçaları elden ele geziyordu. Sınıf birdenbire kundura tamir atölyesi gibi kokmaya başladı. Çantadan ayakkabıların bitmiş hallerini çıkardıklarında hepimiz şaşkınlıktan kalakaldık.

Hayatımızın tam içinde olan ayakkabıyı hiç böyle ayrıntılı incelememiştik; bütününü beğenir, mağazadan alır, giyeriz ama üretim sırasında ne safhalardan geçtiğini görünce hiç de kolay bir şey olmadığını anlamıştık. Özellikle erkekler için deri ayakkabı üretilecekti. Çarşamba yöresine has topuğu basık olarak giyilen nostalji yumurta topuklu kunduraları da inceledik. Yeşilçam filmlerinde ellerde tespihle nara atılan sahnelerde gördüğümüz ayakkabıların ta kendisiydi.

Kadınlar erkek ayakkabısı üreteceklerdi, üstelik deri! Üstelik daha önce hiç yapmadıkları denemedikleri bir alandaydılar. Aralarında "İğne oyası yapan bunu mu yapamayacak?" gibi cesaretlendirici sözler söyleyenler de oldu. Bazıları da "Aman ya yanlış dikersek, deriler ziyan mı olacak?" diye sordu. Hiç düşünemeyeceğim türden sorular sorup toplantıyı oldukça aktif hale getirdiler. Mithat Başkan gözüme baktı, "Oooo hocam bu cesur ve akıllı kadınlarla her işe girilir. Kumköy kadınlarının öğrenemeyeceği el sanatı olamaz," dedi.

Sıra makine kullanımına gelince, geri çekilenenler oldu ama Osman Hoca büyük bir özveriyle kadınlara tek tek makine duruşu, iğne, pedal basma ve bilmedikleri birçok şeyi uygulamalı olarak öğretti; kendisi yaparken gösterdi, onları öğrenmeye teşvik etti. Hayatlarında hiç makine kullanmadıklarını düşünürsek, her kadının birkaç dakika içinde iyi iş çıkartması gerçekten müthişti. Bu bir denemeydi ama bu işi çok iyi bilen Başkan ve Osman Hoca isimleri alıp yanlarına notlar bile düşmüşlerdi.

Bir yandan da "Olacak bu iş, olacak!" diye kadınlara laf atıyordum. Yaşları 45 üstü olan kadınlarımız iğne ve görüş açısı konusunda bazı zorluklar yaşadılar ama "Olsun," dedik. İlla makine kullanmaları gerekmiyordu. Saya üretiminde tezgâhta da dünyanın işi oluyor; makasla temizleme, üretileni istifleme, sayılarını sayıp belirleme, malzeme düzenleme için de işgücü gerekliydi.

İŞKUR ve Halk Eğitim yetkilileri toplantıdan erken ayrıldılar. Kayıtlar için belge toparlayıp görüş aldılar. Yazıldı, çizildi. Kadınlar da deneme sürecinden yüzlerinde gülümsemeyle enerji dolu kalkınca "Tamam," dedik "her şey yolunda". Sandılar ki kursa yazıldık, hemen yarın kurs açılacak, onlar da hemen işe başlayacak. Ahh keşke bu kadar kolay olabilseydi... En hızlandırılmış haliyle kursun açılması iki haftayı buldu. Yirmi kadının çalışması için onayımızı aldık ve lojmanın bir odasını atölye yapmaya karar verdik. Artık lojman yerine bir anasınıfı, bir ardiye odası, bir mutfak ve yirmi metrekarelik bir atölyemiz vardı.

Yirmi metrekare yerde yirmi kadın çalıştılar; eski tahta sıraları tezgâh yaptık, kırık dökük makineleri tamir edip orada üretim yapmalarını sağladık. Ayakkabının üst bölümü dediğimiz sayayı yapmaya böylece başladı kadınlar; ürettiler, para kazandılar. Özgüvenleri arttı. Bu üretim kadınların kendilerine olan saygılarını besledi.

Tüm kadınlar hem zaman yönetimi hem para yönetimi hem de mesleki becerileri öğrenmiş oldular. Hayatlarında ilk defa banka kartları oldu. Üretim yaptıkları her gün için İŞKUR'dan para alıyorlardı, hatta meslek edindirme öğretmeni şoktaydı. Kadınlar çok çabuk öğrenmiş, adapte olmuşlardı ve en önemlisi hızlıydılar. Osman Hoca, "Daha önce de kurslar verdim, ilk kez bu işi kadınlara öğretiyorum ama sanki yıllardır bu işi yapıyorlarmış gibi hızlılar," diyordu. Ekstra siparişler bile alınmaya başlandı.

Deri ayakkabının yanında, bez ayakkabı sayaları da yapıyorlardı. Hatta ev terliği, otel terliği de yaptıkları oldu. Keyifler yerindeydi; her şey neşe içinde devam ediyordu. Küçücük bir oda atölyesi dillere destan bir hale geldi. Duyan ziyaret etti, atölyeyi canlı canlı görmek istiyorlardı. Derken "Kadın ve Yaşam" projemizin istihdam ayağı pek bir coştu, renklendi.

Atölyenin açılışından beri farkında olduğumuz bir şey vardı. Daha büyük bir alan arayışı. Hiç hayal bile edemediğimiz gelişmelerle nasıl yüzleşecektik? Böyle bir fırsatı nasıl yakalayacaktık? Çevre köylerden gelip "Amannn burası mıymış? Küçümencik odada yirmi kişi sıkışmışlar, harıl harıl kafalarını kaldırmadan üretim yapıyorlar. Biz de fabrika sandıydık," diye küçümseyerek yorum yapanlara da çok rastladım.

Kadınlar sabah sekizde çocukları ile birlikte okula geliyorlardı. Çocuklar okulda eğitim-öğretim görürken, anneler üretip para kazanıyordu. Tam da üçte işleri bitiyor, çocuklarını alıp eve dönüyorlardı. Okul sadece çocuklar için değil, anneler için de bir yuva –bir iş yuvası– haline dönüşmüştü. Önceden "Çocuğumun yaşı küçük, okula gönderemem," diyen anneler, ortamı gördüklerinde ikna oldular. İyi ki okulöncesi bölümünü açtık, diye dua üstüne dua ettiler.

Yıllardır aynı köyde dip dibe oturan kadınlar, üretim atölyesi ortamında birbirlerini daha iyi tanıdılar; daha sosyal, daha iletişime açık hale geldiler. Atölyenin olumlu yansımaları saymakla bitmiyordu.

***

Üretime sadece üç makine ile başlamışlardı. Yirmi kadın vardı, yeter mi? Makine eksiği ortadaydı. Buna rağmen kadınlarımız hiç durmadı, vardiyalı kullandılar makineleri ve tezgâhta tüm marifetlerini gösterdiler. Makine az geldiği için el örgüsü saya modellerini de öğrendiler. Elde yapılan modeller daha da hoşlarına gidiyordu çünkü isterlerse yanlarına alıp evde de devam edebiliyorlardı. Yaptıkça da elleri alıştı, hızlandılar. Artık önlerine hangi model gelirse gelsin tereddütsüz deneyip en iyisini çıkarıyorlardı.

Ürettiklerini ara ara kermeslere götürüyor ve Halk Eğitim sergilerinde sergiliyorduk; gittiğimiz yerlerde konuşmalar yapıyor, hikâyemizi anlatıyordum. Kadınlarımızı da söyleşilere katıyorduk. Sosyal ve kültürel hayatın etkileri gitgide köye yayılıyordu. Köyde de davullu zurnalı sergiler yaptık, halk oyunları günleri organize ettik…

Okula TRT Geldi!

Bir gün bir haber aldık, okula TRT Haber geliyordu! Üstelik öyle bir-iki dakikalık bir çekim değil, uzun uzadıya yayımlayacakları, on-on beş dakikalık bir çekim yapacaklardı.

Okula gelecekleri sabah henüz hava bile aydınlanmamışken saat 04:00'te uyandım. Heyecandan uyumam mümkün olmamıştı ki! O yıllarda TRT'nin okula gelip çekim yapması gerçekten fazlasıyla sıradışı bir olaydı. Bugün aradan yıllar geçmiş olsa bile hâlâ *Youtube*'tan o ilk TRT çekimini izlerim. Sanki yıllar hiç geçmemiş gibi. Her şey taptaze duruyor.

İlk kez o röportajda "Modern Çalıkuşu" olarak anıldım. Gerek muhabir gerek Kaymakam Bey, Çalıkuşu aşağı Çalıkuşu yukarı derken, çekimi bitirdik. Bu kadar gururla övüleceğim hiç aklıma gelmezdi. Kaymakam konuştukça duygulandım, sanki başka birinden bahsediyormuş gibi hissettim, yanaklarım al al olmuştu.

Ardından üretim atölyesini görmek istediler. Asıl cümbüş orada koptu. Kadınların röportajlarda tane tane ve durumlarını o kadar güzel anlatan cümleler kurmaları, yeri geldiğinde yaptıkları espriler, saya ve üretim hakkında verdikleri detaylı bilgiler muhteşemdi!

Çekimin televizyonda yayımlandığı günün ertesinde okulun telefonları da kapıdan gelen ziyaretçi de eksik olmadı.

Neye uğradığımı şaşırdım. Ağlayarak arayanlardan tutun da Samsun'un en uzak ilçelerinden arabasına atlayıp okula gelenler, çiçekler getirenler, "Var mı bir isteğin?" diye soranlar, çocukları hediyelere boğanlar... Ben o on dakikalık programın bu kadar etki yaratacağını asla tahmin edemezdim. Televizyon ne büyük bir güçmüş.

Arayanlardan bazılarının Türk halk müziği sanatçıları olduğunu ve belediye korolarında çıktıklarını da öğrenmiştim. "Bizim sizin için yapabileceğimiz bir şey var mı?" diye sorduklarında "Gelin buyurun okulumuzda konser verin," dediğimi ve hemen ertesi hafta okula konser için geldiklerini hatırlıyorum.

Bu güzel etkinliğe de bir isim vermek lazımdı tabii, "Her Kadına Bir Türkü" dedik adına. Her kadınımızın kendi seçtiği bir türküyü seslendirmesini istedik. Türk halk müziği sanatçılarımız sazlı sözlü harika bir konser verdiler, üstelik sonraları başka etkinliklerde de bir dakika tereddüt etmeden, uçarak okula geldiler.

Yalnızca opera değil, türküyle kavrulmuş günlerimiz de çok oldu bizim.

Kot Etek

Kadınların çalışma hayatları başladıktan sonra daha çok gezer, sinemaya, tiyatroya daha çok gider olduk. Vizyon gelişimi bu kadar hızlı ve uyumlu başka bir kadın topluluğu görmemiştim.

Makine kullanırken basma etekler dikiş makinesinin pedallarına dolanınca pantolon giymeye başladılar. "Ohh be, dünya varmış," dediklerini çok net hatırlıyorum. Kendi kazandıkları para ile kendilerine üst baş almaları, çocuklarının ve evlerinin bir ihtiyacını karşılamaları kadınlara özfarkındalık da katıyordu. Bazen de ummadık hayallerini gerçekleştiriyorlardı.

Ben de onlarla birlikte inanılmaz şeyler öğreniyordum. Bir insana "Şu hayatta sahip olmak istediğin nedir?" diye sorduğunuzda, "kot etek" beklediğiniz cevaplar arasında değildir eminim. Kadınlarımızın arasından birinin hayaliydi bu. Genç kızlığından beri çok istemiş ama bir türlü alamamış... Atölyede kazandığı ilk parayla hayaline kavuşmuş ve ilk tiyatro günümüzde de gururla giymişti kot eteğini. Hayata ya da hayallere dokunmak böyle bir şey miydi? Düşündüğünüz zaman ben aslında pek de bir şey yapmadım, bu ortama vesile olabildim ancak.

Kazandığı paraları çok iyi ve istikrarlı bir şekilde biriktirenler de oldu; evine ilk defa baza alanlar, dolap yaptıranlar, ilk defa bulaşık makinesi sahibi olanlar, mutfağında küçük mütevazi değişiklikler yapanlar da. Her birini duydukça iştaha geliyor, "Daha fazlasını, daha güzellerini yapacaksınız," diyordum. Bankaya yatan parasını çekmek için kartını eşine verenlere rastladım. "Maaşımı eşim çekecek," diyenlere, "Hayır efendim, kendi paranızı kendiniz çekeceksiniz," diyordum. İşin esprisi bir yana, bazıları iyi de "Biz bankamatikten para çekmesini bilmiyoruz ki," diyorlardı.

"Aaaa," diyordum, "ben öğretmenim. Öğretirim. Dört tuşu mu tuşlayamayacaksınız? Hadi bankaya tek sıra halinde..." Bazı kadınlarımıza bankamatikten para çekmeyi öğrettim. Ve onlara çocuklarına söylediğim şeyi yineledim: "Öğretmen her şeyi bilen değildir, öğretmeyi bilendir." Liderliğin karşındakine ne kadar güçlü olduğunu hissettirebildiğinle alakalı olduğuna inanırım. Bu yüzden ben de elimden geldiğince hayatıma giren tüm kadınlara ne kadar güçlü olduklarını anlatmaya çalıştım.

Halihazırda kocaman bir ekiptik artık. Öğle tatillerinde birlikte yemek yiyor, çocukları kadınlar ile birlikte kucaklıyorduk. Çocuklar annelerinden gururla bahsediyordu: "Benim annem çalışıyor, para kazanıyor." Bunu en çok da çocukların ziyaretçilerle olan iletişiminde duyuyordum. Annenin üretkenliği ve mutluluğu çocuğa da yansıyordu.

Başta eşler, kayınpederler ve hatta kayınvalideler kadınların çalışması konusunda tereddütte kalsalar da, zamanla bu güzel sisteme onlar da alışmıştı. Ne mutlu bana ki bu bütünlüğü sağlayabildim. Bu yüzden sabahları iki yaşındaki çocuğun heyecanı, neşesi ve enerjisi ile uyanıyor, güle oynaya okula gidiyordum.

***

TRT çekiminden birkaç hafta sonra da Demirören Haber Ajansı'nın (o zamanın Doğan Haber Ajansı) muhabirlerinden biri aradı ve röportaj yapmak istediğini söyledi. Ben de ona teşekkür edip "Daha geçen hafta TRT geldi, çekim yaptı," dedim. "Üstüne yine aynı şeyleri basınla mı paylaşacağız?" diye sorduğumda, "Hayır" diye cevap verdi. "Biz haber ajansıyız ve bizim servis ettiğimiz haberler tüm kanallara gider ve çoğu gazete de bunlara yer verir."

Gerçekten de haklıymış. Yılın öğretmeni seçilmemden de kaynaklanabilir; kadınların atölyesi, okul ve çocuklar için yapılanlar, hepsi üst üste gelince malzemesi ve içeriği bol bir haber çıktı ortaya. Bu defa ertesi gün tüm gazetelerdeydik. O yıllar basılı gazetelerin ne büyük etkisi varmış. 2013 yılı gazetelerin fiziksel olarak alınıp okunmasının yaygın olduğu ama gazete furyasının günümüzdeki kadar internet ortamına düşmediği yıllardı. Gazete kupürü diye bir şey vardı mesela. Sevilen haberler kesilir, saklanırdı.

Birçok insana göre, mucizeler yaratan sıradışı bir öğretmen olarak gösterilsem de bana yaptıklarım normal geliyordu. Benim yerimde kim olsa bunları yapmak için çabalayabilirdi. Yoktan var etmenin dışında, hızlı ilerlemenin en güzel yolarından biri de fırsatları iyi değerlendirmekti. Türkiye'nin dört bir yanından gelen mektuplar, telefonlar, çiçekler derken; teşekkür etmek için döndüğüm herkesle bir bağlantı kurup güçlerimizi birleştirdik. Yıllardır yaptıklarımın dönüşleri gelmeye başlamıştı. O kadar sevgi ve saygı kazandığımı hissediyordum ki "Daha fazla çalışmalıyım, daha fazlasını yapmalıyım, yerimde saymamalıyım," düşüncesiyle yoluma devam ediyordum.

Çok sevdiğim yazar Mümin Sekman, "İnsanlar seni övmese de işini iyi yap, görmese de işini iyi yap," der. Bu sözünü çok severim. Hatta devamında da, "İşini iyi yapmak kazancının karşılığı değil karakterinin yansımasıdır" diye ekler.

Az çok tanınmışlık başlayınca bazı imkânlara ulaşmak da kolaylaşıyordu. Önceden ben insanların kapısını aşındırırken, bir süre sonra insanlar benim kapımı çalmaya ve "Yapabileceğimiz bir şey var mı?" diye sormaya başladı. Bazen ulusal ve yerel basında çıkmak çevrenizdekilere güven veriyordu.

***

Bu yoğunlukta bir yandan içimde kalan her şeyi de tamamlamak istiyordum. Yüksek lisans eğitimimi hep ertelemiştim. Başvuru sürecim çok heyecanlı geçti; ilkokul birinci sınıfa yeni başlayan bir çocuk kadar şaşkın, meraklı, heyecanlı ama biraz da kaygılıydım. Bu kaygı aslında başlayıp bitirememe kaygısıydı. Bu kadar meşguliyet arasında kendi eğitimime yatırım yapmak iyi bir fikir miydi? Daha fazla erteleyemedim ve Samsun'a da yakın olan Amasya Üniversitesi Eğitim Fakültesi yüksek lisans programına kaydımı yaptırdım. Bölüm olarak yine kendi bölümümü Sınıf Öğretmenliği'ni seçtim. O dönemler çoğu öğretmen arkadaşım Eğitim Yönetimi'ni bitirmek istiyordu. Bu hem farklı hem de idarecilik yolunda güzel bir seçim olabilirdi. Ama ben okul müdürü ya da müdür yardımcısı olmayı hiç istemedim. Öyle ya, halihazırda zaten müdürlük unvanım vardı. Tek öğretmen kadrolu okulumun müdürüydüm zaten. Unvan kaygısına da gerek yoktu. Kendi kendinin müdürü olmak gibisi var mıydı?

Köyde Opera

Yaz tatiline doğru köyde opera fikrimi harekete geçirmeye karar verdim. Okul sezonu değil de okulların kapalı olduğu bir tarihi seçtim. Köy halkı temmuzdan sonra tarla, fındık işlerine kalkışır; dikkatleri topraktadır. Tam da o tarihe değmeden bir plan yapıp "Haydi fındık öncesi moral gecesine" sloganıyla duyuruları yapmaya başladım. "Köyde opera" deyince insanların gözbebekleri daha da büyüdü. "Köyde opera" daha radikal geliyordu insanlara.

Tüm hazırlıklarımı yaptım. Her okul çıkışında mutlaka Samsun Devlet Opera ve Balesi'ne uğruyor, her departmandan birileriyle sohbet ediyordum. Bu konseri çok önemsediğimi gördüler, heyecanımı paylaştılar. Minik bir köye konser verir gibi değil, katılabilecekleri kadar fazla sanatçı ve farklı enstrüman ekibiyle, yani tam kadro gelmek istiyorlardı.

Okul yol kenarı olduğu için araba sesleri vardı ve bunu iyi bastırabilecek de bir ses düzenine ihtiyacımız oldu. Devlet Opera ve Balesi Müdürlüğü bu konser için seferberdi. Çünkü opera sanatçıları için de bu bir ilk olacaktı. Nasıl bir manzara ile karşılaşacaklarını bilmiyorlardı. Ortamı görmek için konserden önce gelen şef okula bayıldı, okulun bahçesine daha da bayıldı. Doğanın güzelliği, ağaçlar, çiçekler kendinden organik bir dekor. Kesinlikle farklı bir konser olacaktı. Okulun kapı önündeki merdivenlerini sahneye inilen bölüm olarak düşündük. Sahne dediğimiz zaten okulun ön zemini olacaktı.

Ne güzeldi bunları kurgulamak. Bomboş sessiz bir bahçede o efsane konseri hayal etmek. Kuş cıvıltıları arasında gözlerimi kapayıp hayalini kuruyordum; sahne burada, mikrofon, piyano burada, dedeler nineler geliyor, çocuklar, anneler, babalar... Hepsini hayal ediyordum. Sandalyeleri şöyle mi dizsem böyle mi dizsem derken hemen gözümü açıverdim: Sandalyeler! Muhtarlığa ait sandalyeler vardı. Düğün, bayram, cenaze gibi toplu etkinliklerde kullanılıyordu. Onları ayırtmak için muhtarı aradım. "Sen ne zaman duracan hoca?" dedi önce gülerek, "Bir operamız eksikti," diye de söylendi. Ama ses tonundan hoşuna gittiğini anlayabiliyordum. "Kaç sandalye istiyorsun?" sorusuna "Sende kaç tane var?" sorusuyla karşılık verdim. "250 tane var ama napcan düğün mü bu gelmez o kadar kimse," dese de benim umudum vardı.

Telefonu kapattığımda orkestra şefi yüzüme baktı ve "Bu emeğin hakkını verecek harika bir organizasyon yapacağız hiç endişe etme," dedi. Tüm opera ekibine çok güveniyordum. Köydeki insanlara söylemek bambaşka bir şey olacaktı. Hatta opera tarihçesini bile halk diliyle anlatacaklardı. Köy halkı evrensel sahne sanatları ve farklı enstrümanlar ile tanışacaktı. Bütün bunları düşünmek, planlamak, hele de uygulamak bana zindelik katıyordu. Okul çoktan kapanmış, yaz tatili başlamıştı ama benim aklım hâlâ köye daha ne kadar sosyal fayda sağlayabilirim, önyargıları yıkabilirimin peşindeydi... Onlara unutamayacakları bir zaman yaşatmak istiyordum.

***

Okullar, haziranda kapandığında köylerde Kuran Kursu açılırdı, bizim köyde de her yaz açılıyordu. Yaz tatilinde sahada imam vardı yani. Çocukların dini eğitimlerini sağlardı. Çocuklar da arkadaşlarından kopmaz, aynı ortamda birbirleriyle sosyalleşmeye devam ederlerdi. Lakin opera günü gelip çattığında öğlene doğru bir haber aldım. Öğrencilerimden biri beni telefonla aradı ve bana şöyle dedi: "Öğretmenim, hoca camide opera günah dedi." Haydaaaa! Gel de çık işin içinden... "Yavrum sorsaydınız ya, neyi günahmış, nasıl günahmış? Opera dinlersek ne oluyormuş?" diye. Ayaküstü söylenmiş hoca, kimsenin soru sormaya fırsatı olmamış. Küçücük çocuklar bile ortada bir gariplik olduğunu seziyordu.

"Eyvah," dedim, "yandık! Konsere kimse gelmeyecek." Ben o 250 sandalyeyi nasıl dolduracağım? Köy kendi içinde kutuplaşabilir; gitmek isteyene "Gitme ne işin var orada", gitmek istemeyene "Hadi gel gidelim değişiklik olur," diyen olabilirdi. Hiçbirini kestiremiyordum, içim içimi yiyordu.

Öğleden sonra iki büyük minibüs okul bahçesine girdi ve sanatçılarımız geldi. Atölyede çalışan annelerimiz ve okulun parkında oynayan çocuklar nasıl da içten, doğal bir karşılama yaptılar. Herkes işinde gücündeydi, bu saygınlığa şapka çıkarılırdı. Sanatçıların erken gelme sebebi ön hazırlıkları tamamlamak; sınıf içinde ses denemeleri, nefes açma egzersizleri yapabilmekti.

Okulu gezen sanatçıların kendilerine yer bulup çalışmaya başlamaları da çok dikkatimi çekmişti. Çocukların bazıları okulun dışından bankın üstüne çıkıp içeriyi meraklı meraklı seyrediyorlardı. Çocuklar daha önce operaya gitmişti ama sanatçılar ilk defa onların köyüne, ortamlarına, hatta okuluna geliyordu. Tek tek her enstrümanın açılmasını, kurulmasını izlerken heyecanları, merakları daha da artıyordu. Birçoğunda da kendi gördüklerini ailelerine de gösterebilme, birlikte seyredebilme telaşı vardı.

Sanatçıları endişelendirmemek için imamın söylemlerinden hiç bahsetmedim. Moralimin bozuk olduğunu hissetmelerini istemiyordum. Çünkü o kadar güzel hazırlanıyorlardı ki o hazırlık safhalarını izlemek bile terapi gibi gelmişti bana. Birbirlerine bakarak eserleri söylemeleri, göz temasıyla paslaşmaları... Hepsini izlemeye değerdi.

Prova zamanı güle oynaya geçiyordu ama saatler ilerledikçe ve duyurduğumuz konser saati yaklaştıkça heyecan daha da artıyordu. Dayanamadım ve orkestra şefine çıtlattım imamın sözlerini. O da gülerek, "Öğretmenim, boş verin biz işimize bakalım," dedi. O kadar emek var, ya kimse gelmezse diye sızlanıyordum. Şef şöyle bir baktı ve "O zaman biz de gelenlere söyleriz, kimse gelmezse kuşlara ağaçlara söyleriz," diye ekledi. Hâlâ gülümsüyordu. İnanılmaz bir enerjiydi bu.

***

Her etkinlik davetine mutlaka herkesten önce gelen kemik bir kadro vardı. Ve işte Köyde Opera'da da alışkanlıklar değişmemiş, o grup yine erken gelmişti. Erkenciler tamam, şimdi sıra diğerlerinde, diye geçirdim aklımdan. Muhtar, azaları, ailem derken ufak ufak gelmeye başlamıştı insanlar.

Erken gelenler enstrümanların kurulumuna ve düzenlenmesine de şahit oldular. Tüm opera sanatçıları siyah giyinmişti; erkekler papyon, kadınlar uzun tuvaletler... Bu durum aslında seyirciye verdikleri önemi de gösteriyordu. Gerçek opera sahnesine nasıl çıkıyorlarsa o şekilde özenerek hazırlanmışlardı.

Seyircileri beklerken piyanist piyanonun başına geçti. O an sanki sihirli bir şeyler oldu. O tuşlara bastıkça yayılan melodilerle birlikte yeni insanlar bahçeye dolmaya başladı. Gözlerime inanamıyordum; müziği duyan geldi, duyan geldi... Artık oturacak yer kalmayınca çayıra çimene, ağaçların altına yayıldılar.

Şef insanları göstererek bana uzaktan göz kırptı. O sırada şunu düşünüyordum: Siz ne derseniz deyin, en sabit fikirli insan bile neyin günah neyin sevap olduğunu kendi aklıyla ayırt edebilir. Koca köyden konsere gelmeyen tek kişi vardı. Kim tahmin edin: imam. Varsın gelmesin. Gelmemesi o kadar doğal ki, gelmek istemeyebilir elbette. Normal olmayan gelmek isteyenleri engellemeye çalışmasıydı... Bu konuyu sonradan imama hiç açmadım, zaten en güzel cevabı ona köy halkı vermişti.

O akşam çevre köylerden bile gelenler vardı. Bazı öğretmen arkadaşlarımın gelmesi de çok iyi oldu. Böyle durumlara canlı canlı şahitlik etmek, önyargıları törpüleyen en güzel yoldur. Birçok basın mensubu yanımızdaydı, tüm atmosfere şahit oldular, yazdılar çizdiler, kayıtlar yaptılar. Programda sanatçılar da köy halkına jestler yapıp Karadeniz türkülerini opera formatında söylediler. Zaman zaman çocuklara mikrofon uzattılar, zaman zaman da ninelere, dedelere... Unutamayacağımız bir etkinlik oldu. Devamı gelsin, dediler... Köy halkı sanatçıları bağrına bastı. Dedeler tenörlerin sırtını sıvazladı, "Allah sesine sağlık güç versin," diye dua etti. Topluca fotoğraflar çekindik, röportajlar verdik.

Program sonunda da hep beraber o müthiş köy yemekleriyle güzel bir ziyafet çektik.

***

Ne yani, şimdi ben kötü bir şey mi yapmıştım? Herkes konserden mutlu ayrıldı. Operanın yalnızca süslü büyük salonlarda değil, bir köy okulunda halka açık bir meydanda yapılabildiğine de şahit oldular. Düğün müziği dışında farklı bir şey duydular, canlı canlı ilk defa bu kadar güçlü sesler dinlediler.

Zifiri karanlıkta herkes evinin yolunu tutunca pencerede asılı olan büyük "Köyde Opera" afişini de Samsun Devlet Opera ve Balesi Genel Müdürü'ne armağan ettim. O afişi özel olarak yaptırmıştım. Yoldan geçenler bile okusun, dursun, izleyip dinlesin diye... Gerçekten de öyle oldu. Birkaç kamyon şoförü bile yol kenarında durup ne olup bitiyor diye kenardan kenardan seyretti.

Büyük branda afişi teslim ederken, "Bu bir kıvılcım olsun, daha birçok köyde opera yapalım ve bu afişi de o konserlerde kullanalım," dedim. Eve vardığımda içimde kopan fırtınalar yerini huzura bırakmıştı. İçime çok sinen bu konseri İlçe Milli Eğitim Müdürlüğü'nden gelenlerin bile izlemeleri, konserin ardından tebrik etmeleri, mesaj atmaları da iyiye alametti.

İzmir'de çok büyük bir konferansta *Çocuklar Duymasın* dizisinin yaratıcısı çok sevdiğim Birol Güven, konuşmamı dinledikten sonra "Hikâyen muazzam etkileyici ama şu Köyde Opera olayı var ya, o kısım bile tek başına film olabilir," demişti.

Evet, trajikomik anlar var hikâyelerimin içinde. Ama geneline baktığınızda, umarım siz de değişim ivmesinin hep yukarı doğru hareket ettiğini görebilir, buna şahit olabilirsiniz.

***

2013 yılının yaz tatilinde ikinci çocuğumun olacağı müjdesini aldık ama kendi kendime verdiğim kararla bu durumu köye duyurmadım. Daha ilk günden böyle bir şeyi duyursaydım dokuz ay boyunca sürekli bir belirsizlik ve endişe hissi yaşayabilirlerdi. "Doğum iznine ne zaman ayrılır? Ne kadar süre devam eder? Öğrencilere hangi öğretmen bakacak?" gibi sorularla gereksiz kalabalık gündem yapacaktık. En iyisi onlar anlayana kadar hiç söylememekti.

Hamileliğim boyunca da tüm etkinliklerimiz tüm hızıyla devam etti. Geziler, bilgi yarışmaları, spor faaliyetleri, kadınlarla turlar, piknikler; hepsi devam ediyordu.

Doğum iznine ayrılmadan çok önemli iki eksiği de tamamlayıp öyle çekilmek istiyordum. Çok zor bir süreçti benim için ama şubat tatili süresince on beş gün dolu dolu çalışılan yeni bir bina hazırlığı içindeydim. Ama nasıl?

Silsile Yumağı

Ah şu devlet memuru zihniyeti yok mu? Silsile yumağı. Cumhuriyet ilan edileli köye ilk defa vali geldi; vali yardımcıları, kaymakamlar, belediye başkanları derken, şimdi de okula bir milletvekili ziyarette bulunacaktı. Tam okul çıkışı telaşı arasında çaldı telefon. Arayan, milletvekilinin danışmanı olduğunu söyleyince irkildim. Okulumuzu ziyaret etmek istiyorlarmış. "Tabii," dedim, "buyurun gelin." Ben daha "Ne zaman?" diye sormadan, "Yarın sizdeyiz," diyerek sonlandırıldı telefon. Saat belli değil, elbette beni aldı bir telaş.

Tamam gelsinler gelmesine hiç sorun değil, sağ olsunlar var olsunlar. Sonuçta hiç gelmeyebilirlerdi de. Ama bir öğretmen olarak ders saatinin ortasında köy halkı da olsa milletvekili de olsa çat kapı gelinmesinden hoşlanmıyordum. Bazen bu ziyaretler öyle fazlalaşıyordu ki telafi dersleri yapmak zorunda kalıyordum.

Haberi aldıktan kısa bir süre sonra bu sefer milletvekilinin partisinin ilçe başkanı ulaştı cep telefonumdan. "Öğretmenim durumdan haberiniz var. Milletvekiline yakışır bir karşılama olsun." O sözler hâlâ kulağımda çınlar. Bir köy öğretmeninden şaşalı bir karşılama, ikramlar vs. istiyorlardı. Ve sürem çok kısıtlıydı. Nasıl organize olacaktım? Keşke beni panikletmek yerine, telaşa gerek olmadığını söylese ve beni rahatlatmaya çalışsaydı... Aynı gün okuldan eve giderken yolda muhtarı aradım. Ve sorumluluğu ona yükledim. "En azından köy halkına duyuru, karşılama için gelmek isteyenlerin ayarlanması gibi durumlar sende," dedim. "Tamam" dedi. Hatta "İkram da sende," dedim. Benim kadınların atölyesini organize etmem lazımdı; her ne kadar ziyaret de olsa kadınlara da öğreteyim diye düşündüm. Makine istesinler, malzeme istesinler, hatta üstüne bir de bina isteyelim. Buram buram icraat niyetinde olan bürokratlar zaten bunu yapar, diye düşündüm.

Ertesi gün giyim kuşam hepimiz hazırdık, biraz daha resmi olsun diye ceket giymiştim. Derse başladım, kadınlar atölyede üretime devam ediyordu, anasınıfı öğrencilerimiz sınıflarındalardı. Sıcacık bir okul günü daha. Mutlu mesut devam eden bir gün. Sonra yine bir telefon çaldı ve fena halde keyfim kaçtı.

Bu sefer "Beni çok sever ve destekler," dediğim İlçe Milli Eğitim Müdürü telefondaydı, sesi hiç hoş gelmiyordu. Selam sabah etmeden korkunç derecede asabi ve azarlar bir tonla konuştu. Neye uğradığımı şaşırdım. "Okula milletvekili geliyormuş. Niye bana haber vermedin? Öğren öğren, böyle durumlarda önce bize haber vermelisin." Ona olayın aniden geliştiğini ve böyle bir ziyaretten benden önce kendisinin haberdar olacağını düşündüğümü ilettim. "Benim suçum ne?" diye tamamladım cümleyi. "Onlar söylemediyse sen vereceksin haberi," deyip telefonu yüzüme kapadı.

Aynı gün o da okula gelecekti, yüz yüze bakacaktık. Ne gerek vardı bunlara? Silsileler, bu kadar ast üst ilişki insanı değildim ben. Aklımın ucundan bile geçmezdi bunu son dakikada İlçe Müdürü'ne haber vermek. Yediden Yetmiş Yediye Türk Bayrağı Yapıyoruz projesindeki İlçe Müdürü krizini bu defa yeni İlçe Müdürü ile yaşıyordum. İnsanlar sizin ne yaptığınızı unutabilirler, ne söylediğinizi de... Ama onlara ne hissettirdiğinizi unutmazlar. Sonuçta bu amir tayfasının bana ne hissettirdiğini kesinlikle unutmayacağım.

İnsan ilişkilerinde üslubun ne kadar önemli olduğunu bu yaşadıklarımdan öğrendim. Ben kelimelerin de sihirli olduğunu düşünüyorum. Öyle bir kelime söylersiniz ki karşınızdakini tüm varlığıyla kendinize bağlarsınız. Öyle kelimeler kullanırsınız ki o kişileri hayatınızdan hızlı ve kalıcı şekilde uzaklaştırırsınız. İşte ben de tam bu noktadaydım. Benimkisi her şeye "Tabii tabii" deyip bildiğini okuma sanatı.

Ziyaretten yarım saat önce telefon açtılar: "Yoldayız geliyoruz." Köyden de hatrı sayılır bir topluluk; muhtar, azalar, herkes ayakta okulun bahçesinde hazır bekliyordu.

Makam arabaları sıra sıra okula yanaştı, korumalar gırla... İlçe teşkilatı desen mitinge geliyormuşçasına kalabalık! Üstüne bir de kadın kolları teşkilatı var yanlarında. Ben bu işlerden hiç anlamam. Böyle ziyaretler bahanesiyle protokol işlerini de uygulamalı olarak görüp öğrenmiş oluyordum. Çocuklar simsiyah makam arabalarının etrafında incelemedelerdi. Etrafında heyecandan koşuşuyorlardı.

Daha iki saat önce beni telefonda azarlayan İlçe Milli Eğitim Müdürü de gelmişti Halk Eğitim Müdürü ile birlikte; bir soğukluk, bir suratsızlık. Ben de tam tersine aşırı güleryüz ve yüksek enerji... Çocuklar kendi elleriyle yaptıkları çiçeklerden gelen misafirlere dağıttılar. Önce vekili sınıfta ağırladık ve güzel şiirler eşliğinde sunumlar yaptık. Okulu çocuklar gezdirdi. Bıcır bıcır sohbet ettiler. Onların doğallığına, her yetişkin insanı eşit görmelerine bayılıyordum. İçlerinde ne var ne yoksa anlatmalarına, karşılarında makam mevki sahibi biri varmış diye kaygılanmamalarına daha da hayranlık duyuyordum. Aman biri bir şey der mi, yanlış bir harekette bulunur muyum gibi düşünceleri de yoktu.

Parklarını, spor aletlerini, basket ve voleybol sahalarını, futbol kalelerini; hepsini heyecanla zıplaya zıplaya gösteriyorlardı. "Bunu öğretmenimiz yaptırdı, şunu öğretmenimiz yaptırdı, bunları öğretmenimiz aldı, şunları öğretmenimiz getirdi," diye hiç susmadan anlatıp durdular. Sanki ben onlara söyletmişim gibi hissedip mahcup oldum. Bir yandan da "Annem burada atölyede çalışıyor," diye lojmanı işaret ediyorlardı.

Sessiz bir kız öğrencim sadece olanları izliyor, söylenenleri dinliyor ama kendisi hiç konuşmuyordu. Sonra vekil ona dönüp "Sen neden konuşmuyorsun?" diye sorduğunda, "Benim hem annem hem yengem burada çalışıyor" diye cevap verdi. Etrafımızdaki herkes öğrencimin tatlılığına güldü. "Oooo," dediler, "sen 2-0 öndesin."

Çocukları bahçede serbest oyuna bıraktım. Kalabalık bir şekilde önce anasınıfına girdik, orada çok kısa kaldıktan sonra lojmanın arka odasındaki kadınların saya ürettiği atölye bölümüne geçtik. Sıra sıra giriyorlardı çünkü oda çok dardı, kadın sayısı çoktu. Tıkış tıkış bir bölümdü. Vekil içeri girince kadınlar işi gücü bırakıp ayağa kalktılar. Milletvekilinin kadın olması atölye ahalisinin de hoşuna gitti. Bir süre sonra hobi sınıfında toplanıp onlara hitap etmek istediğini söyledi. Hepimiz oraya geçtik. İster istemez insanda bir beklenti oluyor. Sonuçta köye bir vekil gelmiş, sadece sohbete gelmedi herhalde. Eminim hepimizin aklından "Belki bir şey vaat edilir," düşüncesi geçiyordu.

Vekil etraflıca bir konuşma yaptı. Yılın Öğretmeni seçilmemden dolayı da ayrıca tebrik etti. Ardından bana söz hakkı verdi. Ben de başladım anlatmaya. Bir şevk, bir heyecan sıfırdan her şeyi anlatıyordum. Bir yandan da yanık yanık makine ihtiyacımızın olduğunu söylüyor; atölye için bir ek bina yapsak, daha fazla kadın çalışsa diye önerilerde bulunuyordum.

Bunların maddi kaynak işi olduğunu, onların buraya gelip bizi gözleriyle görmesinin ve birlikte çözüm üretmemizin bir fırsat olduğunu söyleyip durdum.

Ben farkında olmadan çok büyük bir pot kırmışım. Meğer vekil bana söz hakkı verdiğinde ben önce müdürlere teşekkür edip onlara sözü vermeli, onları dinlemeli ve sonra konuşmalıymışım. Bunu da bilmiyordum. Sonradan bana farklı bir azar seansında kendileri hatırlattı. Yine silsilenin sopasını yedim. O gün iki-üç saat vekil ağırlama işiyle uğraştık. Kendisine proje fikirleri bile verdim; buyurun devlet gücüyle buraları yapmaya başlayalım, icraat sizin icraatınız olsun, dedim. Danışmanları ayrıca benden bilgiler alıp notlar tuttular. Bilgisayarda bir sunum hazırlamamı istediler; projeyi baştan yazmamı, maliyet hesabı çıkarmamı ve bu konuyla ilgili başka kimlerle bağlantı kurabileceğimin bilgilerini hazır etmemi rica ettiler.

Günlerce, haftalarca bunlarla uğraştım. Onlarca mail trafiği, gece mesaileri, saatlerce telefon görüşmesi yaptım. Her şey hazırdı. Her şeyi harfi harfine, usulüne uygun şekilde hazırlayıp dosyaladım. Yeni yapılmasını istediğim atölyenin mimari projesinden tutun da elektrik tesisat projelerine kadar her şeyi dört dörtlük yaptırdım. Bazen de o kadar uğraşıp ayrıntılı çalıştığım işleri gönderdiğimde bazı yerlerinde düzeltme istiyorlardı. Bir de düzeltmeler için vakit harcıyordum. Eşimin inşaat mühendisi olması büyük avantajdı. Belediyelerle yakın çalışıyordu ve birçok mühendis tanıdığı olduğundan bu çalışma için ücret talep etmiyordu.

Mesele bina projesini göndermekle bitmedi tabii ki. Hemen ardından "Bir tuvalet daha ekleyin, revir odası olsun," talimatlı revizeler gelmeye başladı. O zaman sil baştan tekrar düzenliyordum, zamanımın çöp olduğunu düşünüyor, sabrımı umutla sınıyordum. Çünkü içimden diyordum ki vay be, şu da olsun bu da olsun diyorlarsa kesin yapacaklar. Yoksa neden bazı değişiklikler istesinler.

Onca talimata kukla gibi uyuyor, sonuç olarak elinizde kocaman bir sıfırla kalakalıyorsunuz.

Şu anda öyle derin bir oh çekiyorum ki bunları yazarken arkama yaslanıp göğsüme oturan yumruğu sakinleştiriyorum. O kadar pişmanım ki; onlara inandığım, onlardan medet umduğum için, "Yaparız" laflarına güvendiğim için o kadar pişmanım ki... Bu olay dün olmuş gibi pişmanlığımı koruyorum. Bugün aynı şey olsa çok daha farklı olurdu belki ama olumsuzluklardan aldığım yaşam dersleri her zaman en büyük kazancım oldu.

Yeni Atölye İnşaatı

Koskoca milletvekili bile bir şey yapamadıysa kendi başımın çaresine bakmak en iyisiydi. Hantal bürokratik yapıyla boşuna vakit öldürmüştüm; boşuna sayfalarca yazıp çizmiş, saatlerce telefonda konuşmuş, aylarca beklemiştim. Öyle pişmandım ki... İcraat yaparmış gibi görünmek ayrı, icraatı gerçekleştirmek ayrı. Olay kaynak yaratmak mı, yapıyormuş gibi yapıp olayı şova çevirmek mi? Ah bu şovlar yok mu, asıl ihtiyaçların aciliyetini unutturan şovlar...

Her neyse, devamında gerçekleşen her şey bir tesadüfle başladı. Bir avukat arkadaşımla sohbet ederken, okulun arka tarafında bulunan baraj için büyük bir holdingin kırk dokuz yıllık bir ihale aldığını öğrenmiştim. Sonrasında haberler hızlı yayılmıştı tabii, muhtarın oğlu arayarak, "Belki bu kuruluşla da bir şeyler yapmak istersin, bu adamlar isteseк okulu bile yıkıp baştan okul yaparlar," deyince, "Okulun her şeyini tamamladık, ben hakkımı kadınlardan yana kullanmayı deneyeceğim," diye cevap verdim ona.

Daha büyük bir atölyeye ihtiyacımız olduğu ortadaydı. Okulun arka bahçesine yapılacak ayrı büyük bir bina üretime ve kadınlara rahatlık sağlayacaktı. Bunu o büyük holdinge bir sosyal sorumluluk projesi olarak sunmalıydım. Nitekim öyle de oldu.

Baraj kenarına yetkililerin de geldiği bir şantiye ofisi kurulmuştu. Bir öğle tatilinde oraya gitmeye ve derdimi anlatmaya karar verdim. Hava da nasıl yağmurlu. Ben bir elimde şemsiyeyle, dizime kadar battığım çamurlar içinde yürümeye çalışıyor; bir yandan da kendimi sorguluyordum: "Neyin peşindesin Dilek? Amacın ne?" Yani yıllar boyunca insanların bana durmadan sorduğu bu soruyu kendime sormadığımı mı düşünmüştünüz? Hayır, doğru cevaplara ulaşmak için ben bu soruyu herkesten fazla sordum kendime.

Güvenliğe kadar ulaşmayı başardım ve yetkililerle görüşmek istediğimi söyledim. Randevum olmadığı için geri çevirdiler. "Olsun, beklerim,"dedim. "Nasıl olsa bu kişiler burada yatmayacak, elbette dışarı çıkacaklar, siz beni içeri almazsanız ben onları dışarıda yakalarım," diye ekledim. Karşılıklı gülüştük. Öğretmen olduğumu söyleyince şaşırdı, belki iş aramaya gelen biri sanmıştı. Önce "Neden?" der gibi baktı yüzüme. Şaşkınlığı fırsata çevirmek için girdim lafa. "Ders saatim gelmeden alın beni içeri, on dakika bile sürmez söyleyeceklerim."

On dakika sonra binadaydım. Sıra derdimi anlatacak kişiyi bulmaktaydı. Bora Bey, üst düzey yönetici ve enerji şirketinin bel kemiği ismi. İkna etmem gereken kişi kesinlikle oydu. Bu sefer farklı bir yol izledim. İmzaladıkları ihalenin maddeleri uyarınca yerel coğrafyaya fayda sağlayacak işler yapmaları gerektiğini duymuştum. "Madem köyümüzdeki barajın enerjisini kullanıyorsunuz ve ismini bile köyümüzden alan bir enerji terminali var, öyleyse gelin birlikte bir sosyal sorumluluk hareketi yapalım."

Kendimi ve ihtiyacımız olan büyük atölye binasını en ayrıntılı şekilde anlattım. Zaten önceden hazırladığım detaylı planlar ve maliyet çizelgeleri vardı. Malum, daha önce yaşadığım bürokratik hezimetten önce her şeyim hazırdı aslında.

Minik toplantımızın hemen ardından adını Kadın ve Yaşam koyduğum projeyi etraflıca yazıp maille gönderecektim.

Eğitim-Öğretim Yılı'nın başlarıydı ama bir yandan da düşünüyor, kendi kendime "Doğum iznine ayrılmadan şu bina işi bari bitse. Kafamızı sokalım, geriye makine, malzeme zenginleştirme kalsın," diyordum.

Bora Bey "Yeriniz var mı, bunun için yapı izni var mı? Binanın nereye yapılmasını öngörüyorsunuz?" deyince dank etti kafama. Okulun arka arazisi muhtara aitti. Böyle bir şeyi muhtara nasıl teklif edecektim? Sonuçta boş araziydi ama zor işler bunlar. İş muhtarla bitmiyor. Oğulları var, kızları var. Onlar bu duruma ne derdi?

Çünkü ben bina projesini yaptırmadan önce, binayı lojman kenarına ekletirim, diye düşünüyordum. Ama 160 ya da 180 metrekarelik bir atölye yaptırmak söz konusu olunca seçenekler değişti.

Bora Bey'e "Siz yeter ki bütçe ayarlayın; yerini, izinlerini ben hallederim," dedim. Yeşil ışık yakıldığına o kadar emindim ki çayımın son yudumunu da alıp okula fırladım. Yolda düşünüyordum: "Nasıl yani? Bu kadar çabuk oldu mu?" Şaşkındım. Net bir "evet" cevabı almadığım halde çok mutluydum. Görüşme sonunda çok umutlanmıştım. Başımdan geçen "vekil sözü" hezimetini de anlatmıştım. Kendimi kandırılmış bir köy öğretmeni olarak hissettiğimi, aynı sözlerden verilip gerçekleşmemesi durumunda çok üzülüp yıkılacağımı da belirtmiştim.

Okula geri döndüm ama içim rahat değildi. Çıkışta çocuklarla birlikte yürüye yürüye muhtarın avlusuna vardım. Milletvekilinin söz verip yapmadığını bildiği için "Kazuk yedik hoca," diye espri yaptı. "Boş ver vekili sen," dedim. "Başka fırsat ayağımıza geldi. Bina işi tamam sayılır, sen yerden haber ver. Okulun tam arkasındaki yeri atölye için hibe eder misin?"

Muhtar başladı babasını, dedesini anlatmaya... Meğerse okulun yapıldığı 1200 metrekarelik tüm arazi onlarınmış eskiden. Devlete vermişler. Yıllar öncesine gitti, anlatıp durdu. "Sana da 250 metrekarelik yeri ayırırız," dedi ama bunu binanın yapılamayacağı hissine inancından söyledi eminim. Aslında şunu demek istiyordu: Bu devirde kim kime bina yaptırıyor? Devlet bile yapamamış, bu kadar yoktan var etme masallarına kendini kaptırma! Benim verdiğim mesaj ise her şeyi devletten beklemeyelim, biz harekete geçelim idi.

Çocuklarına danışması gerektiğini hatırlattım. Onların da onayı önemliydi ama küçük oğlu bina için yıl sınırlaması koyabileceğini söyledi. Avukat aracılığıyla bir yazı hazırladık ve ilk etapta 10 yıl için bina yapım iznini aldım.

***

O günden sonra yine yazışma ve telefon trafiğim oldu. Holding bu durumu sponsorluk işi olarak görmeyip sahiplendiği ve sosyal sorumluluk projesi olarak benimsediği için ekstra hizmetler sundular. Kırk yıldır değişmeyen elektrik tesisatımızı en güvenli şekilde yenilediler.

Birinci dönem bitmeden, çok da kar kış olmadan büyük atölye inşaatının bitmesini hayal ediyordum. Ben de mart gibi doğum iznine ayrıldığımda kadınları yerleştirir, içim rahat giderim diye düşündüm. Birkaç yetkili ile konuşma yaptıktan ve bütçeyi bir kez daha gözden geçirdikten sonra işin kesinleşeceği bilgisini aldım. Havalara uçuyordum. Kadınlara, çocuklara müjdeliyorum derken, aralarından biri bana "Vekili görüyon mu sözünü tuttu atölyeyi yaptırıyor," demez mi? Eyvah, dedim korktuğum başıma geldi. Bina buraya yapılınca herkes bürokratik olduğunu düşünecek. Onlar yaptırdı sanacak. Kadınlar atölyede günü birlik üretimlerine devam ederken, benim barajla görüştüğümden habersizlerdi. Eşim başta olmak üzere yakınlarımdan birkaç kişi bunu bana söylemişti. "Sen parçala kendini bakalım, binayı yaptırınca köydekiler ne düşünecek?" Ne düşündüklerini de inşaat öncesi öğrenmiş olduk.

Aradan iki ay geçmeden inşaat çalışmaları başladı. Ustalar ve şantiye şefi sürekli benimle irtibat halindeydiler. Dış cephe boyasını seçmeye kadar her şeyi atölyedeki kadınlarımızla birlikte seçip karar verdik. Onlar da hâlâ inanamıyordu olanlara. Atölye binası biter bitmez beni makine telaşı saracaktı. Bir yandan da kurs modüllerini inceliyordum. Köyde çalışmayan kadın kalmasın, düşüncesi ile 45 yaş üstü kadınlar için de bir anneanne-babaanne projesi yapmak istedim. İlk duyduklarında özellikle gelinler çok gülmüştü ama gerçeğe dönüştüğünü gördüklerinde bunun bir espri olmadığını anlayacaklardı.

Yazışmaları başlatmıştım bile, bir yandan başvuruları da alıyordum. Kadın üretiminin köye yarattığı pozitif etki çok kıymetliydi. Köyü bir bakıma kalkındırıyordunuz. Köyde yirmi kadın ayakkabı sayası üretmeyi öğrendi. Diğer yirmi kadın da yapma çiçek ve keçe tasarım gibi el sanatları kurslarıyla meslek edindiler. Bırakın kırk kadını, her köyde on kadın çalışsa ekonomide olabilecek hareketlenmeyi düşünün.

Araya şubat tatili girdi, inşaat devam ediyordu, mart ayına girer girmez doğum iznine ayrılacaktım. Ve artık herkese açıkladım. Nisanda doğum yapacağımı söyledim. Yedi ay boyunca hamile olduğumu kimse anlamamıştı. Bir de kadınlar beni her gün gördüğü için günlük fiziksel değişimler pek dikkatlerini çekmemişti sanırım. İçlerinden "Dilek Öğretmen kilo aldı" demişler ama hiç hamile olabileceğim akıllarına gelmemiş. Bu kadar iş güç meşguliyet arasında ikinci çocuğu yapacak cesarette olduğumu da düşünememişler. Doğrusunu söylemek gerekirse ben de düşünememiştim.

Ben doğum iznine hazırlanırken 8 Mart'ta İdealist Kadın Ödülleri'ne davet edildim. En İdealist Kadın Ödülü'nü aldığımda karnım burnumdaydı.

İkinci Çocuk

4 Nisan 2014'te ikinci oğlum Alp geldi dünyaya. O kadar yoğun ve her günümün dolu dolu olduğu zamanlardı ki. Oğlum bir haftalıkken yüksek lisans sınavlarım başlamıştı. Bebeğimi arabaya koyup Amasya'ya sınavlara gidiyordum. Eşim de arabada bebekle bekliyordu. Sonuçta anne sütüyle beslenen yavrumuz ilk haftasında annesinin sınavlarını bekler oldu. Otuzlu yaşlardan sonra yüksek lisans yapmak, evet, olabilecek bir şeymiş ama iki çocukla yüksek lisans yapmak hiç de kolay değilmiş.

Büyük oğlum Tan kardeşe hiç hazır değildi. İki kardeş arasındaki dokuz yaş, ebeveynlikte de sınav vermemize sebep oldu. Tan'ın gönlünü yapmak için ona ayrı bir mesai harcıyordum.

Bir velim, kuzeninin Samsun'da oturduğunu ve iş aradığını söylemişti. Benim için tam zamanlı güzel bir fırsat oldu. Neyse ki doğumdan hemen önce sevgili Selma bana bu yolculukta yardım edecekti. Sadece çocuk bakımında değil, birçok işimde de sağ kolum oldu. O da doğma büyüme Kumköylüydü. Bir sabah kahvaltıda eşim, "Çocuğumuza bakacak, sana da yoldaş olacak kişiyi bile Kumköy'den seçtin," diye espri yaptı.

Yine telefonun ucunda çocuklara gezi planı yap, benim yerime gelen öğretmene brifingler ver, okula bütçe yarat, kadınların atölyesine malzeme bulmaya çalış derken her günü beynim dolu dolu başlayıp öyle bitiriyordum.

Kırk beş yaş üstü kadınlara yapma çiçek kursu açılması için yaptığım başvuru da kabul edilmişti, telefondan da olsa yirmi kadınımızın meslek edinme kurs kayıtlarını yapıyordum. Kadınlarımız bir taraftan çalışıp para kazanıyor, bir yandan da meslek öğreniyorlardı. Aldığım dönüşler çok güzeldi.

Hatta bir gün köydeki bütün kadınlar, hafta sonu toplanıp çoluk çocuk hepsi benim evime bebek görmeye geldiler. Bebek kucağımda onları kapıda beklediğimi hatırlıyorum, asansörle yukarı çıkarken anne ve çocukların cıvıltıları apartman boşluğunda nasıl da yankılanmıştı. Ev tıklım tıklım oldu ama sıcacık kahkahalarla geçirdik günü. En güzel günümde de beni yalnız bırakmamışlardı.

Onlara anneliklerinin bana ilham verdiğini söyledim. "Belki de," dedim, "ikinci kez anne olmama sebep sizsiniz, üç çocukla beş çocukla yarattığınız harikalar." Onca çocuk bir yana, kayınvalide-kayınpeder ile birlikte yaşıyor, çoğu eşi köyden uzaktayken evin tüm sorumluluğunu üzerinde taşıyor ve tüm bunları yaparken üzerine atölyede çalışmayı başarıyordu. "Sihirbaz gibisiniz," dedim gülerek. Onlar giderken anneanne ve babaannelerin de üretime yeni öğretim yılında başlayabilecekleri haberini verdim.

Bu sırada yeni bina yapımı tahminimizden hızlı ilerliyordu, kadınlar her gün atölyeden fotoğraf çekip beni gelişmelerden haberdar ediyorlardı.

Korsan Haber mi?

Doğum iznini izleyen yaz tatilinde bir öğle vakti oğlumu uyuturken bir telefon aldım. Annem de yanımdaydı. Telefonun ucundaki ses bir kadına aitti, öğretmen olduğunu telefon numaramı yoğun ısrarla İlçe Milli Eğitim Müdürlüğü'nden aldığını söyledi. Sesi heyecanlı geliyordu. İsmi Müge Aydın'dı. "Hızlıca konuya gireyim, fazla da zamanınızı almak istemiyorum," dedi. "Bir yarışma var. Duyurusu AÇEV'in web sayfasında da mevcut. İnceleyebilirsiniz. Ben başvurdum ama içimden bir ses, Dilek Öğretmen'e haber vermeliyim, dedi. Bence mutlaka sizin de başvurmanız gerekir," dedi. "Nasıl bir yarışma bu?" diye sordum. Daha önce hiç uluslararası bir yarışmaya katılmamıştım. İlk kez yapıldığını ve eğitimin Nobeli olarak adlandırıldığını, dünyanın en iyi öğretmenlerinin seçileceğini, üstelik de ödülün bir milyon dolar olduğunu o gün öğrendim. Bunu duyunca ister istemez gülmeye başladım ve "Bu korsan haber olmasın," dedim. Sanırım biraz bozulmuştu ama o dönem garip garip sahte haberler duyuluyordu, hele de internet ortamlarında... Ama hayır, korsan haber değildi, "Onursal Başkanlığı'nı eski ABD Başkanı Bill Clinton'ın üstlendiği, Hint asıllı iş insanı Sunny Varkey'in kurduğu Varkey Gems Vakfı düzenliyor, araştırabilirsiniz," diye ekledi. Kucağımda uyuyan Alp'i sessizce anneme teslim edip elimde telefon yan odaya geçtim. "Henüz yeni doğmuş bir bebeğim var, katılmam mümkün değil, hazırlanamam," dedim. Üzülmüştüm, neresinden bakılırsa bakılsın muhteşem bir fırsattı. Ama Müge Öğretmen asıl müjdeli haberi verdi: "Hazırlanmana gerek yok, sadece yaptıklarını yazman yeterli." Sorulardan ve kriterlerden biraz konuştuk ve bir gün kararlaştırıp yüz yüze de buluşma planı yaptık. Telefonu kapattıktan sonra içimden şunu düşündüm: "Ne kadar doğal ve kompleksiz bir öğretmen. Demek ki böyle meslektaşlarımız da var. Hiç tanımadığı bir öğretmene ulaşıyor ve rekabet hırsından arınmış bir şekilde çalışmalarımı öven bir meslektaşa dönüşüyordu. Yarışmadan çok Müge Öğretmen'in tavrına şaşırmış ve onu takdir etmiştim.

2014 yılının temmuz ayıydı. Alp üçüncü ayını daha yeni doldurmuştu. Üstelik yaz sonu hemen okula başlamayı düşünüyordum. AÇEV'in sitesine bakmamın ardından Hürriyet Eğitim'de bu yarışma ile ilgili birkaç haber gördüm. Sonra oturup incelerken buldum kendimi. Sorular ve kriterler çok yerindeydi; ayrıntılı analiz yapma imkânı sunan, öğretmen odaklı bir plan hazırlanmıştı. Yarışma olmasa bile her öğretmen bu soruları kendine sormalı, cevaplamalı, tüm öğretmen kendi hikâyesini arşivlemeli, kanıtlar göstermeli, diye geçti aklımdan. O dönem hâlâ bir sosyal medya hesabım yoktu. Bu yüzden başvuru kriterleri arasında sosyal medya hesaplarının istenmesine şaşırmıştım.

Sosyal medya hesaplarını başvuru için her şeyim hazır olduktan sonra açmak istedim. Her akşam çocuklar uyuduktan sonra başlıyordum çalışmaya. Hikâyemi sorulara denk gelecek şekilde yazıyordum ama çok yavaştım. Sindire sindire yazmanın ne kadar önemli olduğunu o zamanlar hissettim. Her ayrıntıyı yazamıyordum çünkü belli bir kelime sınırı vardı. Üstelik Türkçe kelimeler İngilizceye çevrildiğinde kelime sayısı daha da artıyordu.

Eşimin kuzeni Mert, üniversitede İngilizce mütercim tercümanlık bölümü okuyordu. Her seferinde ona danışıyor, kelime kelime çeviri aşamalarında ondan yardım istiyordum. Çok vakit harcadı, çevirilerin üstünde çok durduk. Çünkü Türkçede anlattığım duygusal geçişlerin İngilizcede de hissedilmesini istiyordum.

Tıpkı Müge'nin bana yaptığı gibi ben de kendi arkadaşlarıma haber verdim. Tek tek anlattım durumu ama pek oralı olmadılar.

Başvurudan çok kısa bir süre önce de Müge'yi evime davet ettim. Benim bebekle dışarıda bir yerlerde buluşmam çok zordu. Müge de cevaplarımı gözden geçirdi ve o gün harika bir gün geçirdik. Aynı gün bağlantılarımızı kullanarak iki kız öğrenciye burs bile bulduk. Ne alaka diyeceğimiz bir zamandı ama öğretmen yüreği böyle bir şey işte. Laf ondan ona ondan ona atlarken, birden kendimizi köydeki öğrencilere atkı ve bere ördürürken bulduk. Birilerini aradık, haber saldık. Kırtasiye malzemeleri, botlar, montlar vs. Okul açıldığında en çok ihtiyaç duyulan kıyafetler, kitaplar... Bunları temin edebileceğimiz ortak gruplarımız oluştu.

Neden böyle bir ödül?

Küresel Öğretmen Ödülü, Varkey Gems Vakfı tarafından öğretmenlerin statülerini geliştirmeyi hedefleyen köklü ve uzun soluklu bir çalışma olarak planlanmıştı. Bu ödül sınıf çalışmalarından da ötede, öğrenci eğitiminde çok başarılı sonuçlar almış ve yaptığı aktivitelerle toplumun saygınlığını kazanmış öğretmenleri dünyaya tanıtmayı hedefliyordu. Kazanan kişi toplumsal destek ve kültürel alandaki başarıları ile diğer öğretmenlere bir rol model olacak, onlara bu mesleğe katılmak için cesaret verecek ve eğitim standartlarını yükseltmek konusundaki tartışmalara katkıda bulunacaktı. Tüm çocuklar için kaliteli bir eğitimin yolunu açacak, gençleri farklı etnik gruplardan ve dinlerden kişilerle rahatça ilişki kurabilen küresel vatandaşlar olmaya hazırlayacak bir gelişmeydi.

Türkiye'den akademi için seçilen AÇEV Yönetim Kurulu Başkan Yardımcısı Ayla Göksel yaptığı basın açıklamasında bunu şöyle anlatmıştı: "Küresel Öğretmen Ödülü'nü önemsiyorum çünkü eğitimde olumlu fark yaratan en önemli unsurun nitelikli öğretmenler olduğunu düşünüyorum. Öğretmenler toplum içinde ve ülkelerin gelişmesinde önemli bir role sahip ve bu ödül öğretmenlik mesleğini onurlandırmayı, kutlamayı ve güçlendirmeyi hedefliyor. Bu amaçla hepimizin kendi adaylarını göstermesi çok önemli."

Küresel Öğretmen Ödülü çalışmaları Birleşik Arap Emirlikleri Devlet Başkan Yardımcısı, Dubai Başbakanı ve Hükümdarı Şeyh Mohammed bin Rashid Al Maktoum koordinasyonunda yürütülecekti. Bu ödül öğretmenlik mesleğinin öneminin altını çizecek ve tüm dünyada öğretmenlerin kutlanılmayı hak ettiği gerçeğini sembolize edecekti.

Ödül başvurusu halen zorunlu eğitim kapsamında okula devam eden on sekiz yaş altındaki çocuklara eğitim veren öğretmenlere açıktı. Dünyadaki tüm ülkelerde yerel yasal uygulamalar doğrultusunda eğitim veren okullardaki tüm öğretmenler başvuruda bulunabiliyordu. Başvurular için son tarih 31 Ağustos 2014'tü ve kazanan 2015 bahar döneminde Dubai'de yapılacak Küresel Eğitim ve Başarılar Forumu'nda açıklanacaktı. Kamuoyu bir öğretmeni aday gösterilebileceği gibi, öğretmenler de kendileri için başvuru formu doldurabilecekti.

Aday gösterilen ya da başvuruda bulunan öğretmenlerin kendi yöneticilerinden referans alması ve ayrıca bir ya da iki referans daha göndermesi gerekiyordu. Bu referanslar öğretmenin sınıfta veya sınıf dışında yaptığı başarılı çalışmaları; çocukların, çalışma arkadaşlarının, okul müdürü veya daha geniş çevreden kişilerin görüşlerini anlattığı videoları da içerebiliyordu.

Ödülü Kazanmak için Hangi Kriterler Önemli?

Öğretmen arkadaşlarım ve öğretmen adaylarımız için kriterleri özellikle yazmak istedim. Mesleğimizi en güzel şekilde yaşamak istiyorsak yarışmalara girsek de girmesek de bu kriterler çerçevesinde kendimizi ve yaptığımız çalışmaları sorgulayabileceğimize inanıyorum.

Ben başvuru süresince en çok kanıtlara güvendim. İyi ki binlerce fotoğrafım, yaptığım değişimlerin önceki ve sonraki hallerini karşılaştıran raporlarım, afişlerim, basın linklerim, röportajlarım, proje videolarım vardı. İyi ki vardılar, çünkü her cevabımı destekleyen belgelerimi başvuruma da eklemiş oldum. Bir öğretmen olarak kaydetmenin önemini bir kez daha anladım. Daha önce de dediğim gibi, kaydedilmeyenler kaybedilir!

Kriterler şunlardı:

1. Yenilikçi ve etkili/verimli eğitim pratikleri ile okuldaki ve sınıftaki öğrencilerde bunlara dair öğrenme kazanımları sağlamak.

2. Sınıf eğitiminin ötesinde öğretmenlik mesleği için rol model olabilecek başarılar oluşturmak (bunlar hayır işi, toplum hizmeti, spor faaliyeti, akademik ya da kültürel alanda başarılar olabilir).

3. Halk arasında öğretmenlik mesleğinin çıtasını yükseltecek algının oluşmasına katkıda bulunmak (makaleler

yazarak, blog oluşturarak, medyada yer alarak, sosyal medya kampanyaları yaparak, etkinlikler ve konferanslar düzenleyerek).

4. İlham verici eğitim pratiklerini diğer öğretmenlerle paylaşmak.

5. Çocukları farklı ülkelerdeki pek çok farklı din, kültür ve milletten insanla ilişki kurabilecek küresel vatandaşlar olarak yetiştirmek.

6. Tüm çocukların kaliteli eğitime ulaşmalarına destek vermek.

7. Sınıfta ve dışarıdaki başarıların çevre tarafından da onaylandığını gösteren belgeler sunmak. Örneğin öğrenciler, iş arkadaşları, yöneticiler, kamu kurumları ve iş dünyası (Bunlar yazılı veya video görüntüleri olarak eklenebilir).

8. Etrafındakileri öğretmenlik mesleği için teşvik etmek/desteklemek.

Bütün bu kriterleri kapsayan sorular vardı. Cevaplarken mesleki çalışmalarımı tam anlamıyla sorgulayıp süzgeçten geçirmiş de oldum.

Bir akşam cevaplardan öylesine seçtiğim yalnızca bir tanesini eşime sesli okudum. Ben okudukça duygulandı, gözleri dolu dolu oldu. Çünkü o zamana kadar yalnızca fiziksel olarak çabamı görmüştü. Bende yaşattığı duyguları belki o da ilk defa sesli dinliyordu. Ama bunun dışında, ödülmüş, sorularmış; ne o ne de ailem beklediğim ciddiyeti göstermişti bu duruma.

***

Jüri Akademisi dünyanın pek çok ülkesinden kendi alanında saygı duyulan önemli liderlerden oluşuyordu. Türkiye Güvenli Yaşam Rehberi'den Ayla Göksel'in yanı sıra

Akademi ödüllü aktör Kevin Spacey, Lastminute.com'un kurucusu Baroness Martha Lane Fox, Grammy ödüllü caz müzisyeni ve şarkıcı Esperanza Spalding, Amerika'dan sosyal aktivist ve eğitimci Geoffrey Canada, Nijeryalı iş insanı Oando Group CEO'su Jubril Adewale Tinubu, Güney Afrika'dan Econet Wireless'ın kurucu ve yöneticisi Strive Masiyiwa, İngiliz filozof David Rodin, Mo Ibrahim Vakfı'nın Yönetici Direktörü Hadeel İbrahim ve Çin'deki Tsinghua International School'un Müdür Yardımcısı Jiang Xueqin de bulunuyordu jüride.

Son başvuru tarihi okulların açıldığı haftaya ertelenmişti. Artık Alp beş buçuk aylık olmuştu ve ben hüzün ve endişeyi bir arada yaşarken okula gitmeye hazırdım.

***

8 Eylül gecesi başvurumu gönderip arkama yaslandım. Hani böyle belli bir olaya kilitlenip tüm enerjini ona yönlendirdiğinde sonrasında bir rahatlama yaşarsın ya; hah işte, yalnız o kadar süre yaşayabildim o rahatlamayı. Gönderdim, oldu bitti... Hemen ertesi hafta okullar açılıyordu ve benim yeni telaş listelerim şimdiden sıralanmaya başlamıştı bile!

Okullar açılıyordu ama ben küçük oğlumu ilk kez tüm gün annesiz olarak evde bırakacaktım. Neyse ki çok sevdiğim ve güvendiğim, oğlumu kendi çocuğu gibi seven, koruyan ve bakan Selma vardı. Arada annem de gelir, Selma'ya eşlik eder, torunuyla birlikte olurdu.

***

Okul açılır açılmaz, köyde bir şenlik bir eğlence. Sanki hiç geri dönmeyecekmişim gibi hissedip korkan veliler, çocuklar...

İlköğretim Haftası, geziler, belirli gün ve haftaların tam organizasyonlu kutlamaları ve bangır bangır kutladığımız bir Cumhuriyet Bayramı daha geride kalmıştı... Eylül geçti, ekim bitti derken, kasım ayı sonunda bir mail aldım. Koşuşturmaya öyle bir dalmıştım ki mail gelip de konusunu görene kadar başvuruyu çoktan unutmuştum: Yarışma sonuçlanmıştı.

Bu kadar çabuk yanıt geleceğini tahmin edememiştim. Şaşkındım. Mail'de ayrıntılar ve bundan sonraki sürecin nasıl gerçekleşeceği yazıyordu. Önce beş bin öğretmen seçilmişti, ardından sayı bin üç yüze düşürülmüştü. Son aşama ise elli finalistin belirlenmesiydi. Sonuç öylece önümde duruyordu: "Dünyanın En İyi 50 Öğretmeni"nden biri seçilmiştim!

Eğitimin Nobeli Global Teacher Prize'a aday gösterilen ilk Türk öğretmen oldum. Bu tarifsiz gururu yaşarken, bu yarışmayı Türkiye'ye tanıttığım için çok iyi hissediyordum. Benim hikâyemden ilham alıp peşimden birçok Dilek'in geleceğini de tahmin ediyordum. İlk kez bir öğretmen bu kadar büyük ve prestijli bir ödül sahnesinde Türkiye'yi temsil edecekti. Ardımdan gelecek öğretmenlerin de yolunu açmanın mutluluğunu yaşıyordum.Türkiye'de öğretmenlik artık başka türlü konuşulacak, başka boyutta yaşanacaktı.

Bir akşamüstüydü, çocuklarımla evde birlikteydik. İstemdışı öyle sevinip havalara sıçramıştım ki sakin olan oğlum Tan bile ne olduğunu anlayamamıştı... Alp ise bebek suratıyla endişeli endişeli bana bakıyordu. Daha önce annesini bu tepkiyle görmemiş olacak ki ona garip geldi ve ağlamaya başladı. Onu ani sevinç ve tepkilerimden dolayı korkuttuğumu düşündüm. Eşim evde yoktu, çocuklar uyuduktan sonra mail'i tekrar tekrar okuyup emin olmak istedim. Çevirmenim Mert'e de teyit ettirdim. Çünkü ufak da olsa bir şey kaçırmak istemiyordum ama işte sonuç ortadaydı, doğruydu.

Eşime önce telefonla arayıp söyledim, pek oralı olmadı, "Aaa süpermiş," deyip geçti. Eve geldikten sonra tekrar söyledim; mail'i aldığımda havalara uçtuğumu, çok sevindiğimi, çocukların bile belki de hayatlarında ilk kez annelerini böyle gördüğünü anlattım. Karışık duygular içindeydim. Bu durumu yalnızca ben mi önemsiyordum bilemedim. Gelen mail'de "Seçildiğinizi lütfen kimseyle paylaşmayın, vakıf tarafından tüm dünyaya aynı tarihte ve aynı saatte duyurulacaktır," bilgisi de vardı.

İki hafta önce yani 24 Kasım Öğretmenler Günü için yapılan etkinlikleri takip etmek için hayatımda ilk defa Facebook hesabı açmıştım. Artık insanlara demode gelen bu sosyal medya ağı benim için çok yeniydi. İtiraf etmeliyim, nasıl kullanılacağını bile doğru düzgün bilmiyordum, hesap açık ama pasif halde öylece duruyordu. Profil resmim bile yoktu. Böyle sosyal medya fukarası bir insandım. Ama 8 Aralık sabahı acayip bir şey oldu...

Okula gitmek için hazırlanıyordum. Bir yandan da telefonumu açtım. Mail kutusu sürekli yanıp sönüyordu. Sayıları gözümün önünde artan bine yakın okunmamış posta uyarısı görüyordum. İlk kez böyle bir ekran görüntüsü ile karşılaşıyordum. Bir gariplik olduğunu anladım. Gelen mail'lerin hepsi *Facebook* uyarılarıydı. Kullanmadığım bir mecra nasıl olmuş da birdenbire böyle hareketlenmişti?

Sonradan anlaşıldı ki önceki gece 00:00'da vakıf tüm haber ajanslarına bildiri yayınlamış. Ulusal ve uluslararası basın durumdan haberdarmış. Sabah haberlerinde bahsedilip, internette yayılmaya başlayınca bu defa telefonum susmaz olmuştu. Üstelik saat daha sabahın yedisiydi!

Yolda İl Milli Eğitim Müdürlüğü'nden aradılar, ilk başta şaşkındım. Tebrik edecekler sandım. Sekreter Hanım, "Bu yarışma neyin nesi?" diye sordu. Ben de kısaca anlattım.

Vakfın bağlantılarını sordu. Onu da anlattım. Bakanlığa bilgi geçmeleri gerekiyormuş. Demek ki Bakanlık'tan birileri arayıp bilgileri olup olmadığını sormuştu. Şaşırmaları çok doğaldı. İlk defa Türkiye'de bir öğretmen eğitimin Nobel'i diye adlandırılan bir ödüle aday gösteriliyordu. Soru öyle garip bir tonda sorulmuştuk ki sanki yanlış bir şey yapmışım gibi hissediyordum. Benim de içime kurt düşürdüler. Herkes okula gelmek istiyordu ama ben "Hayır" diyordum: "Önce bir okula gideyim, derslerimi yapayım, bir kendime geleyim, ben size gününü söylerim."

Ama dersin ortasında yerel basın geldi çat kapı. Mail adreslerini alıp akşama açıklama yapacağımı söyleyerek nazikçe gönderdim onları. Yine de haber gittikçe yayılıyordu ve ben kafamı bir türlü toparlayamıyordum. Öğrencilerime derste üstünkörü açıklamaya çalıştım. Hatta hayal seansı yaptık. Başladım anlatmaya... "Kazanırsam sizi şuraya da götürürüm, buraya da götürürüm, daha önce gitmediğimiz görmediğimiz yerlere gideriz," derken bu defa da okulun telefonu çalmaya başladı.

Kaymakam Bey de duymuş, sağ olsun tebrik etti. Basın toplantısı için de ertesi gün makamına çağırdı. Basın toplantısı her bakımdan daha iyi olabilirdi. Her ajansa ayrı ayrı vakit ayırmaktansa, hepsine bir arada açıklama yapmak sanki daha iyi bir fikirdi. Ama tabii ki düşündüğüm gibi olmadı çünkü her ajans okulda öğrencilerle de ayrı ayrı görüntü almak istiyordu.

Basın tüm izinleri benim yerime almıştı bile. Artık benim okul tüm basına ve halka açık bir yer haline gelmişti. Hepimiz için farklı bir süreçti. Ertesi gün ajanslar geldi; çekimler, hem çocuklarla hem annelerle röportajlar yapıldı.

Köyde de "Dilek Öğretmen bir milyon dolar kazanacakmış," diye söylentiler yayılmasın mı? Sorular başarıdan, paraya dönmüştü. Birinci olursam ve parayı kazanırsam ne yapacaktım? En büyük merak konusu buydu. O sıralar kadınların üretimine kafayı taktığım için "Yeni makineler alacağım," diyordum, "her kadına yeni bir makine, istedikleri gibi üretebilecekler." Çocuklarla yapacağımız, eğitim adına planladığım birçok aktivite hayalim de vardı. Köyden de talepler bitmiyordu. Kadınlardan "Bizi umreye götür," diyenler olurken, erkeklerden de "Bizi derbi maçına götür, hep anneleri mi gezdireceksin!" diye takılanlar oldu.

Akşamüzeri kaymakamlık makamında basın toplantısı için hazırdık. Harika bir karşılama oldu. Ben kapıdan girerken Kaymakam Bey, büyük bir jestle ayakta alkışlayarak karşıladı. 2011 yılından beri tanıyordu beni, yaptığım her çalışmaya şahit olmuştu: "Yıllar sonra böyle bir başarıyla karşıma çıkmana hiç şaşırmadım," diyerek onore etti. Kaymakam ve İlçe Milli Eğitim Müdürü konuşmasının ardından sıra bana da geldi. Sonuçta, açıklayıcı ve keyifli bir toplantı olmuştu.

Bu arada yeri gelmişken, ben Kumköy'de göreve başladım başlayalı üç İlçe Milli Eğitim Müdürü gelip geçmişti. Sağ olsunlar, hepsiyle de küçük vukuatlar ve tatsızlıklar yaşadık, düzeldik, tatlıya bağlandık. Basın toplantısına katılan ise dördüncü yeni gelen müdürdü. İlk günden böyle bir başarıyla karşısındaydım. Her şey yolunda gidiyordu. Bakalım, zaman ne gösterecekti? Belki de gösterdiğim başarının özgüveninden ya da Kaymakam Bey'in babacan tavrından da naz bularak, başımdan geçenleri yüzeysel olarak yani çok ayrıntıya girmeden Müdür'e anlattım. O da bana "Biliyorum hepsinden haberim var," dedi. Demek ki haberim olmadan benim durumların konusu açılmış, konuşulmuştu. Bu sefer iyi başlamıştık. Okula gelen milletvekili yüzünden bana kızan müdür de gitmişti. Eh artık biliyorsunuz makamlar...

***

Birkaç gün sonra yoğunluğum daha da artmıştı. Marketten bir şey alırken bile farklı farklı telefonlar geliyordu, hatta hiç unutmuyorum bir keresinde bebeğime bez alırken bir radyo programında canlı yayına bağlandım. Alışveriş merkezinde bir mağazanın kabininden televizyonda canlı yayına katılmak zorunda kaldım. Bir yandan "normal" hayatımı devam ettirmeye çalışıyordum. Ana haber bültenlerinde rol model olarak anılabileceğimi, onlarca gazeteye manşet olabileceğimi de hayal etmemiştim. KPSS deneme sınavlarında seçeneklerde ismimin geçebileceğini ve beni sorularda sorabileceklerini de hayal etmemiştim. En çok güldüğüm ve unutamadığım şeyse bir çengel bulmacada resmimin çıkmasıydı. O gazete bulmacasını hâlâ saklarım.

Ama Samsun Büyükşehir Belediyesi'nin yaptığı sürpriz hayatımda görüp şahit olabileceğim en büyük olaylardan biriydi. Elliden fazla otobüs durağına boy boy fotoğraflarım asılmıştı. "Gururumuz" yazılmış bir afişte Başkan'ın tebrik mesajıyla birlikte yer almak, bana kendimi milli sporcu gibi hissettirmişti. Bazen çevremdekilerin benden daha fazla heyecanlandıklarına da şahit oluyordum. Otobüs durakları yetmedi, ana yol üzerinde çok büyük tabelalarda öğrencilerimle resimlerim yayınlandı. Aylarca orada kaldılar. Nasıl değerli hissetmiştim kendimi...

Gelelim öğretmen servisimize, sorsanız en yakınımdakilere, her gün benimle gidip gelenlere... Şoförün yanında oturan bir erkek öğretmenimiz vardı. Sabahları yolda giderken gazete okurdu. O sabah da elinde bir Posta gazetesi; ama bu defa manşette ben varım, hem de boylu boyunca. Kafasını yavaşça arkaya çevirdi ve "Tebrikler öğretmenim," dedi. Ama nasıl dedi? Kupkuru, ruhsuz, mecburiyetten gibi. Ben dallanıp budaklanan abartılı övgüler istemiyordum zaten. Yalnızca samimi bir sevinç paylaşımı bekliyordum. Diğer öğretmenler de keza öyle. Tamamen ayıp olmasın, ben de bir kelam edeyim dercesine söylediler. Sadece servistekiler mi? Hayır... En yakın öğretmen arkadaşlarım bile sevincime tepkisiz kaldılar, mutluluğumu görmezlikten geldiler ama öte yandan okula hiç ummadığım mesleklerden, şehirlerden, hatta ülkelerden telefon ve mektuplar geliyordu.

Cezaevinden onlarca mektup aldım mesela, bu bana çok garip gelmişti. Haberlerde izleyip duygulanıyorlardı ve sayfalarca mektup yazıp gönderiyorlardı. Ne değişik günlerdi. Hatta kadınların üretimine destek olsun diye yumurta topuk deri ayakkabı siparişi bile veriyorlardı. Siparişleri hemen Osman Hoca'ya yönlendiriyordum. Doktorlar, mühendisler, hâkimler, mahalle simitçileri, avukatlar, polisler, hemşireler, pilotlar, bakkallar, büyük vakıf genel müdürleri, çok büyük holdinglerin CEO'larından, çok farklı meslek gruplarından; tebrik kartları, mektuplar, hediyeler ve en çok da mesaj ve telefon alıyordum.

Kelimelere sığamayacak bir mutluluktu yaşadığım. Adımın bilinmesi, tanınması meselesi değildi bu. Çocuklar, kadınlar ve köy için yapmak istediklerimin, hayallerimin milyonlara ulaşabilmesiydi. Bu, örnek alınacak ve bu sayede belki başka çocuklar başka kadınlar da kavuşabilecekti hayallerine. Bu kitabın her satırında yapmaya çalıştığım şey de bu. Övünmek değil, başarının ne şartlarda geldiğini ve nasıl yayılabileceğini anlatabilmek. Tabii dilim döndüğünce.

Beyaz Show ve Hatice Sultan'ın Makinesi

Haberin duyurulmasının üzerinden birkaç gün geçmişti. Sabah okula geldiğimde elektriklerin kesik olduğunu fark ettim. Aylardan aralık, hava buz...

Ne klimayı açabiliyoruz ne de ısı pompalı kalorifer sistemimizi; ikisi için de elektrik lazım. Her ihtimale karşı tabii ki B planımız vardı: Hâlâ boruları takılı olan yedek sobamızı yakmak. Yaktık yakmasına ama soba ilk tutuştuğunda öyle bir tüttü ki öyle duman altı olduk. İlk ders böylece güme gitmişti. Çocuklarla camları açıp duman kovalıyorduk. Hızlıca yeniden yakabilmek için bulduğum gazeteleri kolumun altına tutuşturup bahçeye koştum. Ellerimde sopalar; yüzüm gözüm kömür tozu olmuş. Ağzımdan çıkan nefesi görüyordum, öyle soğuk... Bir yandan da okulun telefonu çalıyordu bangır bangır. Elim gözüm kömür tozu içinde ulaştım telefona. Karşımdaki ses, "Günaydın, biz Beyaz Show'dan arıyoruz," dedi. Elimdeki çalıları masamın üstüne bıraktım, okuldaki uğultuyu duymamak için sol kulağımı sol elimle kapattım ve konuşmaya başladım. 12 Aralık Cuma gecesi Beyaz Show'a davet ediyorlardı. Şaşkınlıktan sevinemedim bile. 90'lı yıllardan beri hayranlıkla izlediğim Beyaz Show'a çağırılacağım aklımın ucundan bile geçmezdi. "Nasıl yani, bu Cuma mı?" diyebildim sadece. Olay daha tazeyken hemen çıkmamı istiyorlardı, beş dakika sonra uçak biletini konuşuyorduk. Ama bir yandan bebeğimi uzunca süre yalnız bırakamayacağımı biliyordum, ayarlamaları ona göre yaptık, telefonu kapattığımda soba da bir anda cayır cayır yanmaya başlamıştı. Beyaz Show daveti uğurlu mu gelmişti acaba?

Mis gibi ısınmıştık bir anda. Kırmızı burnumu belirginleştirmek için kırmızı tahta kalemiyle burnumun kızaran uç kısmına bir daire çizdim ve "Kırmızı bölgeye dikkat!" dedim. Çocuklar kıkır kıkır gülmeye başladılar. Palyaço misali başladım sessiz film oynamaya... Sobanın etrafında ellerinin ısınması yetmezdi, onların yüreklerini de ısıtmak gerekirdi. Çocukların kahkahasından beslendiğim çok oldu. O gün de onlardan biriydi.

***

Aileme ve yakın çevremden birkaç kişiye gideceğim tarihi söyledim. Bizde kalması için apar topar annemi eve çağırdım, sağ olsun ne zaman çağırdıysam koşa koşa geldi. Hızır acilim o benim.

Akşamüzeri tekrar Beyaz Show'dan aradılar. Benimle ilgili bir fragman hazırlayacaklarını, kardeşlerimin ya da çocukluğumu birlikte geçirdiğim yakın arkadaşlarımın isim ve numaralarını istediklerini söylediler. Ben de üstünde çok durmadım; inşallah hoş bir şey çıkar, dedim içimden. Hatta şöyle düşündüm: Ben sonuçta halktan biriyim, beni tribün konuğu yapar, oraya bir mikrofon uzatırlar, ben de kendimce konuşurum. Benimle programa gelen yakınlarım da yanımda otururlar... Böyle bir manzara hayal ediyordum. Çünkü gündem konuklarına bu şekilde yer veriliyordu.

Ertesi gün yine okul vardı ama bu sefer de programa çıkmak için gereken izin işlemleriyle ilgilenmek zorundaydım. Durumum çok tazeydi, Beyaz Show da Türkiye'nin çok önemli bir televizyon programı olduğu için makamlar da olumlu baktı. İznim hemen çıktı.. İlk heyecan, ilk deneyim... İlçe Milli Eğitim Müdürü telefonda "Bize selam söylemeyi unutma," diye tembihledi. Vali, Kaymakam, İl Milli Eğitim Müdürü ve İlçe Milli Eğitim Müdürü; hepsine selam söyleyecekmişim. Bu bana öyle bir söylendi ki sanki buna mecburmuşum gibi... Sorsanız tam da o dönem yeni gelen İl Milli Eğitim Müdürü'nü tanımıyordum bile, hayatımda hiç görmemiştim.

İçimden neyse dedim, gider tanışırım. Okul çıkışı kendisiyle tanışmaya gittim. Gitmeden önce de köyden arayıp özel kaleminden randevumu bile almıştım, bir aksilik çıkmasın diye.

Neyse gittim odasına; sekreter bölümünde saat dörtten beş buçuğa kadar bekledim. İçeride kimse yok, beni de almıyorlar. Telefon görüşmesi yapıyormuş. Hava çoktan karardı, memurlar çıktı, mesai bitmiş, ışıklar bir bir sönüyor ve ben hâlâ görüşmemi yapamamışım... Sonra zoraki içeri aldılar, hiç "Beklettik kusura bakma," yok. Bu kaçıncı müdür buluşması? Hepsinden bir olayla çıkıyordum. Şimdi beni ne bekliyordu bakalım? Kendimi tanıttım ve "Hayırlı olsun," dedim. Durumu anlattım. Yarım ağızla tebrik etti. "Bazen öyle tesadüfler iyi oluyor," deyince basıldı damarıma. "Bu bir tesadüf değil," dedim. Başladım yaptıklarımı anlatmaya. O sormadan anlatıyor, "başını ağrıtıyordum." Bunun farkındaydım ama bilmesi gerekiyordu. Duymadıysa, ilgilenmediyse de beni dinlemeliydi. "Bu hafta Rusya'ya gidiyorum," dedi. Halinden başka bir heyecanı olduğu belliydi. Çoğu söylediğimi duymuyordu bile. "Vize telaşım vardı da telefon görüşmeleri de ondan sebepti," diye ekledi. "Peki," diyebildim sadece.

Sonra durup dururken bana o kadar saçma bir soru sordu ki inanamadım. O zamanlar liselere giriş sınavının adı TEOG'du. Bana tutmuş diyor ki, "Öğrencilerin TEOG'ta ne yaptı? Hangi liselere yerleştiler? Full yapan oldu mu?" Gerçekten bunları sorduğuna inanamıyordum. Bir kere ben ilkokul öğretmeniyim. Kumköy'e geleli beş yıl olmuştu. Okuttuğum öğrenciler yeni mezun olmuş, taşımalı eğitimle ortaokula geçmişlerdi. TEOG sınavına giren öğrencim yoktu.

Ben bir şeyler anlatırken gözü önündeki kâğıtlardaydı, arada telefonuna bakıyordu. O kadar hoş olmayan görüntülerdi ki. Koskoca İl Milli Eğitim Müdürü olmuş, bir insan liderlik becerilerini bu kadar mı az sergileyebilir? Bu kadar mı işini sevmeyen bir portre çizebilir? O sırada TEOG il başarısı ile ilgili kurdukları web tabanlı bir projeden bahsediyordu. Takmış kafayı TEOG'a. Bilgisayar ekranından okullarda yaptıkları merkezi deneme sınavlarında öğrencilerin doğru, yanlış, boş ve net sayılarını bana gösteriyordu. Testlere takmıştı kafayı. Çocukları istatistiksel birer veri olarak görüyordu.

İçten içe "Allahım, kimler İl Müdürü oluyor?" diye söyleniyordum. Ben niye gelmiştim, o bana ne anlatıyordu? Birleştirilmiş sınıfa ve köy okullarına o kadar yabancıydı ki. Köylerden haberi bile yoktu. Köy öğretmeni nedir? Nasıl çalışır? Hiçbir fikri yoktu. Ben de başladım konuşmaya... "Madem çok güzel araştırma ağınız var, köy okullarının başarısını ölçen bir şeyler de tasarlayıverin. Madem TEOG sizin için bu kadar önemli ve benim mezun ettiğim öğrencilerin puanlarını merak ediyorsunuz, lütfen ama lütfen takip edin ve beş sınıf bir arada sobalı sınıfta tek öğretmen olarak okuttuğum öğrencilerimi gittikleri okullarda sorun soruşturun. Nasıl okul birincisi olduklarını belgeleyin ve beni takdir edin. Bunu sizden özellikle istiyorum. Akademik başarı öğretmenin zaten asli görevidir, önemli olan bunun üstüne ne koyabildiğinizdir. Ben bugün buraya başka bir şeyi konuşmaya gelmiştim. Ama TEOG sorgusu ile karşılaştım."

Tık yoktu kendisinde. Cevap vermiyordu. Ben Beyaz Show heyecanından buraya nasıl geldim? Tabii ya; durup durup bu ismini bile aklımda zor tuttuğum ve hayatımda bir kez gördüğüm sevgili İl Müdürü'ne hem selam söyleyip hem de teşekkür edeceğim aklıma geliyordu. Bütün bu hissettiğim olumsuz duygulara rağmen, elime verilen protokol isim listesini şiir gibi ezberledim, makam sırasına göre canlı yayın programında söyledim. Şimdiki aklım olsa asla söylemezdim. Ne gerek var? Devlet memuru olmak bunu mu gerektiriyor? Selam söylesen ne olur söylemesen ne olur? Zaten canlı yayında kısıtlı bir zamanım vardı, onun da neredeyse beşte birini selamlara ayıracaktım. İlk deneyim ve acemilik de vardı tabii.

Aylar sonra TED konuşması yapmam için çağrıldığımda, "Beyaz Show'da sizi izledik ama konuşmanın birkaç dakikasını selamlara ayırdınız, konuşmalarda saniyenin bile önemi vardır, anlatacaklarınızı dakikalarla dengelemek çok önemlidir," deyince daha da aklım başıma geldi.

***

Ertesi sabah uçağım çok erken saatte olmasına rağmen birkaç alternatif olsun diye farklı elbiseler almak istedim. Malum doğumdan hemen sonra alınan kilolar, aylarca giymediğim elbiseler; hepsini bir denemek gerekecekti. Alışveriş merkezi kapanmadan gittim, alacaklarımı aldım ama yine eve gelmem akşam saat onu buldu. Geldiğimde anneannesi Alp'i bir güzel yedirip uyutmuştu. Ben bavul hazırlamaya başladım, büyük oğlum Tan uykusundan uyanıp sabah benimle gelmek istediğini söyledi. Hem İstanbul'daki kuzenini de görmüş olurdu derken, ani bir kararla kabul ettim. Zaten çok heyecanlıydım. Her şeye "tamam" diyordum. Bir şeylere itiraz edecek ne halim ne de zamanım vardı. Aynı uçak için Tan'a bilet aldım. Tüm günün verdiği yorgunlukla yatmaya hazırlanırken, Alp uyandı. Üstelik nasıl da canlı nasıl da enerjikti, etrafa gülücükler saçıyordu. Gece üçe kadar da uymadı, ben de onunla birlikte uyanık kaldım. Sabah üç saatlik uykuyla uyanıp havaalanına doğru yola çıktım. Çantamda da Beyaz'a götürmek için köyde atölyede hazırlattığım yumurta topuklu siyah deri ayakkabı, sekiz köşeli kasket ve nostaljik yöresel bir tesbih paketi vardı.

İstanbul'da beni karşılayan kardeşlerim ve eşleri de en az benim kadar heyecanlıydı çünkü akşam iş çıkışı hep birlikte buluşup Kanal D binasına gidecektik. Gündüz Tan ve kuzeni Kuzey'i dışarıda dolaştırma, bir yerlerde yemek yeme gibi planlar da yapılınca evde dinlenemedim. Enteresan bir şekilde sanki akşam canlı yayınım yokmuş gibi davranıyordum. Günün telaşına kendimi kaptırmıştım.

Akşam saat sekiz gibi hep birlikte kanalda olduk. Alternatif olarak aldığım elbiselerin hepsini evde bavulda bırakıp yine kendi siyah elbisemi yanımda getirmiştim. O kadar heyecana bir de yeni elbiseye alışamama travması yaşamak istemedim.

Bizi salona alırlar diye düşünüyordum ama bayağı cümbür cemaat kulise gittik. Bir de baktım ki bana özel bir kulis hazırlanmış, ismim kapıda asılı. Kuaförüm, makyözüm var. Dokuz kişi odada çay, kahve içiyorduk; bana moral olsun diye sohbetler muhabbetler ediliyordu... Sonunda vakit geldi, seyirciler salona çağrılırken beni de Beyaz'ın odasına götürdüler. Tan'ın da onunla tanışmasını istiyordum, birlikte girdik odaya. O kadar samimi, o kadar sıcak bir karşılamaydı ki. Bu kadar içtenliği beklemiyordum. O nasıl bir mütevazilikti, o nasıl bir sarılma, bağrına basmaydı. Hâlâ hatırladıkça çok mutlu oluyorum.

Sonra bana hazırladığı tanıtım kartlarını gösterince inanamadım. Uzun uzun her ayrıntının yazılı olduğu kartlar vardı elinde. "Senin hakkında her şeyi biliyorum, benim söylediklerimi tekrar söylemene gerek yok, 'biz' duygusunu ver ve sohbetin tadını çıkar," dedi. Az da olsa yüreğime su serpildi ama birden ana konuklardan biri olduğumu anladım, tribün konuğu değildim...

Tan'ı seyirci bölümüne aldılar. Ben kuliste kaldım mı yalnız! Arada birileri uğrayıp bir şeye ihtiyacım olup olmadığını soruyordu. Saat daha akşamın dokuzuydu. Yayına daha iki buçuk saat kadar vardı ve beni en son konuk olarak çağıracakları için oldukça geç bir saatte çıkacaktım. Telefonumu da kardeşim Zehra'ya verdiğim için acayip huzursuz bir şekilde odada öylece duruyordum.

O haftaki konuklar Candan Erçetin, Murat Yıldırım ve Selma Ergeç'ti. Onların kulis odalarından da ses geliyordu. Erken de olsa giyinmek istedim. Sonra saç ve makyaja girdim. Makyaj odasında Beyaz da vardı. Ayaküstü iltifatlar edip bana hayatımın tavsiyesini verdi: "Birlik beraberlik ruhunu konuşmanda hissettir ve lütfen hep böyle mütevazi kal," dedi. "Ben yirmi senedir bu yüzden Beyazıt Öztürk'üm," diye ekledi ve kendi mütevaziliğini de vurguladı. Söylediği her şey o kadar doğruydu ki.

Beyaz programa geçti, bense yine kulisime... Odada öylece bekliyordum. Televizyon çalışmıyordu ve telefonum yanımda yoktu. Bir ara odadan çıkmak istedim ama görevliler sıramı kaçırmamdan endişelendikleri için orada kalmamı rica ettiler. Heyecandan, sıkıntıdan odanın içinde dört dönüyordum. Neyse ki gece on ikiden sonra beni odadan alıp aşağı stüdyoya indirdiler. Stüdyo arkasındayım ama nasıl bir rüzgâr var anlatamam. O ânı düşündükçe hâlâ o serinliği hissederim. Artık üşümekten mi heyecandan mı bilmiyorum, dişlerim birbirine vuruyordu.

Sahnenin tam arkasına gelmiştim artık, yerimde duramıyordum; bana nerede durmam gerektiğini gösterdiler. Sonunda o cümleyi duydum: "Dilek Hanım iki dakikaya hazır olun." Ah, ben zaten dünden hazırdım. O sırada aklıma hazırladıkları fragman geldi, yayınlamaktan vazgeçtiklerini de o anda öğrendim. Ama o an hiçbir şeyi düşünecek halim yoktu, resmen yaprak gibi titriyordum. Kamera önüne çıkmadan önce, elime Beyaz için hazırladığım paketi tutuşturdular. Bir yandan Beyaz'ın beni anlatmasını dinliyordum. Sonunda "Veee Dilek Livaneli geliyor," dediğinde dakikalardır suyun altında nefesimi tutmuşçasına beklediğimi fark ettim. Bedenim yürüyordu ama ruhum uçuyordu.

Sanırım yaklaşık yarım saat kaldım programda. Sohbetler, kahkahalara karışmış, heyecanımı alıp götürmüştü. Ardından Beyaz hiç beklemediğim bir şey anons etti: "Bir öğretmen bu kadar büyük işler başarıyor, senin elini sıkacağız ama seni yetiştiren de bir öğretmen. Önce onun elini sıkmak lazım, ilkokul öğretmenin Emire Öner'i alkışlarla buraya davet ediyorum."

"Gerçekten mi!" diye çığlık attım. Kafamı çevirdiğimde gerçekten öğretmenimin bana doğru yürüdüğünü gördüm. Gözlerim dolu dolu öptüm elimi... Öğretmenim beni eliyle herkese göstererek "Ne güzel bir şey değil mi? Ne gurur verici," dediğinde artık ayaklarım yere değmiyordu. Program boyunca öğretmenim, benim çocukluğumdan ve öğrenciliğimden bahsetti. Bu benim kendimi anlatmamdan çok daha muhteşemdi.

Sonlara doğru Beyaz o sihirli cümleyi kurdu: "Peki bizim yapabileceğimiz bir şey var mı?" Konu davet sebebim olan yarışmaydı aslında ama ben mikrofonu elime alıp Kadın ve Yaşam projemden, ihtiyacımız olan makinelerden bahsetmeye başlamıştım bile. Program sonunda Selma Ergeç yanıma gelerek sayanın ne olduğunu, neye ihtiyacımız olduğunu sordu. Beni menajeriyle tanıştırıp iletişim bilgilerimi aldı. Hiçbir şey olmasa yine de fazladan bir kalp kazanmış olmanın mutluluğuyla verdim hepsini.

Gecenin sonunda Emire Öğretmen, ben ve Beyaz saatlerce muhabbet ettik, fotoğraflar çekildi ve güzel anılarla ayrıldık stüdyodan...

Dönüş yolunda kardeşlerime, "Biliyor muydunuz?" diye sordum. Tabii ki biliyorlardı. Aslında fragman, fotoğraf vs. hepsi işin bahanesiydi, hatta beni kuliste tutmaları bile Emire Öğretmen sürprizi bozulmasın diyeydi... Bu kadar ince düşünülmüş bir "oyun"a gelmek mutheşem bir şeydi.

***

Ertesi sabah uyandığımda neredeyse telefonumun hafızasını dolduracak kadar çok mesajla karşılaştım. Yüzlerce tebrik mesajı, programdan resim çekip gönderenler... Hatta ne enteresandır ki makine bağışı yapmak isteyenler, ayakkabı üreticileri; hepsi bana yazmış... Makine kelimesini gördüğüm her mesaj sahibine telefonumu da gönderiyordum. "Arayın konuşalım, eylem planı yapalım," diyordum.

İçlerinden bir tanesi çok acayipti, saya ustası babasının vefatının ardından kalan dikiş makinesini bize bağışlamak istiyordu. "Beni okutmak için ömrünü bu makine başında geçiren babamın anıları orada yaşasın. Ait olduğu yer orası."

İstanbul'dan bir ayakkabı üreticisi arayarak üç makine de kendisinin bağışlayacağını söyledi. Bu da yetmezmiş gibi aradan bir hafta geçmeden Selma Ergeç ve Murat Yıldırım'ın menajerleri arayarak ihtiyacımız olan makinenin özelliklerini sordular, ikisinin birleşip atölyenin dört bin dolarlık ilk çift iğneli makinesini almalarını asla unutmayacağım.

Makine geldikten sonra onun başına geçmek isteyen kadınların şu cümleyi kurması bir gelenek olmuştu: "Ben bugün Hatice Sultan'ın gönderdiği makinede çalışacağım."

Bir Dilek Yeter mi Yetmez mi?

"Bir çocuğun neleri yapamadığına değil,
neleri yapabildiğine çok daha fazla
vurgu yapmamız gerekiyor."
Temple GRANDIN

Yeni unvanımla girdiğim yeni yılda Türkiye'nin dört bir yanındaki üniversitelerden davet almaya başlamıştım. İlk konferansımda öğretmen adayları ve akademisyenlerimizle buluşmaya yüksek lisansımı da yaptığım Amasya Üniversitesi Eğitim Fakültesi'ne gittim. Yine ilk defa üniversite öğrencileriyle de orada bir araya gelecektim. Etkinliğin adını "Köyden Küresele Başarı Hikâyesi" koymuşlardı. Nefis bir ilk buluşmaydı!

Amasya'nın ardından Samsun On Dokuz Mayıs Üniversitesi'ne de gittim. Bir yandan televizyon programlarına davet ve gazete röportajı talepleri geliyordu. Hayatımda ilk defa konuk köşe yazarlığı bile yapmıştım Hürriyet Gazetesi'nde.

Tüm davetlerin planlamasını o kadar iyi ayarlayıp dengelemem gerekiyordu ki okulu ihmal etmek söz konusu bile olamazdı. Ama konu evim, ailem ve çocuklarım olduğunda işler değişiyordu. Onların zamanlarından çaldığım çok oldu. Neredeyse tüm yıl boyunca hafta sonumu evde geçiremez oldum. Hatırı sayılır dernekler, vakıflar, prestijli markalar yapacakları etkinliklerde bulunmamı istiyordu ve ben çoğuna yetişmeye çalışıyordum.

Bir gün TEDx Talk'tan telefon geldi. Burada itiraf ediyorum. O yıllar TED platformu diye bir şeyden haberim bile yoktu. Sevgili Ali Üstündağ bana nereden aradığını söylediğinde "Ted Koleji mi?" demiştim. O da "Hayır" deyip TED'in açılımını anlatmış, tüm detayların yanı sıra yalnızca on sekiz dakika konuşma sürem olduğunun altını çizmeyi unutmamıştı.

Neye uğradığımı şaşırmıştım. 1500 kişi canlı canlı gözümün içine baka baka beni izleyecekti. Tabii bu sırada bir konuşma başlığı belirlemem istendi. O zamana kadar gittiğim konuşmalara beni davet edenler afişte konuşma başlığının ismini kendileri koymuşlardı ama bu farklıydı. Onlara düşüneceğimi söyledim. Ve aradan birkaç gün geçtiğinde bir haber kanalı beni canlı yayına telefonla bağlamak istedi. Akşam canlı yayına girdiğimde televizyonda altyazıda "Bir Dilek Yeter" yazıyordu. Bir yandan konuşuyordum ama gözüm hep o banda takılı kaldı. Canlı yayın görüşmesi bittikten sonra "Tamam" dedim, "ismi buldum: Bir Dilek Yetmez!"

Bütün hayatıma yön veren projemin ismi de o gün doğmuş oldu. Her ne kadar konuşma başlığı olarak kullansam da beni ben yapan sosyal sorumluluk hareketimdi: "Bir Dilek Yetmez."

Kendime güvenim tam, yapacağım şey belli: Her zaman yaptığım gibi kendi hikâyemi anlatmak. Nereden bileyim, insanlar bu platforma çıkmadan önce günlerce çalışır, hatta içerik ekibi kurup yazarmış konuşmalarını. Ses ve zamanlamayla ilgili provalar TED konuşmalarının bir parçasıymış, nereden bileyim? Nasıl olsa her yerde hikâyemi anlatıyordum, içim rahattı. Sunumum da hazırdı, içinde ne bir yazı ne bir video vardı ama binlerce fotoğrafım hazırdı. Eledikçe eledim ama ne yapsam 100 slaytın altına düşemiyordum.

Ama bir gün önceden provaya gitmesem, neyle karşılaşacağımı mümkün değil bilemezdim. Sevgili Ali Üstündağ ve Umut Ekmekçi dinleyecekti beni. Önümdeki ekranın geri sayım göstergesi, kelimelerle sayılar arasındaki bağı gösterir gibiydi; kelimelerim mi saniyelerin peşinden koşacaktı yoksa saniyeler mi kelimelerimin.

Prova için sonunda o dev sahneye çıktım, kendime son derece güveniyordum ve başladım konuşmaya. Ama hikâyenin başında o kadar oyalandım ki zamanımın yarısını harcadığımı fark etmedim bile. Neden sonra Ali Bey'in eliyle üç rakamını gösterdiğini fark ettim. Son üç dakikam kalmış, "Nasıl olur, zaman nasıl bu kadar çabuk geçer!" Bir yandan da bir cümle bir cümledir diyerek nefes almadan anlatıyordum. Ama yine de yetmemişti işte. On sekiz dakikanın neredeyse üçte birini Bayrak Projesi'ni anlatarak geçirmiştim. Onu nasıl ayrıntısız anlatabilirdim ki... Hiçbir ayrıntısını çıkarmaya kıyamıyordum.

Süren bitti dediklerinde "Ama benim anlatacaklarım bitmedi," diye söylendim. "O zaman," dediler, "eleme yoluna gitmelisin. Çok şey yapmışsın ama insanların asıl görmesi gereken şey senin tutkun, çalışkanlığın ve harekete geçme hikâyen."

Moralim bozuktu, kafam sepet gibi olmuş halde otelime döndüm. Bilgisayarı açmaya da konuşmaya bir daha bakmaya da imkân yoktu. Uyumadan önce babamı arayarak bana biraz moral ve cesaret vermesini istedim. "Sen yaparsın, şimdi iyi bir uyku çek," diyen babamı dinleyerek saatimi gece üçe kurdum ve dokuz gibi kafamı koyup uyudum.

Altı saatlik kesintisiz uyku, tüm algılarımı keskin bir bıçak gibi bilemişti resmen. Neresinden bakarsanız bakın hâlâ geceydi, ama önemli olan benim uyanmış olmamdı ve başladım çalışmaya... Slaytları kestim, birleştirdim, uzun ve detaylı anlattığım yerleri fark edip üzerinden geçtim. Kronometremi açıp ilk slayttan itibaren konuşmaya başladım. Kendi kulağımla duyduğum konuşmamın süresini akan saniyelerde görebiliyordum. İşin teknik kısmını kapmıştım. Kelimelerinle saniyeleri senkronize et. Her slaytın kendi içinde bir şifresi olsun. Slaytı gördüğünde olayın tümü aklına gelsin ama her şeyi anlatma, duygunu bir cümle ile özetle. Cümle bitimleri birbiriyle tam kafiyeli olmasa da ses senkronu birbirine uysun.

Konuşmamı oturttuğumu fark edince bu sefer de ses tonuma, vurguma ve nefesime odaklandım... Kahvaltıya indiğimde sabah altı buçuk olmuştu, kulağımda hâlâ kulaklıkla kendi sesimi dinleyerek kahvaltımı yaptım.

Sonunda beni otelden almaya geldiler. Yolda konuşmanın içeriği ve hızından çok, ilk konuşmacı olduğumu hatırlamam beni bir kez daha heyecanlandırıp tatlı bir strese soktu. Konuşmacı olmak ne kadar da zormuş. Beynin, kalbin, ruhun ve tüm bedenin konuşma ânına odaklanıyor ve çok farklı bir enerji gerektiriyor. En önemlisi de mesajı karşı tarafa doğru geçirip geçiremediğinde saklı. Duygu geçişi, seyirciyle göz teması, salonun en arkasındakini bile sahneye odaklayabilmek.

Salona geldiğimizde artık hazırdım ama yine de o kapının açılıp insanların akın akın koltuklarına ilerledikleri o an heyecanımı bastıramadım. Vücudumu öyle titreme aldı ki konuşmaya başladığımın ilk bir-iki dakikası vücudumdaki o titreme sesime de yansımıştı. Neyse ki bir süre sonra açıldım ve şunu fark ettim. Ben kendi yaşadıklarımı anlatırken o olayları bir kez daha yaşayıp heyecanlanıyordum. O heyecan konuşmaya akıcılık katıyor ve dinleyiciye geçiyordu. Alkışlar, gülüşmeler, gözyaşları bunun en güzel kanıtıydı. İnsanların tepkileri beni daha da motive etti, salona yayılan pozitif enerjiyi olduğum yerden bile hissedebiliyordum. Ama başardım, on sekiz dakikaya sığdırdım hikâyemi!

Konuşmam bitince TED kuratörü Ali Üstündağ da sahneye gözyaşları içinde gelince sarıldık, bana ağlamaklı sesiyle "Sen gerçek misin?" dedi. Normalde konuşmamı iki provada da izlediği halde üçüncüsünde verdiği bu duygusal tepki beni şaşırtmıştı. Yerime oturduktan sonra arkadan gelen sesler, iyi dilek mesajları, elime tutuşturulan notlar vardı. Kafamı çevirip baktığımda ise elinde mendiliyle hâlâ gözyaşlarını silenleri gördüm.

Profesyonel konuşmacılığım da TED konuşmasından sonra daha da keskinleşti. Ve ben konuşmacı olmayı çok sevdiğimi de böylece fark etmiş oldum. İlk yıllar neredeyse her şehirden davetler alıyordum. Çok yoruluyordum ama bir süre sonra karşılığını da görmeye başladım. Çünkü bir davette aklıma şöyle bir şey geldi: Evet, her yerden çağırıyorlardı ve bu davetlerin sayısı gittikçe de artıyordu ama hepsine yetişmem mümkün değildi. Sosyal fayda sağlayacak yani projelerime katkı sunabilecek olanları tercih etmeye başladım.

"Evet gelirim, konuşurum ama şu basketbol potasına yeni zemin lazım. Evet gelir konuşurum ama şu gezi bütçemizi siz karşılarsanız, kadın meslek atölyemize malzeme desteği sağlarsanız, sergi malzemelerimizi temin ederseniz, anasınıfına büyük boy televizyon lazım. Ahşap oyuncaklarımız eskidi, yenilerseniz..." gibi envai çeşit isteklerim, şartlarım oluşmaya başladı. Hatta sonra işi daha da ileriye götürüp burs işlemlerine başladım. Bazen de okulum için isteyecek bir şey bulamıyordum. Gittiğim üniversitelerin konferanslarında tanıştığım öğretmen adaylarına burslar tanımlatıyordum. Burs verecek kişi ya da kurumla burs alacak kişiyi birbirine bağlıyor, aradan çekiliyordum. Burs işlerini organize etmek ve onların görüşmelerini, araştırmalarını yapmak bile çok uzun bir mesai gerektiriyordu. Ama her burs onayında tüm yorgunluğumu unutuyor, içime huzur üflenmiş gibi hissediyordum.

İyilik gerçekten bulaşıcıydı. İş insanları gerçekten ihtiyacı olduğunu düşündükleri öğrencilere kol kanat açtılar, hep destek oldular. Bir yıl burs verip kenara çekilmediler, üniversiteleri bitene kadar bursları devam ettirdiler.

Bir öğretmen olarak insanlara verdiğiniz güven çok önemliydi. Onlarda bıraktığınız ize ve hayatlarına nasıl dokunduğunuzun hikâyesine yıllar sonra şahit olduğunuzda, dünyada hiçbir şeyin sizi bu kadar duygulandırmadığını hissediyorsunuz.

***

Gittiğim, daha doğrusu yetişmeye çalıştığım toplantılar, kalabalık buluşmalar, büyük konferanslar sayesinde sanat dünyasından edebiyata, bilim dünyasından basına, iş dünyasından sivil toplum kurulu temsilciliklerine kadar çok geniş bir çevrede çok değerli insanlarla tanıştım. Her birinden öğrendiğim, ders aldığım birçok konu oldu. Yüz yüze tanışma fırsatı bulamadığım bir o kadarıyla da mail'lerle, telefonla, hatta mektuplarla iletişim halindeydim. Kurumlar, dernekler, özel okullar, vakıflar, şirketler... Ve sadece bir tebrik mesajında kalmayıp işbirliği yaptığım, iyilik hareketlerimin bir parçası olan, yüreği benimle çarpan insanlar vardı. Sadece yurtiçinden de değil, dünyanın farklı yerlerinde yaşayan Türk vatandaşlarımız taa Amerika'dan, Avusturya'dan, Kanada'dan, İngiltere'den, Almanya'dan, Azerbaycan'dan... "Biz sizin için neler yapabiliriz" diye atan yüzlerce kalp vardı.

Hâlâ çoğuyla iletişimim var ve hepsine minnettarım. Bu; mesajımı, hayallerimi, amaçlarımı anlatmaya çalıştığım, okulum ve öğrencilerimin geleceği için yardım istediğim, dert anlattığım, dinlediğim, saatlerce konuştuğum zamanların en büyük ödülü.

Dünya Vatandaşlığı

"Gülümsemek dünyanın en geçerli dilidir"

Bir sabah öğrencilerimden bazıları normalden farklı bir heyecanla, nefes nefese geldiler okula. Bir dertleri vardı, bir şeyler anlatmak istiyorlardı. Belli ki evde konuşulan bir şeylere şahit olmuş ve kafaları karışmıştı. Ne olduğunu anlamaya çalışırken içlerinden biri canhıraş, "Öğretmenim, öğretmenim köye gâvurlar gelmiş!" diye bağırıverdi.

Okulun yakınındaki baraja zaman zaman yurtdışından mühendisler geliyor, çalışmalar yapıyordu. Muhtemelen yine böyle bir grup gelmişti. Ama benim derdim başkaydı. Yabancıların öcü olmadığını onlara öğretmem gerekiyordu belli ki... Aklımdan hızlıca seçenekleri geçirdim: kendim eğitim verebilirdim, dünya vatandaşlarını tanıtabilirdim, veli toplantılarında uyarabilirdim ama bu çok yerleşmiş bir düşünceydi. Neden sonra aklıma çekmecemden dolup taşan mektuplar geldi. Çoğu farklı meslek grupları, değişik sektörlerdendi. Kafamdaki düşünceye uygun olanları bir kenara ayırdım: eğitim danışmanlık şirketleri, seyahat acentaları... Eğitmenleri bulmada değil ama onları köye getirmede buradaki bağlantılarımın gerçekten çok faydalı olduğunu söyleyebilirim.

Ödüller vesilesiyle Global Teacher Prize platformunda iletişimde olduğum 173 farklı ülkeden öğretmen arkadaşım vardı. Bu benim için inanılmazdı –ki hâlâ da öyle. Onlara danışınca yurtdışından gelen gönüllü öğretmenler olduğunu öğrendim. Hatta Türkiye'de sırf bu işi yapan ajanslar vardı ve bazen sponsora bile gerek kalmadan davet gönderilebiliyordu.

Ama gelecek eğitmenlerin eğitim durumu, yaşı, cinsiyetine kadar her şey için bir planlama yapmam gerekiyordu. Tabii o eğitmenlerin de bizim okulu tercih etmeleri için bir tanıtım yazısı yazmam ve video çekmem lazımdı. Karşılıklı güven önemliydi. Eğitimcilerdi ama ne eğitimi vereceklerdi? İşin o kısmında hemen aklıma tabii ki İngilizce geldi. İngilizcesi iyi olan öğretmenler gelmeliydi. Ama köyle bu durumu farklı bir içerikle paylaşmalıydım. Onlara yabancı İngilizce öğretmenleri getireceğimi değil, yabancı insanları köyümüzde, okulumuzda ve hatta evimizde ağırlayacağımızdan bahsetmeliydim.

Şimdi birkaç paragrafla anlatsam da, Dünya Vatandaşlığı projesini hayata geçirmek aylarımı aldı. Yüzlerce mail trafiği, telefon konuşmaları, referanslar, ajanslar... Derken harika bir gençlik hizmeti veren bir organizasyon şirketi ile yollarımız kesişti. Onlar daha önceden okulu arayıp tanışmak istediklerini söylemişlerdi. Ardından da böyle bir düşünceyi hayata geçirme yolculuğumda hayal ortağım oldular. Kumköy İlkokulu'nu yedi kıtada görücüye çıkardık. Başvuranlar arasından da seçim yaptık, online mülakatlarla sohbet ettik. Sık sık mesajlaştık.

Köye durumu şu şekilde açıkladım:

"Köyde Dünya Vatandaşlığı projesi başlatıyoruz. Bu Dünya hepimizin. Dil, din, ırk ayrımı gözetmeksizin, insanı insan olduğu için sevme, insanı insan olduğu için kabullenme hedeflerimiz kapsamında farklı dil, din, ırk ve kültürden eğitmenlerimizle okul kapandıktan sonra köyde İngilizce Kamp başlatıyoruz. Her yaz köyümüzde en az üç eğitmen ağırlayacağız. Kültür köprüsü kuracağız. Onlar bize kendi kültürlerini tanıtırken, biz de Türk kültürünü ve dilimizi tanıtacağız. Bu iletişim hepimize iyi gelecek. Üstelik çocuklarımız da okul dışı faaliyet olarak hem öğrenip hem sosyalleşecekler."

Bu konuşmayı veli toplantısında yaparken arada "O da neymiş hocam, Dünya Vatandaşlığı da neymiş? İcat çıkartma," diyenler de oldu. Onun yerine misafir gelecek desem daha yerinde olurmuş.

Asıl kritik nokta gelen eğitmenleri köyde evlerde misafir edeceğimin haberini vermekti. Burası önemliydi çünkü evi müsait olan vardı, olmayan vardı. Ama herkes o kadar sıcak baktı ki "Hocam her gün bizde kalabilirler," diyen bile oldu.

Önemli olan her gün bir yerde kalmaları değil, farklı farklı ailelerin evlerinde kalmalarıydı. Bazı veliler, eşine ve aile büyüklerine sormak istedi. Önce "Hayır" diyen birkaç hane halkı İngilizce Kamp başlayıp da eğitmenler köye gelince, çocuklarının ısrarı üzerine kendilerini yalvar yakar listeye yazdırmaya çalıştıracaktı. "Bari bir gece kalsınlar!"

Sonuçta okuldaki öğrencilerimin evlerinde ayrı ayrı kalacaklardı. Gün geçtikçe köye gelecek isimler de belli olmaya başladı. İlk yıl Fransa, Rusya ve Güney Kore'den gönüllü eğitmenler belirlendi. Uçak biletleri ve vizeleri ayarlandı. Telefonla görüşmelerimiz arttı. Tüm prosedürleri hallettikten sonra valiliğin de her şeyden haberi olmasını istediğim için projeyi resmi olarak yazılı da sundum. İlçe ve il müdürlükleri, kaymakamlık, valilik, hatta belediyeleri bile haberdar ettim. Herkes projeyi hem ilginç buldu hem de yardımcı olmak istedi. Büyükşehir Belediyesi'nden sınırsız ulaşım desteği aldım. Sonuçta eğitmenlerimize de çocuklarla birlikte

Samsun'u gezdirecektik. Hatta yerel bazı kurumlar, otele ya da misafirhaneye ihtiyacınız varsa biz ayarlayabiliriz, bile demişlerdi. Sonuçta her şey hazırdı ve yaz tatilini heyecanla beklemeye başladık!

***

Bir heyecan bir heyecan. Çocuklar her gün ama her gün ne zaman gelecekler, diye soruyordu. Ben "Karne gününe bir hafta kala," desem bile sınıftaki takvimle gün hesabı yapmayı o kadar seviyorlardı ki. Misafirlerimizin gelme gününe uyarladığımız onlarca problem çözdük. Gelmelerine kaç ay kaldı, kaç hafta kaldı, kaç gün kaldı, kaç saat kaldı hesapları yapıyorduk. Matematik problemi için hayatın tam içinden, gerçek malzemelerimiz vardı artık. Geldikleri ülkeleri internetten araştırma kısmı vardı bir de. Başkentlerinden tutun da dünyadaki konumlarına, kilometre olarak alan ölçümlerine, iklim özelliklerine, bayrak renk ve biçimlerine kadar her şeyi araştırıyorlardı.

***

Sonunda o gün geldi çattı ve eğitmenlerimizin üçü de sağ salim Samsun'a geldiler. Tarihi bilerek hafta sonuna denk getirmiştim. Onları iki akşam kendi evimde misafir edip, hedefimi ve neyi amaçladığımı anlatmış olacaktım. Ben onları tanıyayım, onlar da benim mizacımı yakından görsünler istedim.

Pazartesi sabahı iki haftalık eşya dolu bavullarıyla birlikte okula geldik. Çocuklar bahçede oynarken birden arabayı gördüler; nasıl bir kıyamet, sevinç dalgası... Topları, salıncakları her şeyi bırakıp koşmaya başladılar ve sıcacık sarıldılar misafirlerine. Çocukların dünyasında o kadar farklı bir olaydı ki bu; okula dünyanın farklı yerlerinden kendi dillerini konuşmayan yabancı insanlar geliyordu ve çocuklar onlarla ilk olarak beden dilleriyle iletişim kuruyorlardı.

Okulda birkaç gün ders anlatmayı bırakın, onların bir de her akşam evlerinde kalacak olmaları bambaşka duygular yaşatıyordu. Ben bile merak ediyor, hem ev sahiplerine hem de öğretmenlere sık sık mesaj atarak durumu kontrol ediyordum. Aralarındaki iletişimi o kadar çok merak ediyordum ki zaman zaman aklımda keşke bir kamera olsa da şu an olanları görsem diye geçiriyordum.

Çocukların onları dikkatlice gözlemlemeleri, çeviri yapmaya çalışmaları, onlarla konuşabilmek için kendilerini parçalarcasına çaba göstermeleri... Hepsi görülmeye, hissetmeye değerdi. Çocukların mutluluğunun ve olumlu yönde gelişimlerinin gözlemlenmesinin güzelliği üstüne başka bir değer tanımıyorum.

Bir gün, bir öğrencimin annesini inek otlatırken elinde İngilizce sözlükle görmeyeyim mi? "Hayırdır?" diye sorduğumda kıkırdayarak cevap verdi. Öğretmen sabah ezanını duyup kalkmış; bir de üzerine cenaze varmış, sela okunmuş. Haliyle neler olduğunu merak edince "cenaze", "ibadet" gibi kelimeleri öğrenmek istemiş kadın. Sırf onlara anlatabilmek için. Evlerinde yabancı dil konuşan insanların olması sadece çocukları değil, tüm aile halkını etkilemişti. Her biri ayrı ayrı ilgi duyuyorlardı. Yine bir gün bir velim şöyle dedi: "Keşke dünyada herkes aynı dili konuşsaymış, bu kadar zorluk çekmezdik. Herkes ortak bir dil konuşsa keşke." Neredeyse diller tarihini araştıracaklardı. Ben de onlara kısaca "Olsun," diyordum, "siz gülümseyin yeter!" Gülümsemek dünyanın en geçerli dilidir.

Okul kapanana kadar ders yapmayacakları halde, sabah dokuzdan üçe kadar bana yardıma geliyorlardı. Özellikle resim, müzik ve beden eğitimi derslerinde hem yaratıcı hem de üretken çalışmalarla bir öğretmenin mumla arayacağı desteği veriyorlardı. Çocukların mutluluğu arttıkça artıyordu.

Okulun kapandığı gün güya karneleri dağıtıp tatile girdik. Ama bize ne tatili? Yabancı dil kampımız asıl şimdi başlıyordu. Çocuklar İngilizce konuşmayı denedikçe bazen kendilerine gülüyorlar, bazen de "Yaşasın öğretmenler benim İngilizcemi anladı," diye sevinip kendileriyle gurur duyuyorlardı. Özyeterliliklerinin farkına varmaları özgüvenlerini de artırıyordu.

Gün geçtikçe ilerleyen iletişimleri öğrencileri yabancı öğretmenlere iyice bağladı. Bazen çocuklar yanıma gelip nasıl olsa onlar Türkçe bilmiyor, diye başlıyorlardı anlatmaya. Her şeyi bana haber vermeleri, daha önce rastlamadıkları durumlar olarak heyecanla anlatmaları çok hoşuma gidiyordu. Mesela "Öğretmenim Yunie günde iki kez duş alıyor", "Öğretmenim Maria hayatında hiç et, tavuk, balık yememiş vejetaryenmiş", "Olga paraşütle atlamış, bize fotoğraflarını gösterdi." Her gün minik ayaklı gazetelerimden alıyordum yeni haberleri. Bu fikri aklıma ilk sokan "yabancılık", "farklılıklar" gibi olguların kötü değil aksine eğlenceli olabileceğini artık anlıyorlar, hevesle her gün onların hayatının detaylarını öğrenmek için âdeta yarışıyorlardı. Her insanın ne kadar farklı olduğunu iyice görsünler, insanları olduğu gibi saygıyla kabullenebilsinler istiyordum. Bunu ancak bu şekilde, yaşayarak öğrenebileceklerdi.

Artık eğitmenlerimiz de köy hayatını öyle benimsemişlerdi ki bir bakmışsınız hamur açıyorlar, bir bakmışsınız dolma sarıyorlar. Hatta inek bile sağdıkları oluyordu. Bunları yapmaya neden hevesli olduklarını sorduğumda ise bana "Dünya artık doğal yaşamın peşinde. Üstelik hayatında bahçeden bir elma, tarladan bir ot koparmamış insanlar var. Köydeki çocuklar çok şanslı," diye cevap vermişlerdi.

***

Her şey bu kadar yolunda giderken elbette nazar değecek ve bir pürüz çıkacaktı. Nitekim de oldu. Bir gün durup dururken okula gün ortasında iki sivil polis geldi. Nedenini sorunca, "Köyde yabancılar varmış," dediler. Sanki yapılmaması gereken bir şey yapıyormuşuz gibi bir tonla... "Evet var. Dünya Vatandaşlığı projesi uygulaması yapıyorum," dedim. Başladım anlatmaya. Ama bir şeylerin ters gittiğini hissetmiştim. Misafirlerin pasaportlarını istediklerini söylediler. Biri şikâyet etmiş, ama kim olduğunu kesinlikle söylemiyorlardı. Peki o zaman şikâyet neymiş? Şimdi hazır mısınız?

Ajan ya da eğitmen kılığına girip gelmiş masonlar olabilirlermiş, üstelik birinde haç kolyesi varmış. Haç deyince köyden birinin şikâyet ettiği belli oldu. Yoksa kim nereden bilecekti kızın boynundaki kolyeyi...

"İyi güzel hoş, anlıyorum görevinizi yapıyorsunuz. Bu kızlar buraya tamamen gönüllü gelmişler, sabah akşam İngilizce öğretiyorlar. Ne ajanı, kime ajanlık yapacaklar?" dedim ve ekledim, "Ben mason kelimesinin ne anlama geldiğini bile bilmem. Ben eğitimi bilirim."

"Olsun hocam siz yine pasaportları isteyin, öyle bir şey yoksa çıkar zaten ortaya," dediklerinde kafam kurcalandı. Durup dururken eğitmenlerimize de "Verin pasaportları, şikâyet varmış," diyemezdim. Utanırdım. Birden aklıma "Köye gelen misafirlerin kaydı için," demek geldi. Onlar da "Niye?" diye sormadan hemen çıkarıp pasaportlarını bana verdiler. Ben de fotokopilerini çekip gelen emniyet memurlarına verdim. Tam o sırada aklıma geldi. "Bakın" dedim, "yanlış bir şey olsa valilik buna niye izin versin? Projenin tüm ayrıntılarından valiliğin haberi var." O zaman şöyle bir durup birbirlerine baktılar. Proje evraklarını ve onaylarını da gösterince resmen benden özür dilediler. Özür dilediler dilemesine ama fotokopileri de ceplerine koymayı ihmal etmediler. Gidiş o gidiş... Sonra hiçbir şey çıkmadı bu işten.

Aradan bir hafta geçmeden Çarşamba İlçe Emniyet Müdürü okulumuza ziyarete geldi, üstelik beni bu başarılı çalışmadan dolayı tebrik etmek için... Yabancı eğitmenlerimizle tanışıp onlarla tek tek ilgilendi. O da yetmedi... Bir ara müdür odasına girdiğimizde bilmem kaç yıllık, eski demir ayaklı, yırtık derili koltuğumu görünce "Ooo hocam bu makam koltuğu size olmamış. Emniyet Teşkilatı olarak hemen yarın size bir makam koltuğu gönderelim," dedi. Ona "Müdürlük makamıyla müdür odamda doğru düzgün oturmuşluğum yok, yıllardır bu sandalye var," diye cevap verdim. Ama ertesi gün jelatini üzerinde havalı müdür koltuğum gelmişti bile. Bir önceki gün yaşanan "baskın" tatsızlığının unutulmasını sağlamaya çalışmaları bile güzel bir jestti. Zaten şikâyetin devamı da gelmedi, ben de üzerinde durmadım.

***

İngilizce kampı süresince yaptığımız gezilere ve doğa yürüyüşlerine her zaman bize eşlik eden eğitmenlerimizin birbirinden ilginç ama bir o kadar da eğlenceli anılarla köyümüzden ayrılacakları gün gelip çatmıştı.

Onlar için hazırladığımız veda gününde akan gözyaşları sel oldu resmen. Yabancılara "gâvur" diyen köy halkının, onlarla aynı dili konuşmayan farklı dinlerden olan insanları bu kadar çabuk bağırlarına bastıkları bir gerçekti. Çünkü gerçek olan şey kurulan bağ olmuştu.

Eğitmenlerimizi havaalanına yolcu etmeye götürdüğümde yolcu salonuna geçerken bana "Allah'a emanet ol," demesinler mi? Ağlarken bir yandan katıla katıla gülmeye başladım, onlar İngilizce öğretirken Türkçe öğrenmeyi de ihmal etmemişlerdi anlaşılan.

Dört yıl üst üste devam eden projemizde dil, din, ırk ayrımı gözetmeksizin, insanı insan olduğu için sevme, insanı insan olduğu için kabullenme anafikriyle barış içinde ne kadar mutlu yaşanabileceğini de deneyimleyerek öğrenmiş olduk. Sonraki dönemlerde birbirinden farklı on bir ülkenin insanıyla da tanışan Kumköy halkı'na ve öğrencilerime bir nebze de olsa farklı bir bakış açısı yaratabildiysem, ne mutlu bana...

Dubai Yolcusu Kalmasın

Dünya Eğitim Sempozyumu olarak anılan ve dünyadaki tüm ülkelerden eğitim temsilcilerinin katıldığı Global Education Skills Forum'a davet edildim. Ülkemi temsil etmek büyük bir gururdu. Bu, aynı zamanda uluslararası anlamda katıldığım ilk etkinlik olacaktı. Türk öğretmen profilini dünyaya tanıtmak, eğitim sistemlerinin masaya yatırıldığı bir platformda konuşmak, hikâyemi anlatmak çok heyecan verici olacaktı. Tüm finalistlerin buluşacağı, aynı zamanda birincinin de belli olacağı bu rüya güne davetli olmanın heyecanını yaşarken, haber ajanslarından beni sık sık arayan ve "Hocam şimdi sırada ne var?" diye beni yoklayan muhabir bir arkadaşıma durumu çıtlatmıştım. Kısa bir telefon röportajı yapmıştık. Ertesi gün "Dilek Öğretmen Dubai'ye davet edildi" haberi neredeyse bütün gazetelerde çıkmıştı.

Aynı gün son derse girecekken telefonum çaldı ve çıkışta İlçe Milli Eğitim Müdürlüğü'ne gitmem gerektiği söylendi. Arayan kişinin tavrı ve ses tonu yine bir gariplik olduğunu hissettirmişti, acaba bu sefer ne yapmıştım? Okul çıkışı ilçe merkezine gittim, müdürün odasına geçtim, nasıl asık bir suratla nasıl soğuk karşılandım anlatamam. Yine gözümün içine bakmadan konuşuyordu. Çekmecesinden epey yıpranmış rulo halinde bir gazete çıkarıp masanın üstüne çarparak koydu. "Bu ne?" dedi. "Ne ne?" diye cevap verdim. "Bu ne demek oluyor?" diye devam etti. "Sorun ne?" dedim. Bu tuhaf diyalog aramızda birkaç kere daha boş yere döndü. Sonunda gazeteyi açarak adını gösterdi: "Senin bu gazetede ne işin var?"

İsmine baktım, Zaman Gazetesi'ydi. Benim gazeteye özel bir röportaj verdiğimi sanmışlar. Ankara'dan Samsun ilçe aranmış, ilçe de beni aramış... Ben buna silsile yoluyla azarlama akımı diyordum. Nihayet son muhataba, yani bana gelmişti sıra. Ne güzel, diye düşündüm. Kimsenin işi gücü kalmamış, bu kadın "Dubai'ye ülkesini temsil etmeye gidiyor"u bir kenara bırakıp haberin nerede çıktığını sorguluyorlar. Bir kez daha sevincimi kursağımda bırakacak bir eylemle karşı karşıyaydım. Hiçbir gazeteye özel röportaj vermediğimi, konuştuğumun ajans muhabiri olduğunu ve sonuç olarak elbette diğerlerine de servis edildiğini açıkladım sabırla. Sistemin nasıl işlediğini defalarca anlatmıştım ya da belki anlatamamıştım.

Neden sonra Müdür'ün ağzından gönülsüzce "Öyleyse sorun yok," cümlesi çıktı. Ama olan çoktan olmuş, yine gereksiz yere hantal bürokrasi "dedikodu"larının odağı olmuştum. Üstelik de haberin içeriği öğretmenliği karalayan değil, bilakis yücelten bir metindi...

Ama olay bununla bitmedi ve esas bomba döküldü ağzından: "Dubai meselesine gelince ben onaylamıyorum. Görevli izin veremeyiz. Ya kendi izninden kullanırsın ücretsiz olmak şartıyla, ya rapor alırsın ya da hiç gitmezsin." Ne diyeceğimi şaşırmıştım, nutkum tutulmuştu. Güçbela, "Kaymakam Bey'in yanına gidebilir miyiz?" diye sordum.

O önde ben ağlamaklı yüzümle arkada, gittik Kaymakam'ın kapısına. Daha önce de başıma böyle olumsuz saçma meseleler gelmişti, ama bu farklıydı. Benimle hiçbir alakası olmayan bir olayın kafama kakılması çok garipti. Gururuma yediremiyordum. Bir fasıl da Kaymakam Bey'e anlattım durumu. Bir ara beni odadan çıkarıp Müdür'le özel konuştular, ardından İl Müdürü'nü aradılar, konuştular derken... Beni tekrar içeri çağırdılar. Ben de onlara "Asıl bu haberi servis eden ajansı ve muhabiri aramanız gerekir," dedim. İşin aslını bir de ondan dinleyin. Muhabiri önce ben aradım konuştum, ardından Kaymakam Bey ile görüştürdüm. Üçümüz aynı odada birbirimize bakıyorduk. Onlar da olayın benimle ilgili olmadığını anladılar.

Ama yine bana dönüp, "Boş ver Dubai'ye gitmeyi, ne olur gitmezsen," demesinler mi? İçimden derin bir off çektim ve sonunda açık ve net bir şekilde konuşmaya başladım: "Sırf bu sebepten dolayı gitme demeniz ne tuhaf, üstelik işin aslını bizzat kaynağından öğrendiğiniz halde. Kusura bakmayın ama istifa eder, yine de Dubai'ye giderim. O durumda siz açıklarsınız herkese. Eğitimin Nobel'i dediğimiz global bir ödüle aday gösteriliyorum, bu platformda ilk Türk öğretmen olarak Türk Milli Eğitim tarihine geçmişim, ödül törenine gidemeyeceğim öyle mi? Hem de Dubai'ye davet haberi falanca gazetede çıktı diye mi? Buyurun siz açıklayın insanlara madem neden gidemeyeceğimi!"

Bir solukta dökmüştüm sinirimi ama boynumu eğip, "Tabii efendim," demeyecektim. Kararlıydım. Daha üç-beş ay öncesine kadar yer yerinden oynamıştı seçildim diye. Basın bir yandan; büyük holdingler, bürokratlar, haberler, TV programları, gazeteler, üniversiteler, konferanslar bir yandan derken ortaya bu durumun çıkması ne trajikomikti.

Boynumu eğip, "Tabii efendim, gitmeyeyim," deseydim ne olacaktı? Çok mu doğru bir hareket olacaktı? Her kurumda haksızlığa uğradığımız durumlar olabilir, haklılık mücadelesi vermek ve sonucu ne olursa olsun bunun için savaşmak apayrı bir olaydı.

Nitekim Dubai'ye gittim. Ülkemi temsil etmek için gitmiş olsam da hem maaşımdan hem ek dersimden kestiler; varsın kessinler. Türkiye'ye bu yarışmayı duyurdum, Türk öğretmeninin dünyaya açılmasında öğretmenlere yol gösterdim, öncü oldum. Peşimden de gelenler olsun istedim; ben ödülümü zaten almıştım. Üç yıl üst üste Dubai'de Türkiye'yi temsil eden tek Türk öğretmen oldum. Her gidişimde de kişisel izin aldım, "Beni görevli izinli gönderin," demedim.

***

Dubai'de yaşadıklarım, hissettiklerim hani deniz derya derler ya tam da öyleydi. Oradaki arkadaşlıklarımız, paylaşımlarımız hepsi birbirinden kıymetliydi.

Yarışmaya katıldığım yıl Amerika'da bir İngilizce öğretmeni birinci olarak o çok konuşulan bir milyon doların da sahibi olma hakkını kazandı. 2016'da Filistin, 2017'de Kanada, 2018'de İngiltere, 2019'da Kenya ve 2020'de Hindistan birinci olmuştu. Küresel öğretmenlik hikâyelerini ikinci kitabımda ayrıntılarıyla işlemek üzere not düşüyorum kendime. Çünkü dünyanın dört bir yanındaki öğretmenlerden aldığım ilham yoluma devam etmek, devam edebilmek için büyük bir kazanımdı.

Ülkeme döndüğümde belki bir birinciliğim yoktu ama yaşadığım tarifsiz bir gurur vardı. O hafta döndüğümde de birçok haber programına konuk olup yaşadığım deneyimlerimi anlattım, birçok gazete Dubai izlenimlerimi konu aldı. Köyden ise en çok duyduğum "Canın sağ olsun," temennisiydi. Gazeteler "1 milyonu kaybetti ama 80 milyon yürek kazandı" diye başlıklar attı. İşte söylemiştim ya; ben her şekilde kazanmıştım, hem de çok daha büyük bir ödül! Ailem, yakınlarım beni teselli etmeye çalışsalar da ben o muhteşem platformda yer almanın mutluluğunu ve gururunu hep yaşadım. Bir insan ömründe kaç kere böyle bir şey yaşayabilirdi ki...

***

Dubai maceralarımın ardından yoğunluklar bitmiyordu, tatlı yorgunluklardı ama her biri ayrı emek ayrı çalışma da gerektirdi. Okulumun adı, katıldığım her etkinlikte daha fazla duyuldu. Kolejler bile okulumuzu ziyarete gelip fikir birlikleri, işbirlikleri oluşturmaya çalışıyorlardı.

Valiliğin düzenlediği Milli Bayram kutlamalarına, özel törenlere okulca davet ediliyor, protokolde ağırlanıyorduk. Bu saygınlık ve bu saygınlığın çocuklarda yarattığı özgüven her şeye değerdi.

Aydın Doğan Vakfı'nın yıllarca yürüttüğü "Baba Beni Okula Gönder" kampanyasında Dünya Kız Çocukları Günü'nde Türkiye'nin Rol Model Öğretmeni olarak seçilip yüzlerce kişiye konuşmak, Sabancı Vakfı tarafından Türkiye'de "Fark Yaratan" olarak seçilmek ve hikâyemin kısa filme çekilmesi, Türkiye'yi Büyüten Dört Kadından biri olarak sahne almak, halk oylaması ile Türkiye'nin En İyi Sosyal Sorumluluk Kadın Ödülü sahibi olmak, Cumhurbaşkanlığı makamında ikinci kez ağırlanmak; Türkiye'de 81 ilin Rotary Kulübü tarafından yine oybirliği ile Meslek Onur Ödülü'ne, Avusturya Samder tarafından Meslek Onur Ödülü'ne, İngiltere Türk Dernekleri Federasyonu tarafından Cumhuriyet Başarı Ödülü'ne layık görülmek; sivil toplum kuruluşları tarafından teşekkür plaketleri ile ödüllendirilmek... Hepsi ayrı gurur, ayrı heyecandı. Okuluma maddi manevi desteğin yanı sıra yaşadığım onca yoğunlukla, takvimimi neredeyse her haftaya bir etkinlikle geçirdim yıllarca. Katıldığım iş dünyası toplantılarını saymıyorum bile. Çok değerli insanlarla tanıştım.

Bana arkadaş ötesi oldular; gücüme güç, cesaretime cesaret kattılar ve her birinin desteği adımlarımı daha güvenle, daha net, daha geleceğe dönük atmamı sağladı.

"Ruhun Hep Böyle Şarkı Söylesin"

Gazi Üniversitesi Gazi Eğitim Fakültesi birinci sınıfta Sınıf Yönetimi'nde dersimize bir hoca geldi. Daha dersinin ilk günü, kapıdan girişinde başladı espriler yapmaya. Yaş kaç olursa olsun öğrenci her zaman mizah yapan öğretmeni çok sever, sahiplenir, hatta yolunu gözler. Bizde de öyleydi. Ziya Selçuk, kapıdan içeri girdiği an koca koca çocuklar olarak yüzümüzde güller açardı. Kimisinin sevgilisiyle sorunları, kiminin aile problemleri, kiminin maddi sıkıntıları, kiminin ders geçme-kalma, yok efendim okul uzar mı gibi sorunları varken o dersliğin kapısından içeri girer girmez herkes bütün dertlerini bir kenara bırakırdı. Ben de öyle. Sanki bir ders değil de hayat deneyimlerinin paylaşıldığı bir tiyatro programı başlıyormuş gibi heyecanlandırırdı bizi. Arkadaşça ama seviyeli, dert dinleyen ama mesafeli, güldüren ama düşündüren, her duruma ve olaya farklı bakış açısı geliştirmemizi sağlayan, gerçek bir rehberdi. Bir üniversite öğrencisinin başına gelebilecek en büyük şanstı bence.

Hele de öğretmen olacaksanız, Ziya Öğretmen'den öğretmenlik dersi almak en büyük donanımdır. Ben bunu yaşadım. Ben ve benim gibi öğretme işini aşkla yapan nice öğretmenler yetiştirdiğini biliyorum. Hatta Sınıf Öğretmenliği Bölümü'nün de Bölüm Başkanı'ydı. Ne olur ne olmaz, üniversiteden mezun olmadan kendisinden bir referans mektubu bile istemiştim. Yıl 2002 idi ve o mektubu bugün hâlâ saklarım.

Çocukların iç dünyasıyla ilgili o kadar farklı hikâyeler ve deneyimler paylaşırdı ki... Çocuklarla sınıf ortamında hiç tanışmamış öğretmen adayları için çok ilgi çekici bir ders anlatım şekli vardı; kendimizi o anlattığı çocukla sınıfta karşı karşıyaymışımız gibi hayal etmemizi sağlardı. Empati yaklaşımını en iyi o dönemlerde öğrendim. Hatta biz bir grup öğrenci, işi biraz daha abartıp başka sınıfın Ziya Hoca derslerini de dinlemek için farklı şubelerin amfilerine gizlice girer, en arka sıradan tekrar tekrar dinlerdik onu. Aramızda şakalaşır, "Acaba bilerek bu dersten kalsak da seneye bu dersi bir daha alsak mı" diye de düşünürdük.

2002'de, mezun olduktan tam on beş yıl sonra Türkiye Zekâ Vakfı'nın düzenlediği bir kongreye konuşmacı olarak davet edildim. Tamamen tesadüfi bir şekilde bu vakfın yönetim kurulunda Ziya Selçuk'un olduğunu ve hatta aynı gün aynı sahnede onun da bir final konuşması yapacağını öğrendim. Heyecanım ikiye katlandı ve günler öncesinde yapacağım konuşmayı değil, onunla karşılaşacağım o ilk ânı düşündüm. Yıllar sonra sizde iz bırakmış bir üniversite hocanızın karşısında hikâyenizi anlatacaksınız. Ne büyük bir deneyim.

Kasım ayıydı ve Ankara'da ODTÜ'nün o muhteşem atmosferinde ilk gün tüm konuşmacıları dinledikten sonra kitap standının hemen önünde "Ziya Hocam beni hatırladınız mı?" diye gülerek gittim yanına. Etrafımız çok kalabalıktı ve ayaküstü bir sohbetti. Benim konuşmam ertesi gündü. Orada olup olmayacağını öğrendim, olacaktı!

Ertesi gün sahneye gözüm Ziya Hoca'yı araya araya çıktım ama onu göremedim. Konuşma sürem sadece yirmi dakikaydı. Başladım yine anlatmaya... Tam da ilkokul öğretmenime geldiğim yerde, öğretmenlerin kalıcı izler bıraktığından bahsederken başladım Ziya Hocam'ı anlatmaya. Beni duysun duymasın, o anda onu anlatmayı çok istedim. Ama konuşmamın saati değişmişti, bu yüzden salonda olmayacağından dolayı da endişeliydim. Derken başladım anlatmaya...

"Yıl 1998, üniversitedeyim, Sınıf Öğretmenliği Bölümü, Sınıf Yönetimi dersi. Hayatımda tanıdığım en iyi öğretmen yetiştiricilerinden Sayın Ziya Selçuk. Ziya Hocam burada mısınız?" Sahneden yoklama yaptım. Gözümle kalabalığı hızlıca taradım; tam yok burada değil, diye düşünecekken salonun en arkasından bir elin sallandığını gördüm.

"Bugün burada çok sevdiğim, çok saygı duyduğum Değerli Hocam Ziya Selçuk ile aynı sahneyi paylaşmaktan çok büyük onur ve gurur duyuyorum," dedim. İçimde çiçekler açmıştı, devam ettim: "Sınıf yönetimi dersindeki şu sözünüzü hiç unutmuyorum hocam. 'Arkadaşlar! Öğrenciniz sınıfta yumurta gibi yuvarlanmak isteyebilir. Bırakın yuvarlansın. Sınıfın belli bir ölçüsü var. Nasıl olsa duracaktır.' Çoklu zekâ kuramını sizden öğrendim hocam; minnettarım, önünüzde eğiliyorum," dememle birlikte salon alkışa boğuldu. Herkes kafasını çevirip Ziya Hocam'a baktı.

Konuşmamı yine "Bir Dilek Yetmez" diyerek bitirdim. Ayakta alkışlar derken sahneden inmemle birlikte peşimden gelen o kadar çok insan oldu ki... Öğrenciler, akademisyenler birebir tanışıp konuşmak istediler, o gün yüzlerce kişiyle fotoğraf çektirdim.

Konuşmanın ardından Ziya Hoca'yla kitap stantlarının orada buluştuk. Bana iki kitabını imzalayarak hediye etti. Bir kitabını "Sevgili Dilek Livaneli'ye, öğretmenin oldum geçmişte, bugün sen benim öğretmenimsin. Öğrettiklerin için kocaman teşekkür"; diğer kitabını ise "Öğretmenin olmaktan gurur duyuyorum. Ruhun hep böyle şarkı söylesin" diyerek imzaladı.

Bu sözleri Ziya Hocam'dan duymak çok farklı bir duyguydu. Tam gitmek üzereyken, "Söyle bakalım sizin okula ne zaman gelelim?" diye sordu. O zamanlar Maya Okulları'nın başındaydı. Maya Okulları'nın başka bir yetkilisi ile beni tanıştırıp "Dilek Öğretmeni de okulumuzda ağırlayalım," demesi, beni övgüyle gururlandırması, yaptıklarıma hayranlık duyduğunu söylemesi asla unutamayacağım anılarım arasında. Ziya Hocam'ın kitaplarına sarıla sarıla ayrıldım Ankara'dan.

Uçtu Uçtu Kumköy Uçtu

Dikkat! Kemerleri Bağlayın Uçuyoruz

Yüze yakın gezi yapmıştık. Hepsi birbirinden güzel, hepsi birbirinden özeldi. Bazen insanlar bir uzaya çıkmadığınız kaldı, diye takılırlardı. Halbuki düşündüğüm zaman aslında biz yalnızca şehir içi geziler yapmıştık. Neden daha fazlası olmasın? En azından önce Türkiye'nin büyükşehirlerinden başlayabilirdik. Akla gelen şey uygulamaya geldiğinde zor gibi görünse de ben bazı parçaları birleştirmeye karar verdim.

Birkaç yıl önce İzmir İnovasyon Haftası'nda Sıradışı Kadınlar Paneli'nde konuşmacı olarak yer almıştım. Sunucu da Sevgili Oylum Talu idi. Onu orada tanıdım. Muhteşem bir atmosfer vardı ve binden fazla izleyicisi olan bir salondu. Benim sıram geldiğinde her zamanki gibi coştukça coşuyor, konuştukça konuşuyordum ama sürenin geçtiğini fark edememiştim. Taa ki organizatörlerden biri kollarını havaya kaldırıp çarpı işareti yapana kadar. Bu işaret konuşmayı bitir demekti; ama sahne o kadar güzeldi, seyirci o kadar enerjikti ki hiç bitirmek istememiştim. Sonunda sunumun finalini bile tam yapamadan "Ben Bir Öğretmenim" diyerek konuşmamı bitirdim. Hiç beklemediğim bir şekilde bütün salon ayaktaydı ve hem ağlayıp hem alkışlıyorlardı. Yıllar geçti, hâlâ insanların aslında tam olarak neden ağladığını bilmiyorum. Konuşma sonlarında bana ağlayarak sarılanlar, "Sevinçten ağlıyorum," diyenler de oluyordu. Kimi annesinden, kimi çocukluğundan, kimi kendi köyünden, kimi de kendinden bir şeyler buluyordu sanırım benim hikâyemde.

Benden sonra sahneyi çok sevdiğim biliminsanı Bilge Demirköz devraldı. O kadar tatlı bir tavrı ve üslubu vardı ki... Seyirciye, "Şimdi biraz alakasız olacak ama sizi köy okulundan alıp biraz uzaya gideceğiz. Ama mekân farklı olsa da yürekler bir. Onunla başlamak lazım. Dilek Hocam hayatın sırrını çözmüş, biz evreninkini hâlâ çözemedik," diye ekleyince salondan kahkahalar, alkışlar yükseldi.

Salona sordu: "Uluslararası Uzay İstasyonu'nu gören var mı? Canlı canlı, çıplak gözle?" Bu sorunun cevabını salondan almadan yine bana dönüp "Hocam sizin çocuklar gördü mü uzay istasyonunu?" diye sorunca, ben de gülerek "Maalesef görmediler," dedim. Atışmadan doğan güzel enerji bütün salonu sarmıştı. O sırada Bilge Demirköz, "Hocam o zaman, yarın ilk iş hemen sizden haber bekliyorum," diye güldü. Aslında espri yapmıştı ama en önde oturan Türkiye İhracatçılar Meclisi Yönetim Kurulu'ndan bir ses yükselmesin mi? "Çocukları biz götürelim, o zaman." Önce salonun uğultusundan ve kargaşadan tam net anlayamadım ama Bilge Hoca karşıya doğru "Tamam" deyip bana dönüp "Çocukları İsviçre'ye götürüyoruz, Cenevre'ye Cern'e gidiyoruz," dediğinde, oturduğum yerden cırtlak sesimle bağırdım. "Gerçekten mi? Çok teşekkür ederim!" Kahkahalar koparken içimden de "Öğrencilerim hayatlarında hiç uçağa binmediler," diye geçiriyordum...

Salon içinde bu diyaloglar oldukça komik anlar yaşatsa da akşam yönetim kuruluyla yediğim yemekte anladım ki İsviçre işinde ciddilerdi. Köye o umutla döndüm. Ama çocuklara sizi yurtdışına götüreceğim, demedim. Uçak olayına o kadar kilitlenmiştim ki... Döndüğümde çocuklara ilk ders "Ne yapıp ne edip sizi gerçek uçağa bindireceğim," dedim. Çığlıkların ardından müthiş sorular da koptu: "Gerçek uçağa mı öğretmenim?"

***

Aradan bir ay bile geçmeden hayalimizi gerçekleştirmek için telefon trafiğine başladım. Ama o sıralar IŞİD olayları patlak vermişti. Özellikle on iki yaş altı çocuklarının güvenliği açısından, yurtdışına toplu seyahatler önerilmiyordu. Ya bu durumun sakinleşmesini ve bitmesini bekleyecektim ya da şansımı yurtiçi seyahatinden yana kullanacaktım.

Bize bu imkânları sağlayacak olan kişilere ulaştım. Birlikte yurtdışı gezisini erteleme kararı aldık ama fırsat bu fırsat başka bir yolculuk teklifi önermeliyim, diye düşündüm. Zaten köyden, Samsun'dan başka yer görmeyen çocuklara önce ülkemizdeki büyükşehirleri göstermek ve tanıtmak gerekirdi.

İlk düşüncem İstanbul oldu. Çocuklara rüya şehir gibi gelir İstanbul; hem de kültür başkenti sonuçta. Konuşma sırasında hemen söyledim: "Anne Çocuk El Ele Haydi Kültür Başkentine etkinliği olsun, anneleri de alıp götürelim. Anneler Günü de yaklaşıyor, çok iyi bir sosyal sorumluluk projesi olur. Hepsi birden uçağa binmiş olurlar." Sevgili Ömer Burhanoğlu ve Tahsin Öztiryaki'nin desteği başta olmak üzere, tüm Türkiye İhracatçılar Meclisi'nin katkılarıyla projem onaylandı.

Mayıs ayına, Anneler Günü'ne yakışır bu gezi tarihe geçecekti. Bütün anneleri geziye dahil etmek istedim. Üç çocuğuyla, beş çocuğuyla birlikte hepsini İstanbul'a götürmek istiyordum. Köy kahvesinde konuşulmaya başlanmıştı, "Dilek Hoca köyden uçak kaldıracak," diye. Okulda duyuruyu yaptıktan ve onlar da işin ciddiye bindiğini anladıktan sonra "Bilmem ki nasıl olur?" söylemleri başladı. Okuma yazma öğrettiğim kadınları da özellikle götürmek istiyordum.

Listeyi yazmaya başladım, arada kararsızlar ve vazgeçenler olunca üstlerine çizik atıyordum. Sonra tekrar fikirlerini değiştirip "Geliyoruz!" diyorlardı. Neyse ki biletler kesilinceye kadar netleşmişti her şey.

Hazırlıklar tamamdı. Üstelik Türk Hava Yolları ile uçuyorduk. Havaalanına gitmek için ayrı otobüs bile tahsis ettim. Gezi planını gördüğümde gözlerime inanamadım. Evet benim özellikle gitmek istediğim yerler vardı, mail'le tek tek belirtmiştim ama benim yazdıklarımın dışında eklenen yerleri görünce gözlerime inanamadım. Çoğu yere ben de daha önce gitmemiştim ve onlarla birlikte deneyimlemiş olacaktım. Bize özel olarak rehber ve fotoğrafçı da tutulmuştu. Konaklayacağımız oteli hiç sormayın. Bu kadarını hiç beklemiyordum. Boğaz manzaralı beş yıldızlı muhteşem Ottoman Otel'de üç gece kalacaktık. Bu arada üç gece bizim teklifimizdi. TİM, bir haftalık konaklamaya kadar hazırlıkları olduğunu söylemişti ama hem kadınların köyden o kadar süre uzaklaşamamaları hem de okul günlerinden ödün vermemek için üç dolu dolu günün bizim için yeterli olacağına kanaat getirmiştim.

Herkesin bavullarıyla köyden ayrılması, onları yolcu eden dedeler, nineler, komşular unutamadıklarım arasındadır. Havaalanına giderkenki heyecan, uçağı beklemek, uçağın merdivenlerinden anne ve çocukların el ele çıkması, uçağa yerleşmemiz, kemerlerin bağlandığı o cık sesleri, uçağın neredeyse üçte birini bizim doldurmamız derken, hayallerimin gerçeğe dönüştüğü ânı yaşıyordum. Çocukların alkışları eşliğinde havalanmak ve annelerin fısıltıları arasında gökyüzünde süzülmek. Bir yandan öne, bir yandan arkaya, sağa, sola, yanıma bakmaktan ve konuşmaktan bir saatin nasıl geçtiğini anlamamıştım bile.

Biniş ayrı, iniş ayrı heyecandı. Onlarla olmaktan o kadar keyif alıyordum ki...

Bakış açılarının değiştiğini canlı canlı görebiliyordum. İstanbul'da karşılanıp otele gitmemiz, resepsiyon kayıtları, oda kartları, oda numaraları, lobinin ihtişamı, o kadar kalabalık bir grubun tüm salonu kaplaması, o telaş, kargaşa, odalara yerleşme derken, bir baktık neredeyse otelin bir katı bize tahsis edilmiş.

İlk gecenin heyecanı, anne ve çocukların üzerinde bir saat gibi kısa bir sürede Samsun'dan İstanbul'a gelmenin şaşkınlığı vardı. "Yorgun değiliz," deyip duruyorlardı. "Herkes odasına geçip dinlensin çünkü sabah erkenden yoğun bir tura başlayacağız," dedim.

Her ihtimale karşı kendi oda numaramı onlara söyledim ve yakında olanlara odamı gösterdim. "Bir şeye ihtiyacınız olursa beni çağırabilirsiniz," dedim. Bunu dedikten yarım saat sonra kapım çalınmaya başladı. Bazı öğrencilerim el ele kapımın önüne gelip "Öğretmenim biz odanızı merak ettik, görebilir miyiz?" diyerek odamı gezdiler. Onlardaki merak, odaların yüzölçümlerini bile kıyaslamaya çalışmaları, oda kapılarının kartla otomatik açılması ve aynı zamanda kart sayesinde odanın elektrik bağlantısının sağlanması derken hepsi onları bilgilendiren, vizyonlarını geliştiren ayrıntılar oldu.

Gece yarısı yine kapı çalındı. Bu sefer annelerden bazıları duş ayarını yapamamıştı; onlara yarımcı olmak için odalarına gidip gösterecektim, bir de baktım ki ikisinin de ayaklarında ayakkabı ya da terlik yok, çorapla geziyorlar. "Aaa, neden ayakkabısız geziyorsunuz?" Onlar da "Hocam her yer halı zaten," demesinler mi? "Haklısınız" dedim, "her yer halı." Gülüştük, en son odaları gezip herkese iyi geceler, diledim. Soruları olanların sorularını cevapladım.

Onları çok iyi anlıyordum. Çoğu bırakın şehir dışı otel deneyimini, ilk kez kendi evinin dışında bir yerde kalıyordu. Heyecanları, merakları, her gördükleri şeye yorum yapmaları kadar doğal bir şey olamazdı. Üstelik bu şekilde ben de "normal" kavramımı düşünmeye vakit bulmuştum. Hayatımızı belirleyen o "normlar" ve farklılıkları çok acayipti. Onların keşifleri bana da keyif veriyordu.

Sabah kahvaltısının açık büfe olması o kültürü de görmeleri, tanımaları ve yaşamaları açısından çok önemliydi. Hep birlikte yaptığımız kahvaltıyı hayal edin: Çocukların cıvıltıları arasında, kim ne yemeyi tercih etmiş diye incelerken... Belki yüzlerce kez, "Şimdi ne yapacağız?" sorusunu sorarak.

Rehber "Avrupa Kültür Başkenti İstanbul'a hoş geldiniz" deyince bir alkış koparttık. Bu, hepimiz için rüya gibiydi. Sanki topluca köyden buraya, boğazın eşsiz manzarasının olduğu bu harika yemek salonuna ışınlanmıştık.

Çocukların otelde turistleri görmeleri, birbirlerine kaş göz edip onların başına üşüşüp İngilizce konuşmaya çalışmaları da görülmeye değerdi. İstediğim özgüven buydu. Annelerin bile bir ara asansör başında turistlere bir şeyler anlatmaya çalışmalarına şahit oldum.

Üç gün boyunca gezmediğimiz ve görmediğimiz yer kalmadı. Çamlıca Tepesi'nden Miniatürk'e, Galata Köprüsü'nden Sultan Ahmet Camii'ye, Taksim Meydanı'ndan İstiklal Caddesi'ne ve Ayasofya'ya, Yerebatan Sarnıcı'ndan Kız Kulesi'ne, Florya Akvaryum'dan Dolmabahçe Sarayı'na, Rumeli Hisarı'ndan Topkapı Sarayı'na, boğazda tekne turlarından çikolata fabrikasına ve Vialand'de sınırsız eğlenceye kadar... Hele rehberimizin anlatış tarzı, her şeyi hikâyeleştirmesi, çocukların anlayacağı bir üslup kullanması gezinin en güzel yanıydı.

Onca yer gezmemize rağmen herkesin içine işleyen yer Dolmabahçe Sarayı oldu. Sevinçten dolup taştıkları yer ise Vialand'di. Sadece çocukların mı, tabii ki hayır. Anneler çocuklardan daha çok eğlendi diyebilirim. Eğlence dolu her etkinlikte yüksek sesle bana dualar ediyorlardı. Duyunca utanıyordum. "Yapmayın, söylemeyin öyle... Birlikte eğleniyoruz."

Semiye Hanım ve Asiye Hanım, "Çocukluğumuzu yaşayamadık, ne okula gidebildik ne parklara ne gezmelere. Bunu bize yaşattın. Allah senden razı olsun," deyip durdular.

Gezinin son günü Ömer Burhanoğlu, eşi ve ailesi ile tüm anneler ve çocuklar tanıştı. Tanışmalarıyla vedalaşmaları bir oldu tabii. Çocukların teşekkürleri, annelerin minnet dolu sözleri herkesi duygulandırmıştı. Böyle bir misafirperverliği hiç beklemiyorduk. Bize özel rehberimiz olmasa belki de bu kadar öğretici geçmeyecekti. Canlı bir kitap gibi hep yanımızda oldu. Bize eşlik eden tüm yetkililer bir lira bile harcamamıza izin vermediler. Böylesine değer gördüğümüz bir üç gün geçireceğimizi asla hayal etmemiştim.

Şaşkınlık ve heyecanla gelmişlerdi ama vizyon ve bilgi dolu geri dönüyorlardı. Dönüş uçağında tam da Samsun'a iniş yaparken kafamı arkaya iyice yaslayıp gururla derin bir nefes aldığımı hatırlıyorum.

Akşam uçağıydı, herkes yorgun ve uykusuzdu. Bavulları beklerken "Rüya bitti," diyenler oluyordu. Damla adlı öğrencim yanıma yanaştı ve bana sarıldı. "Öğretmenim bir dahaki gezimiz nereye?" Sadece sesli bir kahkaha atıp "Bilmem," dedim. "Sürpriz!"

Anne Çocuk El Ele Haydi Başkente!

Hemen ertesi yıl 23 Nisan kutlamalarına başlamadan, o yılki Milli Egemenlik ve Çocuk Bayramı farklı olsun istedim. Üç büyükşehir her zaman hedefimdi ama bu kadar kolay ve çabuk gerçekleşebilir miydi bilmiyordum. Okula kayıtlar olmuş, yeni birinci sınıflar da gelmişti. Bu demek oluyordu ki okulda uçağa hiç binmemiş, şehir dışına hiç gitmemiş öğrenciler vardı. Birleştirilmiş sınıfta öğrenci sirkülasyonu da hızlı olurdu. Bu da önceki öğrencilerin yaşadığı deneyimleri bilmeyen yeni öğrencilerin geldiği anlamına geliyordu. Birliktelik uyumlarını sağlamak için onlara da aynı deneyimleri yaşatmam gerekiyordu.

Mutlaka Ankara'ya gitmek istiyordum. Ama Ankara'ya gitmemiz İstanbul'a gitmemiz kadar güzel tesadüflerin sonucu olacak mıydı, hiç bilmiyordum. Aynı Eğitim-Öğretim Yılı'nın Eylül, Ekim, Kasım, Aralık, Ocak, Şubat aylarında gittiğim her toplantıda bu isteğimden bahsediyordum.

Sonunda bir gün, Samsun'da Türkiye'nin dört yanından Rotary Kulüpleri'nin temsilcilerinin buluşacağı bir toplantıya davet edildim. Etkinlik, soru-cevap şeklinde ilerliyordu ve tam ihtiyacım olan soruyu sormuşlardı: "Bundan sonra gerçekleştirmek istediğin hayallerinden bahseder misin?" Hadi Dilek, şimdi tam zamanı dedim: "Bizim Ankara'ya gitmemiz lazım," cümlesi çıktı ağzımdan. O an salonda bir alkış bir kıyamet yükseldi, meğer Ankara'dan gelen temsilciler de salondaymış. İşte umut ışığımı yakalamıştım!

Konuşma bittikten sonra salon beni ayakta alkışlarken yanıma Kızılay Rotary Kulübü'nün o zaman doksan sekiz yaşında olan kurucusu Yunus Ensari geldi: "Yaşın benden küçük ama eli öpülecek öğretmensin. Bu eller öpülmez mi?" dedi ve ağlayarak elimi öptü. Bu sefer sesi titreyerek seyircilere döndü ve "Heyyy dostlar!" diye bağırdı, "bakın, hâlâ umut var."

Ankara'dan gelen tüm Rotary temsilcileri bizleri ağırlama fikrini o kadar heyecanla ve istekle karşıladılar ki. "Birlik olur, hepsini ayarlarız," dediler. Ankara'daki farklı ilçelerin farklı kulüpleri hemen kendi aralarında mini bir eylem planıyla, bütçe paylaşımı konuşmalarını yapmaya başlamışlardı bile. Onları öylece kenardan dinlerken içimden "Tamam," dedim, "bu iş oldu."

Bir yandan da Ankara hayali için destek istediğim diğer kurumları düşünüyordum. Aralarından "evet" diyen olursa şu anda oluşturduğum Rotary Kulüpleri desteğiyle nasıl bir işbirliği sağlarım diye düşünmeye başladım. Öyle ya, eller çoğaldıkça yükler azalırdı.

***

TRT Çocuk kanalında katıldığım "Gençler Uçuyor" programının yapımcısı ve sunucusu Ömer Ekinci ile tanışmıştım. Onun vesilesiyle AnadoluJet ailesi ile görüşme fırsatı yakaladım. Bu da "uçak biletleri cepte" demekti ve Rotary Kulubü'nü arayıp "Biletler tamam, bütçede düşme olur rahatlarız," dedim. Parçalar yine yerine oturuyordu. Bir şeyi çok, ama çok isteyince hayaller gerçekleşiyordu. Ben artık o kadar alışmıştım ki telefon ve mail trafiklerine... Tüm görüşmeler için ayrı bir mesai harcıyordum.

Her şey hazırdı ve gezi haftası geldi çattı. Gezi planı yine öyle doluydu ki her gün öğrencilerimle incelemesini yapıyor, bir yandan da velilere laf anlatmaya çalışıyordum. Bu sefer okula ilk defa dahil olan öğrencilerimiz ve onların anneleri de vardı. Heyecan doruktaydı. Önceden İstanbul'a geziye gidenler gitmeyenlere anlatıyordu.

Uçuştan tam bir gün önce AnadoluJet yetkilileri okula ziyarete geldiler. Öğrencilerimizin her birine büyük uçak maketleri getirmişlerdi, birlikte parçaları birleştirdik. Ahh hele benim uçağımın üstünde adımın yazması harikaydı. Okulun en güzel köşesine uçağımı yerleştirdim. Çocuklar o günün tüm teneffüslerinde hediye edilen uçaklarla oynadılar, uçaklar derste hep sıra üstünde, yanlarında durdu. Bir yandan yazı yazıp diğer eliyle uçağa dokunan ve sanki biri alacakmış gibi uçağını sahiplenen çocuklar vardı. Üstelik okul çıkışı onlara yapacağımız sürprizden haberleri yoktu. Okul bitiminde hep birlikte AnadoluJet'in şehir merkezinde kurduğu simultane uçağa bineceklerdi. Daha önce hiç gerçek uçağa binmeyenler için harika bir ön hazırlıktı. Bu kadarını beklemiyordum. Uçağın içi, oyun gibi görünen bir ekrandan seyredebildikleri gökyüzü ve farklı hava şartlarında uçağın nasıl uçtuğunu hissettirecek şekilde düzenlenmişti. Ankara uçağı için hazırdık artık.

Hiç unutmuyorum, 16 Nisan'dı. Ankara'ya adım atar atmaz öğrencilerim ve anneleriyle Atamızın huzuruna gitmiştik. Oğlum Tan da benimleydi. Ve hâlâ, "Anne ben seni daha önce hiç öyle görmemiştim, o kadar ağladığını da..." der. Ben de kendimi hiç öyle görmemiştim. Kelimelerle nasıl ne kadar anlatılır bilemiyorum ama... Okudunuz işte, sayfalar dolusu hikâyemi yazdım. Ama inanın tüm öğretmenlik hikâyem bir yana o an bir yanaydı.

Rotary Kulübü'ne minnettarım. Çünkü bu gayrı resmi bir ziyaretten çok daha fazlasıydı. Bir anda resmi bir törenin içinde buldum kendimi. Tamamen bizim okula özel bir geçit töreniydi. Her şey resmi prosedüre göre planlanmıştı. O da ne? İki askerin taşıdığı o ünlü çelenkte bu defa bizim okulun adı yazılıydı ve Atamıza yürüyordu. Askerler ve yetkili komutan tüm nizamı anlattı. Hepimiz yerimizi aldık. Tam olarak olması gereken şeydi sanki... Önden yürüyüp giderkenki duygularım, arkamda annelerin ve çocukların el ele duruşları, önümde askerlerin dik yürüyüşü, adım atarkenki postal sesleri, sağımdan ve solumdan bakan insanların bizi gururla izleyen gözleri... Hepsi bugün gibi aklımda.

Yürüyüş sırasında hıçkıra hıçkıra ağladım. Sevinç mi, üzüntü mü, gurur muydu? Hepsinin iç içe geçtiği bir fırtına içindeydim. Askerlerden öyle etkileniyordum ki yürürken ellerimi kaldırıp gözyaşlarımı yüzümden silmiyordum bile. Öylece yürüyordum. Sanki o beni bir yerlerden izliyormuş ve bana "Aferin Dilek" diyormuş gibi hissediyordum. Ve yürümeye devam ettim. Saygı duruşundan sonra çelengi askerlerle birlikte Atatürk'ün naaşına koyduk ve yetkililerin de yönlendirmesiyle anıt defterin bulunduğu odaya geçtik. Bunu hiç beklemiyordum. Bu bana daha önce söylenmemişti ve hiçbir hazırlığım yoktu.

Komutan yanımıza gelip "Metninizi yazılı olarak bastırdınız mı?" diye sordu. Hemen, "Basılı bir kâğıdım yok ama gönlümden geçenleri yazmaya hazırım komutanım," dedim ve beni kürsüye yönlendirdiler. Kalemi tutan elim titriyordu ama içimden geçenleri yazmaya başlayınca kelimeler daha dik, titremeden öylece akıp gitti...

"Başöğretmenim Sevgili Atam, bir köy okulu öğretmeni olarak öğrencilerimle birlikte Kurtuluş Savaşımızın başladığı Samsun'dan, senin şehrinden huzuruna gelmekten dolayı çok mutluyum, gururluyum... İlke ve İnkılâpların doğrultusunda Türkiye Cumhuriyetimizi sonsuza kadar ayakta

tutabilecek parlak bir nesil yetiştirmek için çabalıyor, güzel Türkiye'mizi bizlere kazandırdığın için her nefesimde senin için dua ediyorum."

Saygılarımla
Kumköy İlkokulu Öğretmeni
Dilek Livaneli

Yazdığımı salona da okuyacağımı bilmiyordum. Komutan "Buyurun," diye işaret etti. Ve yazdıklarımı salona gümbür gümbür bir sesle okudum. Tören sırasında çok ağlamıştım, yazıyı okurken anneler de başladı ağlamaya. Kürsüden indim. Onlara doğru yürüdüm, birbirimize sıkıca sarıldık. Mekânın ihtişamı, ışığı, kokusu, birlikte oluşumuz hepsinin etkisi vardı belki ama Anıtkabir maceramız henüz bitmemişti.

Ben üniversiteyi Ankara'da okumuş, bu sayede de Anıtkabir'e defalarca gelmiştim ama bu defa gerçekten farklıydı. Bize eşlik eden askerin adım adım her yeri bir anlatması vardı ki, aman Allah'ım olamaz böyle coşkulu bir anlatım. Çocuklar, anneler, ben... Hepimiz hayran hayran dinledik. Her şeyi anbean yaşadık. Hislendik, gururlandık. Anıtkabir'in içinde yürürken sırtımı sıvazlayan anneler, yanıma gelip hırkamı çekiştiren çocuklar sürekli "İyi ki geldik, iyi ki geldik" deyip memnuniyetlerini anlatıyorlardı.

Rüya gibiydi. Samet Bey başta olmak üzere tüm Rotary Yetkilileri bizi nasıl da bağırlarına bastılar. Yanımızdan bir kez olsun ayrılmadılar. Yemekler, parklar, bahçeler, dondurmalar... Çocukların mutluluğu her şeye değerdi. Ankara'da gezmediğimiz görmediğimiz yer kalmadı. Hepsinin ayrıntılarını yazmaya kalksam ayrı bir Ankara kitabı çıkarmam gerekir. Ankara Kalesi, Resim ve Heykel Müzesi, Etnografya Müzesi, Mehmet Akif Ersoy Edebiyat Müzesi ve Kütüphanesi, Oyuncak Müzesi, Satranç Müzesi, Kızılay Meydanı,

Tunalı Hilmi Caddesi, Atakule, Kuğulu Park, Altınpark derken Ankara'nın altını üstüne getirdik.

Bir de üzerine Satranç Müzesi'nin kurucusu eşiyle birlikte bizi kapıda karşıladığı müzenin kuruluş hikâyesini anlattı. Nasıl içten ve sıcak bir karşılamaydı. Üstelik çocuklara birbirinden güzel hediyeler dağıttılar. Yüzlerce farklı satranç takımını bir arada görmek, hele de satranç tutkunu öğrencilerimin çok hoşuna gitmişti.

Ankara'da bir tiyatro oyununa gidecektik. Planlama yapıp konuşurken bir öğrencim "Aaa öğretmenim Ankara'da da mı tiyatro var?" diye sordu. Sınıfça gülüştük. "Var tabii olmaz olur mu, hadi gidip bakalım nasılmış, Samsun'dakilere benziyor muymuş?"

Rüya gibi Ankara gezimiz de bitmişti.

Uzay Kampı İzmir

Kız Gibi Yap, En İyisini Yap

Ankara'ydı, İstanbul'du derken sıra İzmir'e geldi. Ama nasıl geldi bir bilseniz... Yine parçalar yerine oturdu. Daha önce öğrencilerimi defalarca Samsun'daki Uzay Gözlemevi'ne getirmiştim. Çocukların ilgileri, öğrenme enerjileri o kadar etkileyiciydi ki... İzmir Uzay Kampı'ndan tesadüf eseri haberim oldu. Dünya'nın en büyük üç uzay kampından biri olduğunu öğrenince daha bir coşup, oraya nasıl gideceğimizin hayallerini kurmaya başlamıştım bile.

O yılın yoğunluğu da işin içine girmişti. Okulların açıldığı ilk hafta Ayşe Arman'dan bir mesaj almıştım. Mesajı ilk okuduğumda inanamamış; biri bana şaka mı yapıyor acaba, profil resmine de Ayşe Arman'ın resmini koymuş, diye düşündüm. Yakın çevrem onu ne kadar sevdiğimi, röportajlarını gazeteye nasıl yapışarak okuduğumu bilirdi. Günün birinde onunla röportaj yapacağımın hayali hep vardı ama birdenbire sabah uyandığımda ondan bir mesaj alacağımı hiç düşünmemiştim. O güzelim enerjisiyle mesaja "Hello" diyerek başlamıştı. Bir yandan gerçek mi, diye sorarken, bir yandan da "evet, evet bu gerçek" diye düşünüyordum.

Benimle röportaj yapmak istediğini okuyunca hemen cevap yazdım tabii. Kaç yıl önce yazılan bu mesajları hâlâ saklarım. Bana çok büyük heyecan yaşatan nadir mesajlardandı çünkü. Telefonla konuşmak için sözleşince, gerçek mi gerçek olduğunu daha iyi anladım. O sırada ilçede okul açılmadan önce yapılan öğretmen seminerlerine gidiyordum. İlçeye varıp seminer salonuna girdiğimde yüzümdeki gülümsemeyi anlatamam. Kendi kendime gülüyordum, yüzüme sözüme bir cıvıltı gelmişti. Akşamı iple çekiyordum.

Umduğumun çok ötesinde bir röportaj oldu. Türkiye çapında etkisi de çok güzeldi. Tanınmış ol olma, Ayşe Arman röportaj yapınca ister istemez isminiz daha bir güçlü hale geliyor. Benim de öyle oldu, bu röportaj sayesinde daha çok insana, daha çok topluluğa ulaşma şansım oldu. Artık insanlar bana yazıp "Bizim yapabileceğimiz ne var?" diye soruyorlardı. Ben de içimden "Nereden nereye," diyordum.

Ayşe Arman röportajını niye anlattım: Uzay Kampı hayalimizin gerçekleşmesinin anahtarı olduğu için... Röportajdan sonra da görüştük, sosyal sorumluluk etkinliklerinde yeniden buluştuk. Ayşe Arman yarattığı iyilik hareketini bana da bulaştırmıştı. "Kız Gibi Yap, En İyisini Yap" etkinliğine katılıp bir konuşma yapmıştım; ardından Dünya Kız Çocukları Günü'nde bir etkinliğe çağrılınca, ee tabii konu da kız çocuklarının eğitimine gelince, bir de yine ben sahnede konuşurken seyirci duygusal anlar yaşayınca ağzımdan "Biz aslında İzmir Uzay Kampı'na gitmek istiyoruz," sözü çıktı. Bunu bana söylettiren şey en önde oturan CEO'nun ben konuşurken gözlerinin dolmasıydı. Tüm salon "dile bizden ne dilersen," der gibi bakıyordu. Konuşmam bittikten sonra CEO sahnede yanıma gelip günün anısına bir plaket taktim etti ve o meşhur soruyu sordu: "Bizim yapabileceğimiz bir şey var mı?" hemen söyledim. Kız çocuklarına özel bir gün olduğu için Dilek Öğretmen'in kız öğrencilerine Uzay Kampı'nda eğitim verdirme düşüncesi, herkesin hoşuna gitmişti. O kadar kız öğrenciyi üstlenmişken "Peki erkekler ne olacak?" diyemedim.

Tüm bunlar ekim ayının ortasında planlanmaya başladı. Kasım ayında son şeklini vermeye çalışıyordum ki sevgili Ayşe Arman aradı ve Öğretmenler Günü'ne özel sosyal sorumluluk markası olarak yarattığı Sakajeva kolyelerinden satıp projelerime katkı sağlayacağını söyledi.

Meslek hayatım boyunca birçok parça bu şekilde yerine oturdu. Projeler birbirini tamamlıyordu, kaynaklar birbirini tamamlıyordu. Bu şans mıydı, gerçekten inanıp istemek miydi bilmiyorum.

Ne yaptık ne ettik, bütçeyi tamamlayıp Uzay Kampı hayallerimize kavuşmak için kolları sıvadık. Köyde söylentiler başlayınca mezun ettiğim öğrenciler beni aramaya başladı. Onlar da gelmek istiyordu... Bu defa İzmir Uzay Kampı'yla bir pazarlıktır sormayın. Mezun ettiklerimle birlikte tüm öğrencilerimi oraya götürmek için sabırsızlanıyordum.

Daha önce de Ali Denizci aracılığıyla İzmir Kwanis Grup'la telefon ve mail üzerinden tanışmıştık. Sadece çocuklar için çalışan bu harika grup, bizlere muhteşem bir ulaşım desteği sağladı. Hatta Uzay Kampı eğitiminde bizleri ziyarete bile geldiler. Ne güzel bir buluşmaydı, hem çocuklarda hem de Kwanis topluluğundan insanlar üzerinde ne de güzel etkiler yarattılar.

Çocuklara uzay bilimleri alanında eğitim veren "Yıldızlar ve Gezegenler Macerası Programı" ile öğrenciler uzay simülasyonları ile takım çalışmasına teşvik edildiler ve uzay teknolojileri ile tanışmaları sağlandı. Üç farklı astronot simülatörünü kullandılar. *Hurricane 360 VR* Simülatörü ile sanal gerçeklik macerasını ve astronot kıyafetlerini tanıdılar. Gözlemevindeki teleskopla Apollo modüllerinin indiği Ay'ın kraterlerini, Jüpiter'in kuşaklarını, Satürn'ün halkalarını gördüler; hatta sanal bir gökyüzünün oluşturulduğu planetaryum sayesinde takımyıldızlar içindeki çift yıldızları gözlemleyip onların gökyüzündeki konumlarını keşfettiler. Problem çözme, zaman yönetimi ve takım çalışması yeteneklerini geliştirmeye yönelik aktivitelerle, sanal Mars gezisi simülatörü *Mars Explorer*'ı keşfettiler.

Bu kısım programın en etkileyici ve özel aktivitesiydi. Gerçek uzay mekiği görevlerinde yapılan çalışmaların canlandırıldığı bu aktivitede her bir takım üyesine, uzay mekiği Discovery'de komutan, Uzay İstasyonu modüllerinde uçuş mühendisi ve yer kontrol merkezinde uçuş yöneticisi gibi görevler verildi. Her bir görev ayrı derecelerde sorumluluk alma ve liderlik özelliği gerektiriyordu. Eğer bir takım üyesi önemli bir sorumluluğu ya da görevi ihmal ederse, bu tüm uçuş görevinin başarısız olmasına neden olabilirdi. Öğrenciler bu görevi yaparken bilgiyi paylaşma ve takım halinde başarıya ulaşmanın ne kadar önemli olduğunu öğrendiler.

İzmir Uzay Kampı gezisinin Ankara ve İstanbul gezilerinden en büyük farkı bu sefer çocukların yanlarında annelerinin olmayışıydı. Bu, çocukların hem bireysel hem de takım ruhlarını olumlu yönde etkileyen unutulmaz bir deneyim oldu. Birinci ve ikinci sınıfları yaş sınırından dolayı yanımıza alamamıştık ama orada öyle güzel videolar çektim ki, çocuklar öyle güzel öyle kalıcı eğitimler alıp, öyle güzel dökümanlara sahip oldular ki köye döndüklerinde kampa gelemeyen küçük arkadaşlarına o anları tekrar tekrar yaşarcasına anlattılar, öğrettiler. Kamptan getirdiğimiz şapkalar, balonlar, kitaplar, dergiler, tişörtler, afişler okulu bir anda süsleyiverdi. Akıllı tahtamıza yüklediğimiz videolarımız her teneffüs dönüp durdu. Çoğu teneffüste bahçeye bile çıkmıyorlardı. "Biz uzay kampı videolarımızı izlemek istiyoruz," diye diye aynı videoları defalarca izleyip öğrendiklerini taze tuttular, anılarını birbirleriyle konuşup gülüşerek canlandırdılar.

Bildiğimiz Belgesel mi?

Hacettepe Üniversitesi'ndeki bir konferansın ardından telaş içinde uçağa yetişmeye çalışıyordum. Kabanımı bile giymeye vakit bulamadan bir elime bilgisayar çantamı, bir elime hediye verilen plaket, çiçek vs. gibi eşyaları almış koştur koştur üniversite koridorunda ilerlerken telefonum çalmaya başladı. Arayan TRT Belgesel'in yönetmeni Nihal Aykaç'tı. Nasılsınız, iyi misiniz demeden benim belgeselimi çekmek istediğini söyleyiverdi. O heyecanla ağzımdan çıkan cümle, "Nasıl yani gerçek bir belgesel mi?" olmuştu. Tabii ki olumlu karşılayacaktım, hatta olumlu karşılamak ne demek, telefonu kapattıktan sonra koridorda yankılanan topuk seslerim bile farklı çıkmaya başlamıştı! Okul, çocuklar, köy halkı, hep beraber yaptıklarımız; her şey bu belgeselle ölümsüzleşecekti.

Çok olumlu karşıladığımı üstüne basa basa söyledim. Heyecandan sanki telaşım daha da artmıştı. Telefonu kapattıktan sonra koridordaki topuk seslerimin daha güçlü çıktığını duyuyordum. Bir şey olmuştu bana. İçimden nasıl yani, şimdi bütün yaşadıklarımı bir belgeselde mi anlatacağım, diye geçiriyordum.

Ama artık dersimi almıştım, durum netleşmeden ortalığı velveleye vermeyecektim. Set kurulmadan benim de içim rahat etmeyecekti zaten. Hem zaten belgesel demek her şeyin doğal haliyle görülmesi demek değil miydi? Günlük yaşamımız tüm doğallığıyla geçmeliydi seyirciye. Yine de fazla endişelenmeme gerek kalmadan, tarih için teyit telefonu aldım Nihal Aykaç'tan.

***

Belgesel ekibinin okula ilk geldiği gün hava çok yağmurluydu. Hemen sınıfa girdiler; ilk karşılaşmamız, hoş geldin konuşmaları, çocukların sarılmaları derken, yine *Bizim Hikâyemiz* oratoryomuzu sunduk. Nihal'in iki gözü iki çeşme, bir ara hava almak için bahçeye çıktı. O sırada demirbaş misafirimiz Kırpık ile tanışma fırsatı bulmuş. Onun hayvanları bu kadar sevdiğini bilmiyordum. Her çekimde onunla oynuyor, her sabah ona sütler, çeşit çeşit mamalar getiriyordu. Ondan ayrılırken ayrı, ona kavuşurken ayrı duygulanıyordu. Bana da imkân verilse Nihal'in Kırpık ile olan bağını kısa film yapardım. Köyden ayrılırken kendi çocuğundan ayrılır gibi "Kırpık size emanet," diyordu üstüne basa basa. Evinde kedileri de olduğunu söylemişti. Onlar olmasa belki de Kırpık'ı alıp evine götürecekti. Köyde sahipsiz onlarca köpek vardı. Neredeyse her evin kapısında sahiplenildiğini düşünen köpekler ve yavruları... Kim yemek verirse oraya ait olduğunu düşünen canlar...

***

Çekimler başladıktan sonra belgeselin tek bir çekim, bir kerelik bir macera olmadığını da öğrenmiş oldum. Ekip neredeyse her mevsimde, her hava şartında, yazın da kışın da okuldaydı. Kurulu kameralar hareket neredeyse oraya dönüyordu. Her geziye, her okul dışı etkinliğe birebir şahit oldular, ekip her şeyi bizimle birlikte tekrar tekrar yaşadı.

Öyle bir duruma geldik ki, artık tüm çekim ekibi ve yönetmenimizle aile gibi olmuştuk. Belgesel belki otuz dakika olacaktı ama çekim aralarındaki sohbetlerimizde dört beş filmlik malzememiz vardı. Anlat anlat bitmiyordu.

Çocukların güzelliğine, doğallığına, konuşmalarına, bakışlarına... Filmde hepsine yer vermek istediler. Anneler, dedeler, çocuklar, okulumuza gelen yabancı gönüllü eğitmenlerimiz, annem, babam, eşim, oğlum; hepsi konuştu... Hepsinin de söyleyecek bir şeyleri vardı. Birkaç cümle de olsa filmde onların yer alması bambaşkaydı benim için. Yapılan bunca şeyin arkasındaki yüzlerin görünür olması çok önemliydi. Sonunda gerçekten çok iyi iş çıkardılar. Belgesel artık Öğretmenler Günü'nde yayınlanmak için hazırdı ve sonrasında farklı TRT kanallarında izleyiciye sunulacaktı. Filmin televizyonda gösterime girdiği günü ve sonrasında gelen tepkileri, sosyal medya mesaj kutularımın gece yarılarına kadar dolduğunu, yüzlercesine de cevap veremediğimi, yetişemediğimi hatırlıyorum. Belgesel filmimin adı son ana kadar dosya başlığında Çalıkuşu olarak yazıyordu. Modern Çalıkuşu mu olsun şöyle mi olsun böyle mi olsun derken, yine son söz "Bir Dilek Yetmez"e geldi. Filmin adı da aynen konuşma başlıklarımda olduğu gibi, "Bir Dilek Yetmez" oldu.

***

Şimdi "Bir Dilek Yetmez"in kitabını yazdığımı düşündüğümde farklı duygular içine giriyorum. Çoğu belgesel kitap yazıldıktan sonra çekilir, ben de tersi oldu. Belgeselin çekimi de nereden baksak altı ay sürdü ama kitap gerçekten çok geç kalmıştı. Geç olsun güç olmasın felsefesiyle canım kitabımın canım sayfalarına yaşadığım her şeyi belgeselden daha içsel, daha yürekten yazmaya çalıştım.

Bir belgesel filmim vardı artık, kitap hayalim de gerçekleşir ve tüm yaşadıklarım bu şekilde ölümsüzleşirse, daha fazla kişiye ulaşabileceğimi biliyordum. İster belgesel olsun ister kitap, fark etmez... Benim hayalim daha fazla öğretmen ve öğretmen adayına ilham olabilmek. Yola ilk çıktığımda, o minicik hayatlara dokunurken de istediğim buydu, bugün de bu. Bu yüzden ara ara şunu düşünüyorum: Ben başka Dilek'leri de etkilemek istiyorum ama yola çıkarken tek bir dileğim vardı. Tutunduğum, hayalini kurduğum, uğruna çalıştığım tek bir dileğim. Ve bu yüzden de ara sıra "Bir Dilek Yeter" de artar bile demek istiyorum. Çünkü biliyorum, beni güçlü kılan şey başkalarına da yol gösterebilir!

Ve ben biliyorum ki sadece eğitim camiasının değil her kesimden insanın kendinden bir şeyler bulabileceği ya da kendine bir şeyler katabileceği, iz bırakan bir hikâye bu.

Hatta bir gün belgeselimi izleyen ve çok etkilenen müzisyenlerden "Bir Dilek Yetmez" sloganının şarkısını yaptık, diye bir mesaj aldım. Önce şaka sandım ama sonra bir baktım ki başında oturulup saatlerce çalışılarak ortaya çıkmış, bestelenmiş bir şarkı... Söz-müziğini Serkan Önday ve Atakan Karadeniz'in yaptığı bu anlamlı şarkı yine bir Öğretmenler Günü'nde bana hediye edilmişti. Her Öğretmenler Günü bambaşka bir sürprizle geliyordu. Daha sonra tüm konferanslarımda "Bir Dilek Yetmez" şarkımızı fon müziği olarak kullandık. Şarkımız konuşmamın sonunda da insanları coşturma müziği olarak görev yapıyordu. Ben de onu dinlemeye doyamıyordum. Kıymet vermenin en ölümsüz haliydi bu şarkı. Ne kadar teşekkür etsem azdır. Bugün nasılsa bin yıl sonraya bile bırakacağımız notalarımız var artık.

Sosyal medyaya gelince, orası bambaşka bir dünya. Olumsuz yanlarını eğitimciler olarak hep konuşuyoruz ama olumlu yanlarını süzgeçten geçirip faydalanma becerisi de kazanmalıyız. Ben öyle yaptım. Olumlu yanlarına odaklandım. Çok güzel bağlantılar kurdum. Türkiye'nin dört bir yanına bir tuşla ulaştım. Hatta dünyanın her yerinde yaşayan Türk vatandaşlarımızla, kalbi Türkiye ile atan insanlarla iletişime geçtim.

Maddi ve manevi desteklerini her daim yanımda hissettim. Sosyal medyanın bazen çok fazla zaman aldığını da kabul etmeliyim. Resmen farklı bir mesai gerektiriyor. Her yoruma, her mesaja cevap vermek istiyor, kimseyi kırmak istemiyorsunuz. Hele de benim takipçi kitlem, daha çok on sekiz-yirmi beş yaş arası gençler. Özellikle öğretmen adayları, yeni atanmış köy öğretmenleri... Onları nasıl cevapsız bırakabilirim diye diye çoğu kez asıl yapmam gereken işleri bekletip saatlerce cevap yazdım. Ama onu da belli bir dengeye oturtmak zorundaydım. Bir ara başladım sesli mesajlara... Nasıl da kolaymış. Daha önce niye denemedim diye kendime kızdım. Hem zamandan kazandım hem de karşımdakilere daha fazla samimiyet ve sıcaklık geçtiğini hissettim. Herkese, her şeye, her soruya ve her yoruma yetişemeyeceğimi biliyorum. Bu kitap işte biraz da bunun için...

Köyden İndim Londra'ya

"Her çocuğa ulaşamayacağımı bilecek kadar gerçekçi ama her sabah kalkıp bunun için çabalayacak kadar iyimserim."
Preston MORGAN

İstanbul Gençlik Platformu'nun düzenlediği bir zirve için İstanbul'a konuşmacı olarak gitmiştim. Kale Holding Yönetim Kurulu Başkanı sevgili Zeynep Bodur ile de orada tanıştım. Etkinlik sonunda sahnede toplu fotoğrafı sohbetti derken, harika bir iletişimimiz oldu. Bana o yıl ilk kez yapılacak olan İbrahim Bodur Girişimcilik Ödülü düzenleneceğinden bahsederek jüri olmam için davette bulundu. Böyle bir şeyin benim için yeni bir deneyim olacağını düşünürken Zeynep Hanım bana döndü, "Hedefin ne Dilek?" diye sordu ve ekledi, "Evet yaptıklarını biliyorum ama bundan sonra ne var? Planın ne?" O kadar güzel bir soruydu ki... Beni o kısacık zamanda o kadar derin düşündürmüştü ki... Genel hedeflerden, Türk eğitim sisteminden, köyden kentten konuşmuştuk ama Zeynep Hanım bana beni soruyordu aslında. Ben de kendime sordum.

Kendim için ne yapmak istiyordum? Her zaman hizmet odaklı çalıştım, neredeyse bir sivil toplum kuruluşu edasında onlarca projeyi hayata geçirdim. Harika geridönüşler alıyor, sosyal faydanın üstüne üstüne ekliyordum. Dönüp baktığımda kendime eğitim yatırımı olarak bir yüksek lisans hediye etmiştim ama eksik olan bir şey vardı. O da İngilizceydi.

Zeynep Hanım'ın bana verdiği tavsiye, dünya ülkelerindeki eğitim sistemlerini yerinde inceleyen bir bakış açısı edinmemin yolunu açtı. Ayaküstü beyin fırtınası yapıyorduk, Finlandiya'da ya da Avrupa'daki bir şehirde iki-üç aylık okul gözlemi olabilirdi bu. Her şeyden öte beni gerçekten dinleyen ve önemseyen biriyle konuşmak çok iyi gelmişti. Tabii ki hep istediğim ve herkes gibi hayalini kurduğum bir hedefim vardı. Ama her seferinde ertelediğim İngilizce sorunu yüzünden bir adım bile ileri gidememişti. Zeynep Hanım benim tetikleyicim oldu. "Ne duruyorsun ki?" demişti sanki...

Dolu dolu tam on beş yıl köy okulu öğretmenliği yapmıştım. Üstüne küresel öğretmenlik donanımını ekleyebilir, bir yandan da Türkiye'deki köy okulu öğretmenlerinin yetişmesine katkı sağlayabilirdim. Peki Kumköy ne olacaktı? Arkama dönüp bakmadan gidebilecek miydim? Tüm bu ayrılık tablosunu düşündüğümde gözümün önüne, "Dilek Öğretmen bizi, köyü, okulu terk etti," cümleleri geldiğinde, onun yerine donanımlı bir nesil, vizyon kazanmış aileler, kültür sanatla yoğurulmuş bir köy ve kendi ekonomisini oluşturan kadınlar bırakacağımı düşündüm. Böyle bir şey yaparsam, gözüm kulağım hep onlarla olacaktı, orası kesindi. Sadece bunu onların da hissetmesini sağlamalıydım.

İbrahim Bodur Girişimcilik Ödülleri'nde yarışan sosyal girişimlerden biri de KODA adlı dernekti: Köy Okulları Değişim Ağı. Projenin detaylarını okurken neredeyse gözümden yaş gelecekti. Benim içimi okuyup dosyaya koymuşlardı sanki. Neredeyse her cümlede köy, her cümlede öğretmen geçince bastım en yüksek puanı. Vay be, dedim. Köy okulları için uğraşmayı, öğretmenleri birlik yapıp eğitmeyi hedefleyen, bunu düşünen insanlar var. İçime su serpildi sanki. Gitsem de, dedim içimden, güzel işler yapan insanlar var ve hep olacak da... KODA o yıl derece aldı ve İbrahim Bodur Girişimcilik Ödülleri'nde ikinci oldu. Kale Grubu'nun büyük ödülüyle taçlandırıldı.

Jüri komitemizle harika bir yemek yedik ve ardından birlikte sanat sergisi gezdik. Sergiyi gezerken Zeynep Hanım ile İngiltere konusu açıldı. Bu defa son kararı verircesine konuştum. "Tamam" dedim, "gidiyorum, sizin desteğinizi üstümde hissederek gideceğim." Sonrasında beni neler beklediğini de görmek istiyordum.

Aileme bu konuyu açıklamak, eşimin çocuklarımın düşüncelerini şeffaflıkla öğrenmek, köydekilerin bu durumu kabullenmesi, öğrencilerime açıklamalarda bulunmak... Hepsi apayrı zordu ama bir yandan da gerçekten istediğimi karşımdakilere hissettirebilmek iyi geliyordu. Bunun yasal boyutu, Milli Eğitim Bakanlığı ile yazışma süreci, izinleri var derken... Her şey yolunda gidiyordu. Her şeyin başı kararlılıkmış, bunu anladım. Alıştıra alıştıra anlattım köye durumu. Pat diye değil. Sindire sindire, yavaş yavaş, açıklaya açıklaya...

Benim gitmem dünyanın sonu olmayacaktı. Önemli olan, köyde kurduğum sistemin ben gittikten sonra da benim yerime gelecek öğretmen öncülüğünde devam etmesini sağlamaktı. Sonuçta yaptığımız projelerin kalıcı ve sürdürülebilir etki yaratması önemliydi. Yakın çevreme gideceğimi söylediğimde bir kısmı beni tebrik etti, bir kısmı şaşırdı, yorumsuz ve tarafsız kaldı. Bir kısmı da "Vay efendim, beyin göçüne davet çıkarıyorsun," gibi yorumlar yaptı.

Yabancı dili yerinde öğrenmek kadar doğal bir istek olabilir miydi? Bazıları da, "Oooo sen gidersen daha dönmezsin," demeye başlamıştı. Böyle durumlarda çok garip bir şekilde kesin dönerim ya da kesin dönmeyeceğim, diyemiyorsunuz. Çünkü siz de ne olup biteceğini kestiremiyorsunuz.

Bir eğitim fırtınası durumunun ortaya çıktığını, hatta göçmen bir anne rolü ile yüzleştiğinizi hissediyorsunuz. Ama günün sonunda ne ruhumun ne beynimin göç ettiğini görüyordum. Kalbimin hâlâ Türkiye için attığını hissedip bunu insanlara da hissettiriyordum.

Unutmayalım ki insan hayatının belli dönemlerinde farklı tecrübeler yaşamak, farklı hayat derslerini deneyimlemek isteyebilir. Eğitim yatırımı bunun en önemli ateşleyicisidir.

***

Gideceğimin haberi köyde yavaş yavaş yayılmaya başlamıştı. Anne ve çocuklar bir yana, okula gelen dedeler var ya... Ahh, onlar en çok ciğerimi sökenlerdi. Nasıl içten bir ses tonu ile soruyorlardı: "Sahiden gidiyon mu? Bunca emek ne olacak? Sensiz nereye kadar gidecek?"

Herkes ağlar ağlamasına ama torunlarını okuttuğum bir dede karşımda hüngür hüngür ağladığında halimi bir düşünün. Hele de dedelerden bir tanesi ağlayıp ceketinin iç cebinden çıkardığı dörde katlanmış yarı buruşuk bir mektubu, adıma yazılmış bir şiiri elime tutuşturmasın mı?

Belli etmeyeyim diye kendimi tuttum, hepsinin tek tek ellerini öptüm, boyunlarına sarıldım. Öyle bir sıkmışım ki kendimi, onlar kapıdan çıkıkları anda kafamı masaya koyup çocuk gibi ağladım. Ağlamak üzüntümün bir yansıması olsa da, bir yandan da beni rahatlatıyordu. Rahatlatıyordu, evet. Gidene de kalana da zordu ama insanlarla vedalaşırken beni anladıklarını görmek iyi hissettiriyordu.

Atölyenin göbeğinde bana veda yemeği düzenlediler, o da ağlama yemeğine döndü. Sanki bir daha hiç görüşmeyecekmişiz gibi sarılmalar, of çekmeler... Çocukların böyle acılı manzaralara maruz kalmasını istemiyordum.

Onlarla bu durumu hep şakalaşarak paylaştım: "Haritada beni bulun, bir de gözünüz kapalı bulun bakalım."

Bütün bu yaşadıklarımdan "Veda" adında dramatik bir kitap daha çıkabilir. Ve bu kitapta annem ve yardımcımız Selma ile ayrılığımı anlatan sayfalar da fazlaca yer kaplayabilirdi.

Evden bavulları alıp çıkmamız, evdeki düzenimizin öylece durması, sanki ertesi gün tekrar dönecekmişiz gibi her şeyin yerli yerinde olması belki de bana tam bir veda gibi hissettirmeyen şeylerdi. Gerçekten de öyle oldu.

***

Ocak 2018'de Londra'ya geldim, bir hafta sonra yine Türkiye'deydim. Ödül törenleri, konferanslar, TV programları derken, bir baktım ki pasaportumun sayfaları dolmuş taşmış. Her ay, hatta bazen haftada iki kere Türkiye'ye gitmek, en ilginci ise günübirlik Türkiye seyahati yapmak hem çok yoruyor hem de çok hoşuma gidiyordu. Sanki hiç Londra'ya gitmemiş, oraya yerleşmemişim gibi. İstanbul'daki kardeşlerimi hiç görmediğim kadar görmeye başlamıştım. Samsun'da yaşarken bile o kadar görüşmüyorduk.

Londra'da dil kursuna gitmeye başladım, artık burada da bir çevre kuruyordum. Türkiye'de olduğundan daha fazla arkadaşım oldu neredeyse. *Life Learning Foundation*'dan Okul Performans Analizi Bursu kazandım. Uluslararası Montessori Derneği'ne bağlı okullarda uygulamalı araştırmalar ve gözlemler yaptım. Sözde gönüllü ve gözlemciydim ama hiç ben rahat durur muydum? Her şeye el atıyordum. Sınıf oturma düzeninden okul dekorasyonuna ve öğrencilerle oyun grup terapilerine kadar her şeyde aktif rol oynamaya başladım. Hatta özel günlerin organizasyonları neredeyse benden sorulur hale geldi. Ve bir gün müdür beni odasına çağırıp "Sen buraya gözlem yapmaya geldin ama haftalardır biz seni gözlemliyoruz (Tabii her yer kamera)," dedi ve hiç beklemediğim bir soru sordu: "Bizimle çalışmak ister misin?"

"Ama," dedim, "benim İngilizcem çok yeterli değil. Veli toplantılarında yetersiz kalabilirim." Müdür, "Hayır, senin çocuklarla ilişkinde dil değil, enerjin daha ağır basıyor. Bunca yıllık yöneticiyim, ilk defa çocuklarla bu kadar dans eden bir öğretmen görüyorum," diye yanıt verdi. Küçücük çocuklar adımı öğrenmişler; evde anlatıyorlarmış Mrs. Dilek şunu yaptı, Mrs. Dilek bunu yaptı diye...

Türk usulü anaçlığım olmazsa olmazdı; çocukların burnunu silmek, montlarının fermuarını çekmek, çözülen ayakkabı bağlarını bağlamak gibi işlerde üstüme yoktu. Aslında Montessori eğitiminde her birini çocuğun kendi yapması hedefleniyordu. Evet ama küçücük çocuklar vardı. Dört yaştan itibaren bir okul düşünsenize... 48 ayını bitiren çocuklar, ilkokul yani *Primary School* çatısı altında eğitim almaya başlıyorlardı.

"Öyleyse," dedim, "burada Dünya Vatandaşlığı projesini uygulayabiliriz. Sonuçta çocukların ortak dili oyun." Ve kendi tasarladığım oyunları uygulamaya başladım. Hepsini İngilizceye çevirip ezberledim. Çocuklar etrafımda pervane olmaya başladılar. Anaokulu bölümünde çok güzel etkinlikler yapmaya başladım. On yedi farklı milletten çocuğun eğitim gördüğü bir sınıfta onları oyun diliyle birleştirmek, ortak oyun dili yaratabilmek bambaşka bir duyguydu.

Birçok okulu ve öğretmeni gözleme şansım oldu. Henüz köy okulumdan Londra'ya geleli iki ay olmamıştı bile. Okullara çat kapı girmekten, yamuk yumuk İngilizcemle ne yapmak istediğimi anlatmaktan çok keyif alıyordum. Kimisi soğuk, kimisi sıcak davranıyordu. Kimi yöneticiler okullarda gözlem yapmama izin verirken, kimisi vermiyordu. Ancak onlara "Ben gönüllüyüm, derslere girip hem öğretmenlere yardım etmek hem de onlarla işbirliği yapmak istiyorum," dediğinizde "evet" cevabına daha çok yaklaşıyordunuz. Gönüllü bir yardımcıya kim "evet" demezdi ki zaten.

Bazen öyle öğretmenler gözlemliyordum ki sanki derse değil de sahne sanatları için gösteriye hazırlanmışçasına ders anlatıyorlardı. Tabiri caizse derste şov yapıyorlardı. Espriler havada uçuşuyordu, öğrenciler gülme krizine giriyorlardı. Eğlenceli işlenen derste öğrencilerin daha hevesli olduğunu gözlemliyordum. Eee tabii öğretmen ders anlatırken ne kadar eğleniyorsa, öğrenciler de o kadar eğleniyordu. Dersi cazibeli hale getiren çok öğretmen tanıdım. Onlardan tüyolar aldım. Enerji yönetimleri hakkında konuştuk. Öğrencilerle kurulan bağ en çok ilgimi çeken yaklaşımdı.

Öğrencilerin o öğretmenin dersine girmeden önceki halleri gözlem yapmak için en iyi zamanlardı. Çocukların o dersi nasıl iple çektiklerini, o öğretmeni nasıl hevesli ve istekli beklediklerini görüyordum. Onlar yerine ben heyecanlanıyordum. Öğretmenin sınıfa girme ânındaki atmosfer her şeyi kanıtlıyordu. Yüzlerdeki ifade ve mimikler, hatta öğrencilerden bireysel çıkan sesler gözlem notlarımda en çok yer verdiklerimdi. Dersle ilgili olmayan ama dersin doğal işleyişindeki cümleleri not almak ise en keyifli olanıydı. Bu gözlemler ortaokul seviyesindeydi ama bir ilkokul öğretmeni olarak çocukların ilkokuldan sonra nasıl bir davranış biçimi sergileyebileceklerini de canlı olarak görmüş oluyordum. Onların ortaokula hazır bulunan durumlarını da farklı stratejilerle çözmüş oluyordum.

Böyle öğretmenleri görünce kendimi eleştirdiğim de oluyordu. Ben aslında sıkıcı bir öğretmen mi olmuşum? Çocuklara ilgi çekici olmayan ve işe yaramayan ödevler mi vermiştim? İtiraf edeyim, kendime böyle sorular sorduğum çok zaman oldu.

Keza oğlumun okulunda da farklı öğretmen ve öğrenci deneyimlerine şahitlik ediyordum. Teknoloji ve tasarım derslerinde kendi tasarladıkları ürünler için haftalarca kafa yoran öğrenciler, takım çalışmaları ile ödev işbirlikleri, okul dışındaki sosyal hayatlarını da içine alan çalışmaların derslere entegre edilmesi derken, birçok örnekle karşılaşıp şaşırıyordum.

Mesela normalde tarih, sıkıcı bir ders olarak bilinse de tarih ödevlerindeki yaklaşım enteresan ve çarpıcıydı. İngiltere tarihini çocuklar kendileri hikâyeleştirerek öğreniyorlardı. Öğretmen onları zamanda yolculuk yaptırarak geçmişe götürüyor, belirttiği zamanda ve yerde olduklarını düşünerek kendilerine özgü hikâyeler oluşturmalarını istiyordu. Öğrencinin kendini doğrudan olayın içinde hayal etmesi ve o zamana yönelik bir kurgu yaratması tüm öğrenilenleri kalıcı hale getiriyordu. Öğrenci kendini bazen tarihte bir baş kahraman yaparken, bazen de farklılık olsun diye bir köle ya da fakir bir çiftçi olarak hayal edip tarihsel hikâyenin içine yerleştirebiliyordu.

Öğretmenin sunum sırasındaki soruları ilginçti: "O gün ne giydin, üstünde ne vardı, bize tarif eder misin? O günlerde nasıl geçiniyordun, ne yiyordun, ne içiyordun, anlatır mısın?" Mesela çocuk bu soruya "Kola içtim," diye cevap veremezdi. Öğrencinin kendini tarih kitabının içine oturtması, bununla ilgili kurgusal bir senaryo yaratması, yarattığı hikâyeyi tarihteki gerçek olaylarla uyumlu hale getirmeye çalışması kadar öğrenmeyi kalıcı hale getiren bir şey yoktu.

Bu uygulamadan çok ilham aldım. Farklı derslere uyarlanacak şekilde seçenekler oluşturdum. Dramasıydı, şarkı uydurmasıydı derken öğretme tekniğini çeşitlendirecek yöntemleri de üstüne ekledim. Bir İngilizce öğretmeninin bir saatlik ders boyunca bir şiir üzerinde durduğuna şahit oldum. Sadece bir şiir. Ders boyunca şiir ve duygular hakkında konuştular. Sesli okudular, tonlamalar hakkında tavsiyelerde bulundular. Bireysel olarak kendi şiirini yazabilme yetkinliklerinden bahsettiler. Dersin sonunda öğretmenin sınıfa şöyle seslendiğine şahit oldum: "Çocuklar bu hafta sonu için size çok önemli bir ödev veriyorum. Çok ama çok önemli bir ödev." Herkes dikkatle öğretmenin yüzüne bakıyordu. En çok da ben! Öğretmen birkaç kitap karıştırdı ve notlarına baktı. Ajandasına birkaç hızlı not aldı ve kafasını sınıfa çevirip yüzünü aşağı doğru eğdi ve gözlüklerinin üstünden bakarak şu cümleyi kurdu: "Bugün okuduğumuz şiirin şair tarafından, hangi duygularla yazıldığını önümüzdeki iki gün boyunca düşünün."

Öğretmen aynı soruyu farklı şekillerde de soruyordu. "Sizce şair bu şiiri neden yazdı? Hangi duyguları ağır bastı? Sizce şiiri ne kadar sürede yazdı? Etrafındaki insanlarda ve şiiri okuyanlarda nasıl etkiler yarattığını düşünün ve pazartesi sınıfa iki dakikalık konuşma sunumu yapacak şekilde hazırlanın." Öğretmen ödevi verdikten sonra içimden İngiliz edasıyla "Wow" dedim. Ödeve bakın. Sadece düşünmek. Öğrencilerle ders sonunda sohbet ettiğimde ise "En iyisini yapmak için çalışmalıyım," diyenler oldu. İçlerinden birine, "Ne çalışacaksın?" diye sordum. "Herkesten farklı düşünmeye ve herkesten farklı bir sunum yapmaya çalışacağım," diye cevap verdi.

Sınıfta en az aktif olan öğrencileri bile harekete geçiren duygu, hafta sonu iki gün boyunca sınıfta sunacakları iki dakikalık sunum üzerine düşünmekti. İki gün sonra sınıftaki sunum şölenini görmeniz lazımdı. Sunuma espriyle başlayanlardan tutun da konuşma sırasında pankart açanlara, farklı kostümler giyip yüzünü boyayanlara, müzik eşliğinde sunum yapanlara kadar tam bir ödev şöleniydi. Üstelik sadece sınıf önünde konuşarak... Hep savunduğum görüşün capcanlı örneğiydi. "Topluluk önünde konuşmak" her yetkinliğin üstündeydi benim için. Çünkü topluluk önünde konuşmak demek iyi bir fiziksel duruş, iyi bir dil hâkimiyeti, iyi bir görgü ve üslup, iyi bir iletişim ve göz teması demekti; özgüven, konuya hâkimiyet ve daha iyi öğrenmek demekti...

Bir gün din dersi öğretmenini gözlemlerken, şaşkınlıklar içinde kaldım. Tüm dinlerin tarihini araştırıp çocuklara tek tek anlatan ve çocukların merak ettikleri soruları tüm dengesiyle cevaplayan öğretmen, birdenbire sınıfın önünde "Ben ateistim," diyebiliyordu. Din eğitiminin önemini, her şeyi okuyup araştırmanın güzel olduğunu vurguluyor; "Karar verirken kendinizle baş başa kalıp ne hissettiğinizi tahlil etmeniz önemlidir," diye ekliyordu. "Ben araştırdım, inceledim ve kendime uygun bir din bulamadım, siz kendinize yakın hissettiğiniz bir dine mensup olup inançlarınızı ve tutumlarınızı ona göre zenginleştirebilirsiniz," diyordu.

Düşünce özgürlüğünün bu kadarına pes doğrusu, dedirten bir konuşmaydı. Ama çocukların tepkisini gördüğünüzde aslında öğretmenin anlattıkları üzerinde düşündüklerine de şahit oluyordunuz. İşin özünde insan olma anafikri üzerinde duruyordu. Sanki din değil de bir felsefe dersinin içindeydim. Tartışmalar, espriler, gülüşmeler de oluyordu. On iki-on üç yaşındaki çocuklar evreni sorguluyordu. Öğretmenin asıl amacı var olmak üzerine değil, var olduğumuz süre içinde nasıl bir insan olmaya çalıştığımız ile ilgiliydi. İyi bir insan nasıl olur? Kötü insan nasıl olur?

Beş laftan birinin hümanizm olduğunu duyduğum bir öğretmenin dersindeydim. Verdiği ödevi görünce şaşkınlığım daha da arttı. Ders boyunca kendi içimde yorumsuz kaldım.

Kendi düşüncelerimi on iki yaşındaki çocuklardan daha yetersiz buldum. Konu din değildi aslında. Zihnimin sorgulayan yanını tembel buldum. Öğretmen ödev veriyorum, diye anons yaptıktan sonra, "Düşünün bakalım," dedi, "bir taksiye bindiniz, arka koltukta fermuarı açık bir çanta fark ettiniz ve içinin para dolu olduğunu gördünüz. Ne yapardınız? Ödev bu kadar. Evde düşünün ve yazın lütfen." Daha neler görecek, nelere tanık olacaktım? Onlarca ders ve öğretmen gözleminin sadece birkaçını örnek verdim. Beni kalıcı etkileyenlerin arasından seçtim.

Şimdi soracaksınız, her şey mi mükemmeldi diye. Bütün okullar, bütün öğretmenler, bütün ders işleyişler; hepsi mi mükemmeldi? Hayır efendim, elbette her şey mükemmel değil. Bizzat gözlemliyorsunuz. Hatta öyle öğretmenler görüyorsunuz, öyle derslere şahit oluyorsunuz ki... Kendi öğretmenliğinizle ve ders işleyişinizle bir kez daha gurur duyuyorsunuz. İçimden "Yahu ben Allah'ın köyünde Avrupa standartlarının üstünde öğretmenlik yapmışım," diye diye kendimle övündüğüm anlar da oldu. Dolayısıyla bütün bu gözlemler ve deneyimler benim öğretmenliğimi farklı açılardan gözden geçirmeme vesile oldu.

Demek ki Avrupa'nın göbeğinde de sıkıcı öğretmen olabiliyormuş. Oturduğu yerden kalkmayan, ses tonu düşük, düz bir anlatımla tüm ders saatini geçiren öğretmenler de vardı. Her ne kadar gözlemlerken içiniz bir tuhaf olsa da bunlar eğitimin gerçekleriydi.

***

Londra'da her günüm dolu dolu geçiyordu. Sanki hiç Türkiye'yi bırakmamışçasına, bir yanım da hep oradaydı. Herkese bir telefon kadar yakındım. Bir yandan hâlâ köydeki kadınların atölyesi için sipariş alıyordum. Benim yerime gelen Meltem Öğretmen ve Anasınıfı Öğretmenimiz Nazire Öğretmen ile sıkı bir ilişki içindeydim. Okulda ne zaman, ne oluyor, hepsinden haberdardım. Hatta bazen "Acaba her şeye çok mu burnumu sokuyorum?" diye de kendime kızıyordum. Öğrencilerimin ihtiyaçlarını taa Londra'dan listeliyor, bağlantılarımı kuruyor ve ellerine ulaştırıyordum. Bu ihtiyaçlar kitap, kıyafet, mont, bot olabiliyordu. Çünkü içim rahat etmiyordu.

Kendimi suçlu hissettiğim için mi yapıyordum bunları? Ama neden böyle hissetmeliydim ki? Tam tersine, onca öğrencinin hayatına dokunmanın mutluluğunu ve geride bıraktığım olumlu etkileri düşünüp moral bulmalıydım. Ve ardından yine başladı Türkiye seyahatlerim. Neredeyse her ay Türkiye'ye gitmeye başladım. Davetler ve ödül törenleri çok sık oluyordu. Bir yandan öğretmen adaylarına yönelik eğitimlere devam ediyordum. Hedefim seksen bir ili tek tek dolaşmaktı. Salonlar dolusu öğretmen adayıyla buluşup tamamen eğitim konuşmayı o kadar seviyordum ki. O da bambaşka bir yanımdı, konuşma ajansım sayesinde yaptığım kurumsal etkinlik konuşmalarımla burslar için kaynak sağlamaya da devam ediyordum.

Bu nasıl bir yoğunluktu, bu kadar koşuşturmaya gerek var mıydı, diye de çok sorgulandım. Mevcut yoğunluğuma bir de Londra eklenmişti. Hem dil eğitim kursuna devam et hem Montessori okulunda öğretmenlik yap hem konferanslara git-gel derken, günler nasıl geçiyor anlamıyordum. Londra'da sanki kaybedecek bir dakikam yokmuş gibi çalışıyordum. Aynı zamanda oradaki Türklerle de tanışıyor, kaynaşıyor, hepsinin göç hikâyelerini dinliyordum. Kısa sürede güzel arkadaşlıklarım ve sıcak iletişim kurduğum bir çevrem oldu.

Bir yandan Varkey Eğitim Elçiliği Programını da takip ediyor, farklı ülkelerden öğretmenlerle birlikte uluslararası projelerde de yer alıyordum. Sabahlara kadar raporlar yazdığımı, gözlerimin içinin yandığını hatırlıyorum. Üç saatlik uykuyla sabah kalkıyor, çocuklara kahvaltı hazırlayıp apar topar okula gidiyordum. Sabahın o ayaz soğuğu yüzüme vurdukça, uykusuz gözlerim daha da kızarıyordu. Ama sert Londra rüzgârını hissettikçe ve yürüdükçe canlanıyordum. Hele okula ilk ayak bastığım dakikaları hiç sormayın. Sanki vücuduma baştan aşağı bir sihir yapışmışçasına enerjim daha da artıyor, heyecanım katlanıyordu.

İngiltere'de tanıştığım Türk ailelerinin en büyük sorunu anadilleri Türkçe olan çocuklarının dil yapılarının yozlaşmasıydı. Hatta annesi de babası da Türk olan çocukların Türkçe konuşamadığına şahit oldum. Annesi Türk, babası yabancı ya da tam tersi olan ailelerde çocukların daha fazla anadil problemi yaşadıklarını görüyordum. Ama bir yandan da anne ve babaların çocuklarının Türkçe öğrenmesi konusunda hevesli olduklarına ama bunu gerçekleştirmek için harekete geçemediklerine de şahit oluyordum. Mesela hafta sonları eğitim-öğretim veren Türk okulları da vardı ama gerek konum yüzünden gerekse çocukların farklı etkinliklere yetişme gerekliliklerinden çok ilgi görmüyorlardı.

Benim bulunduğum bölge ve civarında yaşayan Türk ailelerle tanışmıştım ve en azından yakın çevremdeki Türk çocuklarıyla birlikte bir drama atölyesi kurmaya karar verdim. Tam da görev yaptığım Montessori okulunun yanında dans, tiyatro, spor gibi etkinlikler için kiralanan birkaç salon vardı. Bir salon kiralamayı kafama koydum ve yetkililerle görüşüp orada Türkçe Drama Kursu açmak istediğimi belirttim. Türk okullarının dışında hizmet veren bir çalışma atölyesi olacaktı. Salonların arasından en büyüğünü seçtim. Çocukların çok rahat edebileceği, kocaman perdeli bir sahnesi olan salonu. Tüm imkânları olan, çok güzel bir yerdi. Mutfağı vardı; ferah ve havadardı, temizdi, aydınlıktı. Eski ve otantik bir dekorasyonu vardı, hemen yanında da kocaman bir kütüphane bulunuyordu. Saat başı değişen çeşit çeşit kurslar ve binaya girip çıkan farklı yaş gruplarından onlarca öğrenci oraya çok farklı bir enerji katıyordu.

Kendimi okul kurmuş kadar sevinçli ve özgüvenli hissediyordum. Tüm öğretme yetkinliklerimi kullanacağım bir atölye olacaktı. Klasik düzende bir sınıf kiralayıp, tamamen düz bir Türkçe kursu da açabilirdim. Ama farklı olsun istedim. Gülüp eğlenerek şarkılarla, danslarla ve oyunlarla Türkçe öğrenebilecekleri bir ortam yaratmak istedim. Hafta sonu akşam bile olsa, koşa koşa atölyeye gelecek öğrencilerim olsun istedim. Beş çocukla başladığımız kayıt sekiz, on bir, on beş, on sekiz derken yirmi çocuğa kadar ulaştı. Bu sayı benim için çok önemliydi. Çünkü aileler hep meşguldü ama Londra'da Türkçeyi kullanabilecekleri bir ortam olmadığı halde ilgi gösterdiler. Anneler farklı yerlerden çocuklarını arabalarıyla getirip bırakıyorlardı. Tam iki saat dışarıda salonun yanındaki bir kafede kahve içip bekliyorlardı. Annelerin bir kısmı birbirleriyle çok iyi arkadaştı, sonradan katılan anneler de onlarla kaynaşıyorlardı. Dersin son on dakikası ise çocukları izlemek istiyorlardı. Biz de tüm atölye sonunda öğrendiklerimizi değerlendiriyor, son on dakika annelere mini gösteriler yapıyorduk. Atölyede İngilizce konuşmayı yasaklamıştım. Molalarda çocuklar kendilerini kaptırıp İngilizce konuşuyorlardı, atıştırmalık yiyecekler yerken kendi aralarında İngilizce laflıyorlardı. Mecburen mola dakikalarına da farklı soru-cevap etkinlikleri koyup Türkçeye daha fazla odaklanmalarını sağlamaya çalışıyordum.

Dans grupları kuruyor, komik skeçler oluşturuyorduk; hikâye canlandırmaların ve yaratıcı serbest etkinliklerin yanında her hafta öğrendiğimiz şarkılarla koro kurmuştuk. Şarkılarla öğrendiklerini gördükçe, dışarıdan izleyen birinin bir müzik kursu sanacağı kadar zengin bir çocuk şarkıları repertuvarımız olmuştu. Ve olmazsa olmazımız Atatürk Eğitimi, Milli Kültürümüz ve Milli Bayramlarımız... Böyle güzel bir ortama köklü bir Atatürk Eğitimi çok yakışırdı. Türkiye'den bir bavul yeni Türkçe kitap getirdim. Her hafta ellerine birer kitap tutuşturup öyle evlerine yolcu ettim. Atatürk ile ilgili çocuk kitapları da harikaydı. Coşkulu milli bayram kutlamaları yaptık. Çocuklar ellerinde bayraklarla coşkulu coşkulu marşlar söyleyip bir de üstüne danslar edince anneler izlerken duygulandılar ve gözyaşlarına hâkim olamadılar. Eve geldiğimde özelden mesajlar yazıp bu defa beni duygulandırıyorlardı.

Drama atölyemde farklı yaş gruplarından çocuklar vardı. Bazen veliler soruyordu, çocukları yaş gruplarına göre bölecek misiniz diye? Halbuki on beş yıl birleştirilmiş sınıfta görev yapmış bir öğretmen olarak tam da istediğim olmuştu. Onlara özellikle şu durumu anlatmam gerekiyordu. Çocukların Türkçe dinleme, anlama, konuşma ve yazma yetkinlikleri birbirinden çok farklı olsa da onları yaş gruplarına değil Türk dili donanımlarına göre ayırt edip etkinlikleri o şekilde planlayabiliyordum. Mesela altı yaşındaki bir öğrencim, on iki yaşındaki diğer öğrencimden daha akıcı ve anlaşılır Türkçe konuşabiliyordu. Bu, çocuğun hangi yaşta olursa olsun Türkçeye ne kadar maruz kaldığı ile alakalıydı. Mesela bazı çocuklar İngiltere'de doğsalar bile üç-dört yaşına kadar anneanne ya da babaanne bakımı ile vakit geçirmişlerdi. O erken yaş dönemi bile nasıl önemliydi.

***

Bir gün Londra'da gelmiş geçmiş en büyük 19 Mayıs Festivali'nin yapılacağı haberini aldım. Hem de 100. Yıl kutlamasıydı. Bu heyecana yürek dayanmazdı. Altı Türk derneğinin bu organizasyon için birleştiklerini ve çok büyük bir etkinliğe ev sahipliği yapacaklarını biliyordum. İngiltere Türk Dernekleri Federasyonu Başkanı sevgili Jale Özer beni yönetim kuruluna sunucu olmam için önermiş, ben de çok severek ve isteyerek kabul etmiştim.

Günlerce hazırlanıp çalıştım. Çok büyük bir heyecandı benim için. Binlerce Türkün geleceği bir açık hava festivali olacaktı. Onlarca satış çadırı kurulacaktı. Binlerce Türk insanını milli bayram ruhuyla, genciyle yaşlısıyla bir araya toplayan bu organizasyonu sunmak benim için de bambaşka bir deneyim olacaktı. Dramadan buraya nasıl geldim? Bahsetmek istediğim asıl konu, drama öğrencilerimin ve annelerinin 19 Mayıs Festivali'nde beni yalnız bırakmamalarıydı.

O gün gelip çattı. Üç bine yakın kişinin geldiği festivalde sanki yıllardır sunuculuk yapıyormuşçasına, Türkiye'deymişim gibi coşkulu bir sunum gerçekleştirdim. Sanki okulun bahçesindeyim ve yıllardır organize ettiğim Milli Bayramları bu defa Londra'daki Türkler için gerçekleştiriyordum. Konser zinciri, Kurtuluş Savaşı konulu bir açık hava müzesi, havada dalgalanan yüzlerce bayrak, avazımız çıktığı kadar söylediğimiz marşlar, şiirler, çekilişler, hediyeler... Daha neler neler... Hiç bitmesin istedim. Bir gün daha sürse, bir gün daha sunardım.

En çok hissettiğim duygu ise ülkelerinden uzakta yaşayan Türklerin kalplerinin Türkiye ile atması, Atatürk aşkı ile yanıp tutuşmasıydı. Milli birlik ve beraberlik için, bu duyguların daha fazla ortaya çıkması için onları ateşleyecek etkinliklere ihtiyaçları varmış, bunu hissettim. Türk aileleri ve özellikle Türk çocuklarının milli bayramlarda harekete geçmelerini sağlayacak bir motivasyona ihtiyaçları vardı.

Macera Dolu Amerika

Hayat böyle yoğun devam eder ben İstanbul ve Londra arasında mekik dokurken bir mesaj aldım. Amerika George Washington Üniversitesi'nden Türk Profesör Can Korman ve eşi Nurhan Hanım'dan geliyordu mesaj. Washington'daki Atatürk Derneği'nin beni Amerika'ya davet ettiğini ve Atatürk Gençlik Ödülü ile şereflendireceklerini söylediler. Bunu duyduğum anda tüylerim diken diken oldu. Daha önce Türkiye'den merhum Türkan Saylan'a ve biliminsanı Canan Dağdeviren'e verilen bu ödüle şimdi de benim layık görülmem nasıl bir gururdu. Sevinçten doğru düzgün konuşamadım bile. Nasıl heyecanlıydım. İlk kez Amerika'ya gidecektim. Üstelik böyle bir ödül için. Bütün ödüller bir yana bu ödül bir yanaymış gibi geliyordu.

Hemen hazırlanmaya başladım. Vize işlemlerimi hallettim. Ödüle yakışır bir sunum hazırlamak için haftalarca çalıştım. İlk başta konuşmamı İngilizce yapsam mı diye de çok düşündüm. Gitmeye bir ay kala ne yapar ne eder çalışır ezberler, sunumumu gerçekleştirirdim. Ama sonra İngilizce sunum yaparsam, İngilizce konuşmaya yeni başlamış biri olarak duyguyu onlara geçiremeyeceğimi düşündüm. Çünkü ben aralarda yerel espriler, şive konuşmaları da yapıyordum. Hatta kendi yazdığım şiirlerden okuyor, konu akışını şiirlerle sağlıyordum. Durum böyle olunca da Türkçe konuşmak en iyisi olacaktı. İngilizce konuşursam daha kısa süreli, Türkçe konuşursam daha uzun süreli olarak beni dinleyenlerle bağ kuracaktım. Ödül töreninde katılımcıların yüzde otuz kadarı yabancı olacaktı ama simultane Türkçe çeviri için destek sağlanacaktı.

Sonunda Washington'a ayak basmıştım. Gerçekten bu kadar sıcak ve içten bir karşılama beklemiyordum. Nurhan Korman ve kızı kucak dolusu çiçeklerle havaalanından beni karşılamaya gelmişlerdi ve tabii ki canım derneğin kurucusu Mirat Yavalar karşımdaydı. Nasıl sarılıp kucaklaşıyorduk sanki kırk yıldır tanışıyormuş gibi.

Kalacağım ev Hüdai ve Mirat Yavalar'ın eviydi. Ev demek biraz hafif kaçabilirdi; çok büyük bir malikâne gibiydi, çok odalı, çok büyük salonlu, yüksek tavanlı, özenle seçilmiş eşyalı, şık bahçeli yeşillik içinde bir yerdi. Odama yerleştim. O kadar büyük bir bavulla gelmiştim ki neredeyse bavulu merdivenden yukarı çıkaramayacaktım. Onu ne koyacağımı şaşırmıştım. Hangi gün nerede nasıl giyineceğimi düşünmekten neredeyse her güne ikişer set kıyafet hazırlamış, dörder beşer çift de ayakkabı koymuştum. Bu neyin heyecanıydı bu kadar?

Merhum Türkan Saylan Hocamızın da ödül almaya geldiğinde bu evde kaldığını öğrenince, onun ruhunu odamda hisseder gibi iç çekip, içimi huzurla doldurdum. Hüdai Yavalar ile ertesi sabah kahvaltıda tanıştım. Nasıl harika bir tanışma ve karşılamaydı anlatamam. Bu kadar hoş sohbet olabileceğini hiç düşünmemiştim. Bir o anlatıyordu, bir ben; ama nasıl heyecanlıydık. Konuşmaktan yemiyor, çaylarımızı kaç kez soğutup tekrar tazeliyorduk. Nasıl asildi. Nasıl Atatürk âşığıydı. Daha önce bu kadar güzel Atatürk diyen, onu bu kadar güzel anlatan birine rastlamamıştım. Atatürk hakkında bu kadar okumuş birini ilk defa görüyordum. Canlı kütüphane gibiydi. Ağzından bir Atatürk çıksa ardından bin tane daha dolu dolu çıkıyordu.

Bu ödülü Atatürk'ün doğum gününde verdiklerini üstüne basa basa belirtiyor, geçmiş ödül törenlerinden bahsediyordu. Atatürk Onur Ödülü'nü Aziz Sancar'a nasıl takdim ettiklerini anlatıyordu. Kahvaltı biter bitmez birlikte evi gezmeye başladık. Artık malikâne de demeyecektim, köşk de; burası resmen Atatürk müzesi gibiydi. Evin en güzel odasını Atatürk odası yapmışlardı. Duvarlar onun resimleriyle doluydu. Yüzlerce kitaptan oluşan bir Atatürk kitaplığı vardı. Atatürk'e ait resimlerin sergilendiği bir müze geziyor gibiydim. Hatta bir köşede Atatürk büstünü gördüm. Etrafı çiçeklerle süslüydü. Odanın kendine has tarih kokan bir yanı vardı, harika bir avize ile tamamlanan loş ama aydınlığa açılan, kış bahçesine kapısı olan bir bölümü de vardı. Bir hafta boyunca hiç dışarı çıkmadan o mekânda kalabilirdim. Böyle bir atmosferde, böyle Atatürk sevdalısı insanlarla ilk defa karşılaşıyordum.

***

Ödül günü için yapılan hazırlıklar o kadar yoğundu ki... Bir yandan organizasyon hazırlıkları da devam ederken, bir yandan Washington'daki okul ziyaretlerim için planlar yapmışlardı. Her güne bir program koymuşlardı. Prof. Dr. Can Korman ve eşi ile kendi çocuklarının okullarını ziyaret edip öğrencilerle sohbet ettik. Köy öğretmenliğini anlatan konuşmalar yaptık. O kadar ilgilerini çekti ki. Öğretmenlerin derse girip çocuklarla söyleşi yapmamıza izin vermeleri de apayrı bir incelikti. Soru-cevap kısmına inanamadım. Küresel ısınmadan tutun da savaşlara kadar, ırkçılıktan kültür farklılıklarına kadar hemen hemen her şeyi soruyorlardı. Karşılaştığım zorluklardan, köy okulunun fiziksel yapısına kadar sormadıkları kalmamıştı. Köydeki okulumda tuvaletlerin bina dışında olması çok ilgilerini çekmişti. Hem şaşkın hem de anlam veremeyen yüzlerle bana bakıyorlardı.

Okul yönetiminin karşılama şekli, samimiyeti görülmeye değerdi. Hemen oracıkta birkaç okul gözlemi de olsa İngiltere ve Amerika okul yönetimleri arasında örneklem elde etmiş, birbirinden farklı ve benzer yanlarını da analiz etmiş oldum. Söz konusu okul olunca, öğretmen olunca, öğrenci olunca, sınıf düzeni, eğitim sistemi olunca antenleri dikiyordum. Algılarım daha bir farklı çalışıyordu. Kötü yönler üzerinde düşünme, iyi yönler için bilgi vakumlama sistemim çalışıyordu. Okul ziyaretleri dünyanın neresinde olursa olsun bana çok iyi geliyordu, nerede olursam olayım okulda kendimi evimde gibi hissediyordum.

Ödül töreninin sabahı Atatürk Derneği'nin yaptırdığı ve Washington'un en güzel ve en özel köşesine konulan büyük bronz Atatürk Heykeli'nin önünde toplanılıp çelenk koyma töreni yapılacaktı. Sabah erkenden uyandık, hazırlandık ve oldukça kalabalık bir grup Atatürk Heykeli'nin önünde toplandık. Her geçen gün daha fazla kişiyle tanışıyordum. Her yaştan insanın geldiği o köşe, birden herkesin duygulanıp ağladığı bir yere dönüştü. Zaten insanlar Atatürk konusunda doluydular. Bunu gözlerinden, konuşurkenki yüz ifadelerinden, seslerindeki titremeden hemen anlayabiliyordunuz.

Ahh hele bir de o Atatürk Heykeli'nin nasıl yaptırıldığını bilseniz. Hüdai Abi'nin ağzından bir dinleseydiniz. Törene herkesten önce gelip heykelin tozunu alması, çiçeklerle, çelenklerle süslemesini bir görmeliydiniz. Atatürklü kravatıyla giydiği takım elbisesini nasıl taşıdığına şahit olmalıydınız.

Saygı duruşu, İstiklal Marşı ve şiirlerin ardından Atatürk'ün Gençliğe Hitabesi'ni benim okumamı istediler. Benim için sürpriz oldu. Ve ben de hitabeyi bir Atatürk öğretmenine yakışır ses tonuyla okumaya çalıştım. Havaya hâkim olan yoğun duygu seliyle birlikte törene geçtik.

Ödül töreni başladığı dakikadan itibaren yaşadığım duygular gerçekten daha öncekilere benzemiyordu. Sandalyemde hop oturup hop kalkıyordum. Biliyordum, rahat başlarsam rahat gidecekti. Sıram gelmişti. Özgeçmişimi hem Türkçe hem de İngilizce olarak okuduklarında, ben daha sahneye çıkmadan aradan alkışlar ve "oooo" sesleri gelmeye başlamıştı. Bu sesler beni konuşmamı yapmadan önce motive ediyordu. Söz bana geldiğinde ise yine müthiş bir rahatlığın devamında başladım anlatmaya. En önde Hüdai Abi gözleri dolu doluydu. Her anlattığıma kafa sallıyor, duygulandığını ellerini bacaklarına vurarak hissettiriyordu. Sanki bir salon dolusu insan yokmuş da sadece karşımda Hüdai Abi varmış gibi motive ve coşkulu konuşuyordum.

Konuşmamın bazı bölümleri öyle dokunaklı geldi ki sunum bitti sanan herkes ayağa kalktı, başladılar alkışlamaya. Salon alkışla yankılanıyordu. Konuşmamın bittiğini sanan teknik ekip de projeksiyonu kapatmasın mı? "Durun," dedim "Daha bitmedi. Oturun lütfen daha anlatacaklarım," var. Gülme sesleri de geldi, "Sen anlat anlat bize bakma," diyenler de oldu. Ben de aldığım moralle anlatmaya devam ettim. Finale yaklaştıkça çok daha farklı hisler yaşayacaklarını anlayabiliyordum. Bir öğretmen hikâyesi dinlediler. Herkes kendinden bir şey buldu, hatırladığı bir şey oldu. Herkes kendine bir şey kattı. O kadar yoğun hissedebiliyordum ki bunu. Yaşı kaç olursa olsun, hikâyenin özünün insana dokunduğunu o kadar iyi biliyordum ki.

Atatürk'ü nasıl yaşadığımın, onu nasıl yaşattığımın hikâyesini anlattım. Konuşmanın sonunda herkes ayaktaydı. Ödülü vermek için Hüdai Yavalar yanıma geldi. Ödülü takdim etmeden önce gözlerindeki yaşlarla bana bakarak, "Ne diyebilirim ki," dedi. Sesi titriyordu. Seyirciye dönüp "İşte bizim böyle Atatürk'ü anlayan insanlara ihtiyacımız var!" dedi. Ödülü özel tasarım olarak *Nutuk* kitabı şeklinde yaptırmışlardı. Ödülü gururla aldım, öpüp havaya kaldırdım.

***

Tüm konuklar evde verilecek olan kokteyl ve akşam yemeği için davet edildiler. 19 Mayıs'ın şerefine, ödülün şerefine, beni de onurlandırdıkları bir yemek daveti oldu. Evin dış merdiveninde tüm konuklarla toplu bir fotoğraf çektirdik. Evin geniş mi geniş, yüksek mi yüksek dış merdivenlerini tıkış tıkış doldurduk. Ama hepimiz o kadar coşkuluyduk ki. Kocaman Atatürk ve Türk Bayrağı resminin altında rengârenk açılan bir yelpaze gibiydik.

Bir dakika bile oturmadan saatlerce ayakta insanlarla, tek tek konuştum. Aldığım övgüleri, olumlu reaksiyonları anlatmakla bitiremem. Herkesin Amerika'ya gelme hikâyesini dinledim; aklıma, kalbime kaydettim. Bir yandan 19 Mayıs pastasının masaya gelme hazırlığı yapılıyordu diğer tarafta da, evin en güzel köşesinde başlayan keman ziyafeti vardı.

Keman çalan genç adamın yanına gittim. "Şunu da çalalım, bunu da çalalım," demeye başladım. Söylediklerim hep marştı. Bilmediği varsa başladım ben kendi kendime söylemeye. O beni kısacık dinledikten sonra kemanıyla eşlik etmeye ediyordu. Evdekiler etrafımızda toplanmaya başladı. Herkes eşlik etmeye çalışıyordu. Bu durum herkesin nasıl hoşuna gitmişti. Sohbeti bol toplantıya ayrı bir enerji gelmiş, herkes kıpır kıpır olmuştu. Nakaratlarda seslerimizi daha da yükseltiyorduk: "Yaşa Mustafa Kemal Paşa Yaşa! Adın yazılacak mücevher taşa." Koskoca ev bu seslerle inliyordu. Harika bir pasta masaya yaklaşırken, seslerimiz daha bir coştu. Çocuk gibiydik. Bu heyecana, birbirimize verdiğimiz bu coşkuya nasıl ihtiyacımız varmış, bunu anladım.

Pastadaki mumları üfledim, bıçağı elime tutuşturdular. Pastayı hem kesiyor hem de başka marşlar söylüyordum, *"Mustafa Kemal özgürlük demek, en güzel şarkıdır dudaklarda... Yine başımızda nöbette yine. Kim demiş bizden uzaklarda,"* marşını söyleye söyleye başladım servis tabaklarına dilimlediğim pastaları koymaya. Bu kadar güzel birlik beraberlikle hep bir ağızdan marşların söylenmesi bambaşka bir hava yaratmıştı.

Ödül töreni sonunda salonda hepimiz, "Dağ başını duman almış," diye başlayarak Gençlik Marşı'nı söylemiştik. Belli ki doyamamışız. Davetten ayrılmadan önce insanlarla sıkı sıkı sarılıyor, tekrar buluşma temennilerimizi birbirimize sunuyorduk. Elimde deste deste kartvizit birikmişti.

Amerika'daki Türk basınının ilgisi de büyüktü. Ödül töreni ve yemek daveti bir yana, beni Amerika'nın Sesi Programı için haber stüdyosuna davet ettiler. Amerika'daki Türklere seslenmemi ve hikâyemi anlamamı istiyorlardı. Böylece neredeyse kalan her günüm için bir plan yapmış oldum.

* * *

O günün akşamı telefonuma bir bakayım dedim. Cevap veremediğim mesajlar, aramalar vardı. Çok sevdiğim oyuncu Mert Fırat'ın beni etiketleyerek attığı bir tweet'e rastgeldim. Gözlerimin yorgunluğu gitmiş, fal taşı gibi açılmışlardı. Aynen şöyle yazıyordu:

"Tebrikler öğretmenim. Gurur duyalım! Bizi felç etmeye çalışan yapay gündemlerden sıyrılıp kendi gündemini yaratmak böyle bir şey işte... Haberi mutlaka okuyalım. Dilek Öğretmen'e Büyük Atatürk Gençlik Ödülü verilecek," yazıp Hürriyet Gazetesi'nin linkini paylaşmıştı. Binlerce kişi bu tweet'i kendi sayfasında paylaşmıştı. Müthiş bir etkileşim yaşıyordum. Saat çok geç olmuştu. Herkese cevap verememenin huzursuzluğunu da yaşadım. Mutluluk, gurur, heyecan ve hatta telaş gibi duyguların hepsini bir arada göğüslüyordum.

Tüm misafirler gidince Mirat Abla'nın sürprizi ile karşılaştım. Ertesi gün için bana New York bileti almıştı. Ve Washington'dan New York'a giden arkadaşı Müjgan Hanım'a rica edip benim için harika bir günlük gezi planı yapmıştı. Üstelik hemen ertesi gün! Koşa koşa odama çıktım. Amerika'ya gelip de New York'u görmeden gitmek olmazdı. Ben bunu çok önce bir konuşma arasında söylemiştim. Ama bu kadar çabuk olacağını tahmin edememiştim.

New York'u karış karış gezdik, hem de geceli gündüzlü. Her yer başka güzeldi ama baş döndüren gökdelenler beni benden aldı. Hele Özgürlük Heykeli'ne ne demeli? Gözlerime inanamadım. Amerika'ya geldiğim günden beri her gün yağmur yağmıştı ama o gün sanki yaz mevsimi geri gelmiş gibi, tüm gün kavurucu güneş ışığı bizi takip etti. Hatta üstü açık şehir turu otobüsünün ikinci katında saatlerce o kadar güneşe maruz kalmıştım ki burnumun üstü kıpkırmızı olmuştu. Müjgan Hanım bana öyle harika bir gezi arkadaşı, öyle güzel bir rehber oldu ki...

Yaşadığım en etkileyici an kesinlikle Özgürlük Heykeli ile karşılaştığımda yaşadığımdı. Sanki bir film karesinin içinde gibiydim. Ilık ama sert bir rüzgârın eşliğinde, saçlarım gözüme ağzıma dolanıyordu. Ona rağmen doya doya o ânın tadını çıkardım.

***

Sonunda TV programı günü gelmişti. Biraz geç kalmış ve panikle stüdyoya girmiştim ama hiç hızımı kesmeden başladım konuşmaya. Otomatik olarak yaptıklarımı anlatmaya o kadar alışıktım ki hemen her sunucu, yönetmen, yapımcı program sonrası "Ne kadar rahat ve doğaldınız," yorumunu yapardı. Washington'da da öyle oldu. Kamera karşısında heyecanlanmıyordum, yaptıklarımı anlatmanın hevesi televizyon heyecanımı yeniyordu. Yaşadıklarımı anlatırken bir kez daha yaşadığım için karşımda kamera mı varmış ışık mı varmış, binlerce insan izliyormuş o kısmını hiç düşünmüyordum. Bu yüzden hem keyifle hem de kendimi anlatabilmiş olmanın mutluluğuyla çıktım stüdyodan.

Ama program başka bir şeye vesile oldu. Amerika'da yaşayıp o gün beni izleyenler sosyal medyadan ulaşarak buluşmak istediklerini söylediler. Hemen hızlıca bir organizasyon yapıp bir araya geldik. Daha önce hayatımda hiç görmediğim, hiç tanımadığım Türk vatandaşlarıyla beraberdim. Ve onların bakışları, sarılmaları, sözleri içime içime işliyordu. Bazen ne söyleyeceğimi bilemiyordum.

Bu güzel insanlardan biri de Anatürk'tü. İsmini ilk duyduğumda nasıl da şaşırmıştım. İlk defa böyle bir isimle karşılaşmıştım. İlk ve tek mi bilmiyordum ama hikâyesini can kulağı ile dinlemiştim. Yanında kucak dolusu çiçekler, el yapımı kolyeler, hediyeler getirmişti. Heyecanla büyük bir duygu yoğunluğu içinde çiçeklerini aldım, kokladım. Hediyelerini açtım, boynuma taktım. Hatta yanında küçük oğlunu da getirmişti. Küçük Deniz henüz altı yaşındaydı, sanki hiç çocuk değilmişçesine bizi dikkatli dinliyor, anlamaya çalışıyordu. Annesi beni nasıl anlattıysa, Deniz üzerinde nasıl etki yarattıysam bana çok yakın davranıyor, benden ilgi bekliyordu. Fotoğraf çektirirken hep yanak yanağaydık ve hep kucağımdaydı. Ona sarıldıkça bir haftadır göremediğim Alp'imi de nasıl özlediğimi fark ettim.

Bütün bu yaşadıklarım bana insan olmanın, insani duygular yaşamanın hazzını hissettiriyordu. Hayata bir kez daha şükrediyor, yaşadığım mutluluk ve gururun beni her zaman daha iyiyi yapmaya yönlendireceğini biliyordum. Her şeyi iyi yanından görmeyi daha da iyi öğreniyordum. Dünyaya bakış açımın nasıl değiştiğini, nasıl tazelendiğini tüm kalbimle hissediyordum. Ve her zaman vedalara hazır olmak gerekirdi. Son gün hepimize bir hüzün çöktü. Az değildi, tam bir haftada birbirimize alışmıştık.

***

Sonunda dönüş vakti gelip çatmıştı. Bir yandan çantamı toplarken diğer taraftan tüm USB'lerimin olduğu küçük dijital arşivime takıldı gözüm. Sanki Londra'da bulamadığım arşiv düzenleme vaktini Amerika'da bulacakmışım gibi yanıma almıştım hepsini. Tüm meslek yaşamımın kanıtları o arşivdeydi. Ama elimi bile sürememiştim. Düzenli bir şekilde çantamı hazırlamama rağmen dönüş yolu paniği; pasaport nerede, cüzdan nerede derken, bir de rötar yiyen uçağın bekleme süresi eklenince darmaduman olmuştum. Güçbela uçağa yerleşirken de eşyalarımın arasında dijital arşivin olduğu çantayı görmüştüm. Ama son görüşüm olduğunu bilemezdim...

Amerika maceram dijital arşiv kaybederek ama yüzlerce gönül kazanarak sona erdi.

Hüdai Abi vedaları sevmezmiş, bu yüzden Amerika'dan ayrılırken vedalaşmamıştık. Ama Londra'ya döndüğümde ilk Babalar Günü'nde arayıp onunla konuştum, canlı enerjik sesini duydum. Ertesi yılın Babalar Günü'nde aradıysam da konuşamadım, çok hastalanmıştı. Amansız bir hastalık onu ölüme yenik düşürmüştü. Söylemesi ve yaşaması zor bir acı. Onun varlığı ve enerjisi ile Atatürk sevdamız dolup taşardı. Ve hayata gözlerini yumduğunda sevenleri olarak bir şekilde ruhunun Atatürk ile kavuşacağını düşünmüştük. Ve bu huzur bize yetmişti.

***

Önümüzdeki aylarda İngiltere Türk Dernekleri Federasyonu tarafından Cumhuriyet Başarı Ödülü'ne layık görüldüm. Londra'da Atatürkçü Düşünce Derneği'nin katkıları ile muhteşem bir yardım organizasyonu düzenledik. "Bir Dilek Yetmez" konuşmamı Londra halkı ile paylaştım. Biletler umduğumuzdan çok daha çabuk bir şekilde tükenmişti. Ayşe Arman da beni Londra'daki ilk konuşmamda yalnız bırakmadı, tüm cuma akşamını bana ayırdı, geldi ve en önden izledi. Onun verdiği motivasyon bambaşkaydı.

Toplanan yardımlarla öğretmen adaylarına Sosyal Yaşantı Bursu tanımladık. Köy öğretmenlerine yönelik mentörlükler ve üniversitelerin eğitim fakültelerinde motivasyon seminerleri düzenledik, köy okullarının ihtiyaçlarına yönelik çalışmalar yaptık. İyilik gerçekten bulaşıcıydı. Aynı etkinliği Almanya'da da yaptık. Hayatımda ilk defa Almanya'ya gitmiştim. Atatürk Kültür ve Gençlik Evi Osnabrück'te olan toplantımızdaki Türk vatandaşların sırf beni dinlemek için oraya gelmeleri harikaydı. Köy kadınlarının üretimini destekleyen kermesler düzenledik.

***

Kurduğum ya da vesile olduğum yardım ağları yurtiçinde sınırlı kalmadı. *Global Teacher* olunca global bağışlar da almaya başlamıştım. Bridge to Türkiye Fund (BTF) ile Amerika merkezli herkesin gönüllü olarak çalıştığı, kâr amacı gütmeyen muhteşem bir yardım kuruluşuyla yolum kesişti. Kendisi de öğretmen olan sevgili Şule Kıvanç Ancieta'nın bana ulaşması, ardından gelen muhteşem yardım kampanyalarıyla etki alanımızı daha da genişlettik.

Türkiye'ye köprü oluşturan bu fonun, bağışçı toplulukları harekete geçirmesi ve Türk toplumunun sosyo-ekonomik açıdan dezavantajlı kesimlerine fayda sağlaması, hayırsever kaynaklar üretmeye çalışması, özellikle çocukların eğitimi ve sağlık konusunda yaptığı sayısız hizmetlerine her geçen gün yenisini eklemesi ve dünyanın her yerinden Türkiye'ye harika bir dostluk çemberi oluşturması... Yani bir bakıma ihtiyacı olanlara kol kanat germesi, beni o kadar etkiledi ki.

Canla başla çalışmaları, kendi ülkeleri dışında yaşasalar, kilometrelerce uzakta olsalar bile kalplerinin Türkiye için attığının da en büyük kanıtı, vatanseverliğin en güzel göstergesi aslında.

Öğretmenlerin imdadına yetişen, yüzlerce çocuğa bilim setleri, müzik aletleri, kitaplar, bilgisayarlar ve birbirinden içerikli materyaller gönderen, binlerce öğrenciye burs veren BTF'nin çok büyük bir güç olduğuna inanıyorum.

Birkaç öğrenci için başlayan bağış kampanyalarımız bazen daha da büyüyor ve binlerce öğretmen adayına ışık tutacağımız, onların eğitimlerini ve kitap materyallerini karşılayacağımız, güçlerimizi birleştirip kaynaklar yaratacağımız bir hale geliyor.

BTF Ailesi ile yolum kesiştiği için kendimi çok şanslı hissediyorum.

Ve katlanarak büyüyen bu iyilik hareketinin bir parçası olmaktan çok büyük heyecan, gurur ve mutluluk duyuyorum. Türkiye'nin her köşesine, her köyüne bucağına ulaşabilmek inanılmaz bir heyacan yaratıyor bende.

Avrupa Parlamentosu

Londra'da Global Teacher Development Forum'da yerimi almıştım, çok güzel konuşmaların ve çalışma atölyelerinin olduğu bu etkinlikte bir telefon aldım. Ama önce cevaplayamadım. Mail ya da mesaj olarak iletmelerini rica ettim. Sonrasında okuduğum mail'e inanamadım. Avrupa Parlamentosu'na resmi konuşmacı olarak davet edildiğimi okuduğumda yanımdaki arkadaşıma "Bunu bir de sen teyit eder misin?" diye sordum. Ben yanlış mı anlıyordum yoksa gerçek miydi?

Başladım ayrıntılarını okumaya... Türkiye'nin sivil toplum yüzlerini konu alan çok büyük bir sergiden bahsediliyordu. Parlamentonun en büyük salonunda yapılacak olan sergide dört metrekarelik bir afişte tüm yaptığım çalışmaları anlatan bir tasarım yapmam ve kısa da olsa bir konuşma hazırlamam gerektiği yazıyordu. Sunum İngilizce olacaktı. Mail'i okudukça heyecanım artıyordu. Onlara "Evet geliyorum," cevabı vermeden önce kendimi orada hayal etmeye başlamıştım bile.

Afiş bambaşka bir şeydi ve çok sevdiğim arkadaşım Burak Bakış'ın desteğiyle tasarımını tamamladık. Kendisi yıllarca benim dijital sponsorum oldu. Videolarımın düzenlenmesinde, sunumların hazırlanmasında, tüm etkinliklerimin afişlerinde, sosyal medya paylaşımlarımda onun sihirli dokunuşları her daim etkisini gösterdi. Anlamsız saatlerde ve zamanlarda bile sırf ben istedim diye elinden geleni yaptı. Ne kadar teşekkür etsem azdır. Çünkü Avrupa Parlamentosu "Bir Dilek Yetmez" afişim onun eseridir. Sergideki onlarcası arasında barkodlu olan tek afiş benimkiydi. Sergiyi gezenler benim afişin önüne geldiklerinde hem telefonlarından barkodu okutup benim videoma ulaşabileceklerdi hem de led ekranlardan proje videolarımı izleyebileceklerdi.

Afiş hazırdı. Sıra konuşmayı hazırlamaya gelmişti. Evet, en sevdiğim şey konuşmaktı ama İngilizce konuşurken o duyguyu nasıl geçireceğim konusunda tereddütlerim vardı. Konuşmamda Başöğretmenimi vurgulamak istedim. Anafikrime onu koydum. Kim olduğumu, ne yaptığımı, en önemli ödülümü, hedefimi, öğretmen ve sivil toplum yüzü olarak duygularımı söylemeyi de ihmal etmedim ama sözlerimi Atatürk'ün sözü ile bitirdim: "Bir milleti yalnız ve ancak öğretmenler kurtaracaktır." Bu sözün hem İngilizcesini hem de Türkçesini söylemem çok dikkat çekti. Ve tüm izleyiciler ve parlamenterler tarafından büyük ilgi gördü. Ben konuşmamda coştukça, seyircinin de bunu hissetmesi bolca alkışla sonuçlandı. On iki konuşmacı vardı ve ben en son konuşmacıydım. Sonuçta bu büyük bir sergiydi ve herkesin dikkatini konuşmacıya toplaması zordu, bir de insanlar o kadar konuşmayı dinledikten sonra, son konuşmacıyı nasıl bir enerji ile dinleyeceklerdi? Bu durum beni endişelendirdiyse de salondaki düşen enerjiyi birdenbire yükseltmek etkinlik sonunda beni çok mutlu etti. Kürsüden inmemle insanların yanıma gelip konuşmak istemesi bambaşka bir durumdu.

Avrupa Parlamentosu'nda gurur duyduğum Türk gençleriyle tanıştım. Aralarında parlamanterlere danışmalık yapanlar bile vardı. Çok iyi eğitimler almış, kendini yetiştirmiş, birkaç yabancı dile birden hâkim gençler. Onlardan biri de Işıl Ergeç'ti. Parlamentoda yaptığı danışmanlığın yanında

Gençler için Brüksel Dünyası Bilgi, Deneyim ve Ağ Paylaşımı Platformu kuruculuğunu da üstlenmişti. Sonrasında da yaptığı Brüksel merkezli organizasyonlar ve Avrupa'daki gençlere yönelik gerçekleştirdiği atölyelerde birlikte çalışma fırsatı yakaladım. Işıl, "Faces of the Turkey" sergisine harika ev sahipliği yaparken, "Gazetede gördüğüm Dilek Öğretmen'i bir gün karşımda hem de Brüksel'de göreceğim hiç aklıma gelmemişti," dedi. Ve yine sergide tanıştığım onlarca değerli insanın üzerimde bıraktığı pozitif enerjiyle, büyük bir gurur ve güzel anılarla Londra'ya döndüm.

Türkiye seyahatlerim yine devam ediyordu. Her ay git-gel. Parlamentonun etkisinden kurtulamadığım da aşikârdı. Ne zaman Samsun'a gitsem Kumköy'ü de ziyaret ediyor; öğrencilerime, benim yerimde olan öğretmen arkadaşıma hediyeler getiriyordum. Bir parçam orada kalmış gibiydi. Ruhumun göç etmediğini bir kez daha anladım. Yılların bağlılığı vardı.

***

Brüksel'den döneli bir ay bile olmamıştı. İkinci kez Avrupa Parlamentosu'na davet edildim. Delegelerin oybirliği ile belirlediği "Uluslararası Lider Kadın Ödülü"nü alacağımı ilk duyduğumda bunun nasıl bir ödül olduğu hakkında en ufak bir fikrim yoktu. Bu ödülün tamamen bir önceki konuşmamla ilgili olduğunu anladım. Ocak ayında yaptığım konuşmayı o sırada sergide yer alan Alman parlamenterlerden birinin izlediğini, ardından ödül komisyonuna benim ismimi sunduğunu öğrendim. Ayrıca Dünyanın En İlham Veren Sekiz Kadını'ndan biri seçilmiştim. Söylemesi bu kadar basit olabilir miydi? Yaşadığım duyguyu bu kadar basit anlatabilir miydim? Heyecanıma şaşkınlık, şaşkınlığıma gurur, gururuma mutluluk karışmıştı. Ayağımın altı hava boşluğu gibiydi, âdeta uçuyordum. Nereden nereye, diyordum. Bir köy okulunda başlayan hikâyem nasıl da koskoca Avrupa Parlamentosu salonuna uzanmıştı. Bu ödülün adı benim lügatimde "emek"ti. Çok sevmekti. İnanmaktı.

Neredeyse yedi saat boyunca hiç oturmadığım bir günün akşamıydı. Uçağa bindiğim an kendimi salarım, diye düşünmüştüm ki heyecandan yine uykuyu es geçmişim. Elimde taşımaktan buruşturduğum konuşma kâğıdım vardı. Arada göz gezdirip sonra yine cebime sokuşturuyordum. Yorgunluktan gözkapaklarım düşüyordu ama kalbimin içinde çok hızlı bir çarpıntı vardı.

Uçak iniş yaparken çok kuvvetli bir yağmur yağıyordu ve artık hazırdım...

***

Uçak iniş yaparken çok kuvvetli bir yağmur yağıyordu. Taksiyle otele geçerken camdan süzülen damlaların yoğunluğundan dışarıyı bile göremiyordum. Boş Brüksel sokakları, kasvetli ve bol yağmurlu haliyle karşılamıştı beni. Otele yerleşip masama oturana kadar saat gece yarısına gelmişti bile. Çalışmam gerekiyordu, çünkü ertesi gün epey yoğun olacaktı...

Sonunda işte oradaydım; kocaman mavi amblemli sarı yıldızlarla kaplı kapı karşımda, yirmi yedi farklı ülkenin dalgalandığı yerdeydim, Avrupa Parlamento binasında.

Kapıdan içeri girdiğim andan itibaren ayağımdaki topuklu ayakkabılara rağmen yerdeki halının dokusunu hissedebiliyordum. O halının bana yaşattığı duygu, yürüdükçe heyecanımı silip süpürüyordu. Sonunda salona yaklaştım. Yerimi aldım. İsmimin yazılı olduğu o kürsüye dokuna dokuna oturdum. Her ânın, her eşyanın tadını çıkarmak istiyordum. Parlamenterlerin neredeyse hepsiyle ayrı ayrı göz göze geldim. Özgeçmişim okunurken resmen salonu süzüyordum.

Önümdeki kâğıtları kurcalıyor, bazen de ellerimi nasıl ve nereye koyacağımı bilemiyordum. Şaşkınlığım nefesime, nefesim de heyecanıma karışmıştı ve konuşmaya başladım…

İşte tüm hayatım gözlerimin önünden böyle akıp geçmişti o kürsüde. Yirmi yedi farklı ülkenin bayrağının dalgalandığı salon, "Bir Dilek Yetmez!" cümlesiyle inlerken geldim kendime.

Birkaç dakika öncesi…

Bir Portekiz masasına bakıyordum, bir Fransa... Arada gözüm İtalya'ya kayıyordu. Hollanda, Slovakya, Avusturya yan yana dizilmişlerdi. Bazen soldan sağa gözümle şerit çekiyor; kimler beni dinliyor, diye öğretmen yoklaması yapıyordum. Sanki Parlamento konuşma koltuğunda değil, sınıftaki öğretmen masasında oturuyor gibiydim. Arkada önündeki kâğıtlarla ilgilenen de kimlermiş bakalım? Romanya mı? Macaristan mı? İsveç, artık kalemini bırak... Finlandiya, Danimarka yoksa beni dinlemiyor musunuz? İspanya ile konuşmayı bırakın.

Kadınlar şöyle, çocuklar böyle diye köyden bahsettikçe, daha çok gözle buluşmaya başladım. Şunu yaptım, bunu yaptım. Bu da yetmedi şunu da yaptım, dedikçe kafalar iyice bana çevrildi. En ciddi suratların yumuşadığını, en ilgisiz yüzlerin güldüğünü görmeye başladım. Sonra içimden "Hadi Dilek," dedim, "tam zamanı!" Hepsi yan yana dizilmişti; hepsi bir ağızdan yıllardır söylemek istediğim, yıllardır haykırdığım, her şeyin bir dilek ile başladığı ama daha da, daha da fazlasına ihtiyaç duyduğumuzu anlatan o cümleyle yankılandı: BİR DİLEK YETMEZ!

ŞİİRLER

Bizim Hikâyemiz

Biz tam üç yıl önce çıktık bu yola
Biz şimdi 10 yaşındayız
Biliyoruz, daha önümüzde uzun yıllar var
Biliyoruz, biz daha yolun başındayız

Biz bu yola düştük hep beraber
Biz Kumköylüyüz
Bu yol çetin, bu yol zor
Bu yol uzun soluklu

Ben bir çiçeğim
Suyum sevgidir benim
Kumköy topraklarında
Kumköy bahçelerinde açarım
Ben sizden, siz büyüklerimden
Hep tatlı söz, güleryüz isterim

Adım Lale, Menekşe, Nergis
Yaşarım Anadolu toprağında
Renk renk açar, mis mis kokarım
Atam Atilla, Mete, Cengiz
Biz bu kutsal ocakta tam on beş can

Ve benim canım öğretmenim, sabır taşım, gönlü genişim
Okuldaki aşı günümde kucağına aldın beni
Ağlama korkma dedin, saçımı okşadın, gözyaşımı sildin
İkinci anam bildim seni, ikinci babam
O ışık, o umut
İlkleri yaşadım seninle
Mutluyum, çocuklarıma seni doya doya anlatacağım diye
Öğretmenim, ben seni çok sevdim

Biz bu kutsal ocakta tam on beş can
Analarımız var bizim
Elleri nasırlı, yürekleri hep yanık
Ben ona gözbebeği kadar yakınım
O benim ilk öğretmenim
O benim için hep yorgun, o benim için hep uyanık
Sen ey anneciğim
Nasıl anlatayım seni
Senin için ne diyeyim
Gökyüzünde bulutsun pamuk pamuk
Gecelerimde yıldızsın yıldır yıldır yanan
Sen varken ben ne yapayım güneşi
Her gün her gün saçlarımı tarayan
Soğuktan ve hastalıklardan koruyan
Şu yalan dünyanın çilekeşi
Ver ellerini öpeyim annem
Ve sen babacığım, unutur muyum hiç seni
Sen ocağımızın ta orta direği
Tutan eli, çarpan yüreğisin

İşte bugün kurduk sahnemizi
Cümle âlem duysun diye sesimizi
Sesimizi duyanlara selam olsun
Ocağımıza gelenlere selam olsun.

Öğretmen

Ben bir öğretmenim,
Öğrenciliği hiç bitmeyen
Yenileyen, gelişen
Her yeni günde, her derse girişinde
Heyecanından coşkusundan zerre kaybetmeyen
Ben bir öğretmenim,
Minik kalplere örnek, geleceği işaret eden
Ben bir öğretmenim
Hayal etmeyi öğreten, hayalleri gerçekleştiren
Ben bir öğretmenim
Bilinçlendiren, cesaret veren
Ben bir öğretmenim
Öğrencim aynam benim, baktıkça gülümserim

TEŞEKKÜR

Yaşadıklarımı tüm içtenliğimle yazdığım kitabım... Yıllardır anılarımı en taze şekilde nasıl anlatırım, o anları benimle birlikte yaşamanızı nasıl sağlarım diye uğraştığım ve her seferinde ertelemek zorunda kaldığım canım kitabım. Sen, seni yazıp bitirmemi sabırla bekledin. Teşekkürler...

Öncelikle Epsilon Yayınevi'ne hem bu güzel doğuma ev sahipliği yaptığı hem de tüm kadro olarak hikâyeme verdikleri eşsiz değer için;

Cümlelerime gözü gibi bakan, anılarımın tam da içinden fırlamış gibi hissettiren güzel kalpli, sabırlı editörüm Burcu Arman'a;

"Konuşulanlar uçar gider, yazılanlar kalır," diyerek ilk günden beri beni yazmaya teşvik eden "ben başarının teorisyeni, sen pratisyenisin" sözleri her zaman kulağımda çınlayan değerli yazar arkadaşım Mümin Sekman'a;

Gönülden ses tonuyla "Bir Dilek Yetmez" diyerek başladığı konuşmasında "Bu kitabı eğitim camiasına, peşinden gelenlere kazandırmalısın," diyen, akademisyen duruşunun yanında öğretmenlerin gözbebeği değerli hocam Prof. Dr. Belma Tuğrul'a;

Kitap yolculuğumda "hep destek, tam destek" sözünün hakkını veren ve yansıttıkları enerjileriyle beni her daim iyi hissettiren Taner ve Burcu Livaneli'ye;

En sıradan bir günde bile deklanşöre basıp büyük bir incelikle çektiği fotoğrafın, günün birinde kitabımın kapağı olacağını tahmin etmemiştim ama getireceği uğura inandığım bu güzel fotoğraf için sanatını konuşturan Ekrem Semiz'e;

Hayatımda okuduğum en güzel, en etkileyici önsözü yazıp kitabımı taçlandıran, kalemini yüreğini çok sevdiğim, kuşakları kendisinden harf harf öğrendiğim arkadaş ötesi bilge kadın, can kadın sevgili Evrim Kuran'a teşekkür ederim!

Ve tabii, iletişim ve girişimcilik becerileriyle yoğrulduğum gerçek bir konuşmacı olan babam İbrahim Van'a; fedakârlığını ve bahaneler üretmeyen karakterini bana transfer eden dünya iyisi annem Fatma Van'a; çocukluk oyunlarımda beni öğretmenlik hayalime yaklaştıran olmazsa olmazlarım kardeşlerim Zehra ve Fatih'e; en canlı şahidim sevgili eşim Teoman'a; birlikte geçireceğimiz zamanlarından çaldığım, yaşlarının üstünde gösterdikleri anlayışlarıyla oğullarım Tan ve Alp'e; köy okulu öğretmenliğim boyunca bana destek olan tüm köy halkına ve bana "iyi ki öğretmenim" dedirten tüm öğrencilerime; varlıklarıyla ve yazdıkları muhteşem görüşlerle kitabımı onurlandıran tüm eğitim sevdalılarına; isimlerini saymakla bitiremeyeceğim, bana inanan, maddi ve manevi destekleriyle hayallerime ortak olan, "Bir Dilek Yetmez" deyip her zaman daha güzel bir dünya için karşılık beklemeden çalışıp ve çabalayan herkese sonsuz teşekkürler.

Dilek Livaneli
Mayıs, 2021

Neler Söylediler?

İNANILMAZ ETKİLENDİM. MÜTHİŞ BİR KADIN! Müthiş bir öğretmen! Dilek Öğretmen. Cumhuriyet kadını bu işte! Helal olsun! Modern bir Çalıkuşu o. Türkiye'yi böyle aydınlık, böyle özgür, böyle cesur kadınlar kurtaracak. Sadece pırıl pırıl öğrenciler yetiştirmekle kalmadı, bütün köyü kalkındırdı... Dünya şahanesi bir öğretmen. Bir "fayda fabrikası" gibi. O küçücük köyde başardıkları inanılır gibi değil. Zaten yaptıklarıyla sadece Türkiye'nin değil, tüm dünyanın ilgisini çekti. Uluslararası sempozyumlara davet edildi, Kumköy'de uyguladığı yöntemleri anlatması istendi. Milli Eğitim Bakanlığı tarafından defalarca, Mesleğinde "Fark Yaratan Öğretmen" seçildi. Varkey Gems Vakfı Küresel Öğretmen Ödülü Komitesi'nin seçtiği "Dünyanın En İyi 50 Öğretmeni" arasına seçilen ilk Türk oldu. Aynı zamanda Avrupa Parlamentosu Uluslararası Lider Kadın Ödülü'nün de sahibi oldu. Londra'da onun bir konferansını izledim. Şahaneydi. Dilek Öğretmen'e hizmetlerinden ötürü bir kadın olarak, bir anne olarak ben de teşekkür ediyorum. Yaşasın mutlu ve özgür beyinli çocuklar yetiştirmek isteyen yeni nesil Cumhuriyet kadınları! Bu olağanüstü kadını, avuçlarım patlayıncaya kadar alkışlıyorum.

- Ayşe ARMAN, Gazeteci-Yazar

BENİM İÇİN DİLEK LİVANELİ SÜRDÜRÜLEBİLİR idealizm örneğidir.

Her gün tazelenen bir enerjiyle güne başlayan, ilk günkü amatör ruhunu koruyan ve iş yapış stilini sürekli geliştiren bir insan. Öğrencileri için bir nükleer enerji kaynağı. Gücünü içinden alan bir öğretmenin evrende yapacağı etkiyi hesaplayacak bir metrik bilmiyorum.

Dilek'in kitabını çıkmadan önce okuma imkânı buldum. Yeni atanmış bir köy öğretmeninin, işine aklını koymasının sonuçlarını gördüm. Yeni atanmış tüm köy öğretmenlerinin, bu kitabı okumasını hayal ettim. Keşke bir kurum çıksa, tüm yeni atanmış köy öğretmenlerine bu kitabı hediye edebilse. Fırsat eşitliğinin göstergesi, en dezavantajlı bölgelere avantajlar taşımaktır. Bilgi de en güçlü rekâbet avantajıdır.

Köy hayatı, büyük kent hayatı ve küresel hayat "ayrı dünyaların insanı" ister. Dilek, köyden yola çıkıp, küresel bir hayatın merkezine yerleşti. Orada da tutunmayı başardı. Bu durum, hikâyesini eğitim alanının dışındakiler için de ilginç yapıyor. Önce sanatçı gibi renkli ve naif hayaller kuran, sonra bir mühendis gibi sistematik bir çabayla bunları gerçekleştiren bir insanın başarısına kayıtsız kalamazsınız.

Bu kitapta dilimlenerek sunulmuş derin bir deneyim, sinematografik bir dille anlatılmış bir hikâye ve patlamaya hazır idealist enerji var. Okursanız, içinizde uyuyan Dilekler uyanacak!

- Mümin Sekman, Yazar

SEVGİLİ DİLEK, DÜNYANIN EN İYİ ÖĞRETMENLERinden bir tanesi, defalarca Türkiye'de de en iyi öğretmen statüsüne kavuşmuş canımız, Çalıkuşumuz. Yaptığı güzellikler anlatmakla bitmez. En son bir toplantıda birlikteydik ve binden fazla kişiye konuşuyordu. Konuşmanın sonuda herkes ayaktaydı ve herkes hüngür hüngür ağlıyordu; onun başarısından ve canını ortaya koyarak öğrencilerini eğitmesinden... Her zaman programımda ağırlamaktan gurur duyduğum ilham veren öğretmenim; yolun açık, izinden gelenlerin çok olsun.

- Oylum TALU, Sunucu-Yazar

BİR ÖĞRETMEN İÇİN ÖNEMLİ OLAN MÜFREDATİ değil, öğrenciyi yetiştirmektir. Dilek Öğretmen de kendini öğrencilerini yetiştirmeye adamış bir köy öğretmeni. Dahası sadece öğrencileri değil, onların hayatını şekillendiren ebeveynlere de dokunan, ilham alınacak bir öğretmen. Onun hayatında bahane yok. Sadece küçük canlara dokunmak var. Bu kitabı okuyunca sadece daha iyi bir öğretmen değil, aynı zamanda daha iyi bir insan olmak isteyeceksiniz.

- Dr. Özgür Bolat, Eğitim Bilimci-Yazar

YAŞAMIN HER GÜNÜNÜ BİR NAKIŞ İPLİĞİ KABUL etmek Dilek Öğretmen'in yaptığı... Elindeki kalemi iğne bilip harika bir nakış işledi. Çocuklar gördü, hepimiz gördük, hepimiz çok sevdik. Yeni bir güne uyanan herkesin yaşamı anlamlı kılmak adına Dilek Öğretmen'in hikâyesini okumasını tavsiye ederim.

- Şermin Yaşar, Yazar

"SEVGİLİ DİLEK ÖĞRETMENİM," DİYE BAŞLAYAN kaç mektup aldı, alacak bilmiyorum ama bildiğim bir şey varsa bu hayatta öğretmenin heyecanını en çok taşıyan kişinin Dilek Livaneli olduğudur.

Bir kişi işini mükemmel yapar, bir de o yaptıklarını gözleri parlaya parlaya anlatırsa, o zaman dersiniz ki keşke ben de o işi yapsam. Dilek'i her dinlediğimde öğretmen olamadığıma üzülürüm. Bir yandan da sevinirim tabii ki böyle öğretmenleri dünya tanıdı, meslektaşları peşine düştü, geleceği inşa edecek beyinler elinden geçti, diye.

Bu kitap öykünün başı olsun kıymetli dostum, daha nice güzel eserleri yaşamınla doldur.

- Dr. Kerem Dündar, Nöro Sağlık Beyin Araştırmaları Merkezi Kurucusu

BEN BİR KÖY OKULUNDA İLKOKULA BAŞLADIM ve ilk öğretmenim her zaman hayatımdaki en önemli insanlardan oldu. Onun babama "Mustafa, bu çocuğa iş var aman ihmal etme," dediği âna gizlice şahitlik etmek kendime güvenimle ilgili en önemli motivasyonum oldu. Kazım Hoca, öğrencisi olarak benim hayatıma dokundu ama keşke başka öğretmenlere dokunarak daha çok çocuğun kahramanı olacak öğretmenlere de dokunabilseydi. Dilek benim için sadece öğrencilerine değil binlerce çocuğun öğretmenine de dokunarak daha geniş bir etki alanı yarattı. Öğrenmeye ve paylaşmaya olan tutkusunu tüm öğretmenlere bulaştırmaya çalışmasını ayrıca takdirle izliyorum. Yolun açık olsun Dilek Öğretmenim...

- Ali Koç, Eğitimpedia Kurucusu

DÜNYA TUHAF BİR DENGE ÜZERİNDE KURULUDUR. Çoğu insan "bu dünyadan ne alabilirim" sorusunun peşinde koşarken, çok az insan "bu dünyaya ne verebilirim"in cevabını arar. Çoğu insan içinde bulunduğu durumdan şikâyet edip dururken, çok az insan "nasıl çözüm bulabilirim?" düşüncesiyle eyleme geçer. Çoğu insan bu dünyaya geldiği gibi giderken, çok az sayıda insan dünyayı bulduğundan daha güzel bir yer olarak bırakır. Bazıları sorun, bazıları fark yaratır.

Dünyanın ve ülkemizin ikinci gruptaki insanların çoğalmasına çok ihtiyacı var. Sevgili Dilek de onlardan biri. Onu özel kılan "süper güçlere" sahip olması değil, örnek alınası bakış açısı. Yaşamdaki sloganı, yenik düşmüş bir "elden ne gelir?" değil, gerçekçi ve iyimser bir "elimde olana ben ne katabilirim?"

İyi haber şu ki, birçoğumuzun içinde uyandırılmayı bekleyen bir Dilek var. Onu uyandırmak için ilhama, doğru yöntemlere, güçlü ve şefkatli bir sesin rehberliğine ihtiyaç var. Sevgili Dilek'in kitabı bunun için doğru adres. Lütfen okuyun, anlayın ve harekete geçin, çünkü bir Dilek yetmez.

- Bahar Eriş, Eğitimci-Yazar

SEVGİLİ DİLEK , BİRÇOK GENCİMİZE KADINIMIZA ilham olmaya devam ediyorsun.

Küçücük bir köy okulunda yaptıklarını, sadece okula ve öğrencilere değil, anne-babalara aslında tüm köy halkına katkılarını defalarca hayranlıkla dinledim. Ama beni daha da çok etkileyen; durmaman, kalıbına sığamaman, tüm kalıpları yıkarak, ingilizceni büyük bir hızla geliştirerek, kendine etki alanını çok daha büyüteceğin, hatta Türkiye sınırlarının dışına taşıyacağın yeni ufuklara kanat açman oldu. Seni büyük bir gurur ve heyecanla takibe devam ediyorum.

- Tijen Mergen, Kadın Girişimciler Derneği (KAGİDER) Başkan Yardımcısı

BİR ŞEYİ TUTTURMAKLA AKLINA KOYDUĞUNU YAPmak arasındaki farkı Dilek'in mücadelesinde anladım. Tutturmak sabit bir eylemken, aklına koyduğunu yapmak hareket halinde, manevralarla, yeni fikirlerle yöntemler geliştirmeyi gerektiriyor. Dilek, hedefini koyup hep nasıl yaparım diye çabalayan birisi. Olmayanların nedenlerinden ağıtlar yakmaktansa nasıl olur, diye besteler yapan bir yaşam sanatçısı. İnancının gücü niyetinin saflığından beslenen yorulmaz bir savaşçı o. Köy okulunda çalışırken çocukların ufkunu açan, büyüklerin gücünü fark etmesini sağlayan yenilikçi, cesur uygulamalarla kendi kaderlerinin efendisi konumuna getirdiği insanlarla tanışmak bana umut ve ilham vermişti. O gün bugündür yaptığım her toplum hizmetinde Dilek'in de parmak izi var. "Bana ne" demeyen, BİZ olabilmek için birlikte çalıştığı insanların derdini dert, neşesini neşe edinmiş koca yürekli bir kadın o. Gerçek bir öğretmen, iyi bir dost. Hikâyesini okuyup da harekete geçmeyen biri olabileceğini sanmıyorum. Dürüst, çalışkan, önem veren nice Dilekler harekete geçtiğinde mutlu yarınların sandığımızdan da yakın olduğunu göreceğiz. Kendinize bir iyilik yapın, bu kitabı okuyun ve sevdiklerinize bir iyilik yapın, bu kitabı onlara da armağan edin.

- Ebru Tuay, Eğitimci-Yazar

DİLEK'E DAİR...

Tutkulu, inandığının peşinde koşan ve koşarken de tutkusunu kâh Samsun'un köyünde, kâh bir STK projesinde, kâh Londra'da etrafındakileri ortak eden Dilek Öğretmen, "durumdan vazife çıkarmaya" devam et.

Yeni dünyada uyum sağlayan, dayanıklı olup yılmayan, sürekli öğrenip uygulamaya koyan senin gibi kalbi büyük, ruhu geniş kadınlara bu dünyanın ihtiyacı var.

- Selen Kocabaş, Akiş GYO ve
Multinet UP Bağımsız Yönetim Kurulu Üyesi

SEVGİLİ DİLEK LİVANELİ,

Çok yönlü bir kadın, âdeta on parmağında on marifet. Onunla gurur duyuyorum, bu kadar çok beceriye sahip olduğu için, en çok da güleryüzünü, içtenliğini samimiyetini kaybetmediği için.

Yıllar önce, ortak arkadaşımızın düzenlediği bir akşam yemeğinde tanıdım. O akşam benim için sadece Dilek Öğretmen idi, sohbet sırasında hayallerini, öğrencileri, velileri, toplum için düşündüğü çok akılcı projelerini dinledik. Onun maddi ve manevi olarak desteklenmesi gerektiğine inandım.

Öğretmen olarak yaptıkları, Başöğretmenimiz Mustafa Kemal Atatürk'ün öğretmende görmek istedikleri idi. Başöğretmenini çok özümsemiş, onun yolunda yürüyordu. Fark yaratan bir öğretmen idi, böyle olunca da onun yaptıkları örnek olarak gösteriliyordu. Sadece ülkemizde değil Dünyada Fark Yaratanlar Listesi'ne girmiş, Dünyanın En İyi 50 Öğretmeni'nden biri seçilerek ülkemizi gururla temsil etmişti. Başarıları kendi başarımmış gibi beni sevindirdi, genç bir kadın öğretmen bu ülkenin bütün kız çocukları için mükemmel bir örnek idi.

Gençlerin, hele ki kadınların başarısı benim motivasyon kaynağım. Her konuşmamda Dilek Öğretmen'den mutlaka söz ederim. Dilek Öğretmen'i 24 Kasım 2019'da Öğretmenler Günü için Çağdaş Yaşamı Destekleme Derneği Onur Konuğu olarak İstanbul'a davet ettik. Yurtdışında olmasına rağmen koşa koşa geldi. Öyle bir konuşma yaptı ki, salon ona kilitlendi, ağlayanlar, yüreği umut ile dolanlar hep birlikte tek vücut olmuş, zaman hiç geçmesin istiyorduk. Toplantı sonrasında sıra sıra fotoğraf çektirmek isteyenler, ona sevgi gösterenler o kadar çoktu ki, işte bu, dedim, olunması gereken.

İyi bir öğretmen olmanın dışında, iyi bir eş, iyi bir anne; zamanı iyi kullanıyor, her işe yetişiyor. Heyecanını hiç yitirmiyor. "Bir Dilek Yetmez" diyor ama o çok fazla şeye yetişiyor.

- Prof. Dr. Ayşe Yüksel,
Çağdaş Yaşam Destekleme Derneği Başkanı

SEVGİLİ DİLEK, TED ANKARA KOLEJİ'NDE 26 AĞUStos 2019'da yüzlerce öğretmenimizle bir araya geldiğin gün hep aklımda...

Öğretmen olarak bir hayal kurduğunu, bir köyde başlayan, çocuğa, anasına ve bütün köye dokunuşunu, öğretmenliğini sınıf duvarlarının dışına bütün bir köye hatta dünyaya nasıl taşıdığını anlattın... Her birimiz gözlerimiz dolu dolu dinledik seni...

Çocuklar ayrı değer olmuş, anaları "Ben bir kadınım, başarırım," demiş sayende.

Neler neler öğrettin hepimize...

Bir Dilek Yetmez!

Sana gönülden sevgiler.

- Sevinç Atabay, TED Genel Müdürü

ŞİKÂYET ETMEK YERİNE ÇÖZÜM ÜRETMEYİ, BEKlemek yerine eyleme geçmeyi, kader kurbanı olmak yerine hayatınızın mimarı olmayı istiyorsanız, bu kitabı okuyun. Dilek'i Samsun Kumköy İlkokulu'nda gördüğüm o sabah, bir insanın isterse yapamayacağı hiçbir şey olmadığı kafama kazındı. Köy çocuklarından ailelerine, imamından muhtarına ne kadar insan varsa sarıp sarmalayan, inandıkları uğruna yumruğunu masaya vurma cesareti gösteren, bir kapı kapanırsa on kapının daha var olduğunu hiç unutmayan bu kadını tüm dünya tanımalı. Dilek'in zaman ayırıp hayatını, yaptıklarını bu kitapla paylaşması büyük bir hazine.

- *Banu Tozluyurt, Eğitimci-Yazar*

8 MART DÜNYA KADINLAR GÜNÜYDÜ... YIL 2017... Çok heyecanlıydık, çünkü "Kadının Adı Var" gösterimizi bir köy okulunda, o okulda okuyan öğrencilerin annelerine sergileyecektik. Dilek'i biliyordum. İdealist bir köy okulu öğretmeni...

Ama onu tanıdıkça bu sıfatın çok ötesinde bir kadın ve insan olduğunu anlayacaktım...

Bu kitapta Dilek'in hayatını, yaptıklarını, tökezlediği yerleri, düşmelerin ardından tekrar ayağa kalkışını okuyacaksınız...

O bir süper kahraman aslında, diyebilirsiniz. Ama Dilek bunun da ötesinde...

Ve onun başardıkları sadece şans, azim değil...

O yaptığı işte ve hayatında "elini taşın altına koymak" tan çekinmemiş bir kadın ve öğretmen...

Ve bu asla tesadüf değil...

Başarmaya başladığında, insan olarak kapılıp gittiğimiz egomuza sırtını çevirmiş bir kadın...

"Oldum ben tamam," dememiş, öğretirken, öğrenmekten vazgeçmemiş bir insan...

Ve Dilek bu hayatta tanımaktan gurur duyduğum arkadaşım...

Sevgiyle dokunduğun her şeyden bir ses mutlaka çıkar...

Dilek'in sevgi dokunuşları kocaman bir koroya dönüşüyor... İçinde umut ve gelecek şarkılarının söylendiği...

Duyuyor musunuz?

- Özge Uzun, Sunucu- Yazar

DİLEK ÖĞRETMEN, ÖĞRETMENLİK MESLEĞİ İÇİN gerekli olan özveri, yaratıcılık ve sınıf dışında da başka insanlara yaptığı hizmetlerle en güzel örneği teşkil ediyor. Genel müfredat ve sınıf içi etkinliklerinin ötesinde, birçok başka faaliyette bulundu. Bunu da okulun sadece öğrenci kitlesine değil, bütün topluma açtı ve çok yaratıcı bir şekilde ele aldı. Sadece bir öğretmen olarak değil, topluma hizmet eden liderlik özelliklerini gösterdi, bu liderliğiyle faaliyetlerde bulundu ve etki alanını genişletti.

- Ayla Göksel, AÇEV Yönetim Kurulu Başkan Yrd.

DİLEK ÖĞRETMEN DİLEĞİMİZİN DİLİ OLDU... İnsanların bir çoğu hayal kurar ancak herkes hayallerine sahip çıkmaz, çıkamaz, hayallerinin görünür kılınması için çabalayıp emek vermez. Bu durumda hayaller sessiz sedasız olduğu yerde daha kök salamadan öylece kalır, sonrasında hayal diye bir şey kalmaz bile.

Ancak bazı insanlar vardır Dilek Livaneli gibi, hayallerini gerçekleştirebilmek için elinden geleni hatta elinden gelenin çok daha fazlasını yapar. Hatta ve hatta bazıları Dilek Livaneli gibi, sadece kendisinin değil başkalarının hayallerinin de elçisi olur. Hani bir dilek tutarız da o dileğin gerçekleşmesi için bekleriz ya. İşte bu öyküde de böyle olmuş. İnsanların yolları Dilek Öğretmen'le kesişmiş ya da Dilek Öğretmen yolunu onlara doğru çevirmiş ve buluşma ile hayal olan dilekler gerçekleşebilmiş.

Kendisiyle ilk kez eğitimcilere yönelik yapılan bir toplantıda karşılaştım ve büyük bir hayranlıkla, gururlanarak, umutlanarak ve çokça ilham alarak tüm kalbimle dinledim. Toplantı bittiğinde yanına gittim ve kendisine, konuşması neticesinde hissettiğim samimi duygularımı yazdığım bir teşekkür notu verdim. O anda tanıştık. Çağdaş bir Türk kadını olarak, ailelere ve çocuklara umut olmaya devam eden bu kitap ile kendisini daha yakından tanıma fırsatı buldum. İyi ki öğretmen olmuşsun sevgili Dilek Livaneli...

- Prof. Dr. Belma Tuğrul, Akademisyen-Yazar

HER ŞEKİLDE ÖNCE VİCDANİ SORUMLULUKLARIYla sınanan öğretmenlerimizin pek çoğunda olduğu gibi, bitimsiz bir çocuğa inanç hissi var Dilek'in kalbinde. Çocuğa inanmak geleceği sorgulamak, hareke geçmek, her bulduğu insanı bu inancının paydaşı yapmak sorumluluğunu da yüklüyor ona. O da hakkını veriyor bu sorumluluğun açıkçası. Çalışkan, dayanıklı, pes etmez haliyle ve önemlisi de bir kadın öğretmen olarak hepimizin sesini duyuruyor dünyaya. Hem de öyle cılız, duygusal ve seyrek cümlelerle değil. Dolu dolu, anlamlı anlamı, bazen bir tokat gibi gerçekleri önümüze sere sere... Elbet bu dünyayı eğitim değiştirecek, öğretmenleriyle özgürleşecek toplumlar ama "Bir Dilek Yetmez" ki diyor... Yetmez deyip susacak değil ya; söyledikçe, paylaştıkça çoğalıyor sevgili dostum.

Elimi ilk tuttuğu gün kendimi daha güçlü hissetmiştim. Bir eğitimci olarak böyle bir güce ne de çok ihtiyacım vardı o günlerde. Ben de tuttum elini; sıkı sıkı, hiç bırakmamaya söz vererek. Verdiğim söz sadece ona değildi tabii. Çünkü biliyorum o öğrenerek güçlenen öğretmenlerin sesi, izi "Dilek" olmuş hali... Dilek'i tanımak binlerce öğretmeni tanımak; ülkenin sizden uzak bir başka köşesinde, onca yoksunluğa rağmen çocuğa inanan ve ona varlık katan pek çok eğitim elçisi olduğunu bilmek demek. Onun bu kitaptaki yolculuğuna şahitlik etmek, etrafınızda nice böyle kocaman yürekli ve azimli öğretmeni fark edebilmek için artık hazırsınız, demek.

Elbette öğretmen olarak vicdanımızla yürüyoruz bu yolu. Elbette yol uzun, yolcusu yola vurgun. Bir dilek değil çok "Dilek" olabilmek için bu kitapta yazılanları vicdanla okuyup, daha çok paylaşmak gerek. Ben öyle yapıyorum... Gücüm gücün olsun Dilek Livaneli...

- Ece Karaboncuk, Eğitim ve İletişim Uzmanı/
Eğitim ve Eğitim Platformu Kurucusu

ÇOCUKLARIMIZI BÜTÜNÜYLE GÖNÜLDEN VE EŞSİZ bilgeliği ile yaşamın her alanında gözeten, koruyan, kollayan özel insan, varlığın hepimize armağan.

Öğretimin, eğitimin; ilhamla ve umutla en geniş alanlara yayılmasına önderliğin, bu yolda gösterdiğin başarıların artarak çoğalsın.

Bilmenin ötesinde olmak kavramını en güzel ifade eden ve buna örnek olan Dilek'cim yaptığın nice güzelliklere sonsuz teşekkürlerle...

- Şah Yaycı, All in All Project Kurucu Sahibi-Yazar

Sevgili Öğretmenlerimiz,

Bridge to Türkiye Fund (BTF) gönüllüleri olarak mesleğinizi girişimci ve araştırmacı bir ruhla severek yapmanızı, rol model öğretmenliğe uzanan mesleki yolculuğunuzu destekliyor ve pek çok başarı hikâyesinin kahramanları olacağınıza inanıyoruz.

Dilek Livaneli'nin köy okulu öğretmenliğinden küresel bir eğitimciliğe uzanan ilham dolu yolculuğunu kendi yaşadıkları üzerinden anlattığı *Bir Dilek Yetmez* kitabını size armağan olarak iletiyoruz. Güzel hikâyeler paylaşıldıkça yeni başarıların umudu olur ve bu hikâyeler kaynağı oldukları mutlulukları ve iyilikleri çoğaltırlar. Siz de kendi hikâyelerinizi bizlerle paylaşmak isterseniz çok seviniriz.

İlkokul ve ortaokul seviyesindeki öğrencilere yönelik tasarlanan BTF 4Kids Eğitim Setleri, öğretmenlerin başvuruları üzerine BTF ve yurtdışında yaşayan Türkiye dostları tarafından doğrudan köy okullarına gönderiliyor. Siz de bir köy okulunda öğretmenseniz eğitim setlerimize aşağıdaki bağlantıdan ulaşıp öğrencilerinizin ihtiyaçlarına göre başvuruda bulunabilirsiniz.

https://bridgetoturkiye.org/ogretmen

Sevgilerimizle,

Bridge to Türkiye Fund Gönüllüleri
http://www.bridgetoturkiye.org

/dileklivaneli

BTF
BRIDGE TO TURKIYE FUND